Studienskripten zur Soziologie

Herausgegeben von
H. Sahner, Halle (Saale), Deutschland
M. Bayer, Nürnberg, Deutschland
R. Sackmann, Halle (Saale), Deutschland

Die Bände „Studienskripten zur Soziologie" sind als in sich abgeschlossene Bausteine für das Bachelor- und Masterstudium konzipiert. Sie umfassen sowohl Bände zu den Methoden der empirischen Sozialforschung, Darstellung der Grundlagen der Soziologie als auch Arbeiten zu so genannten Bindestrich-Soziologien, in denen verschiedene theoretische Ansätze, die Entwicklung eines Themas und wichtige empirische Studien und Ergebnisse dargestellt und diskutiert werden. Diese Studienskripten sind in erster Linie für Anfangssemester gedacht, sollen aber auch dem Examenskandidaten und dem Praktiker eine rasch zugängliche Informationsquelle sein.

Herausgegeben von

Prof. Dr. Heinz Sahner
Halle (Saale), Deutschland

Prof. Dr. Reinhold Sackmann
Halle (Saale), Deutschland

Dr. Michael Bayer
Nürnberg, Deutschland

Begründet von

Prof. Dr. Erwin K. Scheuch †

Michael Windzio

Regressionsmodelle für Zustände und Ereignisse

Eine Einführung

 Springer VS

Prof. Dr. Michael Windzio
Universität Bremen, Deutschland

ISBN 978-3-531-15554-8   ISBN 978-3-531-18852-2 (eBook)
DOI 10.1007/978-3-531-18852-2

Die Deutsche Nationalbibliothek verzeichnet diese Publikation in der Deutschen Natio-
nalbibliografie; detaillierte bibliografische Daten sind im Internet über http://dnb.d-nb.de
abrufbar.

Springer VS

Gedruckt auf säurefreiem und chlorfrei gebleichtem Papier

Springer VS ist eine Marke von Springer DE. Springer DE ist Teil der Fachverlagsgruppe
Springer Science+Business Media.
www.springer-vs.de

Inhalt

Vorwort

Gegenstand dieses Lehrbuchs sind statistische Modelle der Regressionsanalyse, die in den modernen Sozialwissenschaften eine zunehmende Bedeutung erlangen bzw. teilweise bereits zum fortgeschrittenen Standardrepertoire gehören. Es bietet eine Einführung in Verfahren für kategoriale, nicht normal verteilte abhängige Variablen, die für die Analyse von Zuständen verwendet werden und aus denen sich das Verfahren der Ereignisanalyse (synonym: Hazardratenmodelle, Survivalanalyse, Failure-time-models) herleiten lässt. Als Einführung in diese anspruchsvolle Materie setzt das Buch daher solide Grundkenntnisse der deskriptiven und der schließenden sozialwissenschaftlichen Statistik sowie der linearen Regression voraus, die mindestens auf dem Niveau eines gründlichen Studiums der Lehrbücher von Urban und Mayerl (2006) und Diaz-Bone (2006) liegen sollten.

In der Ökonometrie werden die hier dargestellten Verfahren häufig unter dem Sammelbegriff der „Categorical and Limited Dependent Variables"-Modelle behandelt (Maddala 1983; Long 1997; Greene 2000, S. 896). Aus einer anderen Perspektive lässt sich zeigen, dass nahezu alle der hier besprochenen Analyseverfahren einer Familie von Modellen angehören, die als *generalisierte lineare Modelle* bezeichnet wird.

Wenngleich moderne Lehrbücher der Ökonometrie auch didaktisch auf hohem Niveau sind (Cameron und Trivedi 2005; Cameron und Trivedi 2009; Greene 2000; Wooldridge 2005), ist die Art der Darstellung manchen Studierenden und Forschenden außerhalb der Ökonomie und der Statistik schwer zugänglich, weil die formale Darstellung die verdichtete Matrixschreibweise nutzt. Darauf wird in diesem einführenden Lehrbuch weitgehend verzichtet. Das anwendungsorientierte Buch soll eine Lücke schließen zwischen den modernen mikroökonometrischen Verfahren und den Lehrinhalten guter BA-Statistikkurse in der Soziologie.

Neben der Vermittlung von Kompetenzen, die immer das primäre Ziel eines Lehrbuches darstellen soll, wird durch den hoffentlich nachvollziehbaren Umgang mit Formeln und durch die möglichst anschaulichen Beispiele versucht, in die Materie einsteigenden Studierenden und Forschenden Begeisterung die Möglichkeiten dieser Methoden nahezulegen. Eine Idealvorstellung für ein Einführungsbuch in fortgeschrittene Methoden besteht darin, dass auch erfahrene Forscherinnen und Forscher während der praktischen Arbeit davon profitieren.

Ein Lehrbuch über formale Methoden setzt sich in besonderem Maße dem Risiko fehlerhafter Darstellungen aus. Gewiss können auch inhaltlich-substanzielle sozialwissenschaftliche Darstellungen in Lehrbüchern richtig oder falsch sein, aber das Wesen der formalen Methoden besteht gerade darin, möglichst präzise zwischen richtig oder falsch unterscheiden zu können. Beim Autor ruft diese Tatsache natürlich Unbehagen hervor, zumal Rezensionen von Lehrbüchern durchaus streng sein können.

Eine kontinuierlich aktualisierte Liste mit Korrekturen wird für dieses Buch erstellt und ist dem begleitenden Datenpaket beigefügt. Dieses Paket ist online abrufbar unter:

```
http://www.barkhof.uni-bremen.de/~mwindzio/ereignisse.zip
```

Für alle in dem Buch besprochenen Analyseverfahren werden praktische Anwendungen durchgeführt. Die Analysen basieren auf der mittlerweile sehr prominenten Software Stata. Grundkenntnisse in Stata sind für ein Verständnis der praktischen Übungen notwendig, wenngleich die präsentierte Syntax fast immer sehr einfach strukturiert ist. Die in den Übungen verwendeten Daten können zwar auch mit der Stata Version 9 eingelesen werden, aber nicht alle (jedoch die weit überwiegende Zahl) der Modelle lassen sich mit dieser Version schätzen. Empfohlen werden Versionen ab Stata 10. Im Text wird darauf hingewiesen, welche Zusatzmodule (ado-files) jeweils zu installieren sind. Aufgrund unterschiedlicher Versionen kann es hier zu Komplikationen kommen. Mit meiner 12er Version von Stata läuft alles problemlos, eine Aktualisierung der ados könnte bei Fehlermeldungen helfen. Sollten ältere Versionen der ados in Stata 12 partout nicht funktionieren – z.B. mlogtest oder prgen –, sollte jeweils *vor* dem letzten Schätzmodell mit dem Befehl version 9 auf die ältere Stata Version umgestellt werden (anschließend zurück mit version 12).

Vor jeder Übungssitzung muss ein sogenanntes globales Makro pfad definiert werden, damit man ohne viel Schreibarbeit die jeweils zu verwendenden Datensätze über das Internet einlesen kann. Dies geschieht mit dem folgenden Befehl:

```
global pfad http://www.barkhof.uni-bremen.de/~mwindzio/
```

Ist das Makro einmal definiert, kann man z.B. mit dem Befehl use $pfad/logit.dta, clear den Analysedatensatz für die binäre logistische Regression einlesen. Ist der PC nicht mit dem Internet verbunden, sollten alle in dem Archiv ereignisse.zip enthaltenen Dateien nach c:\temp\ kopiert werden. Anschließend ist das globale Makro folgendermaßen zu definieren:

```
global pfad c:\temp\
```

Die im Buch dargestellte Stata Syntax ist als do-file models.do in ereignisse.zip enthalten, so dass man die Syntax nicht eigenhändig schreiben muss. Ob „copy & paste" empfehlenswert ist, oder ob das eigenhändige Abschreiben der Befehle nicht doch eine didaktische Funktion erfüllt, bleibt der Leserin und dem Leser überlassen.

Großer Dank gebührt Reinhold Sackmann für seine schier unerschöpfliche Geduld, die er mit mir als säumigem Autor hatte. Gleiches gilt für den VS-Verlag. Sarah Oldenburg las den Text Korrektur und leistete zudem großartige Unterstützung bei der Transkription des Manuskriptes. Sehr wertvolle inhaltliche Kommentare zu vorläufigen Fassungen des Buches und wichtige Korrekturhinweise kamen von Timm Fulge, Katharina Groß, Michael Hanslmeier, Reinhold Sackmann und insbesondere von Alexander Gattig. Ausgewählte Kapitel kommentierten Johannes Huinink, Thorsten Schneider, Janna Teltemann und Maximilian Trommer. Ihnen allen gebührt großer Dank. Sie alle trugen maßgeblich zur Verbesserung des Buches bei. Selbstverständlich sind verbleibende Mängel allein von mir zu verantworten. Zu danken habe ich auch den Studierenden des Masterprogramms *Soziologie und Sozialforschung* an der Universität Bremen, die in der Vorlesung das eine oder andere didaktische Experiment über sich ergehen lassen mussten. Hoffentlich geschah dies überwiegend unauffällig und ohne irreparable Folgeschäden.

Bei der Arbeit an diesem Buch musste ich zwei Dinge einsehen: *Erstens* sollte man sich niemals auf einen Abgabetermin einlassen, wenn das Buch nicht bereits in weiten Teilen geschrieben ist. *Zweitens* bleibt aufgrund der aufgescheuchten Stimmung in einer zertifiziert exzellenten, zugleich aber chronisch unterfinanzierten Universität kaum Zeit für das Verfassen von Lehrbüchern. Die Tatsache, dass dieses Buch dennoch fertig wurde, ist der Inspiration durch einige wunderbare Lehrbücher und Aufsätze der angewandten Statistik und Ökonometrie zu verdanken. Schön wäre es, wenn zumindest ein Teil dieser Inspiration auch in dieses Buch hinüber gerettet werden konnte.

Bremen, im Mai 2013   Michael Windzio

1 Einleitung. Zustände und Ereignisse in den Sozialwissenschaften

Gegenstand dieses einführenden Buches sind statistische Verfahren zur Analyse von Daten, mit denen entweder das Eintreten von Ereignissen oder ein aktueller Zustand erklärt wird. Der Fokus auf Zustände und Ereignisse mag zunächst den Anschein erwecken, es handele sich um spezielle Methoden, die im Alltag der empirischen Forschung selten verwendet werden. Bei genauer Betrachtung wird aber deutlich, dass die modernen sozial- und verhaltenswissenschaftlichen Disziplinen sich häufig mit Ereignissen und Zuständen beschäftigen. Zwar werden etwa in der soziologischen Sozialstrukturanalyse auch heute noch Deskriptionen von sozialen Milieus (SINUS) oder bildliche Darstellungen von Ungleichheit in Form einer „Zwiebel" (Geißler 2006, S. 98) verwendet. Obwohl diese Darstellungen wichtige Erkenntnisse über den Zustand einer Gesellschaft liefern, können sie nicht erklären, warum gerade die eine oder die andere Person eine mehr oder weniger günstige Position in der Ungleichheitsstruktur innehat. Erklärungen dieser Art setzen die Verwendung von Individualdaten über Personen oder Haushalte voraus. Aus der Perspektive von Individualdaten stellt die soziale Lage einer Person einen *Zustand* dar, der über unterschiedliche Pfade der Karrieremobilität im Lebenslauf erst erreicht werden muss (Windzio 2000). Die Gesellschaft als dynamisches System konstituiert sich aus Prozessen auf der Mikroebene, die mit Zustandswechseln einhergehen. Zustände und Zustandswechsel resultieren aus Ereignissen, und die zeitliche Lagerung von *Ereignissen* im Lebenslauf kann wiederum Folgen haben für die Dauer der anschließenden Zustände und die Chancen oder Risken von weiteren Ereignissen.

1.1 Ereignisse in der sozialwissenschaftlichen Forschung

In der soziologischen Ungleichheitsforschung hat sich die Einsicht durchgesetzt, dass manche Statuspositionen, wie z.B. Armut, häufig nur temporäre Phänomene im Lebenslauf darstellen. Nehmen wir ein berühmtes Beispiel aus der Armutsforschung der 1990er Jahre: Betrachtet man eine Zugangskohorte in die Sozialhilfe, dann stellt man fest, dass – je nach Art der Definition von Bezugsepisoden – nach nur ca. 17 Monaten 50% wieder aus dem Sozialhilfebezug ausgestiegen sind (Buhr 1994, S. 113) und die akute Armutslage somit überwunden haben.

Für die Bewertung der sozialen Ungleichheit einer Gesellschaft macht es einen großen Unterschied, ob eine Gruppe entweder dauerhaft in Armut lebt, oder ob das Armutsrisiko zwar tief in die Mittelschicht hinein reicht, aber von kurzen Episoden dominiert ist. Prozesse des Einstiegs in und des Ausstiegs aus der Armut sind Ereignisse und lassen sich nur auf Basis von personenbezogenen Längsschnittdaten untersuchen. Dasselbe gilt für Ereignisse der Wiederbeschäftigung nach Arbeitslosigkeit (Ludwig-Mayerhofer 1990), der Rückfälligkeit von Strafentlassenen (Windzio 2006a), der Gründung und Auflösung von Wirtschaftsbetrieben (Hannan und Freeman 1989; Hannan und Carroll 1992; Schunck und Windzio 2009), der Wiedereinweisung von entlassenen Psychiatriepatienten (Mesch und Fishman 1994), der Geburt von Kindern (Huinink 1989), der Heirat, Scheidung (Brüderl et al. 1997) und Wiederheirat (Klein 1990b; Lankuttis und Blossfeld 2003), dem Sterben der eigenen Eltern (Klein 1990a), aber auch, aus international vergleichender Perspektive, Ereignisse des Regimewechsels in Nationalstaaten, z.B. von einem Einparteienregime oder einer Diktatur zu einem Mehrparteiensystem (Hannan und Carroll 1981). Untersucht man Lebenschancen und Risikolagen aus einer Lebenslaufperspektive oder erforscht man grundlegende institutionelle Veränderungen, wird deutlich, wie sehr das soziale Leben durch Ereignisse geprägt ist. Die Theorie kognitiver und sozialer Systeme hat seit jeher den dynamischen Charakter von Ereignissen hervorgehoben (Luhmann 2005, 1992). Möglicherweise wird die quantitativ-empirische Ereignisanalyse das Abstraktionsniveau dieser Theorie niemals operationalisieren können – nichtsdestotrotz teilen beide Perspektiven eine systemisch-dynamische und ereignisbasierte Sichtweise auf die Gesellschaft.

Auf der Basis von Daten, die Auskunft über Ereignisse geben, lassen sich Regressionsmodelle schätzen, um Hypothesen über Einflussfaktoren auf den Eintritt von Ereignissen zu testen. In Abhängigkeit von der Untersuchungsfragestellung und der jeweils verfügbaren Information kann das Eintreten von Ereignissen unter verschiedenen Blickwinkeln analysiert werden: Welche Faktoren wirken sich darauf aus, ob ein Ereignis eintritt oder nicht? Welche Bedingungen fördern den Übergang von einem Einparteienregime zu einer Mehrparteiendemokratie? Wovon hängt es ab, wie stark eine Person im Zeitverlauf dazu neigt, ein bestimmtes Lebenslaufereignis zu erleben oder nicht? Aufgrund welcher Faktoren erlebt eine Person in einem bestimmten Zeitraum mehr Ereignisse (z.B. Jobwechsel oder Gewaltdelikte) als andere?

In diesem Lehrbuch werden aber nicht nur Methoden der Ereignisanalyse dargestellt. Dieses Verfahren stellt nur eines von vielen Verfahren aus der Familie der *generalisierten linearen Modelle* dar. Der Einstieg in das Thema erfolgt zunächst über die Darstellung dieser Modellfamilie; anschließend wird die binäre logistische Regression behandelt, die selbst zu einer Variante der Ereignisanalyse verallgemeinert werden kann. Die Kenntnis der binären logistischen Regression ist daher überaus hilfreich für das Verständnis der Ereignisanalyse.

1.2 Die Erklärung von Zuständen

Die Ereignisanalyse erklärt aus einer dynamischen Perspektive die Neigung der Untersuchungseinheiten, im Zeitverlauf einen Übergang von einem Ausgangs- in einen Zielzustand zu erleben. Jedoch ist es in vielen Fällen ebenfalls von Bedeutung, aus einer zunächst „statischen" Perspektive zu erklären, welche Untersuchungseinheiten aufgrund welcher Merkmale einen jeweiligen Zustand einnehmen bzw. in welchem Zustand sie sich aktuell befinden. Man fragt z.b. danach, welche Faktoren sich auf die Wahrscheinlichkeit auswirken, aktuell auf einer befristeten Arbeitsstelle beschäftigt zu ein. Oder man untersucht, über welchen Allokationsweg (z.b. Arbeitsamt oder soziales Netzwerk) Personen ihre jeweilige Arbeitsstelle gefunden haben. Eine typische Fragestellung aus der kriminologischen Forschung besteht darin zu erklären, warum Jugendliche innerhalb eines bestimmten Zeitraumes entweder ein Gewaltdelikt begangen haben, bzw. wenn sie zu Gewaltdelikten neigen, wie viele Delikte dies waren (Windzio und Baier 2009). Aus ersterer Information lässt sich die *Prävalenz* (d.h. die Ausbreitung) des Merkmals „Täter" in der Population vorhersagen, aus der zweiten Information die *Inzidenz* (d.h. die Auftretenshäufigkeit) von Gewaltdelikten.

Anhand dieser Beispiele wird deutlich, dass die abhängige Variable „Zustand" auf unterschiedlichen Skalenniveaus gemessen werden kann. Sie kann binär, ordinal (z.B. die „subjektive Schichteinstufung" in Ober-, Mittel- oder Unterschicht) oder nominal skaliert sein. Weil Regressionsmodelle immer auf einer Annahme über die Verteilungsform der abhängigen Variablen basieren, bestimmt insbesondere deren Skalenniveau die Wahl eines angemessenen Regressionsmodells (z.B. binäre logistische oder ordinale Regression).

Ein weiterer wesentlicher Aspekt, der es sinnvoll erscheinen lässt, Regressionsmodelle für Zustände und Ereignisse in einem Lehrbuch gemeinsam zu behandeln, besteht darin, dass das Verfahren der binären logistischen Regression und ihr Verständnis einen sehr guter Einstieg darstellen, der hilft, die komplexeren Verfahren der Ereignisanalyse zu erlernen. Wie gezeigt wird, lässt sich das Verfahren der binären logistischen Regression generalisieren zu einem Modell der Ereignisanalyse für diskrete Zeiteinheiten. Von der Basis einer guten Kenntnis der binären logistischen Regression ausgehend ist es vermutlich einfacher, das Prinzip der Hazardrate der Ereignisanalyse nachzuvollziehen.

Weitere inhaltliche Zusammenhänge zwischen den hier beschriebenen Analyseverfahren sind offenkundig: Die Ereignisanalyse stellt ein Verfahren zur Analyse von Ereignissen im Zeitverlauf dar, das berücksichtigen kann – und muss –, dass bestimmte Beobachtungen rechtszensiert sind. Zensierung liegt vor, wenn die Untersuchungseinheiten zu einem bereits beobachteten Zeitpunkt noch kein Ereignis erlebt haben und der Beobachter daher die exakte Verweildauer im Ausgangszustand nicht kennt. Das Problem der Zensierung existiert allerdings auch in anderen Datensituationen – und dies wohl weitaus häufiger, als sich die meisten Forschenden in den Sozialwissenschaften bewusst sind. Es geht um das Problem zensierter abhängiger Variablen und selektiver Stichproben: In diesen Fällen ist bereits der *Zustand in x*, der als exogen verursacht angenommen wird und als unabhängige Variable die abhängige Variable beeinflussen soll, problematisch. Er resultiert aus einem systematischen und mit der abhängigen Variablen korrelierten Prozess, der ebenfalls modelliert werden sollte. Neben den üblichen Verfahren zur Erklärung von Zuständen, wie binäre, ordinale und multinomiale logistische Regression, werden daher auch die Tobit-Regression, das Heckman-Modell für selektive Stichproben sowie die *switching regression* dargestellt.

Noch eine weitere Überzeugung liegt der Arbeit an diesem Buch zugrunde: Sozialwissenschaftliches Denken sollte mindestens *auch* in Form von statistischen Modellen erfolgen. Gerade die Logik von Datensituationen und statistischer Modellbildung schärfen das Bewusstsein für und die kritische Sichtweise auf Konzepte wie Zeit, Ursache und Wirkung, unbeobachtete Heterogenität, Selbstselektion und selektives Sample. Diese Konzepte sind nicht allein für die statistische Modellbildung, sondern auch für substanziell-theoretische Argumentationen in den Sozialwissenschaften von Bedeutung. Nur leider sieht man diese Phänomene nicht, wenn man nicht in diesen Konzepten ausgebildet ist. Frei nach Niklas Luhmann lässt sich sagen (Luhmann 1990, S. 85): Noch schlimmer – man sieht nicht einmal, dass ein Problem vorliegen könnte, welches man nicht sehen kann, wenn man nicht über die dafür notwendigen Unterscheidungen verfügt.

1.3 Regressionsmodelle für Zustände und Ereignisse: Kategoriale und zensierte Daten

Die große Familie der *generalisierten linearen Modelle* hält für jedes gängige Skalenniveau der abhängigen Variablen ein passendes Regressionsmodell bereit. Die Standardformen aller in diesem Buch besprochenen Verfahren gehören zu dieser Familie. Auch die Ereignisanalyse, die einen der Schwerpunkte dieses Lehrbuches darstellt, lässt sich durch das generalisierte lineare Regressionsmodell motivieren. Zudem existieren Modelle für besondere Datensituationen, bei denen bspw. die abhängige Variable entweder zensiert oder abgeschnitten ist oder bei dem die Modellschätzung auf einem selektiven Sample basiert.

Modelle zur Lösung derartiger Datensituationen sowie Modelle für die jeweils unterschiedlichen Skalenniveaus, auf denen die abhängigen Variablen gemessen sind, werden in diesem Lehrbuch besprochen. Begonnen wird zunächst mit einer knappen Abhandlung des generalisierten linearen Modells. Innerhalb der Familie dieser Modelle ist die binäre logistische Regression sehr prominent. Wie gezeigt wird, ist die binäre logistische Regression die Grundlage für sogenannte zeitdiskrete Modelle der Ereignisanalyse, aber auch anderer verwandter Verfahren wie die ordinale und multinomiale logistische Regression, sowie das konditionale und das *nested* Logit-Modell. Die Ereignisanalyse stellt ein Verfahren zur Erklärung von Zustandswechseln dar, die im Zeitverlauf eintreten. Dabei ist der Fokus sowohl auf die Frage gerichtet, *ob* ein Ereignis eintritt, als auch auf die Frage, *wann* im Zeitverlauf das Ereignis eintritt. Allerdings umfasst die Ereignisanalyse selbst wiederum eine große Familie von spezifischen Modellen. Nicht alle können in diesem Lehrbuch Berücksichtigung finden, aber die wichtigsten werden ausführlich behandelt und deren grundlegende Logik – sowohl von semiparametrischen als auch von parametrischen Modellen – wird illustriert.

Im Anschluss an die Darstellung der Ereignisanalyse werden Modelle für Zähldaten beschrieben. Zählvariablen sind zwar diskret (und nicht stetig), aber trotzdem metrisch skaliert. Sie messen ganzzahlige Werte etwa von Kindern, die Frauen im Alter von 40 haben, oder Jobwechsel als Resultat von Arbeitsmarktprozessen, die junge Berufseinsteiger im Alter von 25 bereits erlebt haben. Innerhalb der Familie der Zähldatenmodelle gibt es unterschiedliche Varianten, die für spezifische Datensituationen angemessen sind. Besprochen werden daher auch statistische Testverfahren, die dem Anwender bzw. der Anwenderin die Entscheidung über die Wahl eines spezifischen Modells erleichtern sollen.

Des Weiteren werden Generalisierungen der multinomialen logistischen Regression behandelt, die unter anderem dann interessant werden, wenn es zu Verstößen der Anwendungsvoraussetzungen des Modells kommt. Dabei geht es zunächst um das in der Entscheidungsforschung prominente konditionale logistische Regressionsmodell, bei dem die Vorhersage der Wahl einer Alternative nicht durch Merkmale der Personen (oder der Untersuchungsobjekte generell), sondern durch Merkmale der Alternativen vorhergesagt wird. Weitere Generalisierungen sind das sogenannte Mixed-Logit-Modell, bei dem sowohl Merkmale der Personen als auch Merkmale der Alternativen herangezogen werden, um die Wahl einer Alternative vorherzusagen, sowie das Nested-Logit Modell, das im Rahmen einer hierarchischen Modellierung von Entscheidungsebenen eine restriktive Annahme des multinomialen und konditionalen Logitmodells lockert.

Im Rahmen der ordinalen logistischen Regression wird das Grundprinzip des Modells erklärt sowie auf die zentrale Annahme der proportionalen Odds eingegangen. Die Annahme lässt sich durch spezifische Tests überprüfen und ggf. können alternative Modellvarianten verwendet werden.

In der praktischen Forschung steht man manchmal vor dem Problem, dass an sich unterschiedliche Ereignisse voneinander abhängig sind. Wenngleich man häufig nicht eindeutig sagen kann, dass Ereignis *A* die Ursache von Ereignis *B* darstellt, besteht doch eine enge Beziehung zwischen diesen Ereignissen – zumal dann, wenn Sie teilweise durch dieselben unbeobachteten Faktoren erklärt werden können. Ereignisse können, mit anderen Worten, im Rahmen systemischer Abhängigkeiten unterschiedlicher Prozesse auftreten. Diese Abhängigkeiten sollten durch ein adäquates System von Gleichungen berücksichtigt werden, was in diesem Buch einführend am Beispiel des bi- und multivariaten Probit-Modells erläutert wird.

In diesem Buch werden für die praktischen Übungen Daten einer anonymisierten Längsschnittstudie verwendet, an deren Durchführung der Autor dieses Buches beteiligt war. Die Beispielanalysen basieren auf einer zufälligen 30% Unterstichprobe einer Stichprobe der Teilnehmerinnen und Teilnehmer der Berufsverlaufstudie Ostdeutschland. In dieser Studie wurden in einer postalischen Retrospektivbefragung die Lebens- und Berufsverläufe von ostdeutschen Personen erfasst, die in den Jahren 1985, 1990 oder 1995 entweder ein Studium oder einer berufliche Lehre absolvierten (Sackmann et al. 2000). Das verwendete 30% Sample wurde sehr stark anonymisiert. Wie bereits im Vorwort erwähnt können die Daten online abgerufen werden unter

```
http://www.barkhof.uni-bremen.de/~mwindzio/ereignisse.zip
```

Besser ist es, zu Beginn einer jeden Übungssitzung das folgende globale Makro zu definieren (vgl. Vorwort):

```
global pfad http://www.barkhof.uni-bremen.de/~mwindzio/
```

Anschließend kann jeweils an der entsprechenden Stelle des Buches den Anweisungen zum Einlesen des jeweiligen Datensatzes gefolgt werden.

2 Das generalisierte lineare Regressionsmodell

Wie der Titel nahelegt, sind die in diesem Lehrbuch behandelten statistischen Methoden allesamt Varianten der Regressionsanalyse. Im vorangehenden Kapitel wurde darauf hingewiesen, dass sich das Verfahren der Regression nicht auf die lineare OLS-Regression beschränkt, sondern aus der Perspektive eines generalisierten linearen Modells (McCullagh und Nelder 2008) auch nicht-lineare Beziehungen zwischen den unabhängigen Variablen und den Erwartungswerten der abhängigen Variablen modellieren kann. Neben Verfahren zur Typenbildung (Clusteranalyse) (Bacher 2002) oder Dimensionsanalyse (Korrespondenz- und Faktorenanalysen und Multidimensionale Skalierung) (Skrondal und Rabe-Hesketh 2004; Blasius 2001; Borg 1989) stellen diese generalisierten linearen Regressionsmodelle einen wesentlichen Bestandteil der alltäglichen Arbeit in den quantitativ empirischen Sozial-, Wirtschafts- und Verhaltenswissenschaften dar. In diesem Lehrbuch werden allerdings auch Verfahren behandelt, die üblicherweise nicht der Familie des generalisierten linearen Regressionmodells zugeordnet werden. Dennoch ist es aus didaktischen Gründen hilfreich, einige der hier besprochenen Modelle – von der binären logistischen Regression über das Poisson-Modell bis zur Ereignisanalyse – vom generalisierten linearen Modell her zu motivieren. Übrigens haben Nelder und Wedderburn (1972) in ihrer wegweisenden Arbeit selbst auf die Bedeutung ihres generalisierten Modells für das Verständnis komplexer Regressionsmodelle hingewiesen. Ausgangspunkt für die Darstellung des generalisierten linearen Modells ist zunächst ein kurzes Repetitorium zur linearen Regression.

2.1 Das lineare Regressionsmodell

In den meisten einführenden Lehrbüchern der sozialwissenschaftlichen Statistik wird das lineare Regressionsmodell beschrieben, dessen Verständnis die Grundlage für die Erarbeitung komplexerer Regressionsmodelle darstellt. In der linearen Regression wird die Varianz einer abhängigen Variablen y durch die Varianz einer oder mehrerer unabhängiger Variablen x erklärt. Hat man ein passendes Regressionsmodell gefunden, welches vor dem Hintergrund substanzieller Theorien über den Untersuchungsgegenstand sinnvoll interpretierbar ist und zudem einen möglichst hohen Varianzanteil von y erklärt, lassen sich auf Basis des

Modells die Schätzwerte $\hat{y}$ der abhängigen Variable vorhersagen. Gemäß des linearen Regressionsmodells resultiert der Wert der abhängigen Variablen y für das Subjekt i aus einer *linearen* Funktion einer oder mehrerer unabhängiger Variablen, deren Regressionsgewichten β, sowie einem Fehlerterm ε_i, der alle Einflüsse auf y repräsentiert, die durch in der Regressionsgleichung *nicht* berücksichtigte Faktoren zustande kommen.

$$y_i = \beta_0 + \beta_1 x_{1i} + \beta_2 x_{2i} + \varepsilon_i$$

Anhand dieser Formel lässt sich nach erfolgter Regressionsschätzung für jede Beobachtung der empirisch gemessene Wert für y berechnen. Allerdings zielt man mit einer theoretisch gut begründeten Formulierung eines Erklärungsmodells in der Regel darauf ab, ein Modell mit einem begrenzten Satz an Erklärungsfaktoren zu testen, weshalb man den Fehlerterm, unter bestimmten Annahmen über dessen Verteilung, zunächst ignoriert. Nehmen wir an, Ungleichheitsforscher behaupten aus der Perspektive der Theorie der intergenerationalen Statusreproduktion, dass die Lesekompetenz von Jugendlichen in der 9. Jahrgangsstufe, wie sie in der PISA Studie gemessen wurde (Baumert et al. 2001), zuvorderst vom sozialen Status der Eltern und vom Migrationshintergrund abhängig sei. Aus dieser Perspektive würde man die Testleistung eines Schülers i z.B. durch den Statusscore des Berufs des Vaters oder der Mutter und durch den Migrationshintergrund vorhersagen. Der Fehlerterm ε wird als *zufällig* und normal verteilt angenommen – er darf demnach nicht mit den unabhängigen Variablen $\mathbf{x}$ korreliert sein. Gegeben, dass diese Annahme zutrifft, kann ε ignoriert werden. Das Modell hat dann die Form

$$\hat{y}_i = E(y_i \mid x) = \beta_0 + \beta_1 x_{1i} + \beta_2 x_{2i} = \boldsymbol{\beta}' \mathbf{x}$$

In der Matrixschreibweise repräsentiert $\boldsymbol{\beta}'\mathbf{x}$ in verdichteter Form den Term $\beta_0 + \beta_1 x_{1i} + \beta_2 x_{2i}$. Dies wird im Folgenden als *Linearkombination* aus Regressionskoeffizienten $\boldsymbol{\beta}$ und Werten der unabhängigen Variablen $\mathbf{x}$ bezeichnet. Der geschätzte bzw. vorhergesagte Wert der abhängigen Variablen ist $\hat{y}$. Dies ist zugleich der Erwartungswert von y, den man aus der Grundgesamtheit zöge, wenn man diese nach den Merkmalen Status und Migrationshintergrund „schichten" würde und daher vor der Ziehung weiß, ob es sich um einen Schüler mit Migrationshintergrund handelt und wie hoch der Status im Elternhaus ist. Dieser *konditionale* Erwartungswert $E(y \mid x)$ ist der Mittelwert von y, gegeben die jeweilige Merkmalskombination von x_1 und x_2 liegt vor.

Abbildung 1 zeigt am Beispiel eines bivariaten Zusammenhangs die Logik der linearen Regression. Während das Streudiagramm die bivariate Verteilung der empirischen Werte von y und x darstellt, repräsentiert die Regressionslinie die vorhergesagten Werte für die abhängige Variable y, die anhand des einfachen Modells geschätzt wurden. Nehmen wir an, es handelt sich hierbei um die Vorhersage des PISA-Testwertes y eines Schülers in Abhängigkeit vom höchsten beruflichen Status x seiner Eltern (Vater oder Mutter).

Abbildung 1:   OLS-Regressionsgerade im Streudiagramm

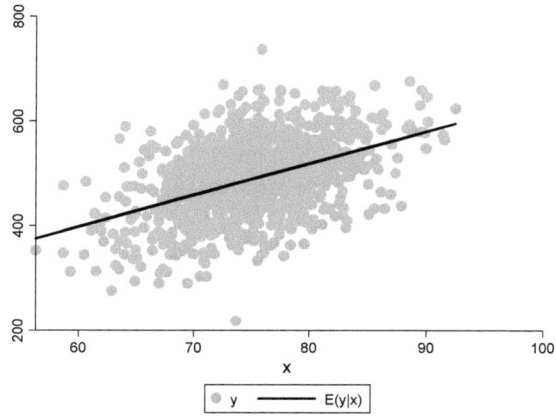

Die Schätzung der Regressionsgewichte β erfolgt in der multiplen Regression durch die Minimierung der Summe der quadrierten Abweichungen der Punkte von der Regressionsgeraden. Diese so genannten Residuen, die identisch sind mit ε_i, werden *lotrecht* gemessen, also in der vertikalen Dimension der y-Achse. Über alle n Fälle wird diese Summe berechnet durch

$$\sum_{i=1}^{n}\left(y_i - (\beta_0 + \sum_{j=1}^{p}\beta_j X_{ij})\right)^2 = \sum_{i=1}^{n}\left(y_i - \beta_0 - \sum_{j=1}^{p}\beta_j X_{ij}\right)^2$$

Dabei stellt der Term

$$\hat{y}_i = \beta_0 + \sum_{j=1}^{p}\beta_j X_{ij}$$

die geschätzte Regressionsfunktion dar (die im bivariaten Fall eine Gerade wäre, im Fall mit k Kovariaten eine k-dimensionale Hyperfläche), die vom empirisch realisierten Messwert für y subtrahiert wird. Dieses Residuum $\varepsilon_i = y_i - \hat{y}$ repräsentiert die nicht durch die Regressionsfunktion erklärten Einflüsse auf y. Das geschätzte Modell – in Abbildung 1 repräsentiert durch die Regressionsgerade – lässt sich aufgrund der linearen Form komfortabel interpretieren. Das lineare Regressionsmodell hat folgende Form:

$$y_i = \beta_0 + \beta_1 x_{1i} + \varepsilon_i$$

Mit dem Ergebnis der Modellschätzung:

$$y_i = 3{,}199 + 6{,}483 \bullet x_{1i} + \varepsilon_i$$

Der Schätzwert für die Konstante β_0 (engl. „intercept") beträgt 3,199, der Schätzwert für β_1 6,483. Der Schätzwert bzw. der Erwartungswert von y ergibt sich allein aus der Schätzgerade:

$$\hat{y}_i = E(y \mid x) = 3{,}199 + 6{,}483 \bullet x_{1i}$$

Wird die Punktewolke gut durch die Schätzgerade repräsentiert, was man daran sehen kann, wie „eng" sich die Punkte insgesamt an die Gerade „anschmiegen", dann passt das (hier sehr einfache) Modell auch gut zu den Daten. Die Anpassungsgüte des Modells an die Daten wird durch das Verhältnis von durch das Modell erklärter Varianz zur gesamten Varianz der abhängigen Variablen berechnet. Der Steigungskoeffizient (engl. „slope") der Regressionsgeraden beträgt 6,483. Erhöht sich also der Statuswert der Eltern (x_i) um eine Einheit (d.h. einen Punkt auf der Statusskala), erhöht sich der PISA-Testwert des Schülers um 6,483 Punkte. Die Konstante β_0 mit einem Wert von 3,199 repräsentiert den Wert von y, wenn x den Wert Null aufweist. Da die Statusskala x einen Range von 58 bis 99 aufweist, ist dieser Wert empirisch nicht vorhanden, wird aber von der Regressionsgeraden im Modell „nach unten" extrapoliert. Da es sich um eine Regressions*gerade* handelt, oder besser gesagt: weil wir in unserem Modell annehmen, eine *Gerade* würde die empirischen Zusammenhänge adäquat repräsentieren, ist dieser Steigungskoeffizient an jeder Stelle von x identisch. Genau das macht eine *lineare* Beziehung zwischen x und y aus. Das klingt zunächst trivial, ist es aber nicht. In diesem Lehrbuch werden überwiegend Modelle beschrieben, bei denen der Zusammenhang zwischen den unabhängigen Variablen und dem Erwartungswert (oder Vorhersagewert) der abhängigen Variablen *nicht* linear ist und die Steigung der Funktion damit auch nicht an jeder Stelle von x dieselbe. Aus diesem Grund sind Effekte unabhängiger Variablen auf den Erwartungswert von y bei nicht-linearen Zusammenhängen auch wesentlich schwieriger zu interpretieren. Dies sollte in den einschlägigen Kapiteln dieses Buches deutlich werden.

Regressionsmodelle für Zustände und Ereignisse basieren also zumeist auf nicht-linearen Zusammenhängen zwischen x und y. Es stellt sich die Frage, ob man bei diesen nicht-linearen Modellen den Erwartungswert von y nicht in einer Weise transformieren kann, die auf der rechten Seite der Gleichung zu einer *Linearkombination* aus erklärenden Variablen x und deren Regressionsgewichten führt – um dann die Effekte der erklärenden Variablen auf die *transformierten* Erwartungswerte von y in *linearer* Weise zu interpretieren.

Die *generalisierten linearen Modelle* stellen eine Familie von Regressionsmodellen dar, bei denen genau dies getan wird: Über eine sogenannte Linkfunktion werden die Erwartungswerte von y transformiert, so dass man ein *lineares* Modell der Zusammenhänge zwischen den erklärenden Variablen und den *transformierten* Erwartungswerten schätzt.

2.2 Nichtlinearität und Linkfunktionen

Die Idee der generalisierten linearen Modelle besteht darin, einen verallgemeinerten Ansatz zu formulieren, der unterschiedliche Varianten der Regressionsanalyse integriert – auch das Modell der linearen Regression. Im linearen Regressionsmodell lassen sich die Vorhersagewerte als *konditionale Mittelwerte* betrachten, also als Mittelwerte der abhängigen Variablen für eine jeweilige Konstellation der unabhängigen Variablen. In der linearen Regression wird die abhängige Variable durch eine Linearkombination aus Werten der unabhängigen Variablen und den Regressionskoeffizienten vorhergesagt. Ziel des generalisierten linearen Modells ist es, nach Transformation des Erwartungswertes der abhängigen Variablen diese durch eine *lineare Funktion* eines Satzes von unabhängigen Variablen vorherzusagen – nämlich $\beta'x$.

Die Transformation des konditionalen Erwartungswertes über eine mathematische Funktion und die Auswahl einer adäquaten Fehlerverteilung von y ermöglicht die Anwendbarkeit der Regression auf unterschiedliche Messniveaus der abhängigen Variablen. Man kann auf Basis des generalisierten linearen Modells Regressionsmodelle schätzen, die für abhängige Variablen anwendbar sind, die weder stetig noch normal verteilt sind. Dies ist wichtig, denn viele in der Forschungspraxis verwendete abhängige Variablen lassen sich gerade nicht durch eine stetige Normalverteilung beschreiben. Beispielsweise liegen *Zähldaten* in Form einer *diskreten* Verteilung vor. Diese Zähldaten messen die Anzahl von

Ereignissen, Zuständen oder Objekten einer Untersuchungseinheit. Das können die gerauchten Zigaretten an einem Tag, die Anzahl schwerer Gewaltdelikte im Vorjahr, die Anzahl der Kinder einer Frau im Alter von 40 oder die im Alter von 25 Jahren erlebten Jobwechsel sein. Ziel des generalisierten linearen Modells ist es, eine *Linkfunktion* zu spezifizieren, die die nicht-lineare und womöglich auch diskrete Verteilung der abhängigen Variablen so transformiert, dass sie durch eine Linearkombination von Werten der unabhängigen Variablen und den geschätzten Regressionskoeffizienten vorhersagbar ist – genau, wie das im linearen Regressionsmodell der Fall ist. Die Spezifikation dieser Linkfunktion ist eine zentrale Komponente des generalisierten linearen Modells. Zentral ist aber ebenfalls die Spezifikation der *Verteilung des Fehlerterms* des Modells. Nehmen wir an, die abhängige Variable ist binär kodiert mit den Werten 0 und 1. Diese Variable hat einen Mittelwert π, der den Anteil der Einsen abbildet. Eine binär verteilte Zufallsvariable ist binomial verteilt mit einer Varianz von $\pi \bullet (1-\pi)$. Um die Regressionskoeffizienten und die Standardfehler einer Regression zu schätzen, bei der die abhängige Variable binär kodiert ist, müssen wir die entsprechende *Wahrscheinlichkeitsverteilung des Fehlerterms* spezifizieren, damit wir die entsprechende Likelihood-Funktion formulieren können.

Dies sehen wir uns nun genauer an. Wir gehen von einer nicht normal verteilten kategorialen abhängigen Variablen y aus. Deren bedingten Erwartungswert (d.h. gegeben $\mathbf{x}$) bezeichnen wir als μ_i (sprich: mü), so dass gilt: $\mu_i \equiv E(Y_i)$. Die generalisierten linearen Modelle weisen drei Komponenten auf (Fox 2008, S. 379), nämlich die Verteilungsfunktion der Zufalls- oder Fehlerkomponente, die lineare Vorhersagegleichung sowie die Linkfunktion.

1. Eine Verteilung der *Fehlerkomponente*, die abhängig ist vom Skalenniveau und der bedingten Verteilung (d.h. gegeben $\mathbf{x}$) der abhängigen Variablen. Die in der OLS-Regression unterstellte *Normal*verteilung der Fehler (d.h. der Zufallskomponente bzw. der Residuen) ist ja nur *eine* unter vielen möglichen Verteilungsformen der Fehler. In der ursprünglichen Formulierung der generalisierten linearen Modelle bei Nelder und Wedderburn (1972, S. 372) entstammt die Fehlerverteilung der Familie der exponentiellen Verteilungen, nämlich der Normalverteilung, der Binomialverteilung, der Poisson-Verteilung, der Gammaverteilung und der inversen Gauss-Verteilung.

2. Eine *lineare Vorhersagegleichung*, bei der die transformierte abhängige Variable aus einer Linearkombination von Werten der erklärenden Variablen $\mathbf{x}$ und deren Regressionsgewichten resultiert, d.h.

$$\eta_i = \beta_0 + \beta_1 x_{1i} + \beta_2 x_{2i} + \ldots + \beta_k x_{1k} = \boldsymbol{\beta}' \mathbf{x}$$

Dabei ist η_i (sprich: eta) der *transformierte* bedingte Erwartungswert von y, also von $\mu_i \equiv E(Y_i)$. Sagen wir η_i vorher, können wir aus den Vorhersagewerten an sich nicht ohne Weiteres auf den Erwartungswert μ_i selbst schließen, weil wir diesen Erwartungswert zuvor erst transformieren mussten, um angesichts der nicht-linearen Zusammenhänge zwischen dem Erwartungswert und den erklärenden Variablen **x** zu einer linearen Vorhersagegleichung zu kommen. Die lineare Vorhersagegleichung sagt – mit anderen Worten – nur die *transformierten* bedingten Erwartungswerte η_i vorher, nicht aber die Erwartungswerte μ_i selbst.

3. Um die nicht linearen Zusammenhänge zwischen den bedingten Erwartungswerten von y und der erklärenden Variablen **x** zu einer linearen Vorhersagegleichung zu gelangen, benötigen wir eine *Linkfunktion*. Die Linkfunktion transformiert den Erwartungswert der abhängigen Variablen in einer Weise, die eine Vorhersage durch eine lineare Gleichung ermöglicht, wobei nun nicht mehr der Erwartungswert μ_i selbst, sondern der durch die Linkfunktion transformierte Wert η_i vorhergesagt wird. Häufig ist η_i nicht mehr intuitiv interpretierbar, so dass die Einflüsse der erklärenden Variablen eigentlich nur anhand der Vorzeichen der Koeffizienten und deren Signifikanz abgelesen werden können. Dabei ist $g(.)$ die eigentliche Linkfunktion, über die die Transformation von μ_i zu η_i erfolgt. Je nach Skalenniveau und Verteilung der abhängigen Variablen gibt es unterschiedliche Linkfunktionen.

$$g(\mu_i) = \eta_i = \beta_0 + \beta_1 x_{1i} + \beta_2 x_{2i} + \ldots + \beta_k x_{1k} = \boldsymbol{\beta' x}$$

Dabei ist wichtig, dass die Linkfunktion auch invertierbar, also umkehrbar ist, damit die linearen Schätzungen von η_i wiederum dazu verwendet werden, μ_i, den Erwartungswert von y in seiner ursprünglichen Maßeinheit (z.B. Wahrscheinlichkeit), zu berechnen. Zur jeweiligen Linkfunktion muss eine handhabbare Inverse existieren, die diese Rückrechnung gestattet.

Auch die lineare Regression lässt sich als eine Variante des generalisierten linearen Modells formulieren (Nelder und Wedderburn 1972). Die Linkfunktion wird in diesem Fall als *Identity-Link* bezeichnet. Das bedeutet: wenn μ der Mittelwert ist, ist die Linkfunktion $g(\mu) = \mu$. Der Mittelwert μ wird ohne eine mathematische Transformation direkt im Regressionsmodell vorhergesagt. Die anderen Modelle nutzen mehr oder weniger komplexe Linkfunktionen.

In der ursprünglichen Formulierung bei Nelder und Wedderburn (1972) gehörten zu dem generalisierten linearen Modell unterschiedliche Zufallsverteilungen, die man in einer *exponentiellen* Form ausdrücken kann. Das bedeutet, dass die Linearkombination aus Regressionsgewichten und Werten der unabhängigen Variablen $\boldsymbol{\beta' x}$ (also die *lineare* Vorhersagegleichung) in eine mehr oder weniger komplexe Funktion eingebettet ist, bei der **β'x** ein Exponent zur Basis *e* (Euler-sche Zahl, $\approx$2,718) ist. Durch die Linkfunktion wird die abhängige Variable so transformiert, dass auf der rechten Seite des Gleichheitszeichens tatsächlich eine lineare Vorhersagegleichung steht. Eine prominente Wahrscheinlichkeitsvertei-lung aus der Familie der exponentiellen Verteilungen ist die Poisson-Verteilung. Aus ihr ergibt sich das Modell der *Poisson-Regression* für Zähldaten. Zähldaten sind zwar metrisch, aber nicht stetig, sondern diskret. Man kann nur eins, zwei, drei etc. Kinder haben, aber nicht 1,567. Die Poisson-Verteilung beschreibt die Verteilung einer diskreten Zählvariablen dadurch, dass sie für die abhängige Variable *y* die Wahrscheinlichkeit darstellt, in der jeweiligen Kategorie *k* zu liegen. Der Zusammenhang zwischen $P(y{=}k)$ und μ ist nicht-linear. Die Dichte-funktion der Wahrscheinlichkeitsverteilung nach dem Poisson-Modell hat die Form:

$$P(y = k \mid \mu) = f(y \mid \mu) = \frac{\exp(-\mu) \bullet \mu^{y}}{y!} \quad \text{für y=0,1,2,...,k}$$

Wir können diese Gleichung umformen, so dass ihre Zugehörigkeit zur Familie der Exponentialverteilungen deutlich wird (Dunteman und Ho 2006, S. 43). Dabei macht man sich zu nutze, dass wir die Basis *e* (ausgedrückt durch „exp") ausklammern können und dadurch der gesamte übrige Teil der rechten Seite der Gleichung logarithmiert wird. Dabei werden Potenzen zu Produkten (μ^{y} wird zu $\ln(\mu)\bullet y$) und Quotienten zu Differenzen ($y!$ im Nenner wird zu $-\ln(y!)$). Das ergibt als Exponentialfunktion:

$$f(y \mid \mu) = \exp(\ln(\mu) \bullet y - \mu - \ln(y!))$$

In der Poisson-Regression ist μ der Mittelwert bzw. der Erwartungswert der Poisson-Verteilung, der aber nicht durch eine Linearkombination modelliert werden kann. μ soll durch das Modell geschätzt werden, und zwar im multivaria-ten Fall durch **β'x**. Zu diesem Zweck wird die abhängige Variable μ logarith-miert, so dass auf der rechten Seite der Gleichung in der Poisson-Regression **β'x** steht, also die für die Regressionsmodellierung erforderliche Linearkombination. Der Erwartungswert μ der Poisson-Verteilung wird berechnet durch

$$\mu_{i} = E(y_{i} \mid \mathbf{x}_{i}) = \exp(\mathbf{\beta' x}),$$

bzw. im Regressionsmodell geschätzt durch die Linearkombination **β'x**.

$$\ln(\mu_i) = \boldsymbol{\beta' x} \quad .$$

Nun haben wir wieder ein *lineares* Modell – genauer: ein *log-lineares* Modell – mit der gewünschten Linearkombination auf der rechten Seite des Gleichheitszeichens. Bei der Poisson-Verteilung wird die Fehlervarianz allerdings nicht aus den Daten empirisch geschätzt – wie bei der OLS-Regression –, sondern entspricht immer dem Mittelwert. Weicht die Varianz vom Mittelwert ab, entsprechen die Daten nicht der Poisson-Verteilung, was bedeutet, dass die angenommene Verteilung faktisch nicht zu den empirischen Daten passt. Man müsste also ein anderes Modell verwenden, welches auf einer anderen Verteilungsfunktion für *y* basiert. Ist die Varianz größer als der Mittelwert, spricht man von *overdispersion* (Überdispersion). In diesen Fällen müsste eine andere Verteilung für diskrete Zähldaten gesucht werden. Häufig greift man in diesem Fall auf die negative Binomialverteilung zurück, die wir in diesem Buch noch besprechen werden.

Ein weiteres Modell aus der Familie des generalisierten linearen Modells ist die *logistische Regression*. Die nicht-lineare kumulative Wahrscheinlichkeitsverteilung der logistischen Regression lässt sich über die sogenannte Logit-Linkfunktion in die Linearkombination aus Werten der unabhängigen Variablen und Werten der Regressionskoeffizienten transformieren. In dem entsprechenden Abschnitt zur binären logistischen Regression werden wir uns das genauer ansehen. Schließlich sind auch die in diesem Buch behandelten Modelle der Ereignisanalyse, nämlich das Exponential- und das Weibull-Modell (Dunteman und Ho 2006, S. 52) sowie das Cox-Proportional-Hazards-Modell (McCullagh und Nelder 2008, S. 421) Mitglieder des generalisierten linearen Modells darstellen.

2.3 Güte der Modellanpassung in generalisierten linearen Modellen

Eine der wichtigsten Fragen, die man an ein statistisches Schätzmodell zur Erklärung von Zuständen und Ereignissen stellen muss, ist dessen Anpassung an die empirischen Daten. In der OLS-Regression wird diese Anpassungsgüte durch den Anteil der durch das Modell erklärten Varianz der abhängigen Variablen an deren gesamter Varianz dargestellt. Je geringer die Anpassungsgüte ist, desto größer ist der Fehlerterm des Modells, desto eher besteht daher auch die Gefahr, dass die erklärenden Variablen des Modells mit dem Fehlerterm korreliert sind. Eine solche Korrelation würde bedeuten, dass die erklärenden Variablen Information aus dem Fehlerterm mit sich tragen und darum die durch das Modell geschätzten Parameter (also die Regressionskoeffizienten) verzerrt sind. Nehmen wir z.B. an, die Variable *x* weist einen positiven Effekt auf die abhängige Variable y auf, jedoch ist x auch positiv mit dem Fehlerterm ε korreliert. In diesem Fall zeigt der Regressionskoeffizient β nicht den „reinen" Effekt von x auf y, sondern zumindest teilweise auch den Effekt im Modell unbeobachteter – d.h. nicht kontrollierter – Einflussfaktoren. In diesem speziellen Fall wäre β überschätzt. Grundsätzlich sind bei einer (positiven oder negativen) Korrelation von x auch Unterschätzungen möglich, in jedem Fall aber ist β verzerrt. Zudem sind bei einem schlecht an die Daten angepassten Modell auch die Standardfehler der Schätzung potenziell verzerrt (Dunteman und Ho 2006, S. 33).

Daher sollte ein Regressionsmodell möglichst gut an die Daten angepasst sein. In der Praxis der sozialwissenschaftlichen Forschung werden allerdings häufig eher geringe Modellanpassungen in Kauf genommen, was daran liegt, dass man zum einen häufig der Komplexität sozialer Prozesse nicht durch die beobachteten Erklärungsfaktoren Rechnung tragen kann, und dass man zum anderen selten über fehlerfreie Messungen der sozialwissenschaftlichen Konstrukte verfügt. Die allgemeinen Probleme der Beobachtung sozialwissenschaftlicher Prozesse entbinden aber nicht von der Pflicht, sich das Problem der Modellanpassung bewusst zu machen und das Modell hinsichtlich dessen Anpassung einschätzen zu können.

In diesem Abschnitt werden einige Maße der Modellanpassungsgüte für generalisierte lineare Modelle vorgestellt. Neben der Anpassung des gesamten Modells an die empirischen Daten existiert das Problem der Anpassung des Modells an spezielle Beobachtungen, mit anderen Worten: die Residuen und die einflussreichen Fälle. Derartige diagnostische Verfahren werden unter anderem im Kapitel zur binären logistische Regression dargestellt, allerdings existieren sie nicht für alle der hier vorgestellten Modelle (Long und Freese 2003, S. 88).

Wichtig für die Evaluation der Anpassungsgüte generalisierter linearer Modelle ist die Tatsache, dass diese Modelle durch das Maximum-Likelihood-Verfahren geschätzt werden. In den Kapiteln 3.8 und 6.3 wird das Verfahren der *Maximum-Likelihood*-Schätzung etwas ausführlicher erläutert, aber an dieser Stelle soll bereits das Grundprinzip kurz angerissen werden. Eventuell ist die Darstellung im grauen Kästchen unten zu diesem Zeitpunkt noch etwas früh – sie kann daher auch übersprungen werden.

Die mit dem *Maximum-Likelihood-Verfahren* verknüpfte Likelihood-Funktion liefert uns jene Werte, die wir für die Evaluation der Modellanpassung benötigen. Die dabei verwendete Likelihood-Funktion stellt eine Zielfunktion dar, deren Wert dadurch maximiert wird, dass iterativ für die noch unbekannten (!) Beta-Koeffizienten über einen Algorithmus Zahlen eingesetzt werden (Eliason 1993; Gautschi 2010). Die daraus resultierende Likelihood stellt die Wahrscheinlichkeit dar, genau jene Teilmenge an Individuen – gegeben die Merkmalsausprägungen in y und $\mathbf{x}$ – in die Stichprobe zu ziehen, auf der das Regressionsmodell basiert.

Die Likelihood ergibt sich aus dem Produkt aller Einzelbeiträge, die die Beobachtungen zur Wahrscheinlichkeit der Stichprobe leisten. Die Funktion $f(.)$ ergibt sich aus der spezifischen Verteilungsfunktion von y, auf der das Modell basiert. Weil in der Praxis Maximierungen der Likelihood rechnerisch aufwändig sind, da Produkte von Wahrscheinlichkeiten über große Fallzahlen hinweg sehr kleine Werte erzeugen, wird die Likelihood-Funktion logarithmiert, so dass Produkte zu Summen werden. Die *Log-Likelihood* wird durch iteratives Einsetzen von Werten für die unbekannten Betas sukzessive erhöht. Wird das Maximum der von unten aufsteigenden Funktion erreicht, sind die geschätzten Parameter für die Einflüsse von x auf y gefunden – also jene Werte von β, die die Funktion zu ihrem Maximum geführt haben. Wichtig ist für die Evaluation der Modellanpassung ist der Wert der Log-Likelihood, bei dem die Funktion ihr Maximum erreichte. Aus diesem Wert lassen sich unterschiedliche Maße der Modellanpassung berechnen.

Um die Anpassungsgüte eines generalisierten linearen Gesamtmodells an die empirischen Daten zu messen, können unterschiedliche Maßzahlen verwendet werden, von denen die meisten auf einer spezifischen Variante eines Vergleichs der Log-Likelihood eines Modells ohne erklärende Variablen (*Nullmodell*) mit jenem Modell basieren, das alle interessierenden unabhängigen Variablen beinhaltet (*interessierendes Modell*). Man kann auf Basis der Log-Likelihood auch Modelle vergleichen, bei denen das eine Modell gegenüber einem anderen um eine oder mehrere erklärende Variablen erweitert wird. Hierfür werden auch die Begriffe *volles Modell* (full model) und *restringiertes Modell* (restricted model) verwendet, wobei letzteres das Modell mit der geringeren Anzahl an unabhängigen Variablen darstellt.

Bei der Maximum-Likelihood-Schätzmethode wird über numerische Verfahren (d.h. dem iterativen Einsetzen von Zahlen in eine Gleichung) der Vektor $\hat{\theta}$ der Schätzparameter ermittelt, indem die Wahrscheinlichkeit des Vorliegens der jeweiligen Daten – gegeben die jeweiligen Verteilungen von y und x – maximiert wird. Dabei leistet jedes Individuum seinen eigenen Beitrag.

In einem Sample von N unabhängigen Beobachtungen ergibt sich die Ziehungswahrscheinlichkeit des gesamten Samples aus dem Produkt der Einzelbeiträge zur Gesamtwahrscheinlichkeit: Die Wahrscheinlichkeit, Subjekt A und Subjekt B und Subjekt C zu ziehen, beträgt 0,001584, wenn die Subjekte eigene Beiträge von 0,12, 0,33 und 0,04 leisten. Für die Likelihood ergibt sich:

$$L(\hat{\theta}) = \prod_{i=1}^{N} f(y_i; \hat{\theta}) \quad = 0{,}12 \bullet 0{,}33 \bullet 0{,}04 = 0{,}001584$$

Dabei stellt Π das mathematische Zeichen für Produkte dar, also das *Produkt-zeichen*, das analog zum Summenzeichen funktioniert. Aus Gründen der einfacheren mathematischen Verarbeitbarkeit wird die Likelihood logarithmiert und damit die Log-Likelihood betrachtet:

$$\ln\left[L(\hat{\boldsymbol{\theta}})\right] = \ln\left[\prod_{i=1}^{N} f(y_i;\hat{\boldsymbol{\theta}})\right] = \sum_{i=1}^{N} \ln\left[f(y_i;\hat{\boldsymbol{\theta}})\right]$$

$$= \ln(0,12)+\ln(0,33)+\ln(0,04)=\ln(0,001584) = -6,447802$$

In dieser Funktion enthält der Vektor $\hat{\boldsymbol{\theta}}$ der zu schätzenden Parameter die unbekannten Regressionskoeffizienten $\hat{\boldsymbol{\beta}}$. Bei der binären logistischen Regression ist $f(.)$ die *kumulative logistische Verteilungsfunktion*. Auf Basis dieser speziellen Funktion wird z.B. die Wahrscheinlichkeit von 0,12 (der erste Fall) entweder durch $\exp(\boldsymbol{\beta'x})/(1+\exp(\boldsymbol{\beta'x}))$ oder durch $1-\exp(\boldsymbol{\beta'x})/(1+\exp(\boldsymbol{\beta'x}))$ berechnet – je nachdem, ob die Beobachtung i bei y eine Eins oder eine Null aufweist (vgl. ausführlicher Kapitel 3.8). Unter Kenntnis der Werte der Variablen $\mathbf{x}$ und y für jede Beobachtung i kann bei Anwendung der Linkfunktion des jeweiligen Modells auf numerischem Wege das Maximum der Zielfunktion gefunden werden. Die $\hat{\boldsymbol{\beta}}$ sind dabei allerdings unbekannt. Das Ziel besteht darin, deren Werte so zu auszuwählen, dass die Gesamtsumme maximiert wird. Das ist extrem mühsam, weshalb wir auf die Unterstützung durch effiziente Algorithmen und Prozessoren angewiesen sind.

Die Maxima der Log-Likelihood des *interessierenden Modells* und des *Nullmodells* können zur Berechnung so genannter Pseudo-R^2-Werte verwendet werden, von denen im Folgenden die Varianten von McFadden, Cox & Snell sowie Nagelkerke erläutert werden.

2.3.1 McFadden

Aus dem Vergleich der beiden Likelihoods bzw. Log-Likelihoods des Modells ohne Kovariaten und des letztlich interessierenden Modells lassen sich Indikatoren der erklärten Varianz berechnen, die analog zum R^2 der linearen Regression interpretiert werden. Allerdings ist hierbei zu beachten, dass die auf den Likelihoods oder Log-Likelihoods basierenden R^2-Werte in der Regel einer anderen Logik folgen als das bekannte R^2 der erklärten Varianz in der OLS-Regression. Häufig verwendet wird das R^2-Maß von McFadden, das sich berechnet aus

$$R_{MF}^2 = 1 - \frac{LL_1 - k}{LL_0}$$

Hier wird im Zähler die Log-Likelihood des interessierenden Modells reduziert um die Anzahl der erklärenden Variablen, und das Resultat wird durch die Log-Likelihood des Null-Modells – also eines Modells ohne erklärende Variablen – dividiert. Dieser Term wird von 1 abgezogen. Das R^2 von McFadden gilt als konservativ, was bedeutet, dass es in der Regel deutlich geringere Werte aufweist als ein R^2-Wert, der tatsächlich nach der Logik der erklärten Varianz der linearen Regression berechnet wird (vgl. unten das McKelvey-Zavoina-R^2). Zwar bestraft das adjustierte McFadden R^2 Modelle mit vielen Kovariaten, weil von der Log-Likelihood des interessierenden Modells die Anzahl der geschätzten Parameter k (inklusive der Konstanten) subtrahiert wird. Es ist aber indifferent gegenüber der Fallzahl, auf der das geschätzte Modell basiert.

Schätzen wir zur Illustration ein einfaches binäres logistisches Regressionsmodell, zunächst ohne uns über die Logik des Verfahrens und die Interpretation der Koeffizienten Gedanken zu machen (dazu Kapitel 3). Basierend auf diesem Modell kann die Wahrscheinlichkeit vorhergesagt werden, dass der erste Arbeitsvertrag (also im ersten Job) einer Person nur befristet ist. Die drei Schrägstriche /// sind in der Statistiksoftware Stata notwendig, um innerhalb eines Befehls (hier logit) einen Zeilenumbruch durchzuführen:

```
use $pfad/logit.dta, clear
logit befristet frau alter isei_88 kohorte2 ///
kohorte3 if job==1
```

Die Log-Likelihood des ersten Iterationsschrittes beträgt –568,22871 und entspricht jener des Modells ohne Kovariaten. Sie wird als Log-Likelihood des *Nullmodells* bezeichnet. Die Log-Likelihood der letzten Iteration beträgt –421,09491 und entspricht der des mit den erklärenden Variablen geschätzten *interessierenden Modells*. In die Formel für das McFadden-R^2 ergibt sich daraus:

$$R_{MF}^2 = 1 - \frac{-421,09 - 6}{-568,22} = 0,248 \quad \text{(adjustiert um Anzahl der Schätzparameter)}$$

$$R_{MF}^2 = 1 - \frac{-421,09}{-568,22} = 0,259 \quad \text{(nicht adjustiert)}$$

2.3.2 Cox & Snell

Anders als das McFadden-R^2 bezieht das R^2 von Cox & Snell die Fallzahl in den Exponenten mit ein und belohnt höhere Fallzahlen. Nicht die Log-Likelihood, sondern die Likelihood des Null-Modells wird durch die Likelihood des interessierenden Modells dividiert, was die Basis zum Exponenten 2/N bildet.

$$R_{CS}^2 = 1 - \left(\frac{L_0}{L_1}\right)^{\frac{2}{N}}$$

Dieser gesamte Term wird von 1 abgezogen. Nutzen wir die Transformationsregeln für e-Funktionen, denen zufolge Potenzen zu Produkten, Quotienten zu Differenzen und Produkte zu Summen werden, wird das Cox & Snell-R^2 zu

$$= 1 - \exp[-(2 \bullet \ln(L_1) - 2 \bullet \ln(L_0)] / N)]$$

Zwar geht die Größe der Stichprobe in die Berechnung ein; die Obergrenze des Cox & Snell-R^2 ist allerdings immer kleiner als 1. Auch das Cox & Snell-R^2 tendiert daher zu eher geringen Werten, wenn man diese Größe als erklärte Varianz analog zur OLS-Regression interpretieren möchte. Man kann es von Stata mit dem Befehl fitstat ausgeben lassen, der allerdings vorher mit Hilfe des Befehls findit spost9_ado installiert werden muss. Der für das Cox-and-Snell-R^2 ausgegebene Wert von 0,242 kann reproduziert werden, indem man die Stata Taschenrechnerfunktion verwendet (display).

```
disp 1-exp(-(2*(-421.09)-2*(-568.22))/ 1060) = .242
```

2.3.3 Cragg and Uhler, Nagelkerke

Cragg, Uhler und Nagelkerke erweiterten das Cox-and-Snell-R^2, indem sie es auf einen Wertebereich zwischen 0 und 1 standardisierten. Demzufolge kann ihr R^2 theoretisch also auch den Wert 1 erreichen. In der Literatur wird diese Variante häufig als *Nagelkerkes* R^2 bezeichnet.

$$R_N^2 = \frac{R_{CS}^2}{1 - L_0^{2/N}}$$

Im Zähler steht das R^2 von Cox and Snell, wird jedoch dividiert durch 1 minus die Likelihood des Null-Modells hoch 2/N. Der von Stata mit fitstat berechnete Wert von 0,369 kann annähern reproduziert werden durch

```
disp 0.242 / (1-exp(-568.22871)^(2/1060))) = .367
```

2.3.4 McKelvey&Zavoina

Alle bisher besprochenen Varianten des R^2-Wertes für die nicht-linearen Modelle basieren auf dem Vergleich der Likelihoods oder Log-Likelihoods des Null-Modells und des interessierenden Modells. Für binäre und ordinale logistische Regressionen kann ein R^2 definiert werden, dessen Berechnungslogik analog zur OLS-Regression erfolgt. Dies ist der Vorschlag von McKelvey und Zavoina, die ein R^2 genau auf dieser Basis konstruierten: Man nimmt das geschätzte Modell und sagt für jede Beobachtung der Untersuchungsgesamtheit die Log Odds vorher. Die Log Odds sind die Werte der abhängigen Variablen, die durch die Linearkombination aus Werten der erklärenden Variablen und der Regressionsgewichte vorhergesagt werden (vgl. Kapitel 3). Dahinter steht die Idee, dass die Log Odds eine latente, stetige Hintergrundvariable darstellen, aus der das dichotome Outcome mit den Werten 0 und 1 resultiert.

$$\hat{y}^* = \boldsymbol{\beta}' \mathbf{x}$$

Im Mittelpunkt des Interesses steht nun die *Varianz* der Vorhersagewerte von y^*. Die Varianz dieser Vorhersagewerte ist die durch das Modell vorhergesagte Varianz von y^*. Dividiert man die durch das Modell vorhergesagte Varianz durch die Gesamtvarianz, hat man den Anteil der durch das Modell erklärten Varianz berechnet.

$$R^2_{M\&Z} = \frac{\hat{\sigma}^2_{\hat{y}^*}}{\hat{\sigma}^2_{\hat{y}^*} + \hat{\sigma}^2_{\varepsilon}} = \frac{\hat{\sigma}^2_{\hat{y}^*}}{\hat{\sigma}^2_{\hat{y}^*} + \pi^2/3}$$

Stellen wir ein Beispiel vor, um die Logik zu verdeutlichen: Wir sagen die Log Odds nur durch eine einzige Prädiktorvariable vorher, nämlich das Geschlecht. Das Geschlecht hat zwar einen Einfluss auf die abhängige Variable y^*; dieser Einfluss ist jedoch nur schwach. Sagt man auf Basis dieses einfachen Modells nun die Log Odds vorher, enthält der gesamte Analysedatensatz nur zwei Vorhersagewerte, die zudem relativ ähnlich sind, weil die Prädiktorvariable Geschlecht nur einen schwachen Einfluss auf die Log Odds hat. Berechnet man die

Varianz dieser Vorhersagewerte, dann wird auch diese Varianz gering ausfallen. Dividiert man die durch das Modell vorhergesagte Varianz von y^* durch dessen Gesamtvarianz, wird nur ein geringer Wert für den Anteil der vorhergesagten Varianz an der Gesamtvarianz herauskommen. Der Zähler dieses Quotienten ist relativ klein und das R^2 von McKelvey und Zavoina weist darum einen geringen Wert auf. Hat man jedoch ein umfangreiches Modell mit vielen starken Einflussfaktoren geschätzt, dann ist auch die modell-basierte Varianz groß. Mit anderen Worten: Ein starkes Vorhersagemodell unterscheidet sehr trennscharf zwischen den einzelnen Beobachtungen, weil alle Erklärungsvariablen ja eine deutliche Varianz in den Vorhersagewerten der latenten stetigen Hintergrundvariablen y^* erzeugen. Sagen wir wieder die Log Odds für jedes Individuum vorher, erhalten wir *deutlich unterschiedliche* Werte. Die vorhergesagte Varianz der abhängigen Variablen ist darum groß. Dividiert man diese modell-basierte Varianz durch die Gesamtvarianz, dann ist der Anteil der durch das Modell erklärten Varianz ebenfalls hoch.

Wie kommt man zur *gesamten* Varianz des Modells? Wie auch in der OLS-Regression setzt sich die gesamte Varianz des Modells zusammen aus der Varianz, die durch das Modell vorhergesagt ist (d.h. der Schätzwerte der abhängigen Variablen) plus die Residualvarianz. In der binären logistischen Regression, die auf der Dichtefunktion der logistischen Verteilung basiert, ist die Varianz der Residuen konstant; sie beträgt immer $\pi^2/3 \approx 3,29$. Demzufolge benötigen wir für das McKelvey-Zavoina R^2 die Varianz der Vorhersagewerte der latenten Variablen. Im folgenden Beispiel ist das 2,7588, der Wert von `varlinp`. Nun dividiert man diesen Wert durch 2,7588 plus die Varianz der Residuen, nämlich 3,29. Der Vorteil des McKelvey-Zavoina R^2 besteht somit darin, dass das Konstrukt der „erklärten Varianz" durch diese Berechnungsweise präzise umgesetzt wird. Deutlich wird dabei allerdings auch, dass die Residualvarianz immer einen konstanten Wert aufweist. Dies erleichtert zwar zunächst die Berechnung des McKelvey-Zavoina R^2. Jedoch birgt diese fixierte Residualvarianz Komplikationen in sich, die uns noch ausführlich beschäftigen werden (vgl. Kapitel 3).

```
use $pfad/logit.dta, clear
logit befristet frau alter isei_88 kohorte2 ///
kohorte3 if job==1

predict linp, xb
sum linp if e(sample)
return list
gen varlinp=r(Var)
gen R2MZ= varlinp     /     (varlinp + 3.29)
sum R2MZ /*Berechnung "von Hand"*/
fitstat
```

2.3.5 AIC und BIC

AIC und BIC sind Maße zur Evaluation der Güte eines Modells, die auch zum Vergleich von Modellen verwendet werden können, die nicht genested sind (AIC: *Akaike Information Criterion*, BIC: *Bayesian Information Criterion*). „Genestete Modelle" sind dadurch definiert, dass das eine Modell durch die Setzung eines *constraints* (d.h. ein oder mehrere Parameter werden vorsätzlich *a priori* auf Null gesetzt und damit nicht geschätzt) in das andere überführt werden kann. Genestete Modelle sind „ineinander geschachtelt", so dass ein spezifisches Modell ein Untermodell eines komplexeren Modells darstellt, wobei man durch *constraints* das komplexere Modell in das einfachere transformieren kann. Allerdings bedeutet das nicht, dass man mit AIC und BIC willkürlich jedes statistische Modell mit jedem anderen vergleichen kann. Voraussetzung für einen Vergleich ist, dass die Likelihood, auf der auch diese beiden Maße basieren, in derselben Weise berechnet werden. Beispielsweise lässt die Rate des Eintretens von Ereignissen mit unterschiedlichen Regressionsmodellen der Ereignisanalyse vorhersagen (Kapitel 6). Ein und dieselbe Fragestellung, die auf Basis derselben Daten und unter Verwendung desselben Satzes an Prädiktoren untersucht wird, verbietet die Anwendung von AIC oder BIC, wenn z.B. ein Weibull-Modell mit einer Cox-Regression verglichen werden soll (die uns hier noch nicht interessieren sollen), weil die Schätzung eines Weibull-Modells auf einer *vollständigen Likelihood-Funktion*, die Cox-Regression hingegen auf einer *Partial-Likelihood* basiert (dazu mehr in Kapitel 6.6).

AIC und BIC Maße können innerhalb dieses Rahmens aber dazu verwendet werden, eine Vielzahl von Modellen hinsichtlich ihrer Anpassung an die empirischen Daten miteinander zu vergleichen (Fox 2008). Es ist möglich, die abhängige Variable durch mehrere unterschiedliche Modelle, z.B. unter Verwendung unterschiedlicher Linkfunktionen, vorherzusagen. Die Maße AIC und BIC können als Entscheidungskriterium verwendet werden, nach dem man aus der Menge der unterschiedlichen Modelle jeweils das am besten passende Modell auswählt. Dabei gilt ein Modell als umso besser an die Daten angepasst, je kleiner der Wert von AIC und BIC ist. Diese Maße lösen ein Problem, welches einige der oben diskutierten (Pseudo-)R^2-Werte aufweisen: So kann die erklärte Varianz nach McKelvey & Zavoina nicht schlechter werden, wenn man zusätzliche unabhängige Variablen in das Modell aufnimmt. Im Gegensatz dazu „bestrafen" sowohl AIC als BIC zusätzlich geschätzte Parameter und folgen damit dem Gebot der „Sparsamkeit" eines Modells, also der möglichst geringen Anzahl an erklärenden Variablen. Diese Maße haben folgende Form (Fox 2008):

$$AIC_j = -2 \bullet \ln\left(L(\hat{\boldsymbol{\theta}}_j)\right) + 2 \bullet s_j$$

$$BIC_j = -2 \bullet \ln\left(L(\hat{\boldsymbol{\theta}}_j)\right) + s_j \bullet \ln(n)$$

Nehmen wir an, Modell M_j schätzt einen Parametervektor $\hat{\boldsymbol{\theta}}_j$, d.h. einen Satz von Regressionskoeffizienten, wobei $\hat{\boldsymbol{\theta}}_j$ jene Werte der Parameter enthält, bei denen die Likelihood des Modells maximiert wurde. Würden wir nur ein interessierendes Modell mit einem Referenzmodell (in der Regel das Nullmodell) miteinander vergleichen, könnte man anstelle $L(\hat{\boldsymbol{\theta}}_j)$ auch die obige Bezeichnung L_1 verwenden.

Das Akaike Information Criterion (AIC) für das Modell j wird berechnet aus der mit –2 multiplizierten Log-Likelihood des Modells j, auf die die mit 2 multiplizierte Anzahl der geschätzten Parameter s_j aufaddiert wird. Dagegen wird beim Bayesian Information Criterion (BIC) auf die mit –2 multiplizierte Log-Likelihood des Modells j das Produkt aus der Anzahl der geschätzten Parameter s_j und der logarithmierten Fallzahl hinzuaddiert. Sowohl für AIC als auch für BIC gilt die Auswahlregel: *Je kleiner der Wert, desto besser ist das Modell an die Daten angepasst.* Eine ausführliche Darstellung, Diskussion und Herleitung dieser Maße findet man bei Fox (2008, S. 610–618), eine zusammenfassende Übersicht über die Fit-Maße bei Long und Freese (2003, S. 89).

2.3.6 Likelihood-Ratio-Test

Der *Likelihood-Ratio-Test* basiert ebenfalls auf einem Vergleich der Anpassungsgüte zweier Regressionsmodelle, die auf Basis des Maximum-Likelihood-Verfahrens geschätzt wurden. Der Likelihood-Ratio-Test kann aber auch verwendet werden, um die Signifikanz einer einzelnen Einflussgröße oder die Signifikanz eines ganzen Satzes von Einflussgrößen, die sich auf eine bestimmte Merkmalsdimension beziehen, zu prüfen.

Zwar gibt Stata als Ergebnis einer Regressionsanalyse für jeden Regressionskoeffizienten einen Signifikanztest an, der sich als z-Wert aus dem Quotienten des Koeffizienten und seinem Standardfehler berechnet. Jedoch gelten die asymptotischen Eigenschaften dieses Signifikanztests nur bei großen Fallzahlen, also in hinreichend großen Datensätzen. Bei kleinen Datensätzen oder aber bei grenzwertigen Signifikanzergebnissen sollte der Likelihood-Ratio-Test verwendet werden, um die Signifikanz einer einzelnen Einflussgröße zu prüfen. Das geht durch den Vergleich zweier Modelle: Einmal wird das Modell einschließlich dieses spezifischen Einflussparameters geschätzt, ein zweites Mal wird diese spezifische Variable nicht in das Modell aufgenommen. Vergleicht man diese beiden Modelle anhand des Likelihood-Ratio-Tests, führt dies zu einer χ^2-

verteilten Größe, aus der man – in diesem Fall bei einem Freiheitsgrad – die Signifikanz des Einflusses der Variablen ablesen kann (Fox 2008, S. 386). Die χ^2-verteilte Größe ergibt sich aus der mit 2 multiplizierten Differenz der beiden Log-Likelihoods des interessierenden Modells *i* gegenüber einem Referenzmodell *r*, wobei letzteres die interessierende erklärende Variable *nicht* enthält:

$$\chi^2 = 2 \bullet (LL_i - LL_r)$$

Wie gesagt: Bei großen Datensätzen muss man diesen Test nicht für jeden einzelnen Regressionskoeffizienten durchführen. Im Zweifel oder bei kleinen Datensätzen ist aber das Resultat des χ^2-Tests entscheidend. Im Falle widersprüchlicher Ergebnisse von z-Test (den `Stata` direkt in der Regressionstabelle ausgibt) und Likelihood-Ratio-Test ist dem Resultat des Likelihood-Ratio-Tests zu folgen.

In vielen Analysen muss der Erklärungsbeitrag ganzer Sätze von erklärenden Variablen, die sich auf eine Merkmalsdimension beziehen (z.B. der Einfluss von Persönlichkeitsfaktoren auf Delinquenz), auf Signifikanz getestet werden. Hier ist das Vorgehen analog, nur, dass es sich nicht auf eine einzelne Variable, sondern auf einen ganzen Satz von Variablen bezieht: Man schätzt das Modell ohne z.B. Persönlichkeitsvariablen, und anschließend wiederholt man die Modellschätzung einschließlich dieser Variablen. Nun führt man den Likelihood-Ratio-Test durch, indem man die Log-Likelihoods beider Modelle nach der obigen Formel vergleicht. Zu beachten ist allerdings, dass der χ^2-Test nun auf ebenso vielen Freiheitsgraden basiert, wie zusätzliche erklärende Variablen in das Modell eingefügt werden. Wenn fünf Persönlichkeitsvariablen zusätzlich eingeführt werden (z.B. die „Big Five"), dann basiert der Likelihood-Ratio-Test auf fünf Freiheitsgraden.

2.4 Die Modelle im Überblick

Die generalisierten linearen Modelle sind eine relativ große Gruppe. In der Literatur sind die Grenzen dieser Familie jedoch nicht immer eindeutig gezogen, was insgesamt zu einer unübersichtlichen Situation führt (Long 1997, S. 251). Wie oben dargelegt wurde, sind die Kriterien der Zugehörigkeit zu dieser Modellfamilie im Prinzip eindeutig, nämlich 1. die Fehlerverteilung der abhängigen Variablen, die aus der Familie der exponentiellen Verteilungen entstammt, 2. eine lineare Vorhersagegleichung für die *transformierten* abhängigen Variablen, sowie 3. eine Linkfunktion, die ebendiese Transformation ermöglicht (Nelder und Wedderburn 1972, S. 372).

In den aktuellen Lehrbüchern werden den generalisierten linearen Modellen unter anderen Probit-, Logit- und Poisson- und Exponentialmodelle zugeordnet (Cameron und Trivedi 2005, S. 149), und damit auch die Ereignisanalyse (McCullagh und Nelder 2008, S. 419ff). Darüber hinaus existieren Regressionsmodelle, die im Rahmen von Mehrgleichungssystemen (d.h. es werden unterschiedliche, aber zusammengehörige Regressionsgleichungen simultan geschätzt) das Probit-Modell beinhalten, so etwa das Tobit- und das Heckman-Modell, die beide üblicherweise *nicht* den generalisierten linearen Modellen zugeordnet werden.

Im Folgenden wird eine Übersicht über die in diesem Lehrbuch besprochenen Regressionsmodelle für Zustände und Ereignisse geliefert, die allerdings über die klassische Menge der generalisierten linearen Modelle hinaus um Modelle erweitert wurde, die nur *partiell* – nämlich in nur einer von mehreren Teilgleichungen – auf den oben genannten Kriterien basieren.

Die Reihenfolge, in der die Modelle in diesem Buch besprochen werden, ist didaktisch motiviert. Sie ist daher eine andere, als die folgende grafische Übersicht nahelegt. Die Übersicht dient dazu, die Abstammungslinien (Genealogie) zu verdeutlichen, damit die Leserinnen und Leser jederzeit auf einen Blick den Zusammenhang und die Ordnung wieder herstellen können, sollten sie sich im Dickicht des Dschungels verloren fühlen. Mit Ausnahme der Sterbetafel und der Kaplan-Meier-Schätzer der Ereignisanalyse, die entweder deskriptive Informationen liefern oder Unterschiedshypothesen zwischen Gruppen testen (aber in jede anwendungsorientierte Darstellung der Ereignisanalyse hinein gehören), handelt es sich stets um Regressionsmodelle.

Abbildung 2: Genealogie der erweiterten generalisierten linearen Modelle

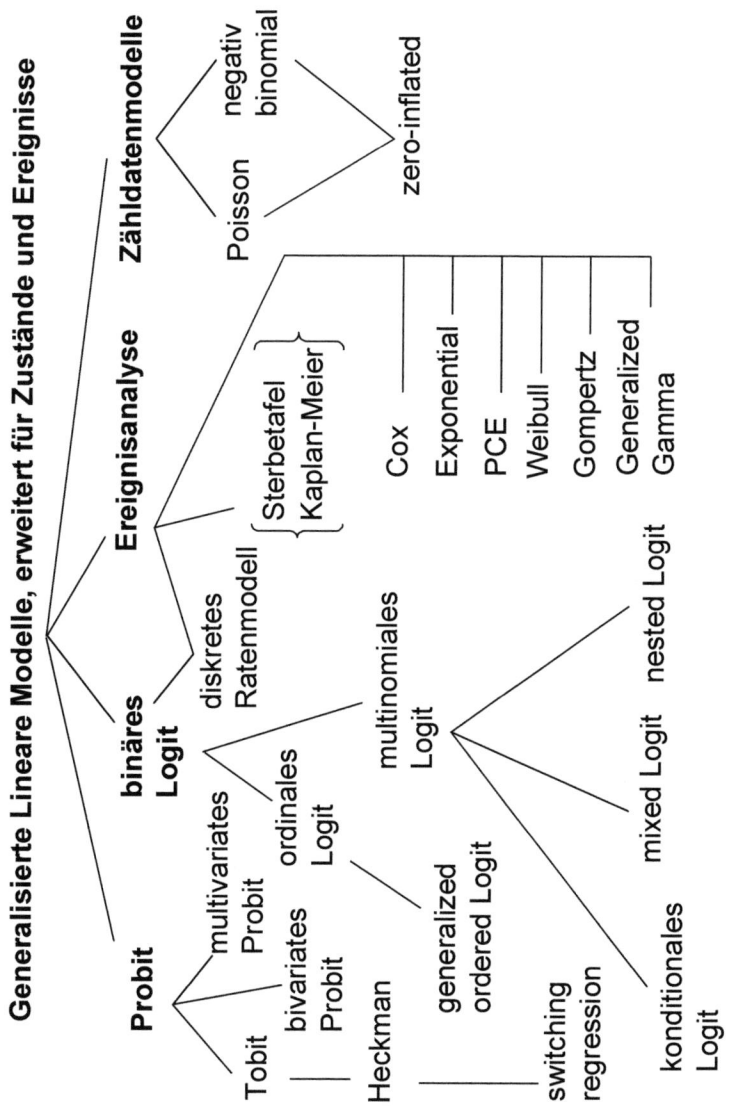

3   Binäre logistische Regression

Wie die klassische lineare Regression stellt die binäre logistische Regression ein Verfahren zur statistischen Erklärung des Auftretens von Werten der abhängigen Variablen dar, die durch Einflüsse einer oder mehrerer unabhängiger Variablen bedingt sind. Die Besonderheit der binären logistischen Regression besteht darin, dass sie für die spezielle Situation verwendet wird, in der die abhängige Variable binär kodiert ist und somit nur zwei Ausprägungen aufweist. Die abhängige Variable liefert also nur die Information „Merkmal ist vorhanden vs. nicht vorhanden" oder „Ereignis eingetreten vs. nicht eingetreten".

Der folgende Abschnitt führt anhand einer kleinen Beispieluntersuchung in das Verfahren der binären logistischen Regression ein. In dieser Untersuchung geht es um die Ursachen einer befristeten Beschäftigung im ersten Job nach Beendigung der Ausbildung in Ostdeutschland. Aufgrund des grundlegenden Umbaus des ostdeutschen Erwerbssystems nach der Wende war zu erwarten, dass die zu Zeiten der DDR recht hohe Stabilität der Beschäftigung sich flexibilisiert. Nicht zuletzt aufgrund der auch aus Sicht der Unternehmensgründer eher unsicheren Zukunftserwartungen in einem marktwirtschaftlichen Regime wurden viele Arbeitsverträge nur noch befristet ausgestellt. Demzufolge müsste das Risiko befristeter Arbeitsverträge bei Berufseinstieg umso höher ausfallen, je später eine Peson ihr Studium oder ihre berufliche Ausbildung abgeschlossen hat (d.h. 1985, 1990 oder 1995). Übersetzt in die statistische Modellbildung geht es darum, welche unabhängigen Variablen die Varianz der binären abhängigen Variablen (unbefristet=0, befristet=1) erklären.

3.1   Das lineare Wahrscheinlichkeitsmodell

Man möchte die Ausprägungen einer binären abhängigen Variablen durch einen Satz von unabhängigen Variablen erklären, indem man eine Regressionsanalyse durchführt. Kann man dabei einfach auf das bereits bekannte lineare Regressionsmodell zurückgreifen? Prinzipiell ist das möglich, zugleich aber nicht unproblematisch. Ein lineares Modell für binäre abhängige Variablen wird als *lineares Wahrscheinlichkeitsmodell* bezeichnet (engl.: Linear Probability Model, LPM). In diesem Modell ist der Erwartungswert von y die bedingte Wahrscheinlichkeit des Wertes 1 (=befristet, 0=unbefristet) und stellt eine Linearkombination aus Werten der unabhängigen Variablen und der Regressionsgewichte dar:

$$E(Y \mid \mathbf{x}) = \Pr(Y = 1 \mid \mathbf{x}) = \boldsymbol{\beta' x}$$

Wie oben dargestellt, ist $\boldsymbol{\beta' x}$ der matrixalgebraische Ausdruck für diese Linear-kombination, nämlich: $\beta_0 + \beta_1 x_1 + \beta_2 x_2 + \ldots + \beta_k x_k$. Allerdings sind zentrale Anwendungsvoraussetzungen der Schätzung linearer Regressionsmodelle nicht erfüllt, wenn die abhängige Variable binär kodiert ist. Die Schätzergebnisse können daher verzerrt sein. Dafür gibt es mehrere Gründe.

1. Würde man ein lineares Regressionsmodell mit einer binären abhängigen Variablen schätzen, hätte man prinzipiell das Problem der *Heteroskedastizität*: Die Varianz der abhängigen Variablen verändert sich über die Kategorien einer oder mehrerer unabhängiger Variablen. Schätzt man lineare Regressionen mit stetig normal verteilten abhängigen Variablen, kann man diese Annahme entweder durch grafische Verfahren oder durch formale Tests überprüfen (Crown 1998, S. 81–87). Ist die abhängige Variable jedoch nur binär codiert, wird Heteroskedastizität zu einer unvermeidbaren Folge. Man kann dies anhand der Formel für die Berechnung der Varianz einer binomial verteilten Zufallsvariablen (eine 0/1 kodierte abhängige Variable) verdeutlichen (Long 1997). Sie lautet

$$\mathrm{var}(Y \mid \mathbf{x}) = \pi \bullet (1 - \pi) \ ,$$

wobei π der Anteilswert der abhängigen Variable ist. Sagen wir mit einem linearen Regressionsmodell den Anteilswert durch die Linearkombination aus den Werten der Prädiktoren $\mathbf{x}$ und den geschätzten Regressionsgewichten $\boldsymbol{\beta}$ vorher, also durch $\boldsymbol{\beta' x}$, dann ist π folglich äquivalent zu $\boldsymbol{\beta' x}$. Setzen wir $\boldsymbol{\beta' x}$ für π in die Formel für die Varianz ein, ergibt das

$$\begin{aligned}
\mathrm{var}(Y \mid \mathbf{x}) &= \pi \bullet (1 - \pi) \\
&= \Pr(Y = 1 \mid \mathbf{x}) \bullet [1 - \Pr(Y = 1 \mid \mathbf{x})] \quad = (\boldsymbol{\beta' x})(1 - (\boldsymbol{\beta' x}))
\end{aligned}$$

Durch ein einfaches Zahlenbeispiel lässt sich zeigen, wie die Varianz der Erwartungswerte von y mit den erklärenden Variablen $\mathbf{x}$ kovariiert. Nach der obigen Formel erhalten wir Varianzen von 0,09, 0,16, 0,21 und 0,24, wenn wir für x die Werte 0,1, 0,2, 0,3 und 0,4 und für β jeweils den Wert 1 einsetzen. Ein lineares Modell zur Vorhersage von Wahrscheinlichkeiten verstößt daher gegen die Annahme der Homoskedastizität, da sich die Varianz der Residuen, also der empirischen Abweichungen des Erwartungswertes von y, mit zunehmenden Werten von $\mathbf{x}$ verändert.

2. Ein weiteres Problem der Vorhersage von Wahrscheinlichkeiten binärer abhängiger Variablen durch ein lineares Modell besteht darin, dass die zugrunde

gelegte stetige Normalverteilung theoretisch weder eine Ober- noch eine Unter-grenze aufweist. Wahrscheinlichkeiten sind jedoch auf ein Intervall von 0 bis 1 festgelegt. Aus der Regression resultierende Schätzwerte ober- oder unterhalb dieses Intervalls können folglich keine Wahrscheinlichkeiten sein. Für eine stetige abhängige Variable wären Schätzwerte außerhalb des empirischen Wertebereichs der abhängigen Variablen kein Problem. Man könnte auf Basis der geschätzten Regressionsgleichung durchaus über die empirisch gegebene Situation hinausweisende Vorhersagen simulieren. Findet man beispielsweise einen positiven Zusammenhang zwischen dem Einkommen eines Haushaltes und der Quadratmeterzahl der Wohnung, könnte man anhand der Regressionsgleichung *ceteris paribus* (unter ansonsten gleichen Bedingungen) vorhersagen, dass sich z.B. die Nachfrage nach Wohnfläche um Δy Quadratmeter erhöhen würde, wenn sich das Einkommen um Δx Einheiten erhöht. Dabei spielt es für die simulierten *Szenarien* im Prinzip keine Rolle, ob die vorhergesagten Werte in der gegenwärtigen Strichprobe existieren oder nicht.

Würden wir also mit einem linearen Modell Wahrscheinlichkeiten vorhersagen und extrem hohe Werte für x in die Vorhersagegleichung einsetzen, erhielten wir Schätzwerte, die entweder kleiner als Null oder größer als Eins sind. Ein lineares Modell ist also nicht für Schätzungen von *Wahrscheinlichkeiten* geeignet, denn Vorhersagewerte kleiner Null oder größer Eins sind keine Wahrschein-lichkeiten.

3. Untersuchen wir das Eintreten bestimmter Ereignisse oder das Vorliegen eines Merkmals in Abhängigkeit von einer unabhängigen Variablen x, ist es auch theoretisch fragwürdig, einen linearen Zusammenhang anzunehmen. Warum ist das so und welche alternative Formen von Zusammenhängen gibt es? Nehmen wir an, in einer Studie sollen Ursachen aufgezeigt werden, die dazu führen, dass eine Arbeitsstelle nur befristet ist. Es ist davon auszugehen, dass der Zustand „befristeter Arbeitsvertrag bei Berufseinstieg" von mehreren Faktoren abhängig ist, die gegeneinander kontrolliert werden müssen. Nehmen wir weiter an, ein einflussreicher Faktor ist das Statusniveau der Arbeitsstelle, das sich positiv auf die Wahrscheinlichkeit einer Befristung auswirkt. Der Grund dafür könnte darin liegen, dass die Arbeitgeber über das Performanzniveau eines Kandidaten und die Qualität eines spezifischen Hochschulabschlusses nur unvollständig infor-miert sind. Aufgrund der hohen Gehälter und der Wichtigkeit der Aufgaben gingen sie ein hohes Risiko ein, würden sie einen Berufseinsteiger sofort unbe-fristet einstellen. Personen mit Hochschulausbildung haben daher generell sehr hohe Risiken einer befristeten Beschäftigung bei Berufseinstieg, während dieses Risiko bei Personen mit einer beruflichen Lehre geringer ist. Nehmen wir eine noch verschärfte Situation an, in der Berufseinsteiger mit Hochschulausbildung nahezu chronisch befristete Arbeitsverträge erhalten, während für Lehrabsolven-ten eher das Gegenteil zutrifft. Die hohe Neigung der Hochschulabsolventen zu

befristeten Verträgen führt dazu, dass der Effekt einer *zweiten* erklärenden Variablen, etwa der des Merkmals „Geschlecht", sich kaum mehr auszuwirken vermag. Eine studierte Berufseinsteigerin erhält aufgrund ihres hohen Statuswertes ohnehin nahezu mit Sicherheit einen befristeten Arbeitsvertrag – auf das Geschlecht kommt es in diesem Szenario kaum mehr an. Wir beobachten empirisch nur die Realisierung einer binären Zufallsvariable (befristeter vs. unbefristeter Arbeitsvertrag), die ihren Wert von 0 auf 1 wechselt, wenn ein Schwellenwert der latenten Neigung einer Person zu einem befristeten Arbeitsvertrag überschritten wird. Mit anderen Worten: Bei den gleichsam chronisch mit befristeten Beschäftigungsverhältnissen in den Arbeitsmarkt einsteigenden Akademiker/-innen mit hohem Statusniveau kommt es auf das Merkmal „Frau" nicht mehr an, um vorherzusagen, ob ein Berufseinstieg befristet ist oder nicht.

Aber was ist bei Personen mit anderen Ausbildungen, bei denen eine 50 zu 50 Chance einer befristeten Beschäftigung bei Berufseinstieg besteht? Diese Personen befinden sich stets unmittelbar am Schwellenwert, so dass ein weiteres einflussreiches Merkmal, wie etwa „Frau", sehr wohl ausschlaggebend dafür sein kann, ob eine Beschäftigung befristet ist oder nicht. Wir benötigen darum eine Funktion für den Zusammenhang von Statusniveau und befristetem Berufseinstieg, bei der die Steigung von y in Abhängigkeit von x zunächst klein ist (Personen, die gleichsam „immun" sind gegen Befristungen), dann ansteigt, ihr Maximum an der Schwelle 50/50 erreicht und anschließend wieder zurück geht, weil einige Personen aufgrund von anderen Faktoren nun ohnehin mit einer extrem hohen Wahrscheinlichkeit zu befristeten Beschäftigungsverhältnissen neigen.

Wir benötigen eine Funktion f zur Vorhersage von Wahrscheinlichkeiten, die für y die Wahrscheinlichkeit des Wertes Eins in Abhängigkeit von jeweiligen Ausprägungen der unabhängigen Variablen vorhersagt:

$$P(\mathbf{Y} = 1 \mid \mathbf{x}) = f(\mathbf{x})$$

Diese Funktion soll beide miteinander verknüpfte Probleme lösen – erstens soll sie gegen Null und Eins konvergieren und damit innerhalb des Intervalls [0;1] verbleiben. Zweitens soll sie am unteren und oberen Ende geringere Steigungen aufweisen als im mittleren Bereich.

3.2 Dichtefunktion und kumulative Dichtefunktion

Aus der Statistik ist eine Verteilungsfunktion bekannt, die diese Eigenschaft potenziell erfüllt. Betrachten wir die linke Hälfte der Abbildung 3. Die gestrichelte Linie bildet die Normalverteilung ab, die durchgezogene Linie stellt die logistische Verteilung dar. Letztere ist der Normalverteilung sehr ähnlich, verläuft jedoch etwas flacher. Beide Funktionen beschreiben die (theoretische) Häufigkeitsverteilung der Merkmalsträger über die stetige *x*-Dimension und liefern damit einen Hinweis auf die Wahrscheinlichkeit, einen spezifischen Wert in dieser Dimension zu haben.

Diese Funktionen werden daher als *Dichtefunktionen* der Wahrscheinlichkeit bezeichnet. Die bis zu einem bestimmten Punkt auf der *x*-Achse unter der Kurve *kumulierte* Fläche gibt die Wahrscheinlichkeit an. In der Tat repräsentiert der Wert Null der Normalverteilung eine Wahrscheinlichkeit von 50%.

Abbildung 3:   Dichtefunktion und kumulative Dichtefunktion, logistische Verteilung und Normalverteilung

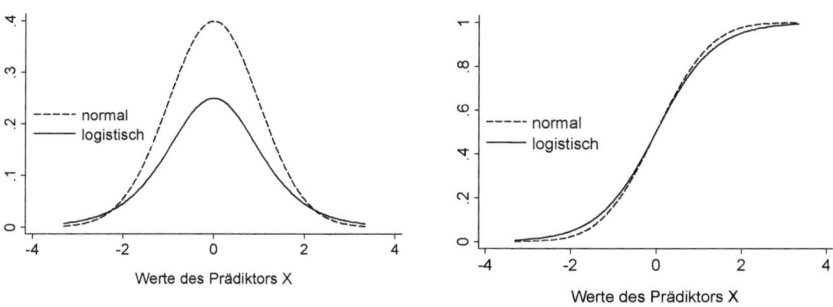

Die Dichtefunktion der Normalverteilung ist gegeben durch die Formel

$$\phi(\varepsilon) = \frac{1}{\sqrt{2\pi}} * e^{-x^2/2}$$

Man kann in Stata einen Datensatz generieren, die Formel in Stata-Syntax übertragen und die Funktion graphisch darstellen.

```
clear
set obs 1000
gen x=(_n - 500 )/150      /**Skalierung der x_Achse**/
gen y=1/sqrt(2*3.14)*exp(-x^2/2)
line y x
```

Noch einfacher wäre es, die in Stata implementierte Formel zu nutzen: gen y=normalden(x). Jedoch konvergiert die glockenförmige Dichtefunktion nicht

gegen Null und Eins. Was aber passiert, wenn wir die Fläche unter der Normalverteilung aufkumulieren? Wir erhalten dann die gestrichelte Linie in der rechten
Grafik in Abbildung 3. Formal bilden wir das Integral:

$$Z(\varepsilon) = \int_{-\infty}^{\varepsilon} \phi(\varepsilon)dx$$

Dabei steht ε für $\beta_0+\beta_1 x_1+\beta_2 x_2+...+ \beta_k x_k$. Darauf kommen wir gleich zurück,
wenn wir unser erstes Beispiel der Regression zur Vorhersage von Wahrschein-
lichkeiten besprechen.

Mathematisch ausgedrückt bedeutet die Operation des Aufkumulierens also,
dass wir das *Integral* der Werte von *y* über alle Werte von *x* bilden. Daraus ergibt
sich eine s-förmig verlaufende Funktion. Sie weist exakt jene Eigenschaften auf,
die wir zur Lösung unseres Problems benötigen: Sie konvergiert unten gegen 0
und oben gegen 1. Die größte Steigung weist diese Funktion beim Punkt 0,5 auf.
Betrachten wir nun wieder die Dichtefunktion der Normalverteilung – also die
glockenförmige Verteilungsfunktion –, dann wird deutlich, dass die glockenförmige Dichtefunktion die *erste Ableitung* der s-förmigen, kumulativen Dichtefunktion der Normalverteilung darstellt und damit die Steigung dieser s-förmigen
Funktion beschreibt. Jener Punkt, der 50 Prozent der Fläche unterhalb der kumulativen Dichtefunktion anzeigt, ist der Modalwert oder auch der Mittelwert der
glockenförmigen Dichtefunktion. An dieser Stelle ist der Wert für die Steigung
der s-förmigen kumulativen Dichtefunktion am größten. Hier beträgt die Wahrscheinlichkeit 50 Prozent. Das Integral der Dichtefunktion der Normalverteilung
zeigt demnach, dass wir die Normalverteilung verwenden können, um in adäqua-
ter Weise die Schätzung von Wahrscheinlichkeiten abzubilden.

Die Schätzung selbst erfolgt zunächst aber nicht auf Basis der s-förmigen,
kumulativen Dichtefunktion, sondern auf der Dichtefunktion der Normalverteilung, d.h., auf Basis der gestrichelten Linie in der linken Hälfte der Abbildung 3.
Die empirische Schätzung durch das Regressionsmodell führt zur Vorhersage
eines Wertes auf der x-Achse der Dichtefunktion der Normalverteilung. Vorhergesagt wird also der Wert ε durch die Linearkombination aus Regressionsgewichten und Werten der erklärenden Variablen. Sagen wir beispielsweise einen
Wert für die Dichtefunktion der Normalverteilung von 0 vorher, können wir das
umrechnen in die kumulative Dichtefunktion und erhalten so eine Wahrscheinlichkeit von 0,5 oder 50 Prozent. Die durch das Regressionsmodell auf Basis der
Dichtefunktion der *Normalverteilung* vorhergesagten Werte werden daher auch
als *Probits* (englisch: *probability units*) bezeichnet. Daher hat das Modell seinen
Namen: *Probit-Modell*. Hingegen kumuliert das Integral in der Formel der kumulativen Dichtefunktion die Fläche unter der Dichtefunktion von -∞ bis zu dem

jeweiligen Probit-Wert auf. Sagen wir einen *Probit*-Wert von +1,96 vorher, bedeutet das, dass 97,5 Prozent der Fläche unterhalb der Dichtefunktion der Normalverteilung abgetragen werden. Komplementär bedeutet ein Probit-Vorhersagewert von -1,96, dass nur 2,5 Prozent der Fläche abgetragen werden und die vorhergesagte Wahrscheinlichkeit damit 2,5 Prozent beträgt.

Nach derselben Logik erfolgt die Vorhersage auf Basis der logistischen Dichtefunktion; allerdings ist diese Verteilungsfunktion nicht im selben Maße wie die Normalverteilung aus den einführenden Statistikkursen geläufig. In den empirischen Anwendungen der Soziologie dominiert eindeutig das sogenannte Logit-Modell (oder die logistische Regression) gegenüber dem Probit-Modell. Das Probit-Modell wird insbesondere in den Volkswirtschaften, also in der Ökonometrie, oder in den Naturwissenschaften, z.B. in der Biologie, angewandt. In Abbildung 3 wird die (kumulative) Dichtefunktion der logistischen Verteilung durch die durchgezogene Linie dargestellt. Auch hier sagen wir wieder zunächst Werte in der *x*-Dimension der Dichtefunktion der logistischen Verteilung vorher. Ein Vorhersagewert von 0 bedeutet wieder, dass 50 Prozent der Fläche unterhalb der Dichtefunktion der logistischen Verteilung abgetragen werden können bzw. dass die vorhergesagte Wahrscheinlichkeit 50 Prozent beträgt. Sowohl im Logit- als auch im Probit-Modell stellt die kumulative Dichtefunktion – also die s-förmige Funktion – die vorhergesagten Erwartungswerte, nämlich die geschätzte Wahrscheinlichkeit, dar. Wir können aber die Vorhersagewerte aufgrund der Nichtlinearität dieser Funktionen nicht direkt durch die Linearkombination aus Regressionsgewichten und Werten der erklärenden Variablen vorhersagen, weil der Zusammenhang zwischen **x** und den Erwartungswerten von *y* nicht-linear ist, sondern s-förmig. Wir benötigen die passende *Linkfunktion* (vgl. Kapitel 2 und 3.3). Die Dichtefunktion der logistischen Verteilung *f(ε)* sowie die kumulative Dichtefunktion *F(ε)* lassen sich folgendermaßen darstellen:

$$f(\varepsilon) = \frac{\exp(\varepsilon = \beta_0 + \beta_1 x_1 ... \beta_k x_k)}{\left[1 + \exp(\varepsilon = \beta_0 + \beta_1 x_1 ... \beta_k x_k)\right]^2}$$

$$F(\varepsilon) = \frac{\exp(\beta_0 + \beta_1 x_1 ... + \beta_n x_n)}{1 + \exp(\beta_0 + \beta_1 x_1 ... + \beta_n x_n)}$$

Abbildung 4:   a) und b): Effekte der Konstanten β_0 und des Koeffizienten β_1 auf
den Kurvenverlauf in der logistischen Regression

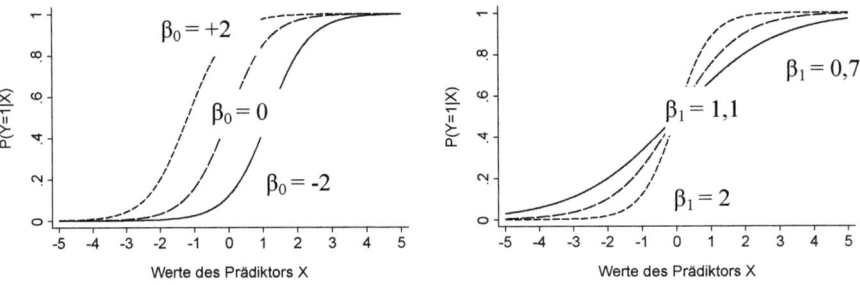

Während in der linearen Regression der Veränderungsbetrag von y bei Veränderung von x um eine Einheit an jeder Stelle von x derselbe ist – es handelt sich im linearen Fall um eine Regressions*gerade* –, sind diese Veränderungsbeträge in Abbildung 4 von der Stelle auf der nicht-linearen Funktion abhängig. Im multiplen logistischen Regressionsmodell sind es die Effekte der übrigen im Modell berücksichtigten erklärenden Variablen **x**, die darüber entscheiden, ob ein Berufseinsteiger ohnehin tendenziell immun ist gegen unbefristete Arbeitsverträge und der Einfluss anderer Merkmale auf das Befristungsrisiko – etwa das Geschlecht – auf deren Wahrscheinlichkeit nur sehr schwach ausfällt.

Abbildungen 4 a) und b) zeigen anhand des Kurvenverlaufs der logistischen Regressionsfunktion die Wirkung unterschiedlicher Werte der Regressionskonstanten β_0 und des Regressionsgewichtes β_1. In der linken Hälfte variiert die Regressionskonstante bei gleichbleibendem Regressionsgewicht von –2 bis +2 und bewirkt eine Verschiebung der Kurve auf der x-Achse nach *links*; die Kurve steigt bei hohem β_0 „früher" in die Höhe. Hieraus ergibt sich eine wichtige Eigenschaft der nicht-linearen Funktion. Betrachten wir die durchgezogene Linie (β_0=–2): Erhöht sich x von –1 auf 0, dann ließe sich durch die Kurve ein bestimmter Veränderungsbetrag Δy der Wahrscheinlichkeit auf der y-Achse abtragen. Derselbe Veränderungsbetrag von Δx (–1→0) erzeugt jedoch einen *anderen* Veränderungsbetrag Δy', wenn wir diesen durch die grob gestrichelte mittlere Kurve (β_0=0) abtragen. Denn der Ausgangspunkt x=–1 setzt an einer höheren Ausgangswahrscheinlichkeit von y an und damit an einer Stelle der Kurve, die eine deutlich höhere Steigung aufweist. Obwohl die Funktionen in der linken Hälfte der Abbildung 4 mit steigendem β_0 also nur nach links verschoben werden, erzeugt ein Anstieg von x von –1 auf 0 unterschiedliche Veränderungsbeträge von y, je nach Größe der Konstanten β_0.

In Abbildung 4 b) ist der Effekt einer Veränderung des Regressionsgewichtes β_1 der erklärenden Variablen x dargestellt. Je größer β_1, desto steiler verläuft die Kurve in ihrem mittleren Bereich, der um die Wahrscheinlichkeit von 0,5 herum gelagert ist.

3.3 Log Odds, Odds, Wahrscheinlichkeiten

Beginnen wir die Darstellung der logistischen Regression und ihrer zentralen Konzepte mit einem einfachen Beispiel: Wir untersuchen, ob in Ostdeutschland während der Umbruchphase das Risiko, auf einer befristeten Arbeitsstelle in das Erwerbssystem einzusteigen, bei Frauen höher war als bei den Männern. Uns interessieren nicht die in der Tabelle 1 dargestellten absoluten Häufigkeiten, sondern die Anteils- bzw. Prozentwerte. Aus diesen Prozentwerten lassen sich einfach „von Hand" die so genannten *Odds* (=Chancen) und die *Odds Ratios* (= Chancenverhältnisse) berechnen. Odds werden berechnet, indem die Wahrscheinlichkeit *P* eines Zustandes oder Ereignisses durch dessen Gegenwahrscheinlichkeit dividiert wird, also *P/(1–P)*. Chancen sind also keinesfalls dasselbe wie Wahrscheinlichkeiten. Chancen drücken sich immer in *Verhältnissen von Wahrscheinlichkeiten* aus (z.B. 30/70 oder 90/10) und variieren theoretisch zwischen 0 und +∞ (so ergibt z.B. 99,999/0,001 den Wert 99999). Berechnen wir die Chancen anhand der Werte aus der folgenden Tabelle 1:

$$\frac{P(Y=1 \mid x = Frau)}{1 - P(Y=1 \mid x = Frau)} = 0,2434 / 0,7566 = 0,3217$$

$$\frac{P(Y=1 \mid x = Mann)}{1 - P(Y=1 \mid x = Mann)} = 0,2204 / 0,7796 = 0,2827$$

In der obigen Darstellung werden die Odds für den Wert 1 der abhängigen Variablen *y* (befristet beschäftigt im ersten Job) zunächst unter der Bedingung berechnet, dass die unabhängige Variable *x* (Geschlecht) die Ausprägung „Frau" aufweist; anschließend wird dies wiederholt für die Subgruppe der Männer. Die Odds *P/(1–P)* der Befristung der Arbeitsstelle betragen bei den Frauen 24,34/75,66=0,3217, bei den Männern dagegen 22,04/77,96=0,2827 (Tabelle 1). Für die Berechnung der *Odds Ratios* setzen wir die beiden Odds ins Verhältnis zueinander:

$$\frac{\left(\dfrac{P_{befr.|Frau}}{1-P_{befr.|Frau}}\right)}{\left(\dfrac{P_{befr.|Mann}}{1-P_{befr.|Mann}}\right)} = \frac{\dfrac{24,34}{75,66}}{\dfrac{22,04}{77,96}} = 1,138$$

Dies geht einfach mit `Stata`'s Taschenrechnerfunktion:

```
disp (24.34/75.66 ) / (22.04/77.96)
```

Das erste Ergebnis unserer Analyse ergibt einen Wert von 1,138 als Odds Ratio für Frauen im Vergleich zu Männern, beim ersten Job eine befristete Arbeitstelle zu haben. Berechnet wurde dieser Wert als Verhältnis zweier Quotienten und wird darum interpretiert als der *Faktor*, um den diese Odds für Frauen höher sind als für Männer. Oder anders ausgedrückt: Frauen haben im Vergleich zu Männern um den Faktor 1,138 bzw. um 13,8% erhöhte Odds einer Befristung.

Man kann diese einfache Kreuztabellenberechnung auch mit der Methode der logistischen Regression nachvollziehen und erhält dabei exakt dasselbe Ergebnis. Für diesen sehr einfachen Fall, bei dem wir nur eine unabhängige Variable betrachten (Geschlecht), die zudem noch binär kodiert ist, können wir das Ergebnis der logistischen Regression „von Hand" nachvollziehen.

Tabelle 1:   Risiko der Befristung der ersten Arbeitsstelle nach Geschlecht

	Männer	Frauen	
unbefristet	389	457	846
	77,96%	75,66%	76,70%
befristet	110	147	257
	22,04%	24,34%	23,30%
N	499	604	1103
%	100	100	100

Nur die Methode der Berechnung ist bei der logistischen Regression eine andere. Es wird das schon erwähnte Verfahren der Maximum-Likelihood-Schätzung angewandt, auf die wir in Kapitel 3.8 näher eingehen.

Wir lesen für die praktische Anwendung die Daten aus dem Internet ein. Um die Arbeit zu erleichtern, schreiben wir die Internetadresse in ein „globales Makro" mit dem Namen `pfad` (vgl. Vorwort), auf das wir später durch den Platzhalter `$pfad` zugreifen können.

```
use $pfad/logit.dta, clear
logit befristet frau if job==1
```

Dies führt zu folgender Stata-Ergebnisausgabe:

```
Logistic regression                    Number of obs  =     1103
                                       LR chi2(1)     =     0.81
                                       Prob > chi2    =   0.3692
Log likelihood = -598.39015            Pseudo R2      =   0.0007


------------------------------------------------------------
  befristet |     Coef.    Std. Err.       z     P>|z|
------------+-----------------------------------------------
       frau |   .1288482   .1437098      0.90    0.370
      _cons |  -1.263099   .1079889    -11.70    0.000
------------------------------------------------------------
```

Die Stata-Ausgabe zeigt den maximalen Log-Likelihood-Wert, der für die Evaluation der Modellanpassung verwendet und oberhalb der Koeffiziententabelle separat aufgeführt wird. Aus den Werten der Log-Likelihood der ersten und der letzten Iteration wird der χ^2-Wert berechnet, der mit 0,81 bei einem Freiheitsgrad (wir haben nur eine unabhängige Variable in das Modell eingeführt) nicht signifikant ist (*p = 0,3692, n.s.*). Die Berechnung erfolgt als Likelihood-Ratio Test, bei dem die Log-Likelihood des *interessierenden Modells* LL_1 (hier mit nur einer erklärenden Variablen) zur Log-Likelihood eines Modells ohne jede erklärende Variable (*Nullmodell* LL_0) in Beziehung gesetzt wird. Dies geschieht durch die mit 2 multiplizierte Differenz der beiden Log-Likelihoods:

$$\chi^2 = 2 \bullet (LL_1 - LL_0)$$

In unserem Beispiel ergibt das 2•(–598,39015 – (–598,79336)) = 0,80642. Aus den χ^2-Verteilungstabellen einschlägiger Statistikbücher (Bortz 1989) lässt sich entnehmen, dass dieser Wert bei einem Freiheitsgrad nicht signifikant ist. Zudem wird in der Ergebnisausgabe die Modellanpassung durch einen Pseudo-R^2 Wert beschrieben, der häufig analog zum R^2 der linearen OLS-Regression interpretiert wird. Neben dem hier aufgeführten Pseudo-R^2 existieren noch weitere Varianten eines R^2 für die binäre logistische Regression. Man sollte aber die zentralen Unterschiede zwischen diesen und dem R^2 der linearen OLS-Regression nicht aus den Augen verlieren. Auf die Berechnung unterschiedlicher Pseudo-R^2 Werte haben wir in Kapitel 2 hingewiesen. Schließlich ist in der Ergebnisausgabe auch die Anzahl der Fälle angegeben, auf der die Modellschätzung basiert.

Wie in den meisten Regressionsmodellen erhalten wir in der Ausgabetabelle eine Regressionskonstante und einen Regressionskoeffizienten für unsere unabhängige Variable „Frau" (=1, Mann=0). Der Regressionskoeffizient hat ein positives Vorzeichen, ist mit einem z-Wert von 0,90 jedoch nicht signifikant. Die Irrtumswahrscheinlich bei Annahme eines Effektes auch in der Grundgesamtheit beträgt immerhin 0,370 und ist nicht zufällig der Irrtumwahrscheinlichkeit des Likelihood-Ratio-Tests sehr ähnlich. Weil wir nur eine unabhängige Variable im Modell haben, sind der χ^2-Test der Anpassung des Gesamtmodells sowie der t-Test der Signifikanz des einzigen Regressionskoeffizienten auf denselben Sachverhalt bezogen. In komplexeren Regressionsmodellen, in denen der χ^2-Test die Einflüsse mehrerer erklärender Variablen simultan testet, ist der χ^2-Wert tatsächlich auf das *gesamte* Modell bezogen und nicht nur auf eine einzelne unabhängige Variable.

Die wichtigste Frage ist bisher jedoch noch unbeantwortet: Sind die Ergebnisse aus der Kreuztabelle und der logistischen Regression wirklich identisch? Für die binäre erklärende Variable „Frau" erhalten wir einen Effekt von 0,1288482. Wir müssen diesen Wert über exp(0,12884) umrechnen, um den Odds Ratio zu erhalten. Der Ausdruck exp(0,12884) ist eine vereinfachte Schreibweise für $e^{(0,12884)}$, wobei e für die Eulersche Zahl 2,718 steht. Diese Transformation macht die Logarithmierung rückgängig und wird darum auch als Anti-Logarithmus bezeichnet. `Stata` gibt die exp(β) im `logit` Befehl durch die Option `or` (Odds Ratios) aus. Dies ergibt tatsächlich einen Wert von 1,138, was mit unserer Berechnung auf Basis der Kreuztabelle übereinstimmt.

Warum ist diese Umrechnung erforderlich? Erinnern wir uns an die Ausführungen in Kapitel 2 über das *Generalisierte Lineare Modell* der Regression: Dieser Ansatz stellt eine verallgemeinernde Perspektive auf die lineare Regression dar. Die unterschiedlichen Verteilungsfunktionen für die abhängigen Variablen (z.B. kumulative logistische Verteilungsfunktion oder Poisson-Verteilung) sind in nicht-linearer Form mit den unabhängigen Variablen und deren Regressionsgewichten verbunden. Es ging bei diesem Ansatz darum, für die nicht-linearen Funktionen jeweils eine so genannte *Linkfunktion* zu finden, die den nicht-linearen Zusammenhang in einen linearen überführt. Der lineare Zusammenhang hat die Form:

$$f(y) = \beta_0 + \beta_0 x_1 + \ldots + \beta_n x_n$$

Als linearer Zusammenhang kann die Ergebnisausgabe gelesen werden, wenn man für y den Term ln($P/(1-P)$) einsetzt und durch die Regression die durch **x** bedingte Variation der so genannten Log Odds vorhersagt:

$$\ln\left(\frac{P}{1-P}\right) = \beta_0 + \beta_1 x_1 ... + \beta_n x_n \qquad = \boldsymbol{\beta}'\mathbf{x}$$

Aufgrund der binären Kodierung der abhängigen Variablen (0/1) sagt die logistische Regression mit dem Erwartungswert $E(y) \equiv P(y=1|x)$ die Wahrscheinlichkeit des Auftretens der Eins in Abhängigkeit von $\mathbf{x}$ vorher. Wie wir zu Beginn dieses Kapitels gesehen haben, verändert sich die Wahrscheinlichkeit in Abhängigkeit von $\mathbf{x}$ jedoch nicht-linear. Aber durch die so genannte *Logit-Linkfunktion* erhalten wir auf der rechten Seite der obigen Gleichung tatsächlich eine lineare Kombination aus Werten der unabhängigen Variablen und der Regressionsgewichte. Einer der wesentlichen Unterschiede zur linearen OLS-Regression besteht darin, dass die abhängige Variable nicht direkt am Individuum gemessen werden kann. Man kann nicht im Rahmen eines Surveys die Respondenten fragen, wie hoch ihre logarithmierten Odds sind, bei Arbeitsmarkteinstieg nur einen befristeten Vertrag zu erhalten. Die Odds ergeben sich aus einer *Relation* von Wahrscheinlichkeiten und damit aus Mengenrelationen, die für die jeweiligen Subgruppen berechnet und dann wiederum zueinander ins Verhältnis gesetzt werden. Wir haben es mit einem mathematischen Konstrukt zu tun, das im Falle der Logarithmierung (Log Odds) auch nicht mehr intuitiv interpretierbar ist. Wir können aber die durch die logistische Linkfunktion in die Linearkombination $\boldsymbol{\beta}$'$\mathbf{x}$ umgerechnete Ausgabe aus Tabelle 1 wieder in Wahrscheinlichkeiten zurückrechen, indem wir das Resultat der Schätzung in die *kumulative logistische Verteilungsfunktion* einsetzen. Wir hatten uns zu Beginn dieses Abschnittes bereits mit der kumulativen logistischen Verteilungsfunktion beschäftigt. Mathematisch wird sie folgendermaßen ausgedrückt:

$$P(Y=1\,|\,x) = \frac{\exp(\boldsymbol{\beta}'\mathbf{x})}{1+\exp(\boldsymbol{\beta}'\mathbf{x})} = \frac{1}{1+\exp(-(\boldsymbol{\beta}'\mathbf{x}))}$$

Wie kommen wir nun von der kumulativen logistischen Verteilungsfunktion, die nicht linear, sondern s-förmig verläuft, zu der Linearkombination, d.h. zu den Log Odds? Genau dafür benötigen wir die Linkfunktion (vgl. Kapitel 2). Die Gültigkeit der Log Odds als Linkfunktion lässt sich zeigen:

$$\boldsymbol{\beta' x} = \beta_0 + \beta_1 x_1 + \beta_2 x_2 + \beta_3 x_3$$

$$e^{\boldsymbol{\beta' x}} = \exp(\boldsymbol{\beta' x})$$

$$P_i = \frac{e^{\boldsymbol{\beta' x}}}{1 + e^{\boldsymbol{\beta' x}}} \qquad \Leftrightarrow P_i (1 + e^{\boldsymbol{\beta' x}}) = e^{\boldsymbol{\beta' x}}$$

$$\Leftrightarrow P_i + e^{\boldsymbol{\beta' x}} P_i = e^{\boldsymbol{\beta' x}} \qquad \Leftrightarrow P_i = e^{\boldsymbol{\beta' x}} - e^{\boldsymbol{\beta' x}} P_i \qquad \Leftrightarrow P_i = e^{\boldsymbol{\beta' x}} (1 - P_i)$$

$$\Leftrightarrow \frac{P_i}{1 - P_i} = e^{\boldsymbol{\beta' x}} \qquad \Leftrightarrow \ln\left(\frac{P_i}{1 - P_i}\right) = \boldsymbol{\beta' x}$$

Wir multiplizieren zunächst beide Seiten mit $1 + e^{\boldsymbol{\beta' x}}$. Anschließend wird die linke Seite der resultierenden Gleichung ausmultipliziert und $e^{\boldsymbol{\beta' x}} \cdot P_i$ auf die rechte Seite gezogen. Aus dem Term auf der rechten Seite wird nun $e^{\boldsymbol{\beta' x}}$ ausgeklammert, so dass daraus $P_i = e^{\boldsymbol{\beta' x}} \cdot (1 - P_i)$ folgt, woraus sich schließlich nach Division durch $(1 - P_i)$ und Logarithmierung die Logit-Gleichung ergibt.

Weil wir nur einen binären, d.h. mit Null und Eins kodierten, Prädiktor in das Modell aufgenommen haben (Geschlecht als Dummy-Variable), setzen wir für die Frauen [$-1{,}263099 + 0{,}1288482 \cdot 1$] als Wert für $\boldsymbol{\beta' x}$ ein, für die Männer einfach nur $-1{,}263099$. Für die Männer setzen wir die Dummy-Variable, die mit dem Wert 1 die Frauen repräsentiert, auf Null und übrig bleibt die Regressionskonstante, die den Wert für die Referenzkategorie der Männer anzeigt.

$$P(Y = 1 \mid x = Frau) = \frac{1}{1 + \exp(-(-1{,}263099 + 0{,}1288482))} = 0{,}24337748$$

$$P(Y = 1 \mid x = Mann) = \frac{1}{1 + \exp(-(-1{,}263099))} = 0{,}22044088$$

Auf diese Weise haben wir über die logistische Regression wieder exakt die Ausgangswahrscheinlichkeiten reproduziert, die wir oben in der Kreuztabelle 1 gesehen hatten (24,33% Befristung bei den Frauen, 22,04% bei den Männern).

Man kann die Ergebnisse der Schätzung einer binären logistischen Regression in unterschiedlicher Weise darstellen. Etabliert ist in der angewandten Literatur die Verwendung von Odds Ratios, aber auch die Darstellung von Log Odds, die nur im Sinne der Vorzeichen der Koeffizienten sowie der Signifikanzniveaus zu interpretieren sind. Anschaulichere Interpretationen sind bislang immer noch eher selten, obwohl gute Beispiele mittlerweile verfügbar sind (Bauer 2010). Man kann z.B. auch die *Veränderung der Wahrscheinlichkeit* der Befristung angeben, wenn sich die unabhängige Variable x um eine Einheit ändert. Dies wird als *discrete unit effect* bezeichnet und uns noch beschäftigen. Allerdings ist unsere unabhängige Variable „Frau" binär (0/1) kodiert, weshalb uns die Veränderung der Wahrscheinlichkeit bei einem Wechsel der x-Variable von 0 auf 1 interessiert. Ausgegeben wird dieser Effekt über den Befehl prchange, wobei dieser nichts an der Modellschätzung ändert, sondern nur auf Basis des geschätzten Regressionsmodells Umrechnungen der Koeffizienten vornimmt, um das Ergebnis in dem gewünschten mathematischen Format darzustellen. Folglich funktioniert der Befehl prchange auch nur im Anschluss an ein gerade geschätztes Regressionsmodell. Dieser Befehl ist nicht standardmäßig in Stata enthalten, kann aber über den Befehl findit spost9_ado im Internet gesucht und direkt installiert werden (auch in Stata 12).

```
use $pfad/logit.dta, clear
logit befristet frau if job==1
prchange


logit: Changes in Probabilities for befristet


          min->max        0->1        -+1/2      -+sd/2   MargEfct
frau      0.0229        0.0229       0.0230      0.0115     0.0230
```

In der Ausgabe finden sich folgende Informationen: Die Veränderung der Wahrscheinlichkeit der Befristung beträgt 0,0229, wenn x (Frau) vom Minimum auf das Maximum springt (min->max). Redundant dazu ist im Falle einer 0/1 kodierten unabhängigen Variablen die Veränderung der Wahrscheinlichkeit einer Befristung, wenn das Merkmal „Frau" von Null auf Eins springt (0->1), was identisch ist mit einer min->max-Veränderung. Unter der zunächst irritierenden Überschrift (-+1/2) gibt Stata den *discrete unit effect* für metrische Variablen an. Unter (-+sd/2) ist eine Variante des discrete unit effects dargestellt, bei dem die Veränderung von y bei Veränderung von x um eine *Standardabweichung* berechnet wird. Den so genannten „marginalen Effekt" finden wir in der Spalte MargEfct. Diese Arten der Ergebnisdarstellung werden wir weiter unten erläutern. Interessant ist für uns der 0->1 Sprung von x (=Frau), der die Wahrscheinlichkeit einer befristeten Beschäftigung um 0,0229, d.h. 2,29 Prozentpunkte, erhöht. Wieder stimmt dies mit unserer Berechnung auf Basis der obigen Tabelle 1 überein, denn die Differenz der Wahrscheinlichkeit einer Befristung beträgt zwischen Männern und Frauen ebenfalls 2,29 Prozentpunkte (24,33%–22,04%=2,29).

An dieser Stelle sei noch einmal betont, dass hier die Veränderung von Wahrscheinlichkeiten in Prozent*punkten* gemessen wird, während Veränderungen der Odds in Form von Odds Ratios häufig als Veränderungen *in Prozent* angegeben werden. Dieser Unterschied wird leider auch von etablierten Wissenschaftlern nicht immer adäquat nachvollzogen. Eine Wahrscheinlichkeit variiert immer zwischen Null und Eins bzw. zwischen 1 und 100%, und ihre Veränderung lässt sich aufgrund dieser überschaubaren Skala anschaulich in der Maßeinheit der *Prozentpunkte* darstellen. Aus der Ergebnisausgabe aus Tabelle 2 erhalten wir diese Information aber nicht direkt – auch nicht, wenn wir über $\exp(\beta)$ die Koeffizienten als Odds Ratios darstellen. Weil die Odds Ratios keine Information über die Ausgangsrisiken eines Ereignisses beinhalten, sind auch sie genau genommen nicht besonders anschaulich. Nehmen wir als Beispiel einen fiktiven Odds Ratio von $\approx 2{,}11$, demzufolge also die Chance (besser: das Risiko) einer befristeten Beschäftigung bei den Frauen 2,1-mal höher ist als bei den Männern. Dieser Odds Ratio von 2,11 kann sich aber aus völlig unterschiedlichen Wahrscheinlichkeiten zusammensetzen. Nehmen wir ein Szenario an, in dem das Risiko der Befristung insgesamt eher gering ist und – je nach Subpopulation – zwischen 5 und 10% liegt. Die Odds der Männer betragen 5/95, die der Frauen 10/90. In diesem Szenario bedeutet eine Erhöhung der Odds um den Faktor 2,11, dass eine befristete Beschäftigung immer noch nicht sehr wahrscheinlich ist, weil eine Befristung insgesamt eher selten vorkommt. Die Wahrscheinlichkeitsdifferenz beträgt gerade einmal 5 Prozentpunkte. In einem anderen Szenario, in dem Befristungen weitaus häufiger vorkommen, kann ein Odds Ratio von 2,11 mit einer deutlich größeren Wahrscheinlichkeitsdifferenz einhergehen. Betragen die Odds der Männer beispielsweise 50/50 und die der Frauen 67,8/32,2, beträgt diese Differenz der Wahrscheinlichkeit immerhin 17,8 Prozentpunkte, was ein deutlich größerer Unterschied ist, obwohl der Odds Ratio etwa identisch ist:

$$(10/90) / (05/95) \approx (67{,}8/32{,}2) / (50/50) \approx 2{,}11$$

Hinter einem Odds Ratio von 2,11 können sich bezogen auf die Wahrscheinlichkeit also grundlegend unterschiedliche Situationen verbergen. Wenn sich in der Subpopulation der Blockflöte spielenden kirchlich engagierten Akademikertöchter in der 9. Jahrgangsstufe aufgrund von bestimmten Computerspielen die Odds eines schweren Gewaltdeliktes um den Faktor 2 erhöhen, muss man sich vor diesen Computerspielerinnen trotzdem nicht fürchten. Wenn jedoch in einer anderen Subpopulation die Neigung zur Gewaltdelinquenz schon relativ hoch ist, z.B. nahe 50 Prozent liegt, dann kann sich ein weiterer Risikofaktor, wie das Spielen gewalttätiger Computerspiele, recht stark auf das Risiko eines schweren Gewaltdeliktes auswirken, weil bei einer Wahrscheinlichkeit von 50 Prozent die kumulative logistische Dichtefunktion ihre höchste Steigung hat. Mit anderen Worten: Es reicht ein kleines Zünglein auf der Waage, um jemanden, der anderenfalls kein Gewalttäter wäre, zum Gewalttäter zu machen. Allerdings sollte bedacht werden, dass derartige Formulierungen insofern unangemessen sind, als sie nahelegen, bei der Wahrscheinlichkeit handele es sich um ein direkt messbares Merkmal der Individuen. Das trifft aber nicht zu. Wahrscheinlichkeiten kann ein Beobachter nie direkt bei den Individuen selbst abmessen (anders als z.B. das Einkommen oder die Körpergröße), sondern er muss eine Rechenoperation über Mengen oder Teilmengen durchführen. Nichtsdestotrotz kann es aber sein, dass manche Subpopulationen quasi immun dagegen sind, ein Gewaltdelikt zu begehen, auch bei Hinzukommen eines bestimmten Risikofaktors, während in anderen Subpopulationen dieser weitere kleine Risikofaktor letztlich ausschlaggebend sein kann. Bevor wir uns nun die Interpretation der Koeffizienten einer logistischen Regression genauer ansehen, betrachten wir ein Beispiel, in dem nur Effekte auf die Log Odds oder Logits sowie Odds Ratios interpretiert werden.

Tabelle 2: Einflussfaktoren auf das Risiko eines befristeten ersten Jobs in Ostdeutschland, logistische Regression

	Log Odds	Odds Ratio
Frau (=1, sonst 0)	0.490**	1.633**
Alter	0.079*	1.083*
Status ISEI 88	0.045***	1.047***
Kohorte 1985	Referenz	Referenz
Kohorte 1990	1.39***	4.016***
Kohorte 1995	3.02***	20.671***
Konstante	-8.32***	0.000***
N	1060	1060
R^2(McKelvey & Zavoina)	0.456	0.456

Tabelle 2 zeigt die Einflussfaktoren auf das Risiko eines befristeten ersten Jobs in Ostdeutschland.

```
use $pfad/logit.dta, clear
logit befristet frau alter isei_88 kohorte2 ///
kohorte3 if job==1
```

Wir sagen in diesem Modell die Risiken eines befristeten ersten Jobs vorher durch Geschlecht, Alter, Status sowie die Zugehörigkeit zur jeweiligen Absolventenkohorte. In der linken Spalte werden die Effekte der erklärenden Variablen als Veränderungen der *Log Odds* dargestellt, während in der rechten Spalte *Odds Ratios* dargestellt sind. Unter der Perspektive der Log Odds zeigt sich, dass Frauen eine signifikant höhere Neigung zu einem befristeten ersten Job haben als Männer. Zudem steigt mit jedem weiteren Altersjahr diese Neigung signifikant. Mit jedem Jahr nehmen die Log Odds einer Befristung um 0,079 zu. Einen positiven Effekt auf die Befristung des ersten Jobs hat ebenso der Status: Mit jedem weiteren Wert auf der ISEI88-Skala (*International Socio-Economic Index of Occupational Status*, metrisches Statusmaß basierend auf Einkommen und Bildung) erhöhen sich die Log Odds einer Befristung um 0,045. Gegenüber der Referenzgruppe der Kohorte 1985 sind die Log Odds in der Kohorte 1990 um 1,39 erhöht; bei der Kohorte 1995 sind es sogar 3,02, beide Effekte sind höchst signifikant. Was an der Interpretation der Ergebnisse aus der Perspektive der Log Odds auffällt, ist ein relativ abstrakter Informationsgehalt, der eigentlich nur im Sinne der Signifikanz und der Vorzeichen substantiell interpretiert werden kann. Alle Effekte, die in diesem Modell enthalten sind, sind positiv, d.h., sie erhöhen die Log Odds. Grundsätzlich ist aus der Perspektive der Log Odds natürlich auch ein negativer Effekt möglich, der also die Log Odds – z.B. im Vergleich zur Referenzkategorie – reduziert.

Betrachten wir nun die zweite Spalte, in der die Ergebnisse als *Odds Ratios* dargestellt sind und interpretiert werden. Der Odds Ratio ist der jeweilige Faktor, um den sich die Odds verändern, wenn sich der Wert der unabhängigen Variablen um eine Einheit erhöht. Anders als bei den Log Odds, bei denen der Wert 0 den neutralen Punkt bildet, ist bei den Odds Ratios der Wert 1 der neutrale Punkt. Die Effekte auf die Log Odds lassen sich durch die Operation $\exp(\beta)$ in Odds Ratios überführen. Hat eine unabhängige Variable keinen Einfluss auf die Log Odds, beträgt der Koeffizient 0; $\exp(0)$ ergibt 1. Ein Effekt auf die Log Odds von 0 wird zu einem Odds Ratio von 1. In Tabelle 2 sehen wir in der Spalte „Odds Ratio", dass Frauen gegenüber Männern um den Faktor 1,633 erhöhte Odds einer befristeten ersten Arbeitsstelle haben. Mit jedem Altersjahr steigen die Odds einer befristeten ersten Arbeitsstelle um den Faktor 1,083, und mit jedem weiteren Wert auf der Statusskala ISEI nehmen die Odds um den Faktor 1,047 zu. Die Darstellung als Odds Ratio ändert zwar die Interpretation; an der Signifikanz der Einflussfaktoren ändert sich gegenüber der Log Odds-Perspektive jedoch nichts. Weiterhin sehen wir, dass die Absolventenkohorte von 1990 um den Faktor 4 erhöhte Odds einer befristeten ersten Arbeitsstelle aufweist im Vergleich zur Referenzgruppe der Absolventen aus dem Jahre 1985. Extrem drastisch ist der Effekt der Kohorte 1995: Hier sind die Chancen (bzw. die Risiken) einer befristeten ersten Arbeitsstelle gegenüber der Referenzgruppe der Absolventen von 1985 sogar um den Faktor 20,671 erhöht. Dieser Effekt ist äußerst extrem und legt es nahe, sich den sozialen Prozess, der dahinter steht,

noch einmal genauer anzusehen. Offensichtlich war eine befristete erste Arbeitsstelle zu Zeiten der DDR eine Ausnahme, und in diesem Regime haben die meisten Absolventen aus dem Jahre 1985 sowie ein großer Teil der Kohorte 1990 ihre
erste Arbeitsstelle angetreten. Im Vergleich zur Kohorte 1985 geht der Berufs-
einstiegsprozess der Kohorte 1995 mit einem *extrem* erhöhten Risiko einer Befristung einher. Der drastische Effekt scheint in diesem Fall also eher durch die
extreme *Seltenheit* einer Befristung der ersten Arbeitsstelle bei der Absolventenkohorte 1985 (also unter dem DDR-Regime) erzeugt zu sein. Des Weiteren zeigt
die Tabelle mit dem R^2-Wert von McKelvey und Zavoina, dass das Modell relativ gut zu den Daten passt, da die erklärte Varianz 45,6 Prozent beträgt. In der
linken Spalte der Log Odds zeigt sich ein sehr niedriger Wert der Regressionskonstanten mit -8,32. Dieser Wert ergibt sich daraus, dass alle Effekte, die in das
Modell einbezogen wurden, positive Einflüsse auf die Log Odds aufweisen. Die
Konstante zeigt ja die Log Odds der Referenzkategorie, die bei allen im Modell
vorhandenen Variablen den Wert 0 aufweist. Dieser Wert ist artifiziell, da es
keine Person gibt, die 0 Altersjahre und keine Person, die beim ersten Job einen
Statuswert von 0 aufweist. Daher sollte man diese Konstante nicht näher interpretieren.

Trotz der begrenzten Interpretierbarkeit wird die Darstellung in Form der Log
Odds in der Literatur häufig verwendet. Wir benötigen die Log Odds außerdem,
um die Vorhersage von Wahrscheinlichkeiten, transformiert durch die logistische
Linkfunktion, als Linearkombination aus Regressionsgewichten und Werten der
unabhängigen Variablen darzustellen. Best und Wolf (2010) weisen allerdings
auf einen wichtigen Punkt hin: Ihrer Auffassung nach ist die Darstellung der
Effekte in Form von Log Odds nicht weniger anschaulich als die Darstellung der
Odds Ratios. Ihrer Auffassung nach bietet die Odds Ratio Interpretation keinerlei
Vorteile gegenüber den Logits. Sie weisen zugleich darauf hin, dass die Interpretation als Odds Ratio eine Fehlerquelle eröffnet, nämlich die Fehlinterpretation
der Odds Ratios als Veränderung von Wahrscheinlichkeiten. Auf diesen Punkt
werden wir noch einmal zurückkommen.

3.4 Zweimal kumulative logistische Dichtefunktion zur Vorhersage von Wahrscheinlichkeiten

In der Literatur findet man für die logistische Regression zur Vorhersage von
Wahrscheinlichkeiten häufig zwei unterschiedliche, aber algebraisch äquivalente
Darstellungen (Rabe-Hesketh und Skrondal 2008, Kap. 4).

$$P(y = 1 \mid \mathbf{x'\beta}) = \frac{\exp(\mathbf{x'\beta})}{1 + \exp(\mathbf{x'\beta})} = \frac{1}{1 + \exp(-\mathbf{x'\beta})}$$

In manchen Lehrbüchern wird auf „ein bisschen Algebra" verwiesen, die Äquivalenz beider Darstellungen jedoch nicht nachvollziehbar bewiesen. Wenngleich die Umformung tatsächlich nicht überkomplex ist, soll sie an dieser Stelle trotzdem in kleinen Schritten nachvollzogen werden. Erfahrungsgemäß können auch Studierende der Sozialwissenschaften solche Umformungen nicht aus dem Stehgreif, und das Auslassen von Zwischenschritten führt häufig zu Frustration. Daher wird im Folgenden der algebraische Weg schrittweise nachvollzogen.

$$P(Y = 1 \mid \mathbf{x}) = \frac{\exp(\beta_0 + \beta_1 x_1 \ldots + \beta_n x_n)}{1 + \exp(\beta_0 + \beta_1 x_1 \ldots + \beta_n x_n)} = \frac{\exp(\mathbf{x'\beta})}{1 + \exp(\mathbf{x'\beta})}$$

$$= \frac{1}{\dfrac{1 + \exp(\mathbf{x'\beta})}{\exp(\mathbf{x'\beta})}} = \frac{1}{\dfrac{1 + \exp(\mathbf{x'\beta})}{\exp(\mathbf{x'\beta})}} \bullet \frac{\exp(-\mathbf{x'\beta})}{\exp(-\mathbf{x'\beta})} = \frac{1}{\dfrac{(1 + \exp(\mathbf{x'\beta})) \bullet \exp(-\mathbf{x'\beta})}{\exp(\mathbf{x'\beta} - \mathbf{x'\beta})}}$$

$$= \frac{1}{\dfrac{\exp(-\mathbf{x'\beta}) + \{\exp(\mathbf{x'\beta}) \bullet \exp(-\mathbf{x'\beta})\}}{1}} = \frac{1}{\exp(-\mathbf{x'\beta}) + \exp(\mathbf{x'\beta} - \mathbf{x'\beta})} = \frac{1}{\exp(-\mathbf{x'\beta}) + 1}$$

$$= \frac{1}{1 + \exp(-\mathbf{x'\beta})}$$

Zunächst wird der Kehrwert des Ausgangsterms unter den Bruchstrich gezogen. Sodann wird der Quotient im Nenner erweitert mit Eins durch $\exp(-\mathbf{x'\beta})/\exp(-\mathbf{x'\beta})$. Wir können nun ausmultiplizieren, so dass auch innerhalb der geschwungenen Klammer wiederum $\exp(\mathbf{x'\beta} - \mathbf{x'\beta})$ zu 1 wird.

3.5 Interpretation der Effekte

In welcher Weise werden die Ergebnisse der logistischen Regression dargestellt und interpretiert? Die unterschiedlichen Interpretationsweisen wollen wir uns noch einmal anhand einer Übersicht verdeutlichen. Betrachten wir zunächst die erste Variante, bei der das Ergebnis im Sinne einer Linearkombination aus Regressionsgewichten und Werten der unabhängigen Variablen dargestellt wird. In diesem Fall ist die abhängige Variable links des Gleichheitszeichens durch die Log Odds gegeben.

Effekte auf die Log Odds

Verändert sich x um eine Einheit, verändern sich die Log Odds um β Einheiten. Die Log Odds der Befristung sind bei den Frauen um 0,490 höher als bei den Männern (Tabelle 2, S. 55). Wie bereits erwähnt, sollte bedacht werden, dass die Log Odds nicht direkt messbar sind, sondern immer aus Mengenverhältnissen berechnet werden. Die Log Odds sind eine logarithmische Transformation der Odds. Darin besteht die Linkfunktion, über die die nicht-lineare, kumulative logistische Verteilungsfunktion in eine lineare Kombination aus Regressionsgewichten und Werten der unabhängigen Variablen transformiert wird (vgl. Kapitel 2).

$$\ln\left(\frac{P}{1-P}\right) = -8,32 + 0,49 \bullet x_{Frau=1} + 0,079 \bullet x_{Alter} + 0,045 \bullet x_{ISEI\,88} + 1,39 \bullet x_{Kohorte1990=1}$$

Allerdings sind die Regressionsgewichte unter der Perspektive der Log Odds nicht anschaulich interpretierbar, da es sich um ein mathematisches Konstrukt – nämlich die Odds – handelt, das zudem noch logarithmisch transformiert wurde. Interpretierbar sind genau genommen nur das Vorzeichen der Koeffizienten sowie deren Signifikanz.

Der Vorteil einer Darstellung in Form von Log Odds besteht aber darin, dass das Ergebnis, wie auch bei der linearen OLS-Regression, als Linearkombination dargestellt wird, nämlich aus Summe von Regressionsgewicht multipliziert mit dem Wert der unabhängigen Variablen.

Odds Ratios

Um den Logarithmus auf der linken Seite der obigen Gleichung aufzuheben, verwenden wir den Anti-Logarithmus (auch als *Antilog* bezeichnet, d.h. einen Exponenten zur Basis *e*) auf der rechten Seite. Die Linearkombination aus Regressionsgewichten und Werten der unabhängigen Variablen ist nun in eine Klammer hineingezogen. Dieser Ausdruck ist algebraisch äquivalent mit einer multiplikativen Verknüpfung der einzelnen Koeffizienten mit den jeweiligen erklärenden x-Variablen. Diese multiplikative Verknüpfung macht deutlich, dass wir bei den Odds Ratios die Linearität auf der rechten Seite der Gleichung aufgehoben haben. Im Falle einer multiplen logistischen Regression kann man nach Schätzung der Koeffizienten für jedes Individuum die entsprechenden Werte der unabhängigen Variablen einsetzen, und so die spezifischen Odds eines Ereignisses in jener Subpopulation vorhersagen, die genau diese Werte aufweist.

$$\frac{P}{1-P} = \exp(\beta_0 + \beta_1 x_1 + \beta_2 x_2 + ... + \beta_k x_k)$$

$$\frac{P}{1-P} = \exp(\beta_0) \bullet \exp(\beta_1 x_1) \bullet \exp(\beta_2 x_2) \bullet ... \bullet \exp(\beta_k x_k)$$

Der Antilog der Log Odds sind Odds, d.h. Chancen oder Risiken. Sie stellen das Verhältnis von Wahrscheinlichkeit und Gegenwahrscheinlichkeit dar.

$$OR = \frac{\exp(\beta_0 + \beta_1 [x_1 + 1])}{\exp(\beta_0 + \beta_1 x_1)}$$

$$OR = \frac{\exp(\beta_0) \bullet \exp(\beta_1 x_{1=1})}{\exp(\beta_0) \bullet \exp(\beta_1 x_{1=0})} = \frac{\exp(\beta_0) \bullet \exp(\beta_1 \bullet 1_{Frau})}{\exp(\beta_0) \bullet \exp(\beta_1 \bullet 0_{Frau})} = \exp(\beta_1)$$

Im Rahmen einer binären logistischen Regressionsanalyse wird aus der Perspektive der Odds Ratios folgender Fragestellung nachgegangen: Wie verhalten sich die Verhältnisse der Odds verschiedener Gruppen zueinander, jeweils unter Kontrolle weitere Merkmale der Personen?

Bei der Interpretation der Ergebnisse in Form von Odds Ratios muss noch eine weitere Besonderheit beachtet werden. Nehmen wir zwei Gruppen, die identische Odds aufweisen. So können Männer und Frauen jeweils Odds von 10:90 aufweisen, bei Einstieg in den Arbeitsmarkt nur eine befristete Arbeitsstelle zu bekommen. Setzen wir diese beiden Odds in ein Verhältnis zueinander, um den Odds Ratio zu berechnen, ergibt das den Wert Eins. Der Wert Eins stellt die neutrale Achse dar, auf der wir keinen Einfluss des Geschlechtes auf die Befristung der Arbeitsverträge feststellen können. Hätte die Variable „Frau" im Vergleich zu den Männern einen Odds Ratio <1, dann wäre das Risiko der Befristung in der Gruppe der Frauen geringer als in der Gruppe der Männer. Dagegen bedeutet ein Odds Ratio >1, dass in der Gruppe der Frauen das Risiko eines befristeten Arbeitsverhältnisses größer ist als bei den Männern.

Die Besonderheit der Odds Ratios besteht darin, dass ihr Wertebereich zwischen 0 und ∞ variiert. Dabei ist die neutrale Achse von 1 asymmetrisch in diesen Variationsbereich eingelagert. Werte, die sich verringernde Odds anzeigen, variieren nur zwischen 0 und <1. Dagegen können Werte, die positive Effekte einer Variable auf die Odds anzeigen, zwischen >1 und +∞ variieren. Diese Asymmetrie um den neutralen Punkt der 1 herum sollte stets bedacht werden, da bei den Odds Ratios <1 bereits sehr geringe Veränderungen große Auswirkungen auf die Odds Ratios haben können. Es ist daher ratsam, Odds Ratios <1 umzurechnen, um sie in ihrem Betrag vergleichbar zu machen mit Odds Ratios >1. Dies geschieht dadurch, dass man den Wert Eins durch den Odds Ratio dividiert. Nehmen wir ein Odds Ratio von 0,10 als Beispiel: Dividieren wir 1 durch 0,10, erhalten wir einen Odds Ratio von Faktor 10. Zum Vergleich betrachten wir einen Odds Ratio von 0,16. Dividieren wir nun 1 durch 0,16, erhalten wir einen Odds Ratio von Faktor $6{,}25^{-1}$. Obwohl sich bei dem Odds-Ratio <1 nur die zweite Nachkommastelle verändert, hat dies eine erhebliche Auswirkung auf die Höhe der Odds Ratios. Außerdem ist zu beachten, dass bei der Ergebnisausgabe als Odds Ratios auch die Konfidenzintervalle *asymmetrisch* um den Punktschätzer herum gelagert sind. Sie berechnen sich aus den Antilogarithmen der beiden Grenzen der Konfidenzintervalle der Log Odds. Die Standardfehler (*s.e.*) der Odds Ratios berechnen sich nach der Formel

$$s.e.(OR) = \exp(\beta) \bullet s.e.(\beta)$$

Nehmen wir wieder unser einfaches Beispiel der Befristung von Arbeitsverhältnissen beim Einstieg in den Arbeitsmarkt. Wieder vergleichen wir die Chancen der Männer und der Frauen. Grundsätzlich lässt sich für beliebige Merkmalskombinationen ein Odds Ratio berechnen, indem wir die Odds für eine jeweilige Subpopulation in die Gleichung für den Odds Ratio einsetzen. Dabei können wir in den Zähler der Gleichung eine *x*-Variable um eine Einheit erhöhen, während wir dies im Nenner der Gleichung nicht tun. Genau nach dieser Logik kann man den Effekt des Merkmals „Frau" auf die Chance bzw. das Risiko eines befristeten Arbeitsverhältnisses darstellen. Aufgrund der multiplikativen Verknüpfung der einzelnen Terme [exp(β)] lassen sich die Odds der Regressionskonstanten aus der Gleichung herauskürzen. Im Zähler steht nun exp(β •1[Frau]) während im Nenner steht exp(β •0[Mann]). Da exp(0)=1 ergibt, bleibt exp(β) übrig.
   In unserer exemplarischen Modellschätzung in Tabelle 2 erhielten wir einen Odds Ratio für „Frau" von 1,633.

$$\exp(0{,}490) = 1{,}633$$
$$(\exp(0{,}490) - 1) \bullet 100\% = 63{,}3\%$$

Demzufolge haben Frauen einen um den Faktor 1,633 bzw. 63,3% erhöhtes Risiko eines befristeten Arbeitsverhältnisses. Die Veränderungen der *Odds* lassen sich also in Prozent ausdrücken – nicht aber in Prozentpunkten. Dagegen werden Veränderungen von *Wahrscheinlichkeiten nur* in Prozentpunkten ausgedrückt, nicht aber in Prozent (siehe unten). Im *multiplen* logistischen Regressionsmodell in Tabelle 2 ist dies der Odds Ratio eines befristeten Arbeitsverhältnisses der

Frauen gegenüber Männern, unter Kontrolle aller weiteren in das Modell einbezogenen Variablen.

Standardisierte Effektkoeffizienten

Standardisierte Effektkoeffizienten machen die Einflussstärken über unterschiedliche Skalenniveaus der unabhängigen Variablen hinweg vergleichbar. Man erhält sie dadurch, dass innerhalb der Klammer der Effekt auf die Log Odds mit der Standardabweichung der jeweiligen unabhängigen Variablen multipliziert wird.

$$\exp(\beta \bullet s_k)$$
$$\exp(0{,}079 \bullet 3{,}59) = 1{,}33$$

Wie sich zeigen lässt (Kohler und Kreuter 2005), sollte man diese Standardisierung allerdings nicht für Dummy-Variablen durchführen, weshalb in diesem Beispiel der standardisierte Effektkoeffizient der Altersvariable dargestellt ist. Man kann diese Koeffizienten in `Stata` im Anschluss an die Modellschätzung mit dem Befehl `listcoef` ausgeben lassen (zuvor suchen mit `findit spost9_ado`).

Discrete unit effects

Gleichwohl die Interpretation in Form der Odds Ratios verbreitet ist, wird sie der eigentlichen Intention des logistischen Regressionsmodells nicht gerecht. Letztlich geht es ja um die Vorhersage von Wahrscheinlichkeiten, deren Differenzen in Form von Prozentpunkten relativ anschaulich darstellbar sind. Denn einen wichtigen Punkt kann man gar nicht oft genug betonen: Odds Ratios beschreiben *nicht* die Veränderungen von *Wahrscheinlichkeiten*, sondern *Chancen*verhältnisse. Die eigentlich interessierende abhängige Variable stellt in der logistischen Regression die Wahrscheinlichkeit dar, während die Odds das Verhältnis von Wahrscheinlichkeit zu Gegenwahrscheinlichkeit ausdrücken – und damit eine völlig andere Quantität bzw. Maßeinheit. Veränderungen von Wahrscheinlichkeiten sind aber nur darstellbar, wenn zuvor die Wahrscheinlichkeiten aus der kumulativen logistischen Verteilungsfunktion errechnet wurden.

Die sich daraus ergebende Darstellung der Veränderung von Wahrscheinlichkeiten durch den Einfluss einer Variablen als *discrete unit*-Effekt ist anschaulich, weil er die übliche Skala der Wahrscheinlichkeit mit Werten von 0 bis 1 bzw. von 1 bis 100 Prozent nutzt. Vom *discrete unit*-Effekt zu unterscheiden ist der sogenannte *marginale Effekt*, der unter bestimmten Bedingungen eine Approximation des *discrete unit*-Effekts darstellt.

Abbildung 5: Marginaler Effekt und *discrete unit effect*

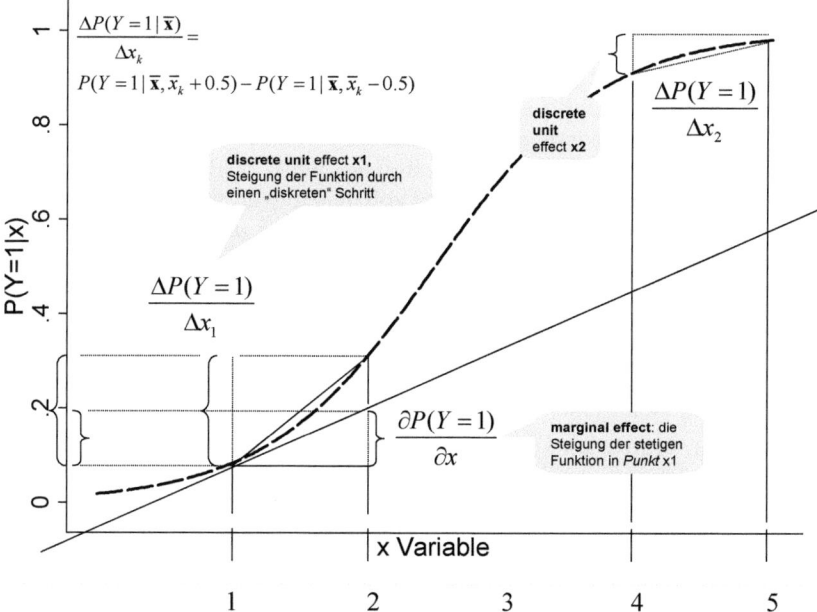

Zum Verständnis des *marginalen Effektes* und des *discrete unit*-Effekts betrachten wir Abbildung 5. Auf der *y*-Achse ist die Wahrscheinlichkeit von 0 bis 1 abgetragen, auf der *x*-Achse Werte einer unabhängigen Variablen. Zu sehen ist als gestrichelte Linie die s-förmige, kumulative logistische Verteilungsfunktion. Der *discrete unit*-Effekt soll veranschaulichen, um welchen Betrag sich die Wahrscheinlichkeit eines Ereignisses ändert, wenn die unabhängige Variable *x* um eine Einheit, d.h. um einen diskreten Schritt, zunimmt.

Im Falle der linearen OLS-Regression ist dieser Effekt in der Regel direkt aus den Regressionskoeffizienten ablesbar – nicht aber bei einem Modell, das auf der nicht-linearen kumulativen logistischen Verteilungsfunktion basiert. Das liegt daran, dass diese Funktion über die Werte von *x* hinweg unterschiedliche Steigungen aufweist. Wenn die Steigungen aber unterschiedlich sind, gibt es auch keinen eindeutigen Veränderungsbetrag der abhängigen Variablen, der bedingt ist durch eine diskrete Veränderung von x.

Betrachten wir in der obigen Abbildung 5 einen diskreten Schritt der x-Variable von 1 nach 2. Aus dem Anstieg der logistischen Funktion im Intervall von x zwischen 1 und 2 lässt sich ein Veränderungsbetrag in der y-Dimension, d.h. der abhängigen Variablen, abtragen. Wiederholen wir dieses Vorgehen jedoch für einen diskreten Schritt bei *höheren* Werten von x, bei einem Schritt von 4 nach 5, dann setzen wir an einer Stelle an, die eine weitaus geringere Steigung aufweist als im Intervall von x zwischen 1 und 2. Obwohl wir also in beiden Fällen einen diskreten Schritt auf der x-Achse vollziehen, unterscheiden sich die dadurch bedingten Veränderungsbeträge auf der y-Achse.

Wir müssen darum einen plausiblen Referenzpunkt festlegen, um den herum wir den diskreten Schritt auf der x-Achse vollziehen. Nur über einen eindeutigen Referenzpunkt kommen wir auch zu *einem* eindeutigen *discrete unit*-Effekt. Als weitere Komplikation kommt hinzu, dass die beiden unterschiedlichen Szenarien – nämlich der Schritt von 1 nach 2 sowie der Schritt von 4 nach 5 in der x-Dimension – unterschiedlich hohe Ausgangsrisiken des Ereignisses der abhängigen Variablen impliziert. Das Ausgangsrisiko der abhängigen Variablen ist bei einem Schritt von 1 nach 2 relativ gering, man ist also eher „unten" auf der logistischen Funktion angesiedelt. Dieses Ausgangsrisiko hängt im Falle der *multiplen* logistischen Regression von den weiteren in das Modell einbezogenen Variablen ab, also auch von den Kontrollvariablen. Es ist daher festzulegen, an welcher Stelle der kumulativen logistischen Funktion der diskrete Schritt abgetragen wird. Zur Lösung dieses Problems ist folgende Konvention verbreitet: Im ersten Schritt schätzt man auf Basis der logistischen Regression die Koeffizienten. Die Vorhersage der Log Odds wird verwendet, um für zwei unterschiedliche Szenarien die Wahrscheinlichkeiten für ein durchschnittliches Individuum vorherzusagen. Aus diesen beiden Szenarien wird dann eine Differenz von Wahrscheinlichkeiten gebildet, aus denen sich der *discrete unit*-Effekt ergibt (Long 1997, S. 74).

Wie sehen diese beiden Szenarien aus? Soll der *discrete unit*-Effekt für eine spezifische Variable x_k berechnet werden, setzt man in beiden Szenarien die *Mittelwerte* der jeweils anderen Variablen **x** ein, also der Kontrollvariablen und der weiteren substantiell interessierenden Variablen. Dies wird gemacht, um das Ausgangsrisiko für das *durchschnittliche Individuum* konstant zu halten. Im ersten Szenario wird nun auch für die interessierende Variable x_k der Mittelwert berechnet und der Wert 0,5 hinzu addiert. Durch diese Addition befinden wir uns nun einen halben diskreten Schritt oberhalb des Mittelwertes von x_k. Im zweiten Szenario wird – wieder bei Konstanthaltung der übrigen Variablen beim Mittelwert – vom Mittelwert der interessierenden Variablen x_k der Wert von 0,5 abgezogen. Wir befinden uns nun einen halben diskreten Schritt unterhalb des Mittelwertes der interessierenden Variablen x_k. Der *discrete unit*-Effekt für die Variable x_k wird nun berechnet aus der Differenz der Wahrscheinlichkeiten aus beiden Szenarien. Möchte man für alle im Modell enthaltenen Variablen den *discrete unit*-Effekt berechnen, wird abwechselnd jede der Variablen für x_k eingesetzt, und jeweils alle anderen werden als Kontrollvariablen beim Mittelwert konstant gehalten. Dieses Vorgehen zur Berechnung des *discrete unit*-Effekts lässt sich formal darstellen durch

$$P(Y=1 \mid \mathbf{x}) = \frac{\exp(\mathbf{x'\beta})}{1+\exp(\mathbf{x'\beta})}$$

$$\frac{\Delta P(Y=1 \mid \overline{\mathbf{x}})}{\Delta x_k} = P(Y=1 \mid \overline{\mathbf{x}}, \overline{x}_k + 0{,}5) - P(Y=1 \mid \overline{\mathbf{x}}, \overline{x}_k - 0{,}5)$$

Wie man sieht, ist der Rechenaufwand insbesondere bei Modellen mit vielen erklärenden Variablen recht hoch, da man wiederholt jeweils zweimal in die logistische Funktion die entsprechenden Werte der geschätzten Linearkombination einsetzen muss. In Stata erhält man die *discrete unit* Effekte komfortabel mit dem Befehl prchange (wenn noch nicht installiert: findit spost9_ado).

Marginaler Effekt

Vom *discrete unit* Effekt zu unterscheiden ist der *marginale Effekt*. Betrachten wir wieder Abbildung 5. Bei einer stetigen Betrachtung der unabhängigen Variable x ist man nicht mehr an einem diskreten Schritt interessiert, sondern an der Steigung der logistischen Funktion in einem infinitesimal kleinen Intervall in der Dimension von x. Man differenziert darum die logistische Funktion an einer jeweils festzulegenden Stelle – man bildet, mit anderen Worten, die erste Ableitung der Funktion. Daraus erhält man die Steigung der nicht-linearen Funktion an dem festgelegten Punkt. Der Term $\partial P(Y=1 \mid x)/\partial x_k$ stellt die Veränderung der Wahrscheinlichkeit P bedingt durch eine infinitesimale Veränderung von x_k dar (Long 1997, S. 72).

$$\frac{\partial P(Y=1 \mid \mathbf{x})}{\partial x_k} = \beta_k \bullet P[1-P]$$

Er entspricht dem Produkt aus Wahrscheinlichkeit mal Gegenwahrscheinlichkeit multipliziert mit dem Regressionskoeffizienten β, wobei die Wahrscheinlichkeit P über die kumulative logistische Funktion berechnet wird:

$$P(Y=1\mid \mathbf{x}) = \frac{\exp(\mathbf{x'\beta})}{1+\exp(\mathbf{x'\beta})}$$

Sofort wird deutlich, dass auch der marginale Effekt vom Ausgangsniveau der Wahrscheinlichkeit P abhängt. Welchen Wert für P setzt man für die Berechnung des marginalen Effektes ein? Man kann für das gesamte Analysesample das arithmetische Mittel der geschätzten Wahrscheinlichkeit P berechnen, was die Grundlage für den *marginalen Effekt bei der mittleren Wahrscheinlichkeit* darstellt.

$$\frac{\partial P(Y=1\mid \mathbf{x})}{\partial x_k} = \beta_k \bullet \overline{P}[1-\overline{P}]$$

Stattdessen kann man auch den Mittelwert aller unabhängigen Variablen berechnen und in die Gleichung zur Vorhersage der Wahrscheinlichkeit einsetzen. Dies wird als *maginal effect at mean* (*MEM*) bezeichnet (Long 1997, S. 74; Best und Wolf 2010, S. 840) und beschreibt wieder das *durchschnittliche Individuum*:

$$\frac{\partial P(Y=1\mid \mathbf{x})}{\partial x_k} = \beta_k \bullet P(\overline{\mathbf{x}}\boldsymbol{\beta})[1-P(\overline{\mathbf{x}}\boldsymbol{\beta})]$$

Schließlich besteht eine weitere Möglichkeit darin, für jedes der N Individuen – gegeben $\mathbf{x}_i$ – die Wahrscheinlichkeit und im Anschluss daran, je nach Position auf der Funktion, den jeweils individuellen marginalen Effekt β_k für die Variable x_k zu berechnen. Aus diesen N marginalen Effekten β_k wird dann der Mittelwert der marginalen Effekte berechnet (Long 1997, S. 74):

$$\text{mean}\;\; \frac{\partial P(Y=1\mid \mathbf{x})}{\partial x_k} = AME_k = \frac{1}{N}\sum_{i=1}^{N}(P_i(f(\mathbf{x}_i\boldsymbol{\beta})) \bullet (1-P_i(f(\mathbf{x}_i\boldsymbol{\beta}))) \bullet \beta_k$$

In der Literatur wird der obige Ausdruck als *average marginal effect* (*AME*) bezeichnet (Best und Wolf 2010, S. 840). Der *AME* wird als Lösung für das Problem der Nicht-Vergleichbarkeit von Koeffizienten über unterschiedliche Modelle hinweg vorgeschlagen (Best und Wolf 2010, S. 840) – dieses Problem wird uns im folgenden Abschnitt beschäftigen. Man kann den *AME* in Stata über den Befehl margeff ausgeben lassen (Bartus 2005), der als ado-file zuvor mit dem Befehl findit margeff installiert werden muss. Ab Stata 12 gibt auch der margins Befehl den AME aus.

Der oben in Abbildung 6 dargestellte marginale Effekt ist deutlich kleiner als der *discrete unit* Effekt, der auf der y-Achse abgetragene Bereich ist etwa um die Hälfte geringer als beim *discrete unit*-Effekt. Woran liegt das? Der marginale Effekt und der *discrete unit*-Effekt unterscheiden sich umso stärker, je weniger Werte die unabhängige Variable x aufweist. In unserem Fall weist die unabhängige Variable x nur Werte von 0 bis 5 auf. Hätten wir eine unabhängige Variable wie z.B. Einkommen gemessen in Euro, dann hätten wir sehr viele unterschiedliche Ausprägungen der x-Variablen. Bei einer differenzierten Messung würden sich der marginale Effekt und der *discrete unit*-Effekt kaum unterscheiden. Nehmen wir an, wir haben ein durchschnittliches Einkommen von ungefähr 1500 Euro. Ein diskreter Schritt in der Dimension des Einkommens läge dann beispielsweise an der Stelle von 786 zu 787 Euro. Bezogen auf den Gesamt-Range der Einkommensvariablen ist dieser Schritt so klein, dass er mit einer Steigung der logistischen Funktion in einem *infinitesimal kleinen* Intervall gleichgesetzt werden kann. In unserem obigen Beispiel deckt ein diskreter Schritt von einer Einheit, z.B. von 1 nach 2, jedoch bereits ein Fünftel des gesamten Ranges der unabhängigen Variablen ab. Ein Fünftel des gesamten Wertebereichs ist aber etwas anderes als ein infinitesimal kleines Intervall in der x-Dimension.

Weil dieses Problem für die Vorhersage von Veränderungen der Erwartungswerte von y bei nicht-linearen Modellen überaus zentral ist, betrachten wir nun in Abbildung 6 das Problem der Abhängigkeit des marginalen Effektes sowie des *discrete unit*-Effekts noch einmal aus einer anderen Perspektive. Bei der dünnen schwarzen Kurve wurde eine Konstante von −2 subtrahiert, bei der dicken grauen Kurve eine Konstante von +1 addiert. Man sieht in der Abbildung, dass die dicke graue Kurve aufgrund der durch die größere Konstante bedingten höheren Ausgangswahrscheinlichkeit deutlich früher steil ansteigt. Der konstante Veränderungsbetrag in der x-Dimension, nämlich $|x'-x|$, führt bei der grauen Kurve zu einem wesentlich geringeren Veränderungsbetrag in der y-Dimension als bei der dünneren schwarzen Kurve.

Abbildung 6:   Steigung durch $x'{-}x$ in Abhängigkeit von x_0

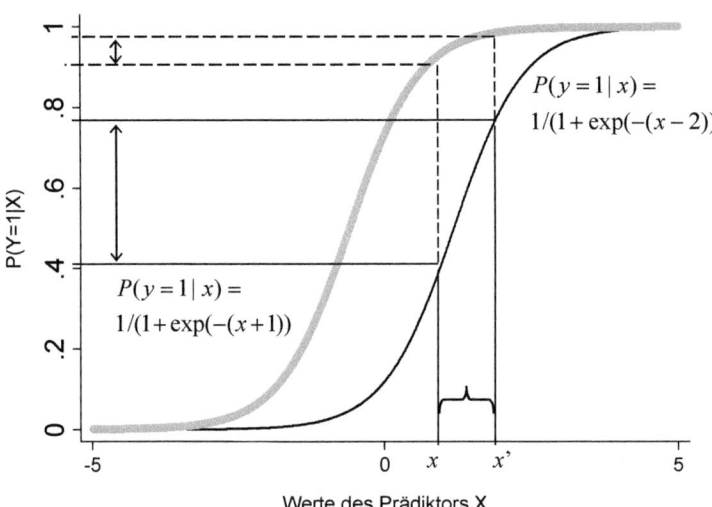

$P(y = 1 \mid x) =$
$1/(1 + \exp(-(x - 2)))$

$P(y = 1 \mid x) =$
$1/(1 + \exp(-(x + 1)))$

Werte des Prädiktors X

Aufgrund des späteren Anstiegs der dünnen schwarzen Kurve ist die durch $|x'{-}x|$ bedingte Differenz der Vorhersage der Erwartungswerte von y recht erheblich. Was in der Abbildung 6 künstlich durch ein Verschieben der Kurve nach links erzeugt wurde, könnte in der Realität durch die Effekte der Kontrollvariablen bzw. durch die weiteren in das Modell einbezogenen Variablen bedingt sein. Diese weiteren Variablen bestimmen die Ausgangswahrscheinlichkeit auf der Kurve, von der aus gesehen wir den Einfluss der Veränderung unserer spezifischen x_k-Variable auf den Erwartungswert von y betrachten.

Zusammenfassend ist festzuhalten, dass erstens der marginale Effekt nicht gleich dem *discrete unit*-Effekt ist – obwohl beide sehr ähnlich sind, wenn die unabhängige Variable x stetig normal verteilt ist und sehr viele unterschiedliche Ausprägungen hat.

$$\frac{\partial P(Y = 1)}{\partial x_1} \neq \frac{\Delta P(Y = 1)}{\Delta x_1}$$

Zweitens ergab sich aus der zuletzt geführten Diskussion, dass der *discrete unit*-Effekt für eine Variable x_k an der Stelle $x{=}1$ ein anderer ist als an der Stelle $x{=}2$.

$$\frac{\Delta P(Y = 1)}{\Delta x_{k1}} \neq \frac{\Delta P(Y = 1)}{\Delta x_{k2}}$$

3.6 Das Problem der Vergleiche der Koeffizienten über unterschiedliche Modelle hinweg

In der Soziologie und Ökonomie ist man häufig an Ungleichheiten interessiert. Man möchte unter anderem wissen, wie stark sich Koeffizienten etwa der ethnischen Herkunft auf die Bildungsbenachteiligung ändern, wenn der Status der Herkunftsfamilie kontrolliert ist. Ein weiteres wichtiges Problem der binären logistischen Regression, das zahlreiche nicht-lineare Modelle betrifft, besteht daher in der Vergleichbarkeit der Regressionskoeffizienten über unterschiedliche Modelle hinweg. Um es vorwegzunehmen: Man kann in nicht-linearen Modellen mit fixer Fehlervarianz die Regressionskoeffizienten *nicht* zwischen unterschiedlichen Modellen hinweg vergleichen (Long 1997, S. 70; Best und Wolf 2010, S. 838; Mood 2010). Das gilt leider auch dann, wenn man ein Regressionsmodell nur um einen weiteren Prädiktor erweitert, der mit den bisher im Modell berücksichtigten Prädiktoren unkorreliert (!) ist. Dies ist ein wesentlicher Unterschied zur linearen OLS-Regression. In der OLS-Regression werden die Residualvarianzen empirisch geschätzt und sind nicht fix.

Nehmen wir folgendes Beispiel aus der OLS-Regression: Wir sagen die abhängige Variable y durch eine Regressionsgleichung vorher, die aus den beiden Prädiktoren x_1 und x_2 besteht.

$$y_i = \beta_0 + \beta_1 \bullet x_1 + \varepsilon_a \qquad \text{var}(\varepsilon_a) = \sigma_a^2$$
$$y_i = \beta_0 + \beta_1 \bullet x_1 + \beta_2 \bullet x_2 + \varepsilon_b \qquad \text{var}(\varepsilon_b) = \sigma_b^2$$

Schätzen wir das lineare OLS-Regressionsmodell zunächst nur mit der Prädiktorvariablen x_1: Daraus ergibt sich eine Residualvarianz des Fehlerterms, die wir hier bezeichnen als σ_a^2. Nun führen wir die zweite erklärende Variable x_2 in das Modell ein. Sollte diese Variable x_2 erklärungskräftig sein, dann reduziert sich die Varianz des Fehlerterms ε auf die Varianz σ_b^2. Es gilt $\sigma_a^2 > \sigma_b^2$, wenn ein Teil der Residualvarianz durch x_2 erklärt wird. Der Grund dafür liegt darin, dass bei OLS durch den Einbezug einer weiteren erklärungskräftigen Variable, das ist hier x_2, ein Teil der nicht-erklärten Varianz in systematisch erklärte Varianz überführt wurde. Systematisch erklärt wird dieser Varianzanteil nun durch den Prädiktor x_2. Mit anderen Worten: Die residuale Veränderung von y, die vorher durch ε, also den Fehlerterm, bedingt war, wird nun teilweise durch x_2 erklärt, weshalb die nicht-erklärte Varianz sich reduziert. Sind die Variablen x_1 und x_2 vollkommen unkorreliert (orthogonal zueinander), dann reduziert der Effekt von x_2 die Residualvarianz, aber der Koeffizient der Variable x_1 bleibt unverändert. Der Einfluss der weiteren Prädiktorvariable x_2 schlägt sich also in einer Reduzierung der Varianz des Fehlerterms ε nieder.

Wie verhält sich das aber in der logistischen Regression? Auch hier können wir eine weitere Erklärungsvariable x_2 einführen.

$$\text{logit}_i = \beta_0 + \beta_1 \bullet x_1 + \varepsilon_a \qquad\qquad \text{var}(\varepsilon_a) = \sigma_a^2$$
$$\text{logit}_i = \beta_0 + \beta_1 \bullet x_1 + \beta_2 \bullet x_2 + \varepsilon_b \qquad\qquad \text{var}(\varepsilon_b) = \sigma_b^2$$

Was passiert mit der Residualvarianz, wenn x_2 tatsächlich einen signifikanten Effekt auf die abhängige Variable (die Log Odds) hat, auch wenn x_2 mit x_1 unkorreliert ist?

$$\sigma_a^2 = \sigma_b^2 \quad = \quad \pi^2/3 \quad \approx 3{,}29$$

Der zentrale Unterschied zwischen der binären logistischen Regression und der OLS-Regression besteht darin, dass die Residualvarianz bei der binären logistischen Regression nicht variabel ist. Die Residualvarianz beträgt immer $\pi^2/3$, d.h. ungefähr 3,29. Wenn nun im obigen Beispiel bei der logistischen Regression immer gelten muss, dass $\sigma_a^2 = \sigma_b^2 = 3{,}29$ ist, dann kann die Aufnahme eines weiteren erklärungskräftigen Prädiktors x_2 *nicht* die Varianz des Residuums reduzieren. Das gilt auch, wenn x_1 und x_2 unkorreliert sind. Was passiert in der logistischen Regression, wenn mit x_2 ein weiterer erklärungskräftiger Prädiktor aufgenommen wird? Man kann sich die Konsequenz der zusätzlichen Varianzaufklärung durch x_2 besser vorstellen, wenn man sich vergegenwärtigt, dass die empirisch realisierte binäre abhängige Zufallsvariable ein Indikator für eine latente stetige Hintergrundvariable $y*$ darstellt. Diese latente Hintergrundvariable weist eine bestimmte Skalierung auf und damit auch eine bestimmte Varianz. Mit der Aufnahme eines weiteren erklärungskräftigen Prädiktors wird nun die Skalierung dieser latenten abhängigen Variablen neu justiert. Das muss so sein, weil die erklärungskräftige Prädiktorvariable x_2 eben nicht die Residualvarianz reduzieren kann. Was im Fall der linearen OLS-Regression durch x_2 an Veränderung in der Varianz des Fehlerterms erzeugt wird, wird in der logistischen Regression verschoben, und zwar in die *abhängige* Variable.

Warum? Ein signifikanter Effekt von x_2 reduziert durchaus die Fehlervarianz der stetigen *latenten* Variablen $y*$ – die ja, wäre sie direkt beobachtbar, idealerweise einer Normalverteilung mit einer *empirisch zu schätzenden* Varianz σ folgen würde. Auch wenn der Effekt von x_2 orthogonal zum Effekt von x_1 ist (d.h. x_2 und x_1 sind unkorreliert), reduziert er die Residualvarianz der *latenten Variablen* y^*. Im Prinzip wäre also var($\varepsilon_{y^*\ a}$)>var($\varepsilon_{y^*\ b}$). Dies kann aber nicht durch die auf 3,29 fixierte Varianz der logistischen Dichtefunktion abgebildet werden. *Beide* Fehlerverteilungen der latenten abhängigen Variablen – die von $y^*_{\text{Modell a}}$ und die von $y^*_{\text{Modell b}}$ – werden auf *dieselbe* inflexible logistische Dichtefunktion gezwungen. Werden die beiden eigentlich unterschiedlichen Verteilungen der latenten Variablen $y^*_{\text{Modell a}}$ und $y^*_{\text{Modell b}}$ auf eine *gemeinsame* Verteilung gezwungen, geht das nur, wenn sich die *Skalierung* einer der beiden Variablen y^* verändert. Mit anderen Worten: Die Konsequenzen der zusätzlichen Varianzaufklärung durch x_2 werden in die *abhängige* Variable verlagert, weil die Varianz des Fehlers ε eine Konstante ist. In den beiden logistischen Regressionsgleichungen werden nun zwei unterschiedlich verteilte abhängige Variablen vorhergesagt. Dadurch hat aber auch x_1 in beiden Fällen eine unterschiedliche Einflussgröße, auch wenn in der zweiten logistischen Regressionsgleichung x_2 und x_1 unkorreliert sind. Und darin besteht das Problem: Man kann nicht die Koeffizienten unterschiedlicher Modelle miteinander vergleichen, weil sie sich in Abhängigkeit von der Skalierung der latenten Variablen y^* letztlich immer auf unterschiedlich skalierte abhängige Variablen beziehen.

Wie oben bereits erwähnt, schlagen Best und Wolf vor, den *average marginal effect* (*AME*) zu berechnen, bei dem der marginale Effekt für jede Person bzw. für jeden individuellen Wahrscheinlichkeitswert berechnet und dann der Mittelwert über diese marginalen Effekte gebildet wird. Der AME gilt als zwischen unterschiedlichen Modellen hinweg vergleichbar (Best und Wolf 2010, S. 840) und kann in `Stata` mit dem Zusatzbefehl `margeff` berechnet werden (Bartus 2005) (`findit margeff`).

3.7 Diagnostik

Aus der linearen OLS-Regression ist bekannt, dass eine sorgfältige Modelldiagnostik notwendig ist, um die zum Teil restriktiven Annahmen des Modells zu prüfen. Wenngleich nicht alle dieser Annahmen für das Modell der logistischen Regression gelten, muss auch hier eine Modelldiagnostik durchgeführt werden. Es gilt zu evaluieren, inwieweit das Modell zu den Daten passt. In Kapitel 2 haben wir bereits eine ganze Reihe von Maßen der Modellanpassung für generalisierte lineare Modelle besprochen.

Neben den allgemeinen Maßen, die also die Güte der Modellanpassung insgesamt beschreiben, gilt es auch zu prüfen, inwieweit *einzelne Fälle* die Modellanpassung verschlechtern, weil es sich etwa um Ausreißer oder um besonders einflussreiche Fälle handelt. Auch im Modell der logistischen

Regression sollte eine Residuenanalyse durchgeführt werden. Wenn unser Modell insgesamt einigermaßen an die Daten angepasst ist – welche speziellen Fälle liefern dennoch auffällig hohe Abweichungen von unserem Modell? Gibt es Fälle, auf die unser Modell nicht passt, obwohl es insgesamt relativ gut den Prozess in der Stichprobe beschreibt? Für die Residuenanalyse werden, wie auch in der linearen OLS-Regression, zunächst die *Residuen* berechnet. Dies geschieht durch Vorhersage des Erwartungswertes, nämlich der Wahrscheinlichkeit $P(y=1|x)$. Diese vorhergesagte Wahrscheinlichkeit, hier als $\hat{\pi}$ bezeichnet, wird vom empirisch gemessenen Wert, der entweder nur 0 oder 1 betragen kann, subtrahiert. Weil die Residuen von x abhängen (Heteroskedastizität), wird das *Pearson-Residuum* r als Division dieses Residuums durch die Wurzel der Varianz von $\hat{\pi}$ berechnet.

$$r_i = \frac{y_i - \hat{\pi}_i}{\sqrt{\hat{\pi}_i(y_i - \hat{\pi}_i)}}$$

Auch das Pearson-Residuum weist eine Standardabweichung auf, durch die es zum Zwecke der Standardisierung dividiert werden kann, wodurch man das *standardisierte Pearson-Residuum* erhält (Long 1997, S. 99):

$$r_i^{std} = \frac{r_i}{\sqrt{\text{var}(r_i)}}$$

Eine Strategie besteht nun darin, die Residuen vorherzusagen und grafisch darzustellen. Auf diese Weise wird sichtbar, ob einzelne Ausreißer oder sogar Gruppen existieren, deren individuelle empirische Werte durch das Modell nur sehr schlecht vorhergesagt werden. Hohe Residuen können Hinweise auf eine Fehlkodierung der Daten liefern – dies aber nur, wenn das Schätzmodell insgesamt relativ gut den Daten angepasst ist. Ist ein Modell schlecht angepasst, dann sind hohe Residuen bei größeren Gruppen im Datensatz zumindest auch eine Folge dieser schlechten Anpassung. Man sollte sie nicht vorschnell ausschließen, wenn das Modell selbst, demgegenüber Abweichungen berechnet werden, nicht gut ist.

Für die Identifikation von starken Ausreißern existieren zwar Regeln (Kohler und Kreuter 2005, S. 206), die aber nicht pauschal angewandt werden sollten. Aber insbesondere bei einem gut angepassten Modell sollte über den Ausschluss von Ausreißern und einflussreichen Fällen nachgedacht werden. Das Modell wird nach dem Ausschluss erneut geschätzt und die Ergebnisse der beiden Modelle verglichen. Wenn einige wenige Ausreißer keinen großen Einfluss auf die

Modellschätzung haben, sollten sie im Datensatz bleiben. Dies ist allerdings eine subjektive Einschätzung, der man nicht unbedingt folgen muss. Sie ist dadurch motiviert, dass man mit der schlechten Qualität der Daten leben muss. Und wenn wir uns nicht über die Ursachen der Abweichungen sicher sind, sollten sie im Datensatz verbleiben, auch – bzw. gerade *weil* – sie die Modellanpassung verschlechtern.

Die standardisierten Residuen lassen sich in `Stata` über die Option `rstandard` anfordern. Man kann zum Zwecke der Diagnostik nach Schätzung des Modells für jeden Fall im Datensatz die Residuen berechnen und sich diese Werte wieder grafisch darstellen lassen, um Ausreißer zu identifizieren.

Ein weiterer Schritt der Modelldiagnostik besteht in der Identifikation sogenannter *einflussreicher Fälle*. Deren Wirkung verdeutlichen wir uns anhand der Abbildung 7. Hier haben wir eine recht steil abfallende Regressionsgerade (in diesem Fall linear) durch eine kleine Punktewolke gelegt. Wir sehen aber einen Punkt, der weit abseits dieser Punktewolke liegt und aufgrund seiner spezifischen Lage die Regressionsgerade stark zu sich hinzieht.

Abbildung 7:   Schematische Darstellung eines einflussreichen Falles

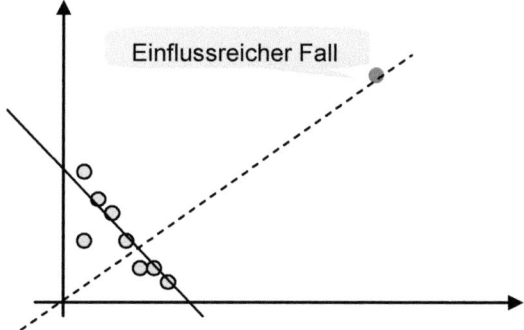

In der typisierten Abbildung 7 erhalten wir allein aufgrund dieses einen einflussreichen Falles die gestrichelte Regressionsgerade, also einen positiven Effekt von *x* auf die abhängige Variable, während der Ausschluss dieses Falls zu einer eindeutig fallenden Regressionsgerade und damit zu einem negativen Effekt führen würde. In diesem typisierten Beispiel würde der einflussreiche Fall dazu führen, dass sich das Vorzeichen der Schätzkoeffizienten umdreht. In der empirischen Anwendung haben wir es aber häufiger mit Fällen zu tun, die nur zu moderat verzerrten Regressionskoeffizienten führen.

Ein Maß für die Stärke des individuellen Einflusses erhalten wir durch eine Variante der sogenannten *Cook's Distance* (D), die für jeden Fall im Datensatz berechnet werden kann. Man kann sich die Logik dieses Maßes folgendermaßen veranschaulichen: Für jeden Fall i wird die Veränderung des gesamten β-Vektors (also des Vektors aller Regressionskoeffizienten des Modells) berechnet, indem der Fall i einmal im Modell berücksichtigt, in einem weiteren Durchlauf des Modells aber aus der Modellschätzung ausgeschlossen wird. Denn darum geht es: Wie stark beeinflusst ein einzelner Fall die Ergebnisse der Modellschätzung? Hat man die Cook's-D-Werte nach diesem Verfahren berechnet, werden sie dem Datensatz angefügt. Der Datensatz lässt sich nun nach den Cook's-D-Werten sortieren, so dass man sich die Fälle mit den höchsten Werten von Cook's D – also die einflussreichsten Fälle – genauer ansehen kann. Für die binäre logistische Regression kann die Berechnung in der Regel vereinfacht werden, indem der Einfluss auf die Koeffizienten nicht für jedes Individuum, sondern für jedes *Kovariatenmuster* berechnet wird. Das resultierende Maß wird als *Pregibon Delta-b* bezeichnet (dbeta in Stata). Auch beim Umgang mit einflussreichen Fällen gilt, dass zunächst geprüft werden sollte, ob es sich um einen Kodierfehler oder um eine andere Art von Fehler handelt. Erst nach gründlicher Inspektion erfolgt entweder eine Korrektur, oder es wird über den Ausschluss des Falles i entschieden.

```
use $pfad/logit.dta, clear
logit befristet frau alter isei_88 kohorte2 ///
kohorte3 if job==1
predict cook, dbeta
predict sresid,  rstandard

gen nummer=_n if e(sample)

graph twoway scatter sresid nummer, ///
msymbol(none) mlabel(nummer)
graph twoway scatter cook nummer, ///
msymbol(none) mlabel(nummer)
```

Sowohl die Ausreißer als auch die Residuen werden durch die obigen Befehle grafisch dargestellt. Die Variable nummer wurde durch gen nummer=_n if e(sample) im Datensatz generiert und kann verwendet werden, um die einflussreichen Fälle genauer zu identifizieren.

3.8 Maximum-Likelihood und Modellanpassung

Das Verfahren, mit dem in der logistischen Regression die Parameter geschätzt werden, nennt man „Maximum-Likelihood". Wir sind darauf bereits in Kapitel 2 eingegangen. Die folgenden Ausführungen sind an Giesselmann und Windzio (2012, Kap. 7.2) angelehnt.

Die „Likelihood" ist der Wert einer Funktion, in die schrittweise unterschiedliche Werte für die β-Koeffizienten eingesetzt werden. Dies geschieht solange, bis die Funktion ihr Maximum erreicht und die damit die Werte der geschätzten Koeffizienten gefunden sind. Wir haben es also mit einem mathematischen Maximierungsproblem zu tun, dass wir nicht mehr analytisch, sondern nur noch numerisch lösen können. Wir setzen mit Hilfe eines Algorithmus iterativ solange Zahlen für die Unbekannten der Gleichung in die Likelihood-Funktion ein, bis die Funktion ihr Maximum erreicht hat – bei gegebenen bekannten Größen in der Gleichung.

Dahinter steht die Idee, dass man jene Werte für die β-Koeffizienten findet, die bei gegebenen Werten für x und y die *Ziehungswahrscheinlichkeit* der realisierten Stichprobe maximieren. Anders formuliert: Gesucht werden unter allen möglichen Wertekombinationen für die Grundgesamtheitsparameter jene Werte, für die die Wahrscheinlichkeit am größten ist, die realisierte Stichprobe erzeugt zu haben. Für die logistische Regression hat die Likelihood-Funktion folgende Form:

$$L(\beta) = \prod_{i=1}^{n} P_i$$

Die Likelihood L hängt ab von den unbekannten Größen β sowie von der Verteilung der Werte der abhängigen Variable y und der unabhängigen Variablen x. Aus den unbekannten Werten von β und den bekannten Werten von y und x können wir für jedes Individuum i einen Term für die Wahrscheinlichkeit P für $y=1$ oder $y=0$ schreiben. Wenn wir im Datensatz n Beobachtungen haben, leistet jede einzelne mit ihrem jeweiligen Term einen Beitrag zum Gesamtprodukt der Likelihood. Bei voneinander unabhängigen Ereignissen werden die Ziehungswahrscheinlichkeiten P_i der Einzelbeobachtungen multipliziert, was durch das Produktzeichen $\prod$ zum Ausdruck gebracht wird. Beträgt die Ziehungswahrscheinlichkeit sowohl für Beobachtung A als auch für Beobachtung B 0,10, ist die Wahrscheinlichkeit, *sowohl* A *als auch* B zu ziehen, 0,10 • 0,10 = 0,01. Erweitern wir dies auf 100 Beobachtungen, die wir zufällig in die Stichprobe gezogen haben, resultiert daraus ein sehr kleiner Wert, der die Wahrscheinlichkeit beschreibt, dass sich die Stichprobe aus Beobachtung A *und* Beobachtung B *und* Beobachtung C usw. zusammensetzt. In der Likelihood-Funktion geht man jedoch nicht von für alle Beobachtungen gleichen Wahrscheinlichkeiten aus, sondern berechnet über den folgenden Ausdruck für jede Beobachtung ihre „individuelle Wahrscheinlichkeit", die sie zur Likelihood-Funktion beiträgt. Stören wir uns zunächst nicht an dieser paradoxen Formulierung einer „individuellen Wahrscheinlichkeit", obwohl Wahrscheinlichkeiten sich eigentlich ja nur aus Mengenrelationen ergeben.

$$P(y = 1 \mid \mathbf{x}) \qquad = \frac{1}{1 + \exp(-(\beta_0 + \beta_1 x_1 \ldots + \beta_n x_n))}$$

$$1 - P(y = 1 \mid \mathbf{x}) = P(y = 0 \mid \mathbf{x}) \qquad = 1 - \frac{1}{1 + \exp(-(\beta_0 + \beta_1 x_1 \ldots + \beta_n x_n))}$$

Die Likelihood-Funktion hat zwei Komponenten, nämlich P für Beobachtungen mit $y_i=1$ und $1{-}P$ für Beobachtungen mit $y_i=0$. Für jede Beobachtung wird P durch die logistische Linkfunktion berechnet, wobei in der Formel unten die Potenzen y_i oder $1{-}y_i$ wie ein „Schalter" wirken, der nur jenen Teil der Funktion aktiviert, zu der die Beobachtung gemäß $y_i=1$ oder $y_i=0$ gehört. Immer wenn der Exponent y_i oder $(y_i{-}1)$ aufgrund des jeweils vorliegenden Wertes von y_i den Wert Null ergibt, nimmt der jeweilige Term P oder $1{-}P$ der Funktion den Wert 1 an, er wird also neutralisiert. Eingesetzt in die Likelihood-Funktion ergibt das

$$L(\boldsymbol{\beta}) = \prod_{i=1}^{n} \left\{ \left[\frac{1}{1 + \exp(-(\beta_0 + \beta_1 x_1 + .. + \beta_k x_k))} \right]^{y_i} \bullet \left[1 - \frac{1}{1 + \exp(-(\beta_0 + \beta_1 x_1 + .. + \beta_k x_k))} \right]^{(1-y_i)} \right\}$$

und für die Log-Likelihood:

$$\ln[L(\boldsymbol{\beta})] = \sum_{i=1}^{n_1} \ln\left[\frac{1}{1 + \exp(-(\beta_0 + \beta_1 x_1 + .. + \beta_k x_k))} \right]$$
$$+ \sum_{i=n_1+1}^{N} \ln\left[1 - \frac{1}{1 + \exp(-(\beta_0 + \beta_1 x_1 + .. + \beta_k x_k))} \right]$$

In der praktischen Anwendung wird die Gleichung logarithmiert und man berechnet die Log-Likelihood. Produkte werden dadurch zu Summen und die Berechnung vereinfacht sich deutlich. Anstelle von sehr kleinen Gesamtwahrscheinlichkeiten für das gesamte Sample, die wir durch die Likelihood-Funktion erhalten würden (multiplizieren Sie 300 oder mehr Wahrscheinlichkeiten auf), ergeben sich aus der Log-Likelihood nun negative Werte. Dabei ist zu beachten bei dieser Darstellung der Log-Likelihood (Pindyck und Rubinfeld 1998, S. 330), dass n_1 das Subsample der Individuen mit $y=1$ darstellt, n_2 das Subsample von Individuen mit $y=0$, und $N=n_1+n_2$.

Allerdings können wir die Ziehungswahrscheinlichkeit eines Subjektes nicht direkt messen. Aber wir könnten sie über die logistische Linkfunktion berechnen. Durch die Anwendung der obigen Formeln zur Berechnung der „individuellen Wahrscheinlichkeit" lösen wir die Paradoxie auf, die darin besteht, dass man Wahrscheinlichkeiten eigentlich durch Mengenrelationen berechnet. Wir kennen für jedes Subjekt die empirischen Werte für y und $\mathbf{x}$. Was uns in der Gleichung noch fehlt, um die individuellen Beiträge zur Likelihood-Funktion zu erhalten, sind die Werte für β. Und genau darum geht es: Für alle Betas werden iterativ Werte in die Gleichung eingesetzt, bis die linke Seite der Likelihood-Funktion ein Maximum aufweist.

Abbildung 8:   Anstieg der Log-Likelihood aus dem negativen Bereich

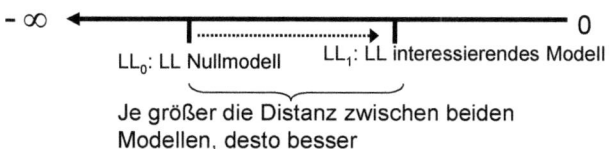

Tabelle 3:   Einflussfaktoren auf das Risiko eines befristeten ersten Jobs in Ostdeutschland, Probit-Regression

	Probit	Marginaler Effekt
Frau (=1, sonst 0)	0.274**	0.020*
Alter	0.044*	0.009*
Status ISEI 88	0.025***	0.005***
Kohorte 1985	Referenz	Referenz
Kohorte 1990	0.749***	0.090**
Kohorte 1995	1.700***	0.318***
Konstante	-4.632***	--
N	1060	1060
R2 (McKelvey & Zavoina)	0.463	0.463

So ergibt sich für die Likelihood aus 0,3•0,02•0,5•0,1=0,0003 für vier fiktive Fälle. Der Log-Likelihood-Wert (LL) ist ln(0,3) + ln(0,02) + ln(0,5) + ln(0,1)= ln(0,0003) = -8,1117. Somit variieren die Werte der Log-Likelihood potenziell zwischen $-\infty$ und 0. Je besser ein Modell an die empirischen Daten angepasst ist, desto weiter kommt die Log-Likelihood-Funktion aus dem negativen Bereich in die Höhe und nähert sich der Null an. In Abbildung 8 ist exemplarisch der Fall dargestellt, bei dem die Log-Likelihood eines *interessierenden Modells* LL_1 mit der eines *Nullmodells* LL_0, also eines Modells ohne Kovariaten, verglichen wird. In diesem Fall gilt, dass die Anpassung des interessierenden Modells umso besser ist, je größer die Distanz zwischen beiden Log-Likelihoods ist – die in Kapitel 2 durch den Likelihood-Ratio Test berechnet wurde.

Tabelle 3 zeigt das Ergebnis einer Maximum-Likelihood-Schätzung von Einflussfaktoren auf das Risiko eines befristeten ersten Jobs in Ostdeutschland, nun jedoch als Probit-Modell. Geschätzt wurde es durch folgenden Stata-Befehl, wobei margeff mit findit margeff zu installieren ist:

```
use $pfad/logit.dta, clear
probit befristet frau alter isei_88 kohorte2 kohorte3 ///
if job==1
margeff, dummies(frau kohorte2 kohorte3)
```

Das Probit-Modell ist analog zur binären logistischen Regression zu sehen, jedoch basiert es nicht auf der logistischen Fehlerverteilung, sondern auf der Normalverteilung. Zu sehen ist, dass Frauen, Ältere sowie statushohe Personen ein erhöhtes Risiko eines befristeten ersten Jobs haben. Ähnlich wie in der binären logistischen Regression finden wir höchst signifikant erhöhte Risiken eines befristeten ersten Jobs in den Kohorten 1990 und 1995 im Vergleich zur Referenzkategorie Kohorte 1985. Man kann die Koeffizienten der binären logistischen Regression nicht direkt mit denen des Probit-Modells vergleichen. Allerdings gibt es einen approximativen Umrechnungsfaktor, der darin besteht, dass man die Probit-Koeffizienten multipliziert mit $\pi/\sqrt{3}$, was ungefähr 1,8 ergibt (Long 1997, S. 48; Greene 2000, S. 817). Mit anderen Worten: Die Koeffizienten der binären logistischen Regression entsprechen ungefähr dem 1,8-fachen der Koeffizienten des Probit-Modells.

4 Korrelierte Zustände und Übergänge: das bivariate Probit-Modell

Bisher haben wir uns mit Regressionsmodellen beschäftigt, bei denen die Varianz *einer* abhängigen Variablen durch eine Regressionsgleichung erklärt werden soll. In der sozialwissenschaftlichen Forschung gibt es jedoch Fragestellungen und Situationen, in denen man sich für zwei oder mehrere simultan ablaufende Prozesse interessiert, die sich möglicherweise wechselseitig beeinflussen oder zumindest miteinander korreliert sind. Um derartige Situationen anhand eines Beispiels zu verdeutlichen, betrachten wir wieder Prozesse am Arbeitsmarkt. Wir vermuten, dass die Zustände des Pendelns zum Arbeitsplatz und der Zustand eines nur befristeten Arbeitsverhältnisses nicht unabhängig voneinander sind. Die beiden abhängigen Variablen (Pendeln und befristetes Arbeitsverhältnis) wollen wir jeweils durch einen Satz von unabhängigen Variablen x erklären. Wenn sich beide Zustände durch denselben Satz an Prädiktorvariablen erklären lassen, ist anzunehmen, dass auch die Fehlerterme beider Regressionsgleichungen nicht unabhängig voneinander sind, sondern miteinander korrelieren. Aber auch wenn jeweils unterschiedliche Prädiktoren auf beide Prozesse wirken, kann eine Abhängigkeit beider Prozesse aufgrund von unbeobachteten Faktoren vorliegen. Eine statistische Abhängigkeit der beiden Gleichungen voneinander aufgrund unbeobachteter Faktoren ergibt sich dadurch, dass die Residuen aus den jeweiligen Schätzgleichungen miteinander korrelieren.

Beim bivariaten Probit-Modell wird eine Korrelation der Residuen beider Gleichungen geschätzt. Warum spiegelt diese Korrelation unbeobachtete Faktoren wider, die beide Prozesse simultan beeinflussen? Das Residuum einer Gleichung steht für den Einfluss von Faktoren auf die abhängige Variable, die *nicht* in der spezifizierten Schätzgleichung berücksichtigt wurden. Jedoch nimmt man an, dass die Residuen reine Zufallsterme darstellen und ihre Verteilung somit keinerlei Systematik folgt. Sind die Residuen zweier Schätzgleichungen jedoch miteinander korreliert, muss die Annahme einer rein zufälligen Verteilung der Residuen verworfen werden. Durch die Korrelation zeigt sich, dass unbeobachtete bzw. latente Faktoren *beide* Schätzgleichungen *simultan* beeinflussen. Nehmen wir zur Veranschaulichung die Residuen zweier Regressionsgleichungen u_{i1} und u_{i2}. Das Residuum stellt für eine Beobachtung die Abweichung des empirisch gemessenen (oder des über Mengenrelationen errechneten) Wertes der abhängigen Variablen y von dessen Vorhersagewert $\hat{y}$ dar. Die mittlere Größe des Residuums hängt davon ab, wie gut das Modell insgesamt die Zusammen-hänge der Variablen erklärt. Ist u_{i1} ein hoher positiver Wert, weicht der Fall i stark von dem durch das Modell angenommenen Muster ab. Der empirische Wert der abhängigen Variablen y ist also größer, als man gemäß dem Modell erwarten würde – und zwar zunächst aus Gründen, die wir in der klassischen Regressionsanalyse als *zufällig* annehmen. Wenn wir sie tatsächlich als zufällig annehmen können, interessieren uns die Residuen in der Regel nicht weiter. Ist jedoch zugleich auch u_{i2} positiv, bedeutet dies, dass in der zweiten Gleichung ebenfalls der empirische „wahre" Wert des Falles i größer ist, als man gemäß dem Modell erwarten würde. Stellt diese gleichförmige Abweichung ein im Datensatz dominantes Muster dar, ergibt sich daraus eine positive Korrelation der Residuen. Es sind folglich Faktoren, die *nicht* durch die im Modell enthalte-nen Variablen erfasst sind, die die empirischen „wahren" Werte der beiden ab-hängigen Variablen systematisch beeinflussen. Das gleiche gilt selbstverständ-lich auch für negative Korrelationen der Residuen, bei denen systematisch das Residuum aus der einen Gleichung hoch, das aus der anderen Gleichung gering ist.

Ob derartige simultane Abhängigkeiten der Residuen beider Gleichungen vorliegen, lässt sich im Prinzip einfach feststellen: Man schätzt beide Gleichun-gen, berechnet die Residuen und anschließend deren Korrelation. Dieses Vorge-hen stellt aber nur ein Diagnoseverfahren dar, nicht jedoch zugleich die Thera-pie.

Die simultane Beeinflussung beider Schätzgleichungen durch unbeobachtete Faktoren kann darauf hindeuten, dass Prozesse der Selbstselektion aufgrund von unbeobachteten Faktoren vorliegen. Für den einfachen Fall von zwei sozialen Prozessen, bei deren Modellierung man eine Abhängigkeit voneinander vermu-tet, ist das bivariate Probit-Modell ein angemessenes Verfahren, welches Diag-nose und Therapie zugleich sein kann. Dabei wird für jede abhängige Variable ein Probit-Modell spezifiziert, das Residuum berechnet und anschließend die Modellspezifikation beider Gleichungen *unter Kontrolle der Korrelation der Residuen beider Modelle* wiederholt. Der Grad der Korrelation der Residuen wird durch den Term ρ wiedergegeben. Besonders interessant wird das bivariate Probit-Modell, wenn die abhängige Variable der ersten Gleichung als Prädiktor-variable der zweiten Gleichung eingeht, was man als *rekursives Modell* bezeich-net. Man schätzt ein Modell in dieser Art, wenn man vermutet, dass die abhängi-ge Variable des ersten Modells ein Prädiktor der abhängigen Variablen des zwei-ten Modells ist, aber dennoch unbeobachtete Faktoren, die also von den jeweili-gen erklärenden Variablen nicht berücksichtigt sind, beide Gleichungen simultan beeinflussen. Man kann eine derartige Modellspezifikation dazu nutzen, einen theoretisch gut begründeten kausalen Effekt unter Berücksichtigung unbeobach-teter latenter Einflussfaktoren auf beide Gleichungen zu modellieren. Das Risiko

eines Artefaktes aufgrund von unbeobachteter Heterogenität wird dadurch mini-
miert. Diese Form des rekursiven bivariaten Probit-Modells ist der Pfadanalyse
sehr ähnlich.

Stellt man bei der Schätzung eines bivariaten Probit-Modells keine signifikante Korrelation der Residuen (ρ) fest, dann können beide Probit-Modelle auch
separat und unabhängig voneinander spezifiziert werden, ohne dass die geschätzten Koeffizienten durch unbeobachtete Heterogenität verzerrt sind.

Bivariate Probit-Modelle existieren in unterschiedlichen Varianten. Sie wurden häufig in der Evaluationsforschung angewandt, um den Bias der Koeffizienten zu reduzieren, der durch Selbstselektion in ein Treatment entsteht. Damit ist
gemeint, dass die interessierende Ausprägung der unabhängigen Variablen, z.B.
die Teilnahme oder Nichtteilnahme an einer Weiterbildung, auch systematisch
mit jenen unabhängigen Variablen zusammenhängt, die das eigentlich interessierende Ergebnis einer Weiterbildung, etwa die Wiederbeschäftigung nach Arbeitslosigkeit, beeinflussen. Zudem ist denkbar, dass beide Ereignisse, also die
Weiterbildungsteilnahme und die Wiederbeschäftigungschance, von denselben
unbeobachteten Faktoren beeinflusst sind. Wie gesagt: Die Idee bivariater Probit-Modelle besteht darin, dass man eine Abhängigkeit zweier Zustände oder
Übergänge voneinander vermutet und diese Abhängigkeit durch die simultane
Schätzung zweier Gleichungen zu berücksichtigen versucht. Dabei erfolgt die
simultane Schätzung unter Kontrolle der Korrelation der Residuen beider Modelle (Bhattacharya et al. 2006), wodurch auch die Effizienz der Schätzungen erhöht
wird (Pindyck und Rubinfeld 1998, S. 395).

Betrachten wir das bivariate Probit-Modell formal. Für das Verständnis des
Modells, dass nämlich die Fehlerterme zweier Regressionsgleichungen korreliert
sein können, ist es hilfreich, die Residuen beider Gleichungen als u_{1i} und u_{2i} zu
bezeichnen und jeweils in zwei Komponenten zu zerlegen, nämlich ε und η. Die
Komponente ε ist spezifisch für jede Gleichung, die zweite Komponente η ist
beiden Gleichungen gemeinsam. In diesem Fall weist eine Untersuchungseinheit
i also in beiden Gleichungen identische Werte des Fehlerterms η auf.

$$u_{1i} = \eta_i + \varepsilon_{1i}$$

$$u_{2i} = \eta_i + \varepsilon_{2i}$$

Die Werte von ε_i für die Beobachtung i sind dagegen *nicht* in beiden Gleichungen identisch, sondern unabhängig voneinander. Weil aber u_{1i} und u_{2i} jeweils
auch die *gemeinsame* Komponente η_i umfassen, sind die Fehlerterme korreliert –
und zwar umso stärker, je größer das Gewicht von η_i gegenüber ε_i ist. Abbildung
9 stellt eine Variante des bivariaten Probit-Modells dar, bei der die abhängige
Variable des ersten Prozesses (y_1 Befristung) im Rahmen einer Pfadanalyse zur

unabhängigen Variable des zweiten Prozesses (y_2 Pendeln) wird. Nimmt man den Pfeil von y_1 nach y_2 weg, ist das Modell *nicht rekursiv* und entspricht dem „klassischen" bivariaten Probit-Modell. Wie auch in jeder einfachen Regressionsgleichung repräsentieren die Residuen u_{1i} und u_{2i} die auf die abhängige Variable des jeweiligen Modells einwirkenden unbeobachteten Faktoren. Die Tatsache, dass die beiden Fehlerterme u_{1i} und u_{2i} die gemeinsame Komponente η_i teilen, bedeutet, dass unbeobachtete Faktoren beide abhängige Variablen und damit beide Zustände gleichzeitig beeinflussen. Weil u_{i1} und u_{i2} die gemeinsame Komponente η_i enthalten, sind sie korreliert.

Abbildung 9:   Korrelation der Residuen aufgrund unbeobachteter Faktoren im bivariaten Probit-Modell

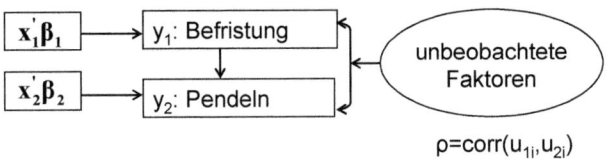

$$\rho = \text{corr}(u_{1i}, u_{2i})$$

Betrachten wir zwei binäre Zufallsvariablen als Realisierungen latenter stetiger abhängiger Variablen, kann das Modell folgendermaßen dargestellt werden (Baum 2006, S. 271):

$$y_1^* = \beta_1' \mathbf{x}_1 + u_1, \qquad y_1 = 1 \quad \text{if } y_1^* > 0, 0 \text{ } andernfalls$$
$$y_2^* = \beta_2' \mathbf{x}_2 + u_2, \qquad y_2 = 1 \quad \text{if } y_2^* > 0, 0 \text{ } andernfalls$$

$$\begin{pmatrix} u_1 \\ u_2 \end{pmatrix} \sim N \left\{ \begin{pmatrix} 0 \\ 0 \end{pmatrix}, \begin{bmatrix} 1 & \rho \\ \rho & 1 \end{bmatrix} \right\}$$

Das Outcome der abhängigen Variablen y_1 und y_2 ist 1, wenn die latenten kontinuierlichen Variablen y^*_1 und y^*_2 positive Werte aus der Normalverteilung aufweisen. Die Erwartungswerte der Fehler sind Null, und ρ repräsentiert entweder die Kovarianz oder die Korrelation der Residuen über die Gleichungen hinweg. Im bivariaten Probit-Modell wird ρ geschätzt, nachdem die manifesten erklärenden Variablen im Modell kontrolliert sind. Der Wert von ρ stellt eine *konditionale Residualkorrelation* dar, die somit den Einflüssen *unbeobachteter* Faktoren Rechnung trägt (Brüderl 2000, S. 642; Greene 2008, S. 825; Angrist und Pischke 2009, S. 199; Zorn 2002).

Das Modell basiert auf der Annahme, dass die beiden Fehler konditional x_1 und x_2 einer Normalverteilung mit einem Mittelwert von Null und einer Varianz von Eins folgen, aber die empirisch zu schätzende Korrelation ρ aufweisen.

$$E(\varepsilon_1 \mid x_{1i}, x_{2i}) = E(\varepsilon_2 \mid x_{1i}, x_{2i}) = 0$$

$$\mathrm{var}(\varepsilon_1 \mid x_{1i}, x_{2i}) = \mathrm{var}(\varepsilon_2 \mid x_{1i}, x_{2i}) = 1$$

$$\mathrm{cov}(\varepsilon_1, \varepsilon_2 \mid x_{1i}, x_{2i}) = \rho$$

Somit besteht die Verbindung der beiden Schätzgleichungen darin, dass mit der Korrelation ρ der Residuen der Einfluss jener unbeobachteten Faktoren kontrolliert wird, die beide Gleichungen simultan beeinflussen. Die Schätzung des bivariaten Probit-Modells liefert auch einen Signifikanztest für die Korrelation und damit ein Entscheidungskriterium, ob zwei Gleichungen auch separat, d.h. unabhängig voneinander, geschätzt werden können, oder ob die Spezifikation eines bivariaten Probit-Modells geboten ist. Interessant ist das bivariate Probit-Modell auch darum, weil es sich zu dem in Abbildung 9 schematisch dargestellten rekursiven Pfadmodell verallgemeinern lässt.

$$* \, y_{1i} = x_1 \beta_1 + \varepsilon_{1i}$$
$$* \, y_{2i} = x_2 \beta_2 + y_{1i} \gamma + \varepsilon_{2i}$$

In der folgenden empirischen Beispielanalyse geht es um die Einflussfaktoren auf das Risiko einer befristeten Beschäftigung sowie um die Einflussfaktoren auf das Risiko beruflichen Pendelns. Das Risiko der Befristung wird vorhergesagt durch den Vektor $\mathbf{x'}_1\boldsymbol{\beta}_1$, das Risiko des beruflichen Pendelns durch den Vektor $\mathbf{x'}_2\boldsymbol{\beta}_2$. Dabei wird angenommen, dass das Vorliegen einer nur befristeten Arbeitsstelle auch das Risiko des beruflichen Pendelns beeinflusst. Die Einflussrichtung dieser kausalen Beziehung ist aus substantiellen Erwägungen sinnvoll: Gerade weil eine Arbeitsstelle bloß befristet ist, entscheiden sich die Personen gegen einen Umzug zum Ort des Arbeitsplatzes. Anders herum wäre die kausale Beziehung weniger plausibel: Personen haben nicht deshalb eine befristete Arbeitsstelle, weil sie pendeln. Man kann also das bivariate Probit-Modell zu einem rekursiven Pfadmodell verallgemeinern. Hier impliziert die Schätzung von ρ, nämlich die Korrelation der Residuen aus beiden Schätzgleichungen, dass ein kausaler Effekt der Befristung auf das Pendeln vermutet wird. Dieser Effekt sollte also auch *unter Kontrolle* der unbeobachteten Faktoren auftreten, die beide Gleichungen simultan beeinflussen. In der Gleichung zur Vorhersage von y_1 erscheint

daher y_2 (das Outcome aus Gleichung 2) als Prädiktor mit seinem Regressionsgewicht γ (Gamma) – das Outcome in Gleichung 2 beeinflusst so das Outcome
in Gleichung 1. Für Modell 1 in Tabelle 4 schreiben wir die folgende Stata-
Syntax:

```
use $pfad/biprobit.dta, clear

biprobit (gependelt= frau studium kohorte2) ///
(befristet= alter isei_88 frau studium kohorte2), ///
cluster(id) robust
```

und für Modell 2 schreiben wir

```
use $pfad/biprobit.dta, clear

biprobit (gependelt= befristet  frau studium kohorte2) ///
(befristet= alter isei_88 frau studium kohorte2), ///
cluster(id) robust
```

Tabelle 4:   Befristung einer Arbeitsstelle und Pendeln zum Arbeitsplatz im
              ostdeutschen Transformationsprozess, bivariates Probit, robuste
              Standardfehler

	(1) nicht-rekursiv		(2) rekursiv	
	pendelt	befristet	pendelt	befristet
Frau	-0.282**	0.300*	-0.295**	0.294*
Studium	0.139	-0.533**	0.115	-0.554**
Kohorte 1985	Ref.	Ref.	Ref.	Ref.
Kohorte 1990	0.202*	0.778***	0.156	0.794***
befristet	--	--	0.427	--
Alter	--	0.056*	--	0.061*
ISEI 88	--	0.020***	--	0.020***
cons	-0.898***	-4.205***	-0.899***	-4.299***
rho	.160*		-.063	
N	1266		1266	

$^+ p < .1,$ $^* p < .05,$ $^{**} p < .01,$ $^{***} p < .001$

Model (1) in Tabelle 4 ist nicht rekursiv und stellt eine so genannte *seemingly
unrelated regression* dar, weil der Satz der Prädiktoren nicht in beiden Glei-

chungen identisch ist. Dagegen ist Modell (2) *rekursiv*, weil die abhängige Variable „befristet" als Prädiktor in die „pendelt" Gleichung eingeht.

Tabelle 4 zeigt auch, dass Frauen ein geringeres Risiko des Pendelns (d.h. Distanz > 20km) aufweisen als Männer, aber ein höheres Risiko einer befristeten Arbeitsstelle. Diese Effekte finden wir in beiden Modellspezifikationen, nämlich im nicht-rekursiven Modell (1) sowie im rekursiven Modell (2). Auch die Alters- und Statuseffekte bleiben relativ robust, auch wenn wir in Modell 2 den Effekt der Befristung auf das Pendeln schätzen. Allerdings verändert sich der Effekt der Kohorte 1990: Während im nicht-rekursiven Modell die Kohorte 1990 ein höheres Risiko der Befristung aufweist und ebenfalls ein höheres Risiko des Pendelns, ist der Effekt im rekursiven Modell (2) für das Pendeln nicht mehr signifikant. In Modell (1) zeigt die Korrelation ρ der Residuen beider Gleichungen von 0,160, dass durchaus eine Abhängigkeit beider Prozesse besteht.

Modellieren wir das Outcome (d.h. die abhängige Variable) der ersten Gleichung, nämlich „befristet", als Prädiktor für das Risiko des Pendelns, dann erhalten wir einen positiven, aber nicht-signifikanten Effekt von „befristet" auf „pendelt", und die Residualkorrelation ist nicht mehr signifikant.

5 Ereignisanalyse I: Zensierung, Sterbetafel und Kaplan-Meier-Schätzer

Mit dem Verfahren der *Ereignisanalyse* wird untersucht, welche Faktoren sich auf die Neigung einer Untersuchungseinheit auswirken, ein Ereignis zu einem bestimmten Zeitpunkt zu erleben. Aus der Sicht eines Beobachters „wartet" jede Untersuchungseinheit im Verlauf dieses Prozesses darauf, dass ein Ereignis eintritt. Man spricht daher auch von *Verweildauermodellen* bzw. von Wartezeit. Während dieser Wartezeit sind die Untersuchungseinheiten dem Risiko ausgesetzt, dass ein Ereignis eintritt.

Betrachten wir ein Beispiel: Männer und Frauen „warten" auf das Ereignis des ersten Jobwechsels. Der Anfangszeitpunkt liegt beim Beginn des aktuellen Jobs. Damit ist zugleich der Ausgangszustand definiert. Nehmen wir an, dass bei jenen Prozessen, die von Frauen erlebt werden, das Ereignis des Arbeitsstellenwechsels in der Tendenz nach relativ kurzer Zeit eintritt, während Männer entweder deutlich länger auf ein Ereignis warten müssen oder nach Ende des Beobachtungsfensters (das kann auch das Ende des Erwerbslebens der Untersuchungseinheit sein) immer noch kein Ereignis des Jobwechsels erlebt haben. In diesem Fall weisen Frauen eine höhere Übergangsrate auf als Männer, d.h., die Jobwechselrate ist bei Frauen höher – und die mittlere Wartezeit auf ein Ereignis kürzer.

Diesen Sachverhalt kann man statistisch auf Basis von *Episoden* untersuchen. Eine Episode ist dadurch definiert, dass sie einen Start- und einen Endzeitpunkt – und damit eine *Dauer* – sowie einen Ausgangs- und einen Zielzustand aufweist. Im oberen Teil der Abbildung 10 sehen wir vollständig beobachtete Episoden, die also nach Beginn der Untersuchung begonnen haben und vor Ende der Untersuchung das interessierende Ereignis erleben. Hätte man nur in dieser Weise vollständig beobachtete Episoden, könnte man im Prinzip die Neigung zu einem Zustandswechsel im Zeitverlauf mithilfe von OLS-Regressionen erklären. In der Regel ist dies aber nicht der Fall. Eine *rechtszensierte* Episode beginnt nach Beginn der Studie, aber das interessierende Ereignis tritt – wenn überhaupt – erst nach dem Ende der Studie ein. Man weiß bei rechtszensierten Episoden also während der Studie nicht, zu welchem Zeitpunkt sie enden. Die große Stärke der Ereignisanalyse besteht darin, dass auch diese rechtszensierten Episoden in der Modellschätzung berücksichtigt werden können. Warum ist das wichtig? Man könnte ja auch argumentieren, dass man die rechtszensierten Episoden einfach aus den Daten ausschließt und wie fehlende Werte behandelt. Ginge man in dieser Weise vor, würde man allerdings den Datensatz verändern und damit auch die Schätzergebnisse der Modelle systematisch verzerren. Die Wahrscheinlichkeit der Rechtszensierung einer Episode steigt mit deren Dauer. Die Dauer wiederum variiert mit bestimmten Merkmalen der Untersuchungseinheiten. Nehmen wir an, bestimmte Subgruppen weisen aufgrund ihrer spezifischen Merkmale besonders lange Dauern auf – dann ist auch die Wahrscheinlichkeit der Rechtszensierung erhöht. Würde man diese Episoden aus den Daten ausschließen, würde man tendenziell jene Merkmalskonstellationen in systematischer Weise aus dem Datensatz entfernen, die lange Dauern fördern. Die Schätzung wäre darum verzerrt. Das Verfahren der Ereignisanalyse erlaubt, die von rechtszensierten Episoden gelieferten Informationen bei der Modellschätzung zu berücksichtigen bzw. diese Informationen zu nutzen. Man weiß zwar nicht, wie lange eine rechtszensierte Episode letztlich dauern wird, aber man weiß immerhin, wie lange man die Episode ohne Ereignis beobachten konnte. Solange kein Ereignis eintrat, war diese Episode immer dem Risiko ausgesetzt, dass ein Ereignis eintreten könnte. Die Episode war also trotz Rechtszensierung immer Teil der so genannten *Risikomenge* („Risk-Set") und wird als solche bei der Modellschätzung berücksichtigt.

Abbildung 10: Zensierung von Episoden

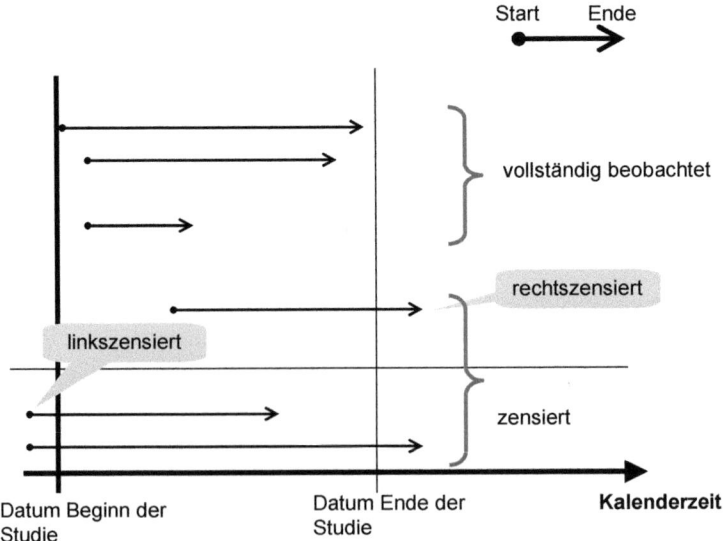

Die mathematischen Hintergründe der Berücksichtigung von rechtszensierten Episoden werden wir uns im Verlaufe dieses Kapitels näher ansehen. Im unteren Teil der Grafik sehen wir eine Episode, die *linkszensiert* ist, d.h. deren Beginn vor dem Beginn der Studie liegt. Man kennt bei linkszensierten Episoden nicht deren Verweildauer, da der Startzeitpunkt der Episode aufgrund der Linkszensierung unbekannt ist. Man weiß daher auch nicht, wie lange diese Episode dem Risiko eines Ereignisses ausgesetzt war. Schließlich zeigt die Grafik noch eine Episode, die sowohl links- als auch rechtszensiert ist, deren Startzeitpunkt also vor dem Beginn der Studie, deren Endzeitpunkt aber nach dem Ende der Studie liegt. Während rechtszensierte Episoden in der Ereignisanalyse problemlos berücksichtigt werden können, ist die Behandlung von linkszensierten Episoden problematisch. Häufig werden sie aus der Analyse ausgeschlossen. Wir werden uns im Folgenden nur mit dem Fall von rechtszensierten Episoden beschäftigen.

Auf der x-Achse in Abbildung 10 ist die *Kalenderzeit* abgetragen. Das Beobachtungsfenster beginnt mit dem Datum des Anfangs der Studie und endet mit dem Datum des Endes der Studie. Die Kalenderzeit ermöglicht eine historische Lokalisierung der Prozesse. Für viele soziologische und ökonomische Fragestellungen ist eine historische Verortung der Episoden wichtig, weil die Übergangsraten in Beziehung zu sogenannten Periodeneffekten gesetzt werden sollen. So kann es sein, dass die Neigung zu Arbeitsstellenwechseln auch von der jeweiligen Situation auf den Arbeitsmärkten abhängig ist, und diese Situation ändert sich im historischen Zeitverlauf. Kann man die Episode historisch, d.h. kalenderzeitlich zuordnen, ist es auch möglich, die Information der Episode mit den jeweils wirksamen Bedingungen auf dem Arbeitsmarkt zu verknüpfen. Kalenderzeitliche Informationen sind daher wichtig für die zeitabhängige Verknüpfung der Episoden mit den Kontextmerkmalen, spielen aber für die in der *Prozesszeit* erfolgende Modellschätzung keine Rolle mehr. Prozesszeit ist die Zeit bis zum Eintreten des Ereignisses oder bis zur Zensierung. Sie wird in der jeweils verwendeten Zeiteinheit gemessen. In der soziologischen Lebenslaufforschung verwendet man häufig Monate oder Jahre. In anderen Disziplinen, bspw. in den Ingenieurswissenschaften, wird die Zeit auch in Tagen oder sogar in Sekunden gemessen.

Die Prozesszeit beginnt mit dem Startzeitpunkt der Episode. Sie hat zu Beginn den Wert 0 und zählt wie eine Stoppuhr die vergangene Zeit bis zum Ereignis- oder Zensierungszeitpunkt T. An welcher Stelle dieser Prozess auf einer kalenderzeitlichen Achse zu verorten ist, ist nun nicht mehr interessant bzw. bei reiner Prozesszeitinformation auch nicht bekannt. In sozialwissenschaftlichen Analysen wird neben der Prozesszeit und der Kalenderzeit noch eine dritte Zeitdimension betrachtet, nämlich die *Kohorten*. Kohorten sind dadurch definiert, dass sie bestimmte Lebensereignisse, wie etwa die Geburt, die Heirat oder den Abschluss einer Ausbildung, in einer bestimmten historischen Periode, z.B. einem Jahr, erlebt haben. Kohortenanalysen fragen danach, ob Prägungen der Kohorten im weiteren Lebenslauf beibehalten werden. Ist dies der Fall, wird dies als *Kohortendifferenzierung* bezeichnet.

Nehmen wir an, wir haben einen Datensatz, der Episoden umfasst, die die erforderlichen Merkmale aufweisen, nämlich einen Start- und Endzeitpunkt (Dauer) sowie einen Zielzustandsindikator (Ereignis oder Zensierung). Wie wird bei der Ereignisanalyse vorgegangen? Die Analyse erfolgt häufig in zwei Schritten, nämlich erstens als *Deskription und Signifikanztest*, und zweitens als *multivariates Regressionsmodell*. Die Deskription besteht darin, dass der Übergang der Untersuchungseinheiten vom Ausgangs- in den Zielzustand als *Abstrom* betrachtet und über die Zeit hinweg visualisiert wird. Dies geschieht durch sogenannte *Survivor-Funktionen*, die zu jedem Zeitpunkt des untersuchten Prozesses den Anteil der Überlebenden, d.h. derjenigen, die noch *kein* Ereignis erlebt haben, abbilden. Man kann diese Survivor-Funktion auch für unterschiedliche Subpopulationen darstellen, also bspw. für Männer oder Frauen oder für bestimmte Ausbildungsgruppen. Es gibt zwei Typen von Survivor-Funktionen; einen für stetige und einen für diskrete Zeit. Man verwendet die *Sterbetafel* für eine diskrete Zeitmessung, bei der die Zeit also nur in Intervallen mit einer bestimmten Breite gemessen wurde oder zusammengefasst ist. Wird die Zeit dagegen als stetig betrachtet, werden in der Regel die sogenannten *Kaplan-Meier Survivor-Funktionen* verwendet (synonym: Produkt-Limit-Estimator). Sterbetafel und Kaplan-Meier-Verfahren werden in diesem Kapitel behandelt.

Vergleicht man mit der Methode der Survivor-Funktion den Abstrom aus dem Ausgangszustand zwischen unterschiedlichen Subpopulationen, kann man allerdings nicht ausschließen, dass Drittvariablen mit den eigentlichen Gruppendifferenzen im Abstromprozess konfundiert sind. Die Kontrolle von Drittvariablen erfolgt in den *Regressionsmodellen der Ereignisanalyse*. Bei diesen Modellen tritt die Survivor-Funktion zunächst in den Hintergrund. Die abhängige Variable dieser Modelle ist die sogenannte *Hazardrate r(t)*, die durch eine Funktion *f* von erklärenden Variablen und deren Regressionsgewichten, also $f(\mathbf{x'\beta})$, erklärt wird. Man kann die Hazardrate vorläufig und vereinfacht definieren als momentane Neigung einer Untersuchungseinheit, im nächsten Augenblick ein Ereignis zu erleben. Allerdings handelt es sich bei der Hazardrate selbst nicht um ein direkt messbares Merkmal, welches man etwa durch Befragung der Untersuchungseinheiten erfassen könnte, sondern um ein mathematisches Konstrukt, ähnlich wie wir es von den Log Odds der logistischen Regression kennen. Die Prädiktoren, mit denen die Hazardrate vorhergesagt wird, können zeitkonstant, aber auch zeitveränderlich sein. Insbesondere die Möglichkeit der Modellierung *zeitveränderlicher erklärender Variablen* stellt eine Stärke der Ereignisanalyse dar. Die Analyse von zeitveränderlichen Prädiktoren bedeutet, dass man Veränderungen auf Seiten der abhängigen Variable mit Veränderung auf Seiten der unabhängigen Variablen vorhersagt. Es geht dabei also um die Interdependenz von sozialen Prozessen.

5.1 Merkmale von Ereignisdaten

Bisher haben wir in diesem Buch Regressionsverfahren behandelt, die das Auftreten von Ereignissen oder das Vorliegen von Zuständen durch die Einflussfaktoren auf die *Wahrscheinlichkeit* dieser Ereignisse oder Zustände zu erklären versuchen. Es ist aber ein wesentlicher Unterschied, ob man untersucht, ob ein Zustand vorliegt oder nicht, oder ob man untersucht, wie lange die *Dauer* bis zum Eintreten eines Zustandswechsels (eines Ereignisses) ist. Liegen Informationen über die *Zeit* bzw. Dauer bis zum Eintreten eines Ereignisses vor, handelt es sich um *Ereignisdaten*. Ist die Dauer bis zum Eintreten eines Ereignisses bzw. die relative Geschwindigkeit, mit der Ereignisse in einer bestimmten Subpopulation eintreten, Gegenstand der Fragestellung – und liegen Ereignisdaten auch tatsächlich vor –, dann sollten Verfahren der *Ereignisanalyse* angewandt werden.

Eine kontinuierliche bzw. *stetige* Zeitmessung bedeutet, dass auch infinitesimal kleine Unterschiede zwischen Dauern gemessen werden können. Streng genommen wird in der Praxis aber mit mehr oder weniger feinen, letztlich doch immer *diskreten*, Zeiteinheiten gearbeitet. Auch Millisekunden sind diskrete Einheiten, die aber für eine sozialwissenschaftliche Lebenslaufforschung in der Regel unerheblich sind. Man betrachtet in der Lebenslaufforschung sogar monatsgenaue Angaben als hinreichend, um eine stetige Zeitmessung zu unterstellen. Hingegen unterteilt eine diskrete Zeitperspektive die Zeit in mehr oder weniger grobe, zumeist gleich große Intervalle. Liegen nur jahresgenaue Lebenslaufangaben vor, lässt sich eine kontinuierliche Zeitmessung kaum mehr unterstellen, und es werden diskrete Modelle der Ereignisanalyse geschätzt, die der diskreten Natur der Daten Rechnung tragen.

Die zentrale Fragestellung der Ereignisanalyse ist aber unabhängig davon, ob die Daten in diskreter Form vorliegen oder als zeitstetig angenommen werden. Sowohl in diskreter als auch in stetiger Zeitmessung basiert die Analyse auf *Episoden*. Eine Episode i beinhaltet eine Reihe von Merkmalen: Sie hat einen Anfangszeitpunkt (s_i) („start") und einen Endzeitpunkt (t_i) („termination"). Sie hat einen Ausgangszustand (o_i) („origin") und einen Zielzustand (d_i) („destination"). Im Falle von wiederholbaren Ereignissen, also etwa im Falle von Arbeitsstellenwechseln, gibt der chronologische Zähler (m_i) an, um welche laufende Nummer der Episode es sich jeweils handelt. Der Zielzustand (d_i) gibt an, ob zum Endzeitpunkt tatsächlich ein Ereignis eingetreten ist, oder aber, ob der Endzeitpunkt durch das Ende des Beobachtungsfensters (also durch Zensierung) bestimmt ist. Nun haben wir in unserem Beispiel bereits eine erklärende Variable eingeführt, nämlich das Geschlecht. Auch zeitkonstante und zeitveränderliche erklärende Variablen (x_i) der Untersuchungseinheiten sind Merkmale von Episoden. Diese erklärenden Variablen wirken auf das zentrale Konstrukt der Ereignisanalyse, nämlich die Übergangsrate. Liegen Episodendaten vor, deren Elemente die genannten Eigenschaften aufweisen, können die statistischen Verfahren der Ereignisanalyse angewandt werden. Dabei kann der Zielzustand (d_i) entweder eine einfache oder eine relativ komplexe Form annehmen. Man spricht auch von einem Zustandsraum (*state space*) $\{Y\}$. Dabei handelt es sich um eine diskrete, *nominal*skalierte Merkmalsdimension, mit der die möglichen Ausgangs- und Zielzustände der Untersuchungseinheiten abgebildet werden. Der Zustandsraum umfasst die Menge der möglichen o_i und d_i, also die Ausgangs- und Zielzustände. Strenggenommen reicht das Vorliegen der oben genannten Merkmale aber noch nicht aus, um Modelle der Ereignisanalyse zu schätzen. Was dringend erforderlich ist, sind die tatsächlich in den Daten beobachtbaren Übergänge (*transitions*) im Zeitverlauf, also Wechsel von einem Ausgangszustand j in einen Zielzustand k, wobei gilt $j \neq k$ und $j,k \in \{Y\}$. Anderenfalls läge keine Variation der abhängigen Variablen vor und alle Untersuchungseinheiten verblieben im Ausgangszustand, ohne einen Übergang in den Zielzustand zu erleben.

5.2 Der Vergleich von Survivorfunktionen

Wie bei anderen statistischen Analyseverfahren auch sollte man die Arbeit nicht direkt mit der Modellspezifikation beginnen, sondern sich zuerst durch deskriptive Analysen einen Überblick über den interessierenden Prozess verschaffen. Dies geschieht durch den Vergleich von Survivorfunktionen, der mit der Methode der *Sterbetafel* oder mit dem *Kaplan-Meier-Verfahren* durchgeführt wird. Bei beiden Verfahren werden Tabellen mit Werten erstellt, auf denen die Schätzungen der Survivorfunktion und der Übergangsrate basieren.

5.2.1 Sterbetafel

Die Survivorfunktion bildet zu jedem Zeitpunkt den Anteil der Beobachtungen ab, die noch kein Ereignis erlebten, und die darum als *Überlebende* bezeichnet werden (vgl. Abbildung 14, S. 103). Man merkt an dieser Bezeichnung, dass diese Verfahren aus der Demographie und Biometrie stammen, wo sie insbesondere in Analysen der Mortalität angewandt werden. Survivorfunktionen werden für Episoden des Abstroms aus einem Ausgangszustand dargestellt. Sie können im Zeitverlauf abnehmen oder – wenn kein Ereignis eintritt – konstant bleiben, sie können jedoch nicht im Zeitverlauf ansteigen. Dabei liefert die Survivorfunktion grundlegende Informationen über den interessierenden Prozess, insbesondere über die mittlere Abstromgeschwindigkeit. Man kann etwa anhand der Survivorfunktion sehen, zu welchem Zeitpunkt 50 Prozent der Untersuchungsgesamtheit ein Ereignis erlebt haben. Dies wäre der *Median* der Survivorfunktion. Man kann auch zwei Subpopulationen, bspw. Männer und Frauen, hinsichtlich ihrer Mediane vergleichen. Doch die Survivorfunktion liefert noch mehr Informationen: Man kann an ihr bereits grob die Form der Übergangsrate über die Zeit ablesen, ob nämlich die Ereignisse eher zu Beginn oder eher zum Ende des Prozesses eintreten. Allerdings sollte für die Darstellung dieser Information auch direkt die Verteilung der Übergangsraten über die Zeit dargestellt werden, d.h. die *Ratenfunktion* (synonym: *Hazardfunktion*). Dies werden wir uns weiter unten ansehen. Wichtig ist bei der Analyse von Survivorfunktionen, dass man gerade nicht die Information des Prozesses auf nur einen einzigen Kennwert, nämlich den Median, reduziert, sondern dass man anhand der Survivorfunktion auch Unterschiede im *Timing*, d.h. in der zeitlichen Lagerung der Ereignisse, die den Prozess beschreiben, veranschaulichen kann.

Im folgenden Beispiel der Sterbetafel geht es um den Übergang in die erste Weiterbildung, die eine Person nach Abschluss des Hochschulstudiums oder der beruflichen Lehre während des ostdeutschen Transformationsprozesses erlebte. Abbildung 11 zeigt einen kleinen Ausschnitt einer Sterbetafel, anhand dessen sich die Berechnung der zentralen Kennziffern, die den Abstromprozess nach der Sterbetafel-Methode beschreiben, veranschaulichen lässt. Sie wurde generiert mit der folgenden Syntax, wobei t für jede Episode die Prozesszeit bis zum Ereignis oder bis zur Zensierung und d den Zielzustandsindikator enthält. Endet die Episode mit einem Ereignis, dann ist d=1, endet sie mit einer Rechtszensierung, ist d=0:

```
use $pfad/ltb.dta, clear
ltable t d, survival interval(0(12)72)
ltable t d, hazard interval(0(12)72)

*** separat für Werte der Variablen „studium" ***
ltable t d, survival by(studium) interval(0(12)72) graph
```

Die Zeitachse ist durch die Option interval(0(12)72) in jeweils gleichgroße Intervalle von 12 Monaten untergliedert. Diese Zeitachse beschreibt die Prozesszeit und beginnt für jedes Individuum im ersten Intervall beim Monat 0, ganz unabhängig davon, wann die jeweiligen Individuen ihren Prozess in der historischen Kalenderzeit erlebten. Die Sterbetafel in Abbildung 11 zeigt in der dritten Spalte die Anzahl der Episoden, die zu Beginn des Prozesses beobachtet werden.

Abbildung 11: Sterbetafeln Ergebnisausgabe von Stata

Interval		Beg. Total	Deaths	Lost	1-(15/ (1195-16.5)) Survival	Std. Error
0	12	1195	15	33	*0.9873*	0.0033
12	24	*1147*	25	159	0.9642	0.0056
24	36	963	14	61	0.9497	0.0067
36	48	888	6	40	*0.9431*	0.0072

$$\hat{R}_l = N_l - 0.5 * Z_l \qquad \hat{r}_l = \frac{E_l}{(\tau_{l+1} - \tau_l) * (\hat{R} - 0.5 * E_l)} \qquad \boxed{25 / (12*(1147-79.5-12.5))}$$

Interval		Beg. Total	Cum. Failure	Std. Error	Hazard	Std. Error
0	12	1195	0.0127	0.0033	0.0011	0.0003
12	*24*	*1147*	*0.0358*	*0.0056*	*0.0020*	*0.0004*
24	36	963	0.0503	0.0067	0.0013	0.0003
36	48	888	0.0569	0.0072	0.0006	0.0002

Sie zeigt auch die Anzahl der Ereignisse in diesem Zeitintervall von 0 bis 12 Monaten. Bezeichnenderweise ist diese Spalte in der Stata Ausgabe mit Deaths überschrieben. In diesem Beispiel haben wir im ersten Zeitintervall 15 Ereignisse. Wir haben aber auch, wie die vierte Spalte zeigt, 33 verlorene Fälle (Lost). Das bedeutet, dass diese Fälle im Verlauf des Intervalls aus der Risikopopulation verschwinden, ohne dass allerdings ein Ereignis eingetreten ist. Verlorengegangen sind jene Fälle, die während des Intervalls eine Rechtszensierung erleben, ohne dass bekannt ist, wann diese Rechtszensierung genau eintritt. Nichtsdestotrotz ermöglichen die Formeln der Sterbetafelschätzung, diese Fälle mit in die Berechnung einzubeziehen. Dies wollen wir uns nun genauer ansehen.

Man kann aufgrund der vorliegenden Information die Wahrscheinlichkeit berechnen, dass die Personen das erste Zeitintervall überleben. Die Überlebenswahrscheinlichkeit lässt sich beschreiben durch 1 minus die Ereigniswahrscheinlichkeit (synonym: *Sterbe*wahrscheinlichkeit). Die Ereigniswahrscheinlichkeit q_l ist die Anzahl der real eintretenden Ereignisse E im Intervall l dividiert durch die Größe der Risikopopulation R_l. R_l sind all jene, die während des Intervalls dem Risiko eines Ereignisses ausgesetzt waren. Bei der Berechnung der Risikopopulation stellt sich die Frage, wie mit den zensierten Fällen (Lost) umgegangen wird. Hier hat sich eine durchaus sinnvolle Konvention etabliert, der zufolge man annimmt, dass die zensierten Episoden Z_l im Durchschnitt in der *Mitte des Zeitintervalls* ihre Rechtszensierung erleben. Weil diese Episoden nur für die Hälfte der Intervalllänge dem Risiko eines Ereignisses ausgesetzt waren, wird die Anzahl der verlorengegangenen Fälle durch 2 dividiert (mit 0,5 multipliziert). Der daraus resultierende Wert wird von denjenigen, die zu Beginn des Intervalls dem Risiko ausgesetzt waren (N_l), subtrahiert. Von den 1195 Episoden, die bei Intervallbeginn im Risk-Set waren, werden also 0,5•33=16,5 abgezogen, woraus sich das bereinigte Risk-Set ergibt, auf dessen Grundlage die Rate und Wahrscheinlichkeit berechnet werden. Nach dieser Logik berechnet sich in Abbildung 11 eine Überlebenswahrscheinlichkeit für das erste Intervall von 0,9873.

Geringfügig komplizierter gestaltet sich die Berechnung der *Übergangsrate* (synonym: *Hazardrate*). Hier ist es wichtig zu wissen, dass man die Übergangsrate im Prinzip auch darstellen kann als eine Relation von *Ereignissen pro Zeiteinheit*. Liegen viele Ereignisse in einem kleinen Zeitintervall vor, ist die Rate hoch. Treten während eines langen Zeitintervalls nur wenige Ereignisse auf, ist die Rate gering. Dies wird durch die Formel zur Berechnung der Rate im jeweiligen Zeitintervall der Sterbetafelschätzung veranschaulicht. Die geschätzte Rate im Intervall *l* ist gleich der Anzahl der Ereignisse E_l im Intervall *l* im Zähler, dividiert durch das Risk-Set R_l, von dem allerdings die Hälfte der Ereigniszahl im Intervall subtrahiert wird. Der im Nenner resultierende Ausdruck wird multipliziert mit der Länge des Zeitintervalls $\tau_{l+1}-\tau_l$. Die erneute Korrektur des Risk-Sets kommt dadurch zustande, dass diejenigen Fälle, die während des Intervalls ein *Ereignis* erlebt haben, ebenfalls nur im Durchschnitt für die Hälfte der Dauer des Intervalls dem Risiko eines Ereignisses ausgesetzt waren. Mit anderen Worten: Jene Fälle, die im Intervall ein Ereignis erlebten, waren nicht die gesamte Dauer des Intervalls dem Ereignisrisiko ausgesetzt. Hier findet man wieder die Annahme, dass die Ereignisse im Durchschnitt in der Mitte des Intervalls eintreten; es wird also ebenso vorgegangen wie im Falle der Rechtszensierungen.

Die Darstellung der diskreten Hazardrate r_l in der Sterbetafel ist der Übergangsrate im diskreten logistischen Ratenmodell sehr ähnlich (vgl. Kapitel 6). In diesem Modell werden auch Ereignisse pro Zeiteinheiten (hier: Monate) betrachtet. Dasselbe geschieht hier: Die Anzahl der Ereignisse E_l wird dividiert durch die Länge des Zeitintervalls $\tau_{l+1}-\tau_l$ multipliziert mit dem korrigierten Risk-Set. Die Rate ist ein Ausdruck für die Ereignisse, die durchschnittlich pro Zeiteinheit eintreten.

$$\hat{R}_l = N_l - 0,5 * Z_l \qquad \rightarrow \text{Risikopopulation (Risk-Set) in } l$$

$$\hat{r}_l = \frac{E_l}{(\tau_{l+1} - \tau_l) * (\hat{R}_l - 0,5 * E_l)} \qquad \rightarrow \text{Übergangsrate in } l$$

Wenden wir diese Formel auf unser Beispiel an, sehen wir im unteren Teil von Abbildung 11 in der vorletzten Spalte („Hazard") einen Wert von 0,0020 für das *zweite* Zeitintervall. Wie wird dieser Wert berechnet? Wir müssen von den 1195

Episoden, die als Risikogruppe das *erste* Zeitintervall (0-12) begonnen haben,
die 48 Fälle abziehen, die dort aufgrund eines Ereignisses (n=15) oder aufgrund
einer Zensierung (n=33) dem Risk-Set entzogen wurden. Demnach erreichen
also nur noch 1147 Episoden das *zweite* Zeitintervall. Auf Basis dieser Fälle
können wir nun das Risk-Set berechnen. Für die Berechnung des Risk-Sets ziehen wir zunächst 79,5 von 1147 ab, weil 159 Fälle aufgrund einer Rechtszensierung im zweiten Intervall verlorengingen (159•0,5=79,5). Außerdem müssen wir
noch die Hälfte der Ereignisse abziehen (25•0,5=12,5), weil ja angenommen
wird, dass auch die Ereignisse im Durchschnitt in der Mitte des Zeitintervalls
eintreten. Diese Werte eingesetzt in die Formel zur Berechnung der geschätzten
Rate im Zeitintervall *l* ergibt (vgl. Abbildung 11, Kästchen Mitte rechts):

$$25/(12 \cdot (1147-79,5-12,5)) = 0,0020.$$

Nach diesem Verfahren berechnen wir nun für jedes Zeitintervall die Übergangsrate und können anhand der Ergebnisse feststellen, ob die Übergangsrate im
Zeitverlauf konstant ist oder eine spezifische Verlaufsform über die Zeit annimmt. Die Survivorfunktion G_l ergibt sich aus dem Produkt der intervallspezifischen Überlebenswahrscheinlichkeiten.

$$\hat{q}_l = \frac{E_l}{\hat{R}_l} \qquad \rightarrow \text{Sterbewahrscheinlichkeit im Intervall } l$$

Die jeweilige Überlebenswahrscheinlichkeit p_l ist gleich 1 minus die Sterbe-,
bzw. Ereigniswahrscheinlichkeit q_l. Man kann bis zum jeweiligen Zeitintervall
die Survivorfunktion berechnen, indem man bis zu diesem Zeitintervall die einzelnen Überlebenswahrscheinlichkeiten kumulativ aufmultipliziert.

$$\hat{G}_l = (1 - \hat{q}_{l-1}) \bullet (1 - \hat{q}_{l-2}) \bullet ... \bullet (1 - \hat{q}_1)$$

Das wäre etwa für das vierte Intervall das folgende Produkt:

$$\hat{G}(l_4) =$$
$$(1 - 15/(1195 - 16,5)) \bullet (1 - 25/(1147 - 79,5)) \bullet$$
$$(1 - 14/(963 - 30,5)) \bullet (1 - 6/(888 - 20)) = 0,9431$$

Die Darstellung der Sterbetafel erfüllt einen wichtigen didaktischen Wert, weil
sie die zentralen Konstrukte der Übergangsraten und der Survivorfunktion an-
schaulicher darstellt, als dies beim Verfahren für stetige Zeit möglich ist.

5.2.2 Kaplan-Meier-Schätzer

Wenn aber stetig gemessene Daten über die Zeit vorliegen, dann sollten auch die adäquaten Analyseverfahren für stetige Zeit verwendet werden. Angemessen für stetige Zeit ist der *Kaplan-Meier-Schätzer*, auch als *Produkt-Limit-Schätzer* bezeichnet. Der Produkt-Limit-Schätzer ergibt sich aus dem kumulierten Produkt (Π) der zeitpunktspezifischen Überlebenswahrscheinlichkeiten, die jeweils berechnet werden aus 1 minus der Ereigniswahrscheinlichkeit. Die Ereigniswahrscheinlichkeit E_l ergibt sich aus dem Quotienten aus der Anzahl der Ereignisse und der Größe des Risk-Sets. Formal wird die zum Zeitpunkt t nach Kaplan-Meier geschätzte Survivorfunktion durch folgenden Ausdruck dargestellt:

$$\hat{G}(t) = \prod_{l:\tau_l < t}\left(1 - \frac{E_l}{R_l}\right)$$

Veranschaulichen lässt sich das anhand eines Ausschnitts der Ergebnistabelle des Kaplan-Meier-Schätzers. Wieder wird angenommen, dass die Prozesszeit beim Zeitpunkt 0 beginnt. Allerdings wird bei der Kaplan-Meier-Survivorfunktion immer nur dann eine neue Zeile in der Ergebnistabelle generiert, wenn zum jeweiligen Zeitpunkt (in Prozesszeit) tatsächlich ein Ereignis eintritt. Während bei der Sterbetafelmethode die Intervalle a priori vorgegeben sind, werden sie beim Kaplan-Meier-Schätzer von Ereigniszeitpunkt zu Ereigniszeitpunkt aus den Daten heraus gebildet. Generieren wir nun die Ereignistabelle für den Kaplan-Meier-Schätzer.

```
use $pfad/pce1.dta, clear
stset ende, id(record) failure(des)
sts list, by(studium)
```

In der obigen `Stata`-Syntax wir nach dem Einlesen der Daten durch den Befehl `stset` der Datensatz für die Ereignisanalyse definiert. Die Variable `ende` gibt die Prozesszeit an, die Option `id()` gibt an, zu welcher Person eine Episode gehört, `failure()` verweist auf die Variable `des`, die den Zielzustandsindikator enthält.

Abbildung 12: Ereignistabelle über die Zeit, Kaplan-Meier-Schätzer

Beg. Time	Total	Fail	Net Lost		Survivor Function	Std. Error
studium=0						
1	500	1	2	1-(1/498)	0.9980	0.0020
2	497	1	0	1-(1/497)	0.9960	0.0028
3	496	1	2	1-(1/494)	*0.9940*	0.0035
4	493	1	2		0.9920	0.0040
5	490	0	2		0.9920	0.0040
6	488	1	0		0.9899	0.0045
7	487	2	2		0.9859	0.0053
8	483	3	3		0.9797	0.0063
9	477	0	2		0.9797	0.0063
10	475	0	3		0.9797	0.0063

$$\hat{G}(t) = \prod_{l:\tau_l < t}\left(1 - \frac{E_l}{R_l}\right) \Leftrightarrow \text{G(3)}= [1-(1/498)] \bullet [1-(1/497)] \bullet [1-(1/494)] = \underline{0{,}99369}$$

Die obige Abbildung 12 beschreibt wieder die Übergänge in die erste Weiterbildung von Lehrabsolventen. Wir sehen in der ganz linken Spalte (überschrieben mit *Beg.-Time*) die Zeitachse, bei der jeder Zeitpunkt aufgeführt ist, zu dem entweder ein Ereignis eintritt oder ein Fall aufgrund einer Zensierung verloren geht. In diesem Beispiel stellen wir fest, dass zum Zeitpunkt 0 noch kein Ereignis eintritt. 500 Episoden der Subpopulation mit Studium=0, d.h. der Lehrabsolventen, erreichen den ersten Monat. In diesem ersten Monat stellen wir ein Ereignis fest. In der Tabelle ist die Spalte mit den Ereignissen mit Fail überschrieben. Eine Person aus der Subpopulation der Lehrabsolventen gab bereits einen Monat nach Abschluss der ersten Ausbildung den Übergang in eine Weiterbildung an. Außerdem gingen zwei Fälle verloren, sie hatten bereits nach dem ersten Monat ihres ersten Jobs eine Rechtszensierung (überschrieben mit Net Lost). Für die grafische Darstellung ist nun die mit Survivor Function überschriebene Spalte relevant. Wieder wird nach der oben genannten Formel zu jedem Zeitpunkt die Survivorfunktion berechnet. Dafür muss aber für jeden Zeitpunkt zunächst die Überlebenswahrscheinlichkeit ermittelt werden. Die Überlebenswahrscheinlichkeit ergibt sich aus 1 minus der Anzahl der Ereignisse E_l zum jeweiligen Zeitpunkt dividiert durch die Größe der Risikopopulation R_l. Bei der Definition der Risikopopulation wird so vorgegangen, dass die jeweils *zensierten Fälle* zum Zeitpunkt *t* der Risikopopulation *entzogen* werden, während die *Ereignisse* als dem *Risk-Set zugehörig* betrachtet werden. Dadurch kommt man beispielsweise zum Zeitpunkt t=3 auf 494 Episoden, die noch dem Risiko des Übergangs in die erste Weiterbildung ausgesetzt waren, weil zu t=3 zwei Fälle durch eine Rechtszensierung verloren gingen. Die Überlebenswahrscheinlichkeit berechnet sich dann durch 1-(1/494).

Multiplizieren wir die einzelnen Überlebenswahrscheinlichkeiten bis zum dritten Zeitpunkt auf, erhalten wir den entsprechenden Wert der Survivorfunktion (vgl. Abbildung 15, S. 105) von 0,9940 (gerundet). Wichtig ist, dass bei der grafischen Darstellung der Survivorfunktion etwaige Lücken, die dadurch entstehen, dass zu einem Zeitpunkt kein Ereignis eingetreten ist, ergänzt werden und für diese Lücken ein horizontaler Verlauf der Survivorfunktion angenommen wird. Die Survivorfunktion beginnt immer zum Zeitpunkt 0 bei 100 Prozent, während dann im Verlaufe des Prozesses der Anteil der zum jeweiligen Zeitpunkt noch Überlebenden sukzessive schrumpft (Abbildung 15, S. 105).

Sowohl die Sterbetafel für diskrete Zeit als auch der Kaplan-Meier-Schätzer für stetige Zeit verwenden die Survivorfunktion für die Deskription des interessierenden Prozesses. Noch interessanter ist es allerdings, zwei Subpopulationen auf Signifikanz der Unterschiede in den Verläufen der Survivorfunktion zu testen. Wir können für zwei Subpopulationen die Survivorfunktion nicht nur grafisch darstellen, wir können die visuell präsentierten Unterschiede anhand eines Signifikanztests statistisch absichern. Dies geschieht ähnlich wie beim Omnibus-Test der einfaktoriellen Varianzanalyse. Diese Signifikanztests werden entweder als *Log-Rank-Test* oder als *Wilcoxon-Tests* bezeichnet, wobei letztere eine ganze Familie von Testvarianten umfassen. Welcher der beiden Testtypen angewendet wird, also entweder Log-Rank-Test oder einer der Wilcoxon-Tests, hängt davon ab, ob sich die beiden Survivorfunktionen eher zu Beginn des Prozesses unterscheiden oder eher am Ende des Prozesses. Darauf kommen wir gleich zurück. Schauen wir uns aber zunächst die Logik der Signifikanztests auf Unterschiedlichkeit der Verläufe von Survivorfunktionen genauer an.

In der Abbildung 13 ist die Berechnung des Log-Rank-Tests dargestellt, wie er nach einer anschaulichen, jedoch nur approximativen Formel berechnet wird. Diese Näherungsformel findet man bei Kleinbaum (1996, S. 61). Wenngleich das Ergebnis dieses Vorgehens geringfügig vom Ergebnis auf Basis der komplexeren Formel abweicht (vgl. unten), ist die Darstellung für das Verständnis der Logik des Tests gut geeignet. Betrachtet werden Kaplan-Meier-Survivorfunktionen im Folgenden für das *Ende des ersten Jobs* von 600 Personen und für zwei Gruppen, nämlich für Frauen (N=252) und für Männer (N=348). Allerdings werden zur besseren Übersichtlichkeit nur die ersten 10 Monate ausgewertet, was – wie man sehen wird – das Ergebnis stark beeinflusst.

Im linken Drittel von Abbildung 13 sind für die ersten 10 Monate beider Gruppen die Zeitpunkte (T), die Anzahl der „Events" (Ev), die Anzahl der Zensierungen (C) und die zu jedem Zeitpunkt jeweils verbliebene Risikopopulation (aR, „at risk") dargestellt. Sowohl bei den Männern als auch bei den Frauen findet das erste Ereignis im Monat 2 statt. Beim semi-parametrischen Kaplan-Meier-Schätzer werden Monate ohne Ereignis nicht mit ausgegeben. Es wird darum ein erstes Intervall der Länge von Null bis Zwei betrachtet. Den Monat 2 beginnen alle noch als Risikopopulation ohne Ereignis, doch in Monat 2 beenden ein Mann und eine Frau ihre Jobs. Wie die Kreise in Monat 3 hervorheben, beenden hier 2 Männer und 3 Frauen ihre Jobs. Ein Mann wird in Monat 3 zensiert (weil er den Job erst kurz vor Ende des Beobachtungsfensters angefangen hat). Bei den Männern beginnt der Monat 3 darum mit N=346 im Risk-Set, weil im Monat 2 von den 348 einer ein Ereignis erlebte und ein weiterer im Monat 3 zensiert ist. Zwei Männer beenden im Monat 3 ihre Jobs und erreichen den Monat 4 darum nicht mehr. Im Monat 4 werden aber wiederum 2 Männer zensiert, weshalb das Risk-Set dann nur noch aus 342 (346–2–2) besteht. Im Monat 4 sind somit 342 Männer *at risk*, von denen nun 8 ihren Job verlassen, woraufhin das Risk-Set in Monat 5 auf 334 schrumpft.

Dieser Logik folgend kann man sowohl bei den Männern als auch bei den Frauen den im Zeitverlauf stetigen Rückgang des Risk-Sets aufgrund von Ereignissen und Zensierungen beobachten. Unterscheiden sich die beiden Gruppen signifikant? Nimmt die relative Anzahl der zu jedem Zeitpunkt Überlebenden in einer Gruppe schneller ab als in der anderen?

Getestet wird der Unterschied der Abstromgeschwindigkeit zwischen den beiden Gruppen durch einen χ^2-Test. χ^2-verteilte Tests basieren auf dem Vergleich der bei statistischer Indifferenz beider Gruppen *erwarteten* mit der *empirisch gegebenen* Häufigkeitsverteilung. Wie bei einer Kreuztabelle werden diese Abweichungen über alle Kategorien aufsummiert, woraus sich die χ^2-verteilte Testgröße ergibt.

Im mittleren Drittel von Abbildung 13 sind die erwarteten Häufigkeiten in Form einer so genannten *Indifferenztabelle* dargestellt. Die erwarteten Häufigkeiten werden nach folgender Logik berechnet: Was wäre, wenn sich die Gruppen *nicht* hinsichtlich ihrer zeitpunktbezogenen Quotienten aus Ereignis und Risk-Set unterschieden? Man addiert daher die Gesamtzahl der Ereignisse über beide Gruppen hinweg und gewichtet diese Gesamtzahl mit dem Anteil der jeweiligen Gruppe an der Größe der Gesamtgruppe.

Nehmen wir als erstes Beispiel den Zeitpunkt t=2. Zur Berechnung der erwarteten Häufigkeit addiert man zunächst die Anzahl der Ereignisse über beide Gruppen auf. Insgesamt traten zu t=2 zwei Ereignisse ein – eines bei den Männern, eines bei den Frauen. Diese Gesamtzahl der Ereignisse wird für jede der beiden Gruppen gewichtet um den Anteil der jeweiligen Gruppe an der Größe des gesamten Risk-Sets. Für die Männer ergibt sich zu t=2 ein Gewicht von 348/600, für die Frauen ein Gewicht von 252/600. In derselben Weise wird die Indifferenztabelle für jeden Zeitpunkt berechnet: Zum Zeitpunkt t=4 beobachten wir beispielsweise insgesamt 9 Ereignisse, 8 bei den Männern, eines bei den Frauen. Insgesamt sind aber nur noch 590 Personen im Risk-Set, weshalb in der Indifferenztabelle das Gewicht bei den Männern 342/590 und bei den Frauen 248/590 beträgt.

Abbildung 13: Berechnung des Log-Rank-Tests, Näherungsformel

observed (o)							expected (e)		Differenz	
Mann(1)				Frau(2)			Mann (1)	Frau (2)		
T	Ev	C.aR.		T	Ev	C.aR.			o1-e1	o2-e2
0	0	0	348	0	0	0	252	(348/600)*0	(252/600)*0	0	0
2	1	0	348	2	1	0	252	(348/600)*2	(252/600)*2	-0.16	0.16
3	(2)	1	346	3	(3)	0	251	(346/597)*5	(251/597)*5	-0.89	0.89
4	8	(2)	342	4	1	0	248	(342/590)*9	(248/590)*9	2.78	-2.78
5	0	0	334	5	3	0	247	(334/581)*3	(247/581)*3	-1.72	1.72
6	5	0	334	6	4	1	243	(334/577)*9	(243/577)*9	-0.2	0.2
7	7	1	328	7	2	0	239	(328/567)*9	(239/567)*9	1.79	-1.79
8	5	0	321	8	1	1	236	(321/557)*6	(236/557)*6	1.54	-1.54
9	4	2	314	9	3	1	234	(314/548)*7	(234/548)*7	-0.01	0.01
10	4	1	309	10	4	0	231	(309/540)*8	(231/540)*8	-0.57	0.57

$$\Sigma \quad 33.5 \qquad 24.5 \qquad 2.56 \qquad -2.56$$

Die zeitpunktspezifischen Differenzen aus beobachten und erwarteten Häufigkeiten sind im rechten Drittel von Abbildung 13 dargestellt. Zum Zeitpunkt t=4 beobachten wir bei den Männern 8 Ereignisse, erwarten aber nur 342/590•9=5,22 Ereignisse. Die Differenz aus beobachteten und erwarteten Ereignissen beträgt 2,78 (nämlich 8–9•(342/590)). Weil in unserem Beispiel nur zwei Gruppen untersucht werden, kommen wir bei den Frauen im Betrag auf denselben Wert (248/590•9=3,78 → 1–3,78= –2,78). Bei den Frauen treten zum Zeitpunkt 4 also 2,78 Ereignisse weniger auf, als erwartet, bei den Männern sind es 2,78 mehr.

Bei der von Kleinbaum (1996) vorgeschlagenen Näherungsformel werden für jede Gruppe die Differenzen aus erwarteten (E_t) und beobachteten (O_t) Häufigkeiten über den *gesamten Prozess* hinweg aufsummiert. Die quadrierte Summe wird durch die Summe der erwarteten Ereignisse dividiert. Die jeweils gruppenspezifischen Resultate werden wiederum über die Gruppen hinweg aufsummiert, was im Ergebnis zu der χ^2-verteilten Testgröße führt.

$$\chi^2 = \sum_i^{groups} \frac{\left(\sum_{t=0}^{time}(O_t - E_t)\right)^2}{\sum_{t=0}^{time} E_t}$$

$$\chi^2 = \frac{(2,56)^2}{33,5} + \frac{(-2,56)^2}{24,5} = 0,46$$

In unserem Fall ist die errechnete Testgröße mit 0,46 auch bei nur einem Frei-heitsgrad (df=1) bei weitem nicht signifikant. Allerdings haben wir auch nur die ersten 10 Monate eines Arbeitsmarktprozesses untersucht. Je länger wir einen Prozess beobachten, desto mehr Zeitpunkte haben wir zur Verfügung, über die jeweils die Differenzen aus beobachteter und erwarteter Häufigkeit aufsummiert werden. Damit steigt strukturell die Chance, zwischen den Gruppen signifikante Unterschiede in der Abstromgeschwindigkeit festzustellen.

Wie bereits angedeutet, erfolgt die Berechnung nach den regulären (d.h. nicht approximativen) Formeln in etwas anderer Weise, wenngleich die grundlegende Konstruktion der Formeln sehr ähnlich ist. Der folgende Ausdruck folgt der Darstellung in dem Lehrbuch von Blossfeld et al. (1986, S. 48). Im Zähler ent-hält diese Formel den Gewichtungsfaktor ω („omega"), den wir zunächst auf 1 setzen und damit vorerst ignorieren.

$$\chi^2 = \frac{\left(\sum_{t=0}^{time} \omega(a_i - E(a_i))\right)^2}{\sum_{t=0}^{time} \omega^2 \operatorname{var}(a_i)}$$

Auch hier steht im Zähler die quadrierte Summe der Abweichungen der beo-bachteten (a_i) von den erwarteten Ereignishäufigkeiten [$E(a_i)$]. Im Unterschied zu der Näherungsformel von Kleinbaum steht im Nenner die *Summe der Varian-zen* der beobachteten Häufigkeiten, die über die Zeitpunkte hinweg gebildet wird. Deren Berechnung ist durchaus kompliziert, wie der unten stehende Aus-druck zeigt. Beim Test auf Abweichung von den erwarteten Häufigkeiten werden für jede Gruppe i auch Information aus der Gruppe j herangezogen (Kleinbaum 1996, S. 59), nämlich das jeweilige Risk-Set zu t sowie die beobachteten Vertei-lungen der beobachteten Ereignishäufigkeiten (Kleinbaum 1996, S. 60).

$$\chi^2 = \frac{\left[\sum_{t=0}^{time} \omega(O_{2;t} - E_{2;t})\right]^2}{\sum_{t=0}^{time} \omega^2 \dfrac{R_{1j}R_{2j}(O_{1j} + O_{2j})(R_{1j} + R_{2j} - O_{1j} - O_{2j})}{(R_{1j} + R_{2j})^2 (R_{1j} + R_{2j} - 1)}}$$

Bei mehr als zwei Gruppen wird die Berechnung komplizierter, die Formeln enthalten dann Varianzen und Kovarianzen (Kleinbaum 1996, S. 61), weshalb sie kompakt nur noch in Matrixform darstellbar sind (Blossfeld und Rohwer 1995, S. 73).

Welchen Effekt hat der Gewichtungsfaktor ω? Die Unterschiede zwischen dem *Log-Rank-Test* und den unterschiedlichen Versionen der *Wilcoxon-Tests* entstehen durch diesen Gewichtungsfaktor, dessen unterschiedliche Berechnungsweisen zu der jeweiligen Variante des χ^2-Tests führen.

Abbildung 14: Sensitivitätsbereiche des Log-Rank- und der Wilcoxon-Tests.

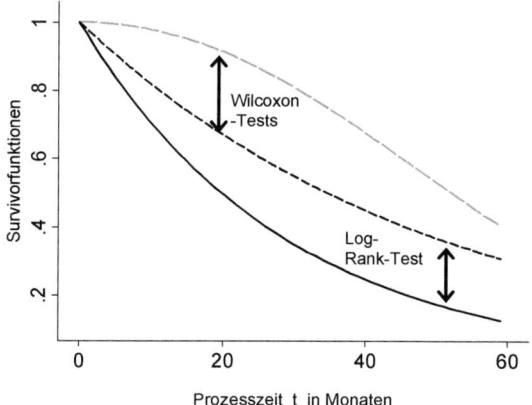

Beim Log-Rank-Test ist $\omega_1 = 1$, d.h. es findet *keine* Gewichtung statt. Demgegenüber werden bei den Wilcoxon-Tests unterschiedliche Gewichte eingeführt, die die Tests in unterschiedlichen Varianten sensitiv auf Unterschiede der Survivorfunktionen zu Beginn des Prozesses reagieren lassen. Nehmen wir als erstes Beispiel den *Wilcoxon-Breslow-Test*, bei dem der Gewichtungsfaktor in der Größe des Risk-Sets (R) besteht, und betrachten wir der Einfachheit halber nur den Zähler der Teststatistik: Im Zähler des Tests wird die Differenz zwischen beobachteten und erwarteten Häufigkeiten aufsummiert. Weil das Risk-Set im

Zeitverlauf kleiner wird, nimmt auch das Gewicht ω mit der Zeit ab. Die Differenzen zwischen beobachteten und erwarteten Häufigkeiten werden somit zu Beginn des Prozesses, also bei noch großem Risk-Set, vergleichsweise hoch gewichtet. Zieht man aus dem Risk-Set R die Wurzel, wie es beim *Wilcoxon (Tarone-Ware)-Test* der Fall ist, werden tendenziell die großen Werte den kleinen angeglichen, so dass das Gewicht in nicht ganz so starker Weise über die Zeit abnimmt.

Abbildung 14 zeigt noch einmal den wesentlichen Unterschied zwischen den Wilcoxon-Tests und dem Log-Rank-Test anhand von drei fiktiven Survivorfunktionen. Mathematisch gesehen besteht der einzige Unterschied darin, dass bei den Wilcoxon-Tests der Gewichtungsfaktor ω der Differenz aus beobachteten und erwarteten Häufigkeiten vorangestellt ist. Die Sensitivität der Wilcoxon-Tests ist gegenüber dem Log-Rank Test durch den Gewichtungsfaktor also *am Anfang* des Prozesses erhöht.

$$\omega_1 = 1 \qquad\qquad \text{Log-Rank-Test}$$

$$\omega_2 = R \qquad\qquad \text{Wilcoxon-Breslow, Gewichtung nach Risk-Set } R.$$

$$\omega_3 = \sqrt{R} \qquad\qquad \text{Wilcoxon (Tarone-Ware)}$$

$$\omega_4 = \prod_{i=1}^{t} \frac{R-E+1}{R+1} \qquad \text{Wilcoxon (Peto-Peto-Prentice)}$$

Betrachten wir als Analysebeispiel die Stabilität der ersten Arbeitsstelle (`if epi_nr41==1`) im ostdeutschen Transformationsprozess, die wir als Kaplan-Meier-Survivor-Funktion für die Kohorten 1985, 1990 und 1995 darstellen (Abbildung 15):

```
use $pfad/km.dta, clear
stset duration, failure(end_job)
sts graph if epi_nr41==1, by(abschljahr)
sts graph if epi_nr41==1, by(abschljahr) ///
ylabel(0(0.2)1.0, glcolor(white)) yscale(range(0(0.2)1)) ///
tmax(60) tmin(0) xscale(range(0 60))
sts test abschljahr
sts test abschljahr, wilcoxon
```

Über den Befehl `sts test` erhält man für die Gruppenvariable `abschljahr` den Log-Rank-Test (über das Abschlussjahr der Ausbildung werden die Kohorten definiert), durch die Option `wilcoxon` den Wilcoxon-Breslow-Test.

Die Survivor-Funktion bildet zu jedem Monat den Anteil der noch Überlebenden ab – in diesem Fall den Anteil derjenigen, die noch im ersten Job sind.

Dabei wird deutlich, dass die Kohorte 1985 den mit Abstand langsamsten Abstrom aus dem ersten Job hatte. Dargestellt sind hier die ersten 60 Monate seit Jobbeginn, die die Kohorte 1985 nahezu vollständig im Regime der ehemaligen DDR erlebte.

Dagegen war der Abstrom aus dem ersten Job bei der Kohorte 1990 am schnellsten, weil diese Kohorte den Berufseinstieg während der turbulenten Umbruchphase im ostdeutschen Transformationsprozess begann. Relativ ähnlich zur Kohorte 1990 verläuft der Abstromprozess aus dem ersten Job bei der Kohorte 1995, allerdings im mittleren Bereich von 10 bis ungefähr 40 Monaten Prozesszeit ist der Abstrom deutlich langsamer als bei der Kohorte 1990.

Der Vorteil der Survivor-Funktion ist deren Anschaulichkeit, da die zentrale Vergleichsgröße für die Prozesse letztlich zeitpunktspezifische Anteile sind, wobei die Signifikanztests – Log-Rank oder Wilcoxon – die Information über die Signifikanz der Gruppenunterschiede liefern.

Abbildung 15: Stabilität der ersten Arbeitsstelle im ostdeutschen Transformationsprozess nach Abschlusskohorte, Kaplan-Meier-Survivorfunktionen

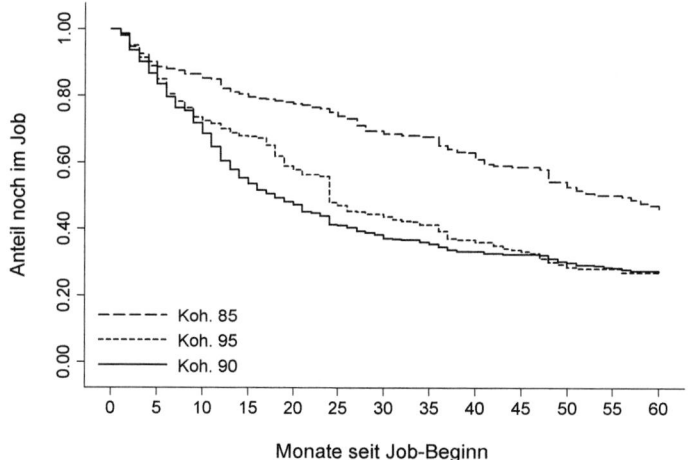

Episoden= 1123 Ereignisse=809 SFB 186 A4 - eigene Berechnungen

Sowohl der Log-Rank-Test (χ^2= 26,50; p< 0,000) als auch der Wilcoxon-Breslow-Test (χ^2= 42,97; p< 0,000) weisen auf höchst signifikante Gruppenunterschiede hin. Letzterer schlägt erwartungsgemäß deutlich sensitiver an, weil die größeren Unterschiede eher im frühen bis mittleren Bereich liegen, während wir am Ende des Prozesses tendenziell ein Zusammenlaufen der Funktionen beobachten.

6 Ereignisanalyse II: Regressionsmodelle

Die Verfahren der Sterbetafelanalyse und der Kaplan-Meier-Schätzer sind entweder deskriptive Verfahren oder sie erlauben Signifikanztests für Gruppenunterschiede. Im Prinzip ließen sich auf der Basis mehrerer kategorialer Variablen viele Untergruppen bilden und Log-Rank- oder Wilcoxon-Tests durchführen. Man könnte z.b. die beruflichen Aufstiegsprozesse von statushohen und statusniedrigen Frauen und Männern auf der Basis von vier Gruppen untersuchen und hätte damit eine „multivariate" Untersuchungsfrage. Allerdings sind beide Tests so genannte „Omnibus-Tests", bei denen – wie auch in der Varianzanalyse – nur danach gefragt wird, ob sich die Survivorfunktionen von mindestens zwei Gruppen signifikant unterscheiden. Würde man paarweise jede Subgruppe gegen jede andere auf signifikante Unterschiede testen, müsste man bei k Subgruppen $k \cdot (k-1)/2$ Tests durchführen. Dabei entsteht das Problem des multiplen Testens, bei dem man die Signifikanzniveaus korrigieren muss, um die sich bei wiederholtem Testen kumulierenden Fehlerwahrscheinlichkeiten zu kompensieren (Bortz 1989, S. 322). Wollen wir den Einfluss mehrerer unabhängiger Variablen auf die Übergangsrate simultan schätzen, verwenden wir dafür besser ein *Regressionsmodell*. Es gibt eine Reihe von Regressionsverfahren, die speziell für die Ereignisanalyse entwickelt wurden und die in diesem Kapitel besprochen werden. Sie stammen aus der Familie der generalisierten linearen Modelle. Zunächst soll aber im folgenden Abschnitt an die bereits erworbenen Kenntnisse der binären logistischen Regression angeknüpft werden. Eine Anwendung der binären logistischen Regression auf ein spezielles Datenformat, nämlich Personen x Zeiteinheiten, führt zu einem Modell der Ereignisanalyse für diskrete Zeit.

6.1 Binäre logistische Regression als diskretes Ratenmodell

Die bisherige Darstellung der binären logistischen Logit- oder Probit-Regression basierte auf Querschnittsdaten. Auf Basis dieser Daten werden die Modelle verwendet, um die Wahrscheinlichkeit des Vorliegens eines jeweiligen Zustands vorherzusagen. Logit- oder Probit-Modelle lassen sich aber relativ einfach auf die Analyse von Ereignissen im Zeitverlauf generalisieren. Man kann, mit anderen Worten, unsere bisherigen Kenntnisse über die Logit- oder Probit-Regression auf Modelle der zeitdiskreten Ereignisanalyse verallgemeinern (Yamaguchi 1991; Singer und Willett 2003).

Zeitdiskret bedeutet hier, dass bei der Modellschätzung nicht eine kontinuierlich verlaufende Zeit angenommen wird, sondern nur Zeit*intervalle* beobachtet werden. Diese Zeitintervalle können beispielsweise Kalenderjahre sein. So werden in vielen großen Haushaltsbefragungen jährlich Paneldaten erhoben. In diesen Fällen hat man (abgesehen von einigen spezifischen retrospektiv erhobenen monatsgenauen Angaben) nur jahresweise Informationen über die Personen und Haushalte. Tabelle 5 stellt die Datenstruktur der diskreten Ereignisanalyse dar.

Tabelle 5:   Datenstruktur der diskreten Ereignisanalyse

Person	t	y	female	Jahr	%alo
34	0	0	1	1970	13.1
34	1	0	1	1971	12.4
34	2	0	1	1972	15.3
597	0	0	0	1986	2.7
597	1	0	0	1987	2.7
597	2	1	0	1988	3.2
620	0	0	1	1979	41.9
620	1	0	1	1980	43.2

Zu sehen sind drei Personen, für die jeweils entweder drei oder zwei Jahre beobachtet wurden. Die zweite, mit *t* überschriebene Spalte misst die seit der ersten Beobachtung vergangene Zeit in Jahren. Der Indikator *y* zeigt an, ob ein Ereignis eingetreten ist oder nicht. Bei den Personen 34 und 620 ist jeweils kein Ereignis eingetreten, während bei der Person 597 im dritten Jahr ein Ereignis eingetreten ist. Die Variable *female* zeigt an, ob es sich um eine männliche oder weibliche Person handelt. In der letzten Spalte sehen wir die Arbeitslosenquote in der jeweiligen Region der Person, die sich über die Jahre verändert.

Tabelle 5 zeigt das Datenformat der diskreten Ereignisanalyse. Der Prozess, den eine Person durchlebt, erscheint in Form mehrerer Zeilen im Datensatz. Je länger ein Prozess andauert, je mehr Jahre eine Person also dem Risiko eines Ereignisses ausgesetzt ist, desto mehr Zeilen produziert diese Person. Untersucht werden in der diskreten Ereignisanalyse folglich nicht Personen, sondern Personenjahre, die zusammen innerhalb einer Person Episoden bilden. Naheliegend ist die Vermutung, dass viele Zeilen Einfluss auf die Modellschätzung haben, weil eine erhöhte Fallzahl zu einer effizienteren Schätzung führt und die Standardfehler dadurch abnehmen. Dies ist aber in der Ereignisanalyse nicht der Fall. Wir kommen auf dieses Problem zurück, wenn wir das *Episodensplitting* ausführlicher behandeln.

Nehmen wir an, bei dem Ereignis *y* handelt es sich um das Verlassen der ersten Arbeitsstelle. Während unseres Beobachtungsfensters hat offenbar nur eine von insgesamt drei Personen ihre Arbeitsstelle verlassen. Würde man das als Wahrscheinlichkeit ausdrücken, läge es nahe zu sagen, die Wahrscheinlichkeit des Verlassens der Arbeitsstelle würde 1/3 betragen. Allerdings berücksichtigt diese Sichtweise nicht die Zeitstruktur, die in den Daten steckt. In der diskreten Ereignisanalyse werden nicht Personen als Untersuchungseinheiten betrachtet, sondern *Personenzeiteinheiten* – das sind in diesem Fall so genannte *Personenjahre*. Aus der Perspektive der Personenjahre kann jede Person zu jedem Zeitpunkt ein Ereignis erleben. Bezogen auf die Personenzeiteinheiten beträgt die Wahrscheinlichkeit nicht ein Drittel 1/3, sondern 1/8, weil nur in einem von acht Personenjahren ein Ereignis eingetreten ist. In der Perspektive der Personenjahre benutzt man aber nicht mehr den Begriff der Wahrscheinlichkeit, sondern den der *diskreten Hazardrate* (synonym: *diskrete Übergangsrate*).

Man kann diesen Sachverhalt auch folgendermaßen ausdrücken: Wir betrachten nicht mehr Ereignisse pro Person, wie wir das im Falle der Querschnittsdaten getan haben, sondern wir betrachten die Anzahl der Ereignisse pro Zeiteinheiten. Weil es sich aber um eine diskrete Zeitmessung handelt, lässt sich die Hazardrate als bedingte Wahrscheinlichkeit ausdrücken. Es handelt sich um die Wahrscheinlichkeit, dass ein Ereignis zum Zeitpunkt *t* im spezifischen Zeitintervall *j* eingetreten ist unter der Bedingung, dass der Ereigniszeitpunkt *t* größer oder gleich dem Intervall *j* ist, sowie unter der Bedingung der Ausprägung der jeweiligen Kovariaten.

Die Eigenschaft der bedingten Wahrscheinlichkeit ermöglicht es uns, unsere bereits bekannten Verfahren der Logit- und Probit-Regression zur Vorhersage von Hazardraten für diskrete Zeit anzuwenden. Weil angenommen wird, dass die bedingte Wahrscheinlichkeit auch von der (diskreten) Prozesszeit abhängig ist, also von der bereits während des Prozesses vergangenen Zeit, sollte die Prozesszeit entsprechend in der Modellschätzung berücksichtigt werden. Hier bietet sich an, die diskrete Prozesszeit wiederum in Zeitintervalle zu zerlegen (Yamaguchi 1991; Singer und Willett 2003). In Form von Zeitintervallen kann die Prozesszeit einfach als Kovariate in das Modell aufgenommen werden.

$$\ln\left(\frac{\Pr(Y=1\mid t,x)}{\Pr(Y=0\mid t,x)}\right)_i =$$

$$\text{logit } h(t_j) = [\alpha t_1 + \alpha t_2 + .. + \alpha t_j] + \beta_1(female)_i + \beta_2(\%alo)_i + \boldsymbol{\beta}'\mathbf{x}$$

Das diskrete Modell der Ereignisanalyse als Logit-Modell lässt sich beschreiben durch die obige Gleichung, bei der die logarithmierte Hazardrate auf der linken Seite sowohl durch zeitkonstante Kovariaten wie dem Geschlecht (= *female*) als auch durch zeitveränderliche Kovariaten wie der jährlichen regionalen Arbeitslosenquote (*%alo*) sowie durch weitere erklärende Variablen vorhergesagt werden kann. Wie auch bei der binären logistischen Regression für Querschnittsdaten gilt hier, dass die geschätzte Hazardrate über die Logit-Linkfunktion in eine Linearkombination aus Werten der erklärenden Variablen und den Regressionsgewichten überführt wird. Auch hier dient also die logistische Linkfunktion dazu, eine Linearkombination zu erhalten. Das eigentlich interessierende Konstrukt, nämlich die Hazardrate, erhalten wir, wenn wir das Ergebnis des Logitmodells in die bedingte, auf die „Zeitstückchen" bezogene Wahrscheinlichkeit zurückrechnen.

Das Verfahren der binären logistischen Regression kann also angewandt werden, um ein Regressionsmodell der zeitdiskreten Ereignisanalyse zu schätzen. Die Hazardrate (h_{tj}) lässt sich als bedingte Wahrscheinlichkeit formulieren: als Wahrscheinlichkeit, dass ein Ereignis zum Zeitpunkt t eintritt unter der Bedingung, dass der Ereigniszeitpunkt größer oder gleich dem jeweiligen Beobachtungszeitpunkt ist, sowie unter der Bedingung der entsprechenden Kovariaten und deren Regressionsgewichten. Der untere Ausdruck wird von Singer und Willet (2003) auch als *Logit-Hazard* bezeichnet (*logit h(t)*). Die bedingte Wahrscheinlichkeit bezogen auf Personenjahre hingegen wird als *Raw-Hazard h(t)* bezeichnet. Der Raw-Hazard wird wie in der logistischen Regression der Vorhersage der Wahrscheinlichkeit durch folgenden Ausdruck berechnet:

$$h(t_j) = \Pr(T_i = j \mid T_i \geq j, \mathbf{x'}\boldsymbol{\beta})$$

$$h(t_j) = \frac{1}{1 + \exp(-([\alpha t_1 + \alpha t_2 + .. + \alpha t_j] + \beta_1 (female)_i + \beta_2 (\%alo)_i + \boldsymbol{\beta' x}))} =$$

$$\text{logit } h(t_j) = [\alpha_1 t_1 + \alpha_2 t_2 + .. + \alpha_j t_j] + \beta_1 (female)_i + \beta_2 (\%alo)_i + \boldsymbol{\beta' x}$$

In der Ereignisanalyse lässt sich die *Zeitabhängigkeit* der Übergangsrate unter anderem durch eine Treppenfunktion approximieren. Zeitabhängigkeit bedeutet, dass die Rate nicht nur aufgrund von $\boldsymbol{\beta' x}$ variiert, sondern auch dadurch, dass die *Zeit* voranschreitet. Der Effekt der Zeit geht durch die Dummy-Variablen t_1, t_2 bis t_j und den zugehörigen Koeffizienten α_{tj} in das Modell ein. In den 1960er Jahren formulierte McGinnis (1968) das *cumulative inertia axiom* und beschrieb damit einen typischen Fall der Zeitabhängigkeit: Ein Zustand wird umso stabiler, je länger er andauert. Je länger arbeitslose Personen im Zustand der Arbeitslosigkeit verweilen, desto geringer wird die Chance auf eine Wiederbeschäftigung. Je länger Personen an einem Ort wohnen, desto geringer wird ihre Umzugsrate. In diesen beiden Beispielen liegt eine negative Zeitabhängigkeit der Rate vor, d.h. die Rate wird mit zunehmender Zeit kleiner. Negative Zeitabhängigkeiten treten in der angewandten Forschung sehr häufig auf, aber es sind auch andere Formen der Zeitabhängigkeit möglich, z.b. im Zeitverlauf steigende oder glockenförmige Raten (erst steigt die Rate an, anschließend geht sie im Zeitverlauf zurück). Weiter unten in diesem Kapitel wird uns das Problem der Zeitabhängigkeit ausführlicher beschäftigen. An dieser Stelle reicht es hin zu wissen, dass auch das Regressionsmodell der zeitdiskreten Ereignisanalyse diese Zeitabhängigkeit berücksichtigen kann.

Auffällig ist, dass im Gegensatz zur binären logistischen Regression, wie wir sie in Kapitel 3 kennengelernt haben, in der obigen Formel die rechte Seite des Gleichheitszeichens mit den Produkten $\alpha_1 t_1 + \alpha_2 t_2 + ... + \alpha_j t_j$ beginnt. Die Regressionskonstante wird unterdrückt (dies geschieht in Stata durch die Option noconst) und stattdessen werden so viele Dummy-Variablen in das Modell eingeführt, wie das Modell Zeitperioden umfasst. Dabei können die Zeitperioden auch in Intervalle zusammengefasst werden. Abbildung 16 verdeutlicht das Vorgehen. Hier sehen wir, dass im Intervall t_1 der Effekt α_{t1} hoch ist, zu t_2 abnimmt, zu t_3 noch geringer wird und zu t_4 abermals zurückgeht. Wir haben es in diesem Fall also mit einer im Zeitverlauf abnehmenden Hazardrate zu tun.

Die Modellierung der Zeitabhängigkeit als Treppenfunktion durch Schätzung der Effekte der Zeitintervalle auf die Übergangsrate zeigt auch, dass die Form der Hazardrate über die Zeit nicht zwischen Subpopulationen variieren kann. Wir haben es mit einem sogenannten *Proportional-Hazards-Modell* zu tun. Dies bedeutet, dass die Übergangsrate der Frauen einfach nur eine proportionale Verschiebung der Übergangsrate der Männer nach oben darstellt. In der Weise, wie wir das Modell oben spezifiziert haben, erlaubt das diskrete Ratenmodell also nicht, dass die *Form* der Hazardrate über die Zeit zwischen den beiden Subpopulationen der Frauen und der Männer variiert. Dieser Hinweis ist wichtig, weil die Proportionalität der Hazardraten zwischen den beiden Subpopulationen eine Annahme des Modells darstellt.

Der große Vorteil der Kontrolle der Zeitabhängigkeit durch Dummy-Variablen besteht darin, dass durch die Treppenfunktion im Prinzip jede Form der Zeitabhängigkeit approximiert werden kann. In dem in Abbildung 16 dargestellten Befund haben Frauen insgesamt eine höhere Rate des Verlassens der Arbeitsstelle als Männer. Die Rate der Frauen liegt immer um einen konstanten Faktor über der der Männer, gleich welches Zeitintervall wir betrachten.

Abbildung 16: Treppenfunktion der Zeitabhängigkeit im diskreten Ratenmodell

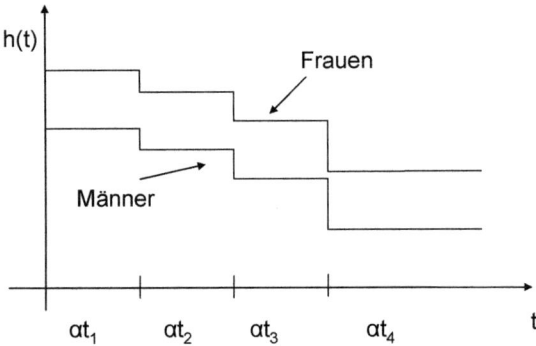

Dies muss aber nicht zwangsläufig so sein. Es wäre denkbar, dass insbesondere zu Beginn von Erwerbsepisoden Frauen eine höhere Fluktuation aufweisen, gegen Ende sich die Frauen den Männern jedoch angleichen. In diesem Fall hätten wir eine *Nicht-Proportionalität* der Hazardraten. Auch eine Nicht-Proportionalität lässt sich im Prinzip durch ein diskretes Ratenmodell abbilden, indem Interaktionseffekte der Kovariaten mit den jeweiligen Zeitintervallen in das Modell einbezogen werden. Dadurch kann allerdings die Zahl der zu schätzenden Koeffizienten relativ hoch und das Modell damit sehr komplex werden.

Die Modelle in Tabelle 6 wurden mit der folgenden Syntax geschätzt:

```
use $pfad/discrete.dta, clear
logit des t1 t2 t3 alter frau studium coho1 coho2, ///
noconst or
probit des t1 t2 t3 alter frau studium coho1 coho2, ///
noconst

use $pfad/pce1.dta, clear

stset ende, id(record) failure(des)
stpiece alter frau studium coho1 coho2, tp(0(12)24)
/* stpiece ado installieren*/
```

Tabelle 6: Übergang in die erste Weiterbildung im ostdeutschen Transformationsprozess, diskretes logistisches Ratenmodell und PCE-Modell im Vergleich, Hazard Ratios

	logit	PCE
t 0-12	0.00003^{***}	0.00003^{***}
t 12-24	0.00005^{***}	0.00005^{***}
t 24+	0.00002^{***}	0.00002^{***}
alter	1.16172^{***}	1.16090^{***}
frau	2.29276^{***}	2.28977^{***}
studium	0.20552^{***}	0.20659^{***}
Kohorte 85	1.43271	1.43178
Kohorte 90	2.13997^{*}	2.13606^{*}
N	88695	5117

Exponentiated coefficients
$^{+}p < .1,\ ^{*}p < .05,\ ^{**}p < .01,\ ^{***}p < .001$

In der obigen Tabelle vergleichen wir die Modellschätzungen für den Übergang in die erste Weiterbildung im ostdeutschen Transformationsprozess des diskreten Hazard-Modells mit dem sogenannten Piecewise-Constant-Exponential-Modell (PCE) für stetige Zeit. Das PCE-Modell für stetige Zeit stellt ein in der Forschungspraxis der Ereignisanalyse sehr häufig angewandtes Modell dar. Wir sehen uns dieses Modell weiter unten genauer an; die Details spielen an dieser Stelle noch keine Rolle. In beiden Fällen basiert die Zeitmessung auf den monatsgenauen Angaben, aber im PCE-Modell wird die Zeit als stetig definiert; im diskreten Hazard-Modell wird der Datensatz in Personenmonate umgebaut, d.h. eine Zeile repräsentiert einen einzelnen Monat, den eine Person dem Risiko eines Ereignisses ausgesetzt war. Abgesehen davon, dass wir nun Personenmonate und nicht Personenjahre untersuchen, entspricht die Form des Datensatzes der Tabelle 5.

Es zeigt sich in Tabelle 6, dass die Effekte der Zeitperioden 1, 2 und 3 bis auf die fünfte Nachkommastelle identisch sind, wenn wir ein diskretes Logit-Hazard-Modell und ein Piecewise-Constant-Exponential-Modell schätzen. Die Effekte von Alter, Studium und den beiden Kohorten weisen erst ab der dritten Nachkommastelle leichte Abweichungen auf, während der Effekt von „Frau" sich bereits bei der zweiten Nachkommastelle leicht ändert. Insgesamt aber sind die Modellschätzungen erstaunlich identisch, obwohl das diskrete Ratenmodell auf insgesamt 88695 Beobachtungen bzw. Zeilen im Datensatz basiert, während in die Schätzung des Piecewise-Constant-Exponential-Modells nur 5117 Zeilen eingehen. In Tabelle 6 ist die Signifikanz der Koeffizientenschätzung nur durch die Sternchen angegeben. Vergleicht man jedoch die t-Werte (hier nicht angezeigt, gibt `Stata` aber direkt in der Tabelle aus), wird ebenfalls deutlich, dass diese zwischen den Modellen nahezu identisch sind. Daraus folgt also, dass die Zerlegung einer Episode in mehrere Teilepisoden (das heißt hier *Personenmonate*) an sich zunächst keinen Effekt auf die Modellschätzung hat.

Übrigens: Das zeitdiskrete Modell der Ereignisanalyse, welches wir auf Basis monatsgenauer Zeitangaben mit der binären logistischen Regression geschätzt haben, lässt sich auch als Probit-Regression (`probit`) abbilden. Auf den ersten Blick scheinen dabei die Koeffizienten – in diesem Fall die *Log-Hazard Ratios* – deutlicher voneinander abzuweichen. Dabei ist aber zu bedenken, dass der Probitkoeffizient mit 1,8 zu multiplizieren ist, um annähernd den Logitkoeffizienten hervorzubringen (nicht den Odds Ratio).

6.2 Grundlegende Konzepte der Ereignisanalyse für stetige Zeit

Im vorangegangenen Abschnitt haben wir die ersten beiden für die Ereignisanalyse grundlegenden Konzepte kennengelernt, nämlich die Übergangsrate und die Survivorfunktion. Für das Verständnis der zahlreichen Varianten ereignisanalytischer Regressionsmodelle ist es hilfreich, die mathematischen Grundlagen zu verstehen. Eine angenehme Eigenschaft dieser Konzepte besteht darin, dass sie alle algebraisch ineinander überführbar sind. Sobald man eine dieser Funktionen, die wir gleich besprechen werden, kennt, kann man jede andere Funktion daraus ableiten. Wir lehnen uns zur Illustration an eine Darstellung aus dem Lehrbuch von Diekmann und Mitter (1984, S. 41) an, übertragen dies aber auf eine intuitiv nachvollziehbare soziale Alltagssituation an Universitäten.

Stellen wir uns ein Gebäude mit zwei nebeneinander liegenden Räumen vor, die durch einen Zwischenraum miteinander verbunden sind. Raum 1 ist eine Cafeteria, Raum 2 ein Seminarraum. Uns interessieren die Wechsel von Studierenden zwischen beiden Räumen, also die „Übergänge" vom *Ausgangszustand* „Cafeteria" in den *Zielzustand* „Seminarraum", und zwar nur jener Studierender, die zu spät in die Lehrveranstaltung kommen. Diese werden im Folgenden als „Nachzügler" bezeichnet. Alle anderen, nämlich die Pünktlichen, werden ignoriert und sind nicht Teil unserer Analysegesamtheit. Obwohl im Seminarraum die Lehrveranstaltung bereits begonnen hat, sind die in der Cafeteria befindlichen Personen nur mäßig geneigt, in den Seminarraum zu wechseln.

Wie in Abbildung 17 gezeigt, müssen die Nachzügler einen Zwischenraum, den Flur, durchqueren. Nehmen wir weiter an, die Abbildung zeigt eine Momentaufnahme des Prozesses, wie wir ihn 5 Minuten *nach* Beginn der Lehrveranstaltung vorfinden. Die vergangene Prozesszeit t hat somit den Wert 5 Minuten. Zu diesem Zeitpunkt befinden sich in der Cafeteria noch 10 Nachzügler. Sie haben bisher noch kein Ereignis erlebt und sind daher noch dem Risiko ausgesetzt, von der Cafeteria in den Seminarraum zu wechseln. Vier der Nachzügler haben es immerhin geschafft, 5 Minuten nach Beginn der Lehrveranstaltung schon im Seminarraum zu sein. Zwei Nachzügler befinden sich gerade auf dem Flur und sind „momentan dabei", in den Seminarraum zu wechseln. Die 10 sich noch in der Cafeteria befindlichen Nachzügler bilden zusammen mit den beiden Nachzüglern auf dem Flur die *Risikomenge* zum Zeitpunkt t=5 Minuten. Demnach sind 12 von insgesamt 16 zu spät kommenden Studierenden nach 5 Minuten noch dem Risiko ausgesetzt, in den Seminarraum zu wechseln. Die *Survivorfunktion G(t)* beschreibt die Entwicklung der relativen Häufigkeit der „Überlebenden", also der Nachzügler, die noch kein Ereignis erlebt haben, über die Zeit und beträgt nach 5 Minuten G(5)=12/16=0,75=75%.

Abbildung 17: Übergänge von Nachzüglern zwischen Cafeteria und Seminarraum

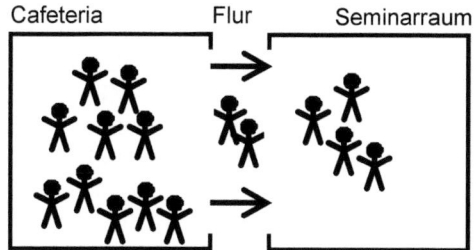

Für die empirische Analyse des Übergangsprozesses der Nachzügler kann die Perspektive aber auch auf jene gerichtet werden, die bereits ein Ereignis des Übergangs in den Seminarraum erlebt haben. Auch die Veränderung der Menge der sich bereits im Seminarraum befindlichen Nachzügler lässt sich als eine von der Zeit abhängige Funktion darstellen, die als die *kumulative Verteilungsfunktion der Ereignisse* über die Zeit, *F(t)*, bezeichnet wird. Nach 5 Minuten haben 4 von 16 Nachzüglern bereits das Ereignis des Raumwechsels erlebt, das sind 25%. Offenkundig ist die kumulative Verteilungsfunktion der Ereignisse komplementär zur Survivorfunktion, es gilt immer *F(t)=1–G(t)*, also 0,25=1-0,75. Während die Survivorfunktion im Zeitverlauf stetig zurückgeht, steigt *F(t)* stetig an – es sei denn, es träten keine Ereignisse mehr auf und beide Funktionen blieben konstant. Nun wurden diese beiden unmittelbar miteinander verbundenen Funktionen bisher nur zu einem Zeitpunkt betrachtet, nämlich zu t=5min. Mathematische Funktionen sind aber dazu da, Veränderungen von Werten einer

Variablen in Abhängigkeit von Veränderungen der Werte einer anderen Variablen darzustellen. Diese andere Variable ist hier die *Zeit*.
   Darum sind in Abbildung 18 für eine spezielle Verteilungsfunktion der Ereignisse, nämlich für das uns nachher noch näher interessierende *Exponential-modell*, die Veränderungen über die Zeit *t* dargestellt. Man sieht, dass *G(t)* unmittelbar zu Beginn der Beobachtung, bei *t=0*, einen Wert von 1 bzw. 100% aufweist. Die gesamte Population (hier definiert als die „Nachzügler") ist also noch dem Risiko des Übergangs ausgesetzt. Komplementär dazu hat *F(t)* bei *t=0* einen Wert von 0. Überdies sind in der Abbildung 18 noch zwei weitere, nicht minder wichtige Funktionen dargestellt, nämlich *f(t)* und *r(t)*. Auch diese Funktionen lassen sich durch das Nachzüglerbeispiel in Abbildung 17 veranschaulichen. Die im Zeitverlauf stetig ansteigende Funktion *F(t)* repräsentiert die Menge derjenigen, die zu jedem Zeitpunkt bereits in den Zielzustand übergegangen sind. Wenn wir für diese Funktion die erste Ableitung berechnen, erhalten wir im Fall einer stetigen Messung der Zeit *deren Steigung* zum jeweiligen Zeitpunkt. Diese Steigung von *F(t)* bezeichnen wir als *F '(t)* bzw. *f(t)*. Sie bezieht die Menge jener Nachzügler, die zu einem Zeitpunkt gerade einen Wechsel erleben, auf die Gesamtpopulation. In unserem Raumbeispiel in Abbildung 17 befinden sich im Augenblick von *t=5* zwei Nachzügler auf dem Flur und gehen in den Zielzustand „Seminarraum" über. 4/16 (=25%) haben bereits das Ereignis erlebt. Wenn zu t=5min zwei weitere Personen hinzukommen, wächst *F(t)* auf 6/16 an. Die *Veränderung* von *F(t)* zum Zeitpunkt t=5min ist definiert als *F '(t)=f(t)*, sie beträgt also 2/16. Daher gilt f(5)=2/16=0,125 als Maß für die *momentane Intensität* des Wechselns. Allerdings haben wir auch in diesem Fall faktisch eine diskrete Zeitmessung, weil wir nur ganze Minuten beobachten können. Betrachten anstelle des Zeitpunktes ein *Zeitintervall* von t=3min bis t'=5min (Δt=2min), würden wir *f(t)* als die Veränderungen von *F(t)* im Zeitintervall Δt=2min berechnen über die Division durch die Länge des Zeitintervalls Δt, also (2/16) / 2=0,0625.

$$f(t) = \frac{F(t + \Delta t) - F(t)}{\Delta t} = \frac{6/16 - 4/16}{2} = 0,0625$$

Abbildung 18 stellt die zentralen Funktionen graphisch am Beispiel eines Exponentialmodells dar. Wie zu sehen ist, nimmt die absolute Zahl der zu einem Zeitpunkt ein Ereignis erlebenden Nachzügler *f(t)* im Zeitverlauf ab. Dies muss aber nicht zwangsläufig der Fall sein, sondern resultiert aus dem hier als Beispiel gewählten spezifischen Verteilungsmodell der Ereignisse des Exponentialmodells. Dieses Modell weist eine über die Zeit konstante Übergangsrate *r(t)* auf, was in realen empirischen Prozessen eher selten der Fall ist.

Abbildung 18: Funktionen der Ereignisanalyse, Exponentialmodell

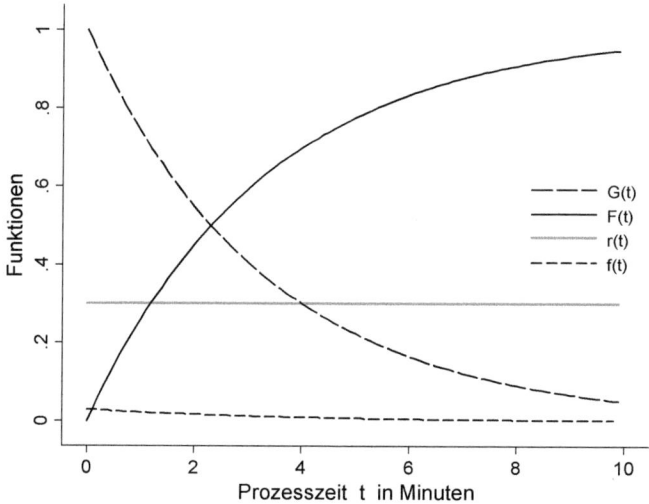

Im vorangegangenen Abschnitt haben wir am Beispiel der Sterbetafel das Konzept der *Übergangsrate* bereits eingeführt. Sie stellt die Intensität momentaner Übergänge in der Population, also *f(t)*, relativ zur Menge der zu *t* noch dem Risiko ausgesetzten Nachzügler *G(t)* dar, die sich also noch nicht im Seminarraum befinden. Die Übergangsrate ist, mit anderen Worten, der Anteil der zu einem Zeitpunkt ein Ereignis Erlebenden *f(t)* an der *momentanen Risikopopulation G(t)*, also an jener Menge, die bis zum dem Zeitpunkt *t* noch *kein* Ereignis erlebt hat. Im Beispiel der Nachzügler sind zu t=5 noch 12 Personen im Risk-Set (*at risk*), die Übergangsrate beträgt r(5)=2/12=0,167. Wir können f(5) auch errechnen aus *r(t) •G(t)*, also r(5)•G(5)=0,167•0,75=0,125.

Anhand dieser Formulierung wird deutlich, dass die Übergangsrate nicht mit einer einfachen Wahrscheinlichkeit gleichzusetzen ist. Mit dem Konzept der *Wahrscheinlichkeit* würde man beschreiben, wie hoch der Anteil der Nachzügler *bezogen auf die Gesamtpopulation* ist, der sich nach 5min bereits im Seminarraum befindet, nämlich P(Y=1|t=5min)=4/16=0,25. Zu diesem Ergebnis kommen wir auch, wenn in Abbildung 17 die Funktion *F(t)* betrachten, in der 4 von 16 Personen bereits ein Ereignis erlebt haben. Berechnen wir jedoch die *Übergangsrate*, steht im Nenner nicht die *Gesamtpopulation*, sondern die zeitveränderliche *Risikopopulation*, also jene Menge, die zum Zeitpunkt *t(5)* noch dem Risiko eines Ereignisses ausgesetzt ist. Nachzügler, die zwar zu spät in das Seminar kommen, es aber immerhin *vor* dem Zeitpunkt *t(5)* geschafft haben, sich im Seminarraum einzufinden, sind zu *t=5* diesem Risiko nicht mehr ausgesetzt. Wir werden gleich eine Darstellung der Übergangrate kennen lernen, die diese Bedingung, bis *t(5)* überlebt zu haben, formal zum Ausdruck bringt.

Zusammenfassend haben wir damit die zentralen Konzepte der Ereignisanalyse beschrieben: Die Survivorfunktion *G(t)* stellt den Anteil jener dar, die zum Zeitpunkt *t* noch kein Ereignis erlebt haben und verhält sich komplementär zur Menge jener, die bereits ein Ereignis hatten, also zu *F(t)*. Beide Funktionen kann man auch als zeitpunktspezifische Überlebens- oder Ereignis*wahrscheinlichkeiten* bezogen auf die *Gesamtpopulation* betrachten. *G(t)* ist die Wahrscheinlichkeit, dass eine Beobachtung ihr Ereignis zum Zeitpunkt *T* erlebt und dieser Zeitpunkt *T* erst *nach* dem Beobachtungszeitpunkt *t* eintritt.

$$G(t) = 1 - F(t) = P(T > t)$$

Dagegen beschreibt *F(t)* die Wahrscheinlichkeit eines bereits *vor* oder *zu* einem Beobachtungszeitpunkt *t* eintretenden Ereignisses, da der Ereigniszeitpunkt *T* kleiner als *t* oder gleich ist.

$$F(t) = 1 - G(t) = P(T \leq t)$$

Bildet man die erste Ableitung der Funktion *F(t)*, erhält man deren Steigung und damit die Menge derer, die momentan einen Übergang erleben.

$$F'(t) = f(t)$$

In der Literatur wird *f(t)* auch als *Dichteverteilung der Ereignis- bzw. Überlebenszeiten* bezeichnet (Dunteman und Ho 2006, S. 54). Graphisch dargestellt gibt sie den Anteil der augenblicklich vom Ausgangs- in den Zielzustand übergehen Beobachtungen an der Gesamtpopulation an.

Schließlich berechnet sich die Übergangsrate *r(t)* aus dem Verhältnis der momentan Übergehenden zur Risikopopulation. Letztere schließt daher die momentan Übergehenden ein. Die Übergangsrate beschreibt, mit anderen Worten, den Anteil aus der *Risikomenge*, die zu *t* einen Übergang erleben.

$$r(t) = \frac{f(t)}{G(t)}$$

Allerdings wurde oben behauptet, dass die Kenntnis nur einer Funktion hinreichend wäre, um jede andere zu berechnen. Offensichtlich wird die Übergangsrate *r(t)* jedoch aus dem Verhältnis zweier Funktionen, nämlich *f(t)* und *G(t)* berechnet. Wie wir gleich sehen werden, reicht tatsächlich nur eine Funktion aus, um alle anderen daraus herzuleiten. Für jede Form der Ratenfunktion, also für zeitkonstante oder in welcher Weise auch immer zeitveränderliche Übergangsraten, gilt, dass die erste Ableitung der Survivorfunktion gleich dem negativen Wert der Übergangsrate ist. Daraus lassen sich tatsächlich alle Funktionen herleiten.

$$\frac{d \log(G(t))}{dt} = -r(t)$$

Logarithmiert man die Survivorfunktion und bildet daraus die erste Ableitung, entspricht das Resultat der Ratenfunktion mit negativem Vorzeichen. Gehen wir diese Herleitung schrittweise durch. Zunächst ist wichtig, dass im ersten Schritt eine „Verkettung" von Funktionen vorliegt, die bei der Differenzierung (also der ersten Ableitung) berücksichtigt werden muss. Zur Anwendung kommt die so genannten Kettenregel der Differenzialrechnung, der zufolge die Ableitung zweier verketteter (oder „ineinander geschachtelter") Funktionen das Produkt aus der Ableitung der *äußeren* Funktion und der Ableitung der *inneren* Funktion darstellt.

$$f(x) = u(v(x))$$
$$f'(x) = u'(v(x)) \bullet v'(x)$$

Die erste Ableitung der äußeren Funktion entspricht *f(x)=log(x) => f'(x)=1/x*.

$$\frac{d \log(G(t))}{dt} = \frac{1}{G(t)} \bullet \frac{dG(t)}{dt}$$

Die innere Funktion *G(t)* kann nicht weiter abgeleitet werden und der Differenzenquotient bleibt zunächst als noch abzuleitender Produktterm stehen. Allerdings wissen wir aus der obigen Darstellung, dass *G(t)=1 − F(t)* ist und *−f(t)* die erste Ableitung von *1−F(t)* darstellt. Allgemein gilt die Ableitungsregel *f(x)=1−x => f'(x)= −x*, weil die 1 als Konstante wegfällt, wenn uns nur die *Steigung* einer Funktion interessiert. Übrig bleibt daher −f(t)/G(t), was zu −r(t) wird.

$$\frac{1}{G(t)} \bullet \frac{d(1 - F(t))}{dt} = \frac{1}{G(t)} \bullet (-f(t)) = -r(t)$$

Der gesamte Herleitungsschritt sieht zusammengefasst folgendermaßen aus (Blossfeld und Rohwer 1995, S. 32):

$$\frac{d\log(G(t))}{dt} = \frac{1}{G(t)} \bullet \frac{dG(t)}{dt} = \frac{1}{G(t)} \bullet \frac{d(1-F(t))}{dt} = -\frac{f(t)}{G(t)} = -r(t)$$

Wenn wir behaupten, dass die Kenntnis einer der grundlegenden Funktionen ausreicht, um alle anderen Funktionen daraus abzuleiten, müssen wir aber noch einen weiteren Schritt leisten. Denn uns interessiert eigentlich nicht die erste Ableitung von $G(t)$ an der Zeitstelle t, sondern die gesamte ursprüngliche Survivorfunktion. Wollen wir diese berechnen, müssen wir über $-r(t)$ integrieren und den Logarithmus durch Anwendung des Antilogarithmus $exp(x)$ aufheben. In einem Modell mit zeitabhängiger Rate (in welcher Form auch immer) führt dies zu dem Ausdruck

$$G(t) = \exp\left(-\int_0^t r(\tau)d\tau \right)$$

Die Survivorfunktion ergibt sich daraus, dass wir das Integral über die mit negativem Vorzeichen versehene Ratenfunktion bilden, welches zugleich die Umkehrung der ersten Ableitung von $G(t)$ darstellt. Das Integral bedeutet im Prinzip, dass wir alle Werte von $-r(t)$ über die Zeit schrittweise von Null bis t aufsummieren bzw. die Fläche unter der Funktion von null bis t *aufkumulieren*. Bei *zeitveränderlichen* Übergangsraten müssen wir in dieser Weise verfahren, weil die Rate zu jedem Zeitpunkt einen anderen Wert haben kann. Zu jedem Zeitpunkt kommt daher ein „Flächenstückchen" mit jeweils spezifischer Größe hinzu. Einfacher ist es, wenn die Übergangsrate wie in dem in Abbildung 18 dargestellten Exponentialmodell *zeitkonstant* ist. In diesem Fall müssen wir nicht unterschiedlich große Flächenstückchen aufkumulieren, sondern den konstanten Wert der negativen Rate nur mit dem entsprechenden Wert von t multiplizieren, um anschließend durch Anwendung des Antilogarithmus die Survivorfunktion zu erhalten.

$$G(t) = \exp(-r \bullet t)$$

In der Literatur findet sich häufig eine formale Darstellung der Übergangsrate für stetige Zeit, die das Konzept ebenfalls über eine bedingte Wahrscheinlichkeit herleitet. Für jede Beobachtung wird die Dauer bis zum Eintreten eines Ereignisses durch die Zufallsvariable T dargestellt. Die bedingte Wahrscheinlichkeit, dass ein Ereignis im Intervall $\Delta t = t' - t$ eintritt, zeigt der folgende Ausdruck:

$$P(t \leq T < t' | T \geq t) \quad t < t'$$

Er bezeichnet die Wahrscheinlichkeit eines Ereignisses im Zeitintervall $\Delta t = t' - t$ unter der Bedingung, dass vor dem Beginn des Zeitintervalls, also früher als t, noch kein Ereignis eingetreten ist und die Beobachtungen demnach zu t noch der Risikopopulation angehörten. Damit eine Beobachtung als Teil der Risikomenge berücksichtigt wird, muss sie zumindest den Beginn des Zeitintervalls oder den Zeitpunkt noch „erleben" – folglich muss der Ereigniszeitpunkt T bei t oder später liegen. Nun impliziert eine stetige Zeitmessung, dass zu jedem Zeitpunkt und damit an jedem Punkt auf der stetigen Zeitachse ein Ereignis eintreten kann. Konsequenterweise konvergiert die Länge des Zeitintervalls Δt gegen Null bzw. t' konvergiert gegen t. Ein Problem besteht darin, dass auch die Ereigniswahrscheinlichkeit zusammen mit der Länge des Zeitintervalls gegen Null konvergiert.

$$\lim_{\Delta t \to 0} P(t \le T < t + \Delta t \mid T \ge t) = 0$$

Dividiert man hingegen die bedingte Wahrscheinlichkeit durch die Länge des Zeitintervalls, sind sowohl die Dichtefunktion der Ereignisse $f(t)$ als auch die Übergangsratenfunktion differenzierbar.

$$\frac{P(t \le T < t + \Delta t \mid T \ge t)}{\Delta t} \ne 0$$

Für die Dichteverteilung der Ereignisse $f(t)$, die eine unbedingte Wahrscheinlichkeit darstellt, dass im Intervall $t + \Delta t$ ein Ereignis eintritt, gilt daher (s.o.)

$$f(t) = \lim_{\Delta t \to 0} \frac{P(t \le T < t + \Delta t)}{\Delta t} = \lim_{\Delta t \to 0} \frac{F(t + \Delta t) - F(t)}{\Delta t} ,$$

Dies ist die Veränderung der Anzahl der Ereignisse, also $F(t + \Delta t) - F(t)$, zum Zeitpunkt t bzw. in Abbildung 19 im Zeitintervall $\Delta t = t' - t = 5 - 3\,\text{min}$.

Abbildung 19:   Dichteverteilung der Überlebenszeit f(t) und kumulierte
Dichtefunktion F(t), Weibull-Modell

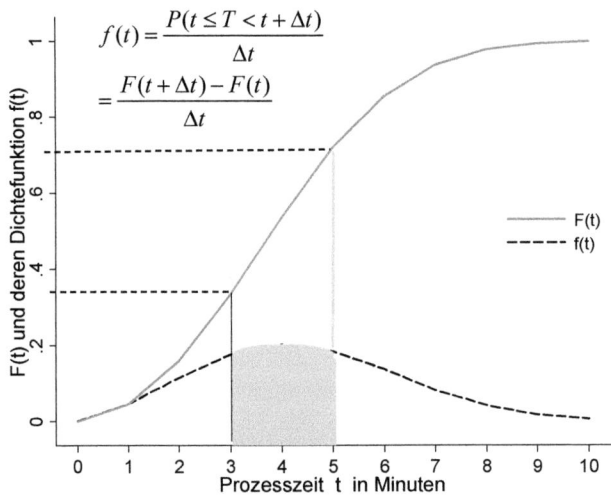

Hierbei ist wieder zu beachten, dass eine *unbedingte* Wahrscheinlichkeit in diesem Fall bedeutet, dass sie auf die gesamte Untersuchungspopulation bezogen ist. Dies können wir wieder anhand unseres obigen Beispiels erläutern: Nehmen wir an, im Intervall von 3 bis 5 Minuten (Δt=2min) gehen nur die beiden in Abbildung 17 eingezeichneten Personen von der Cafeteria in den Seminarraum über. Die unbedingte Wahrscheinlichkeit beträgt 2/16 und wird nun durch die Länge des Zeitintervalls, also durch 2, dividiert, was zu einem Wert für f(Δt=2min) = 0,065 führt.

Abbildung 20:   Wahrscheinlichkeit und Rate

$$P(Y = 1) = \Pr(t \leq T < t')$$

In Abbildung 19 wird veranschaulicht, dass *f(t)* in einem Zeitintervall dargestellt werden kann, indem die graue Fläche unter *f(t)* zwischen den Monaten drei und fünf von der Gesamtfläche unter *f(t)* subtrahiert wird. Es sollte in dieser Abbildung zudem deutlich werden, dass wir den Wert von *F(t)* zum Zeitpunkt „drei Monate" dadurch erhalten, dass wir die Fläche unter *f(t)* bis zum dritten Monat aufkumulieren. Nach drei Monaten hat etwas über ein Drittel der Population ein Ereignis erlebt, was dem Anteil der Fläche unter *f(t)* von null bis drei Minuten an der Gesamtfläche entspricht.

An dieser Stelle muss betont werden, dass dieses kleine Rechenbeispiel unterläuft, was die stetige Zeitmessung impliziert, dass nämlich das Zeitintervall des Ereignisses auf einen infinitesimal kleinen Zeitpunkt schrumpft. Aber aus didaktischen Gründen ist eine Darstellung der zentralen ereignisanalytischen Konzepte in diskreter Zeit für die Herleitung der Übergangsrate sinnvoll. Die Übergangsrate *r(t)* ist eine bedingte Wahrscheinlichkeit, die als Risikopopulation nur jene berücksichtigt, die bis zum Zeitpunkt *t* noch dem Risiko ausgesetzt waren, wie in Abbildung 20 dargestellt ist: Hier ist die Wahrscheinlichkeit *P* eines Ereignisses in t'–t dargestellt als Relation der grauen Fläche innerhalb des Kästchens (t'–t) zur Gesamtfläche des grauen Balkens. Bei der Rate *r(t)* wird die Fläche innerhalb des Kästchens (t'–t) aufgrund der Bedingung „ $| \ T \geq t$" nur auf jenen Bereich des grauen Balkens bezogen, der größer oder gleich *t* ist. Betrachten wir nun in diskreter Zeit die bedingte Wahrscheinlichkeit des Übergangs im Intervall Δt. Was bedeutet diese Bedingtheit mathematisch? Nehmen wir ein Sample von 10 Studierenden, 5 Frauen (F), 5 Männer (M) [P(F=1)=0,5]. Von den Männern sind 3 unpünktlich (U) im Seminar, von den Frauen nur 1. Die unkonditionale Wahrscheinlichkeit, aus diesem Sample eine unpünktliche Frau zu ziehen, beträgt 0,1 [P(F=1, U=1)=0,1]. Dagegen beträgt die konditionale Wahrscheinlichkeit unter der Bedingung, dass man nur das Subsample der Frauen (P=0,5) betrachtet, 0,1/0,5=0,2. Formal: P(U=1|F=1) = P(U=1)/P(F=1) = 0,1/0,5 = 0,2. In derselben Weise wie in diesem Beispiel der Einfluss der Männer „herausgerechnet" ist, wird bei der Konditionierung auf die überlebende Risikopopulation durch die Wahrscheinlichkeit der Bedingung dividiert. Dies führt zur Übergangsrate in *diskreter* Zeit:

$$r(t) = P(t \leq T < t + \Delta t \mid T \geq t) = \frac{P(t \leq T < t + \Delta t)}{P(T \geq t)}$$

Lassen wir die Länge des Zeitintervalls gegen Null konvergieren, ergibt sich daraus der uns bereits bekannte Ausdruck für die Übergangsrate *r(t)*:

$$r(t) = \lim_{\Delta t \to 0} \frac{P(t \le T < t + \Delta t)}{\Delta t} \bullet \frac{1}{P(T \ge t)} = \frac{f(t)}{G(t)}$$

Äquivalent dazu ist die in den gängigen Lehrbüchern häufig verwendete Darstellung:

$$r(t) = \lim_{\Delta t \to 0} \frac{P(t \le T < t + \Delta t \mid T \ge t)}{\Delta t}$$

Wir wissen nun, dass die Übergangsrate *r(t)* aus dem Quotienten von Dichtefunktion der Verteilung der Überlebenszeiten *f(t)* und der Survivorfunktion *G(t)* resultiert. Die Funktion *f(t)* selbst ergibt sich aus dem Produkt aus der Übergangsrate und der Survivorfunktion, also *f(t)=r(t)•G(t)*. Die Survivorfunktion *G(t)* resultiert, wie oben beschrieben, aus exp(–r•t). Wir wollen im Folgenden die mittlere Rate anhand des Maximum-Likelihood-Verfahrens schätzen. Für die praktische Anwendung ist es nicht unbedingt notwendig, die Logik der Maximum-Likelihood-Schätzung nachzuvollziehen, aber die Kenntnis der Grundidee des Verfahrens hilft beim Verständnis der Modelle.

6.3 Maximum-Likelihood-Schätzung

Um die Maximum-Likelihood-Schätzung zu veranschaulichen nehmen wir einen überschaubaren Datensatz und vollziehen das Verfahren anhand der Berechnung eines einfachen Kennwertes nach. Abbildung 21 zeigt den Beispieldatensatz, der sich in dieser Weise einfach in den Stata do-file Editor eingeben lässt. In diesem Beispiel ist die Variable dur die Prozesszeit und des weist eine 1 auf, wenn ein Ereignis eingetreten ist, andernfalls den Wert Null. Die mittlere Übergangsrate ergibt sich aus der Summe der Ereignisse, die durch die Summe der gesamten Prozesszeit, die alle Individuen zusammentragen, dividiert wird. Dies ergibt 7 / 676 = 0,010355. Anhand dieses kleinen Datensatzes könnten wir also die mittlere Übergangsrate leicht von Hand berechnen, aber auch die Anwendung von streg ergibt diesen Wert (zur Stata Syntax mehr im anschließenden Beispielmodell). Wie funktioniert das Verfahren der Maximum-Likelihood-Schätzung, wenn man diesen Wert darüber ermitteln will?

Abbildung 21: Beispieldatensatz, Rate und Hazard Ratio

```
clear
input id dur des frau
1 83 0 0
2 23 1 0
3 80 1 0
4 11 0 0
5 47 1 0
6 148 1 1
7 68 1 1
8 34 0 1
9 42 1 1
10 140 1 1
end
list, clean
stset dur, failure(des==1) /*definiert Episoden*/
streg, dist(exp) nohr /*schätzt Modell*/
gen rate = exp(_b[_cons]) /*rechnet Koeffizient um*/
sum rate

*** hazard ratio von "Frau" ***
bysort frau: egen sum_dur=total(dur) /*Summe Zeit*/
bysort frau: egen sum_des=total(des) /*Summe Ereignisse*/
gen r=sum_des / sum_dur /*Rate=Ereignisse/Risikozeit*/
sum r /*eine Rate pro Gruppe*/
gen hr= r(min) / r(max) /*hazard ratio*/
sum hr

stset dur, failure(des==1) id(id)
streg frau,  dist(exp)
```

Wir schätzen dieses Modell unter der Annahme einer zeitkonstanten Rate, was dem Exponentialmodell entspricht, das weiter unten ausführlich erläutert wird.

$$r(t_i) = a = \exp(\boldsymbol{\beta' x}) \qquad \Rightarrow a = \exp(\beta_0)$$

Dies setzen wir für die Rate in die Likelihood-Funktion ein:

$$L(a \mid t_i, i \in N) = \prod_{i \in E} r(t_i) \bullet \prod_{i \in N} G(t_i)$$

Die Likelihood für die Übergangsrate a unter der Bedingung, dass die jeweilige Person i zum Zeitpunkt t noch dem Risiko eines Ereignisses ausgesetzt ist, lässt

sich folgendermaßen darstellen: Sie wird als Produkt der Übergangsraten zum
jeweiligen Zeitpunkt für jenen Teil des Datensatzes gebildet, der ein Ereignis
erlebt. Das ist gemeint mit dem Subskript $i \in E$. Dieses kumulierte Produkt wird
wiederum multipliziert mit den Survivorfunktionen aller Personen, die bis zum
jeweiligen Zeitpunkt dem Risiko ausgesetzt waren. Zu Letzteren gehören natürlich auch jene, die ein Ereignis exakt zum Zeitpunkt t erlebt haben, weil diese
Personen bis zum Zeitpunkt t noch dem Risiko eines Ereignisses ausgesetzt waren, aber bis dahin noch keines erlebt haben. Leider lässt sich die Survivorfunktion nicht direkt in die Log-Likelihood-Funktion integrieren. Aber wie wir sahen,
lassen sich die zentralen Funktionen der Ereignisanalyse auseinander herleiten.
So lässt sich die Survivor-Funktion auch darstellen als e hoch das negative Integral der Rate r von null bis t.

$$G(t) = \exp\left\{-\int_0^t r(\tau)d\tau\right\} \quad \Leftrightarrow \quad \ln[G(t)] = -\int_0^t r(\tau)d\tau \quad = -r(t) \bullet t$$

Weil das Exponentialmodell eine zeitkonstante Rate annimmt, kann man das
Integral durch das Produkt von $-r\bullet t$ ersetzen. Die Definition der Ereignismenge i
$\in E$ kann auch in alternativer Notation dargestellt werden, und zwar durch den
Exponenten, der den Zielzustandsindikator δ, nämlich die Variable des, enthält.
Ist δ Null, leistet die Episode keinen Beitrag zu jenem Teil der Likelihood-
Funktion, der die Übergangsrate $r(t)$ repräsentiert, weil dieser Teil dann den
Wert 1 annehmen würde.

$$L(a \mid t_i, i \in N) = \prod_{i \in E} r(t_i) \bullet \prod_{i \in N} G(t_i) \quad = \prod_{i \in E} r(t_i) \bullet \prod_{i \in N} \exp(-r \bullet t)$$

$$= \prod r(t_i)^{\delta} \bullet \prod \exp(-r \bullet t)$$

Logarithmieren wir diesen Ausdruck, werden die Produkte wieder zu Summen
und das Resultat ist die Log-Likelihood:

$$\ln[L(a \mid t_i, i \in N)] = \sum_{i \in E} \ln[r(t_i)] + \sum_{i \in N} \ln[G(t_i)] \quad = \sum_{i \in E} \ln[r(t_i)] + \sum_{i \in N} -r(t_i) \bullet t$$

Diese Funktion lässt sich in Stata „von Hand" schreiben. Sie stellt die Rate für
alle Elemente aus der Teilmenge des Datensatzes dar, die ein Ereignis erlebten
plus die negative Rate multipliziert mit der Prozesszeit für sämtliche Elemente

des Datensatzes, also jene, die ein Ereignis erlebten, sowie jene, die kein Ereignis erlebten.

Wir berechnen über die Ereignismenge die Summe aller Einzelbeiträge zur logarithmierten Rate *log(a)*. Über die Risikozeitmenge, die sowohl die Rechtszensierungen als auch die Ereignismenge einschließt, berechnen wir die Summe aller Survivorfunktionen. Die Survivorfunktion ergibt sich aus dem mit negativem Vorzeichen versehenen Produkt aus *Übergangsrate* und *individueller Dauer*, die das jeweilige Individuum „at risk" war $((-r(t) \cdot t))$. In Stata würde man dies folgendermaßen berechnen:

```
clear
set obs 1000 /*Iterationsschritte*/
gen a=0.00005 /*kleiner Startwert fuer a*/
gen LogL=. /*Variable wird initialisiert*/

forvalues i=1(1)1000{
replace a=a+`i'*a if _n==`i' /*Schrittweite ist a*/
replace LogL= log(a)+log(a)+log(a)+log(a)+log(a)+ ///
log(a)+log(a)+(-a)*83+(-a)*23+(-a)*80+(-a)*11+(-a)*47 ///
+(-a)*148+(-a)*68+(-a)*34+(-a)*42+(-a)*140 if _n==`i'
}
line LogL a if a < 0.05, sort
sum LogL
list a if LogL == r(max), clean
```

Abbildung 22: Maximum-Likelihood der Konstanten des Exponentialmodells

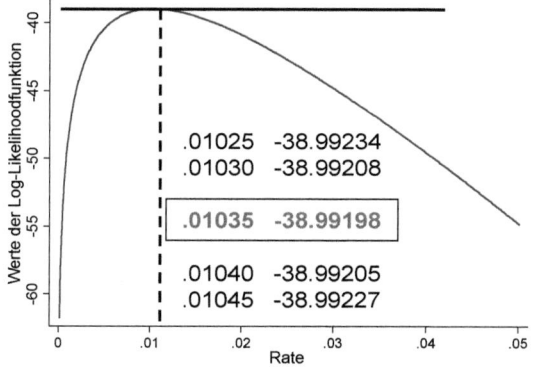

Somit wird der Logarithmus der *unbekannten* Rate a innerhalb der Menge *E*, deren Elemente Ereignisse aufweisen, aufsummiert. Dazu kommt innerhalb der

Gesamtmenge N die Summe der unbekannten negativen Raten $-a$ multipliziert mit der Prozesszeit t der Episode i. Die unbekannte Größe ist also die Rate $r=a$. Für die Unbekannte a werden nun iterativ Zahlen in die Log-Likelihood-Funktion eingesetzt, bis die „von unten" aus dem negativen Bereich nach oben wachsende Funktion ihr Maximum erreicht – wobei dieses Maximum immer im negativen Bereich verbleibt. Als Startwert für a nehmen wir willkürlich 0,00005, weil wir erwarten, dass die wahre Rate größer ist. Anderenfalls müssten wir mit einem anderen Startwert beginnen, wenn wir uns damit schon auf dem „absteigenden Ast" der Funktion befänden. Wir erhalten durch das iterative Einsetzen von Zahlen für a den größten LL-Wert von -38,99198 bei $a=0,01035$. Aus `streg` ergibt sich übrigens derselbe Wert für $r=a$, jedoch ein anderer Wert für die Log-Likelihood – uns ging es hier aber vor allem darum, das Prinzip zu erläutern, wie man über die Log-Likelihood-Funktion zum geschätzten Parameter kommt. Bei mehreren erklärenden Variablen wird a zu $\beta'x$, und wir haben ein mehrdimensionales Optimierungsproblem die β-Werte.

Aber prinzipiell lassen sich die Hazard Ratios, die den Odds Ratios der binären logistischen Regression sehr ähnlich sind, im einfachen Fall auch von Hand berechnen. In Abbildung 21 (S. 125) wird die Rate als Quotient aus Ereignissen und Risikozeit separat für Männer (0,012) und Frauen (0,009) berechnet. Dividieren wir die Rate der Frauen durch die Rate der Männer, erhalten wir einen Hazard Ratio von 0,75. Demnach haben Frauen gegenüber den Männern eine um den Faktor 0,75 reduzierte Rate. Zum selben Ergebnis kommt auch die Schätzung `streg frau, dist(exp)` (Abbildung 21, S. 125).

Wir wollen nun untersuchen, welche Faktoren sich auf die Hazardraten von Statusübergängen im ostdeutschen Transformationsprozess auswirken. Zu diesem Zweck wurden Episoden gebildet, die mit einem Aufstiegsereignis enden, wenn der Wegener-Prestigewert des folgenden Jobs mindestens 10% größer ist als der des aktuellen Jobs. Wichtig ist der Hinweis, dass andere Ereignisse, nämlich laterale Wechsel und berufliche Abstiege (mindestens 10% Prestigeverlust) als rechtszensiert betrachtet werden, weshalb die Episode auch endet, wenn eines dieser „konkurrierenden" Ereignisse eintritt. Je nach Fragestellung könnte man auch anders vorgehen und die Prozesszeit weiterlaufen lassen, auch wenn eines der konkurrierenden Ereignisse eintritt. Interessiert man sich tatsächlich nur für Aufstiege im Lebenslauf und weniger für die Mobilitätsprozesse am Arbeitsmarkt, wäre solch ein Vorgehen tatsächlich angeraten. Dafür müsste man allerdings den Datensatz etwas anders aufbereiten und die Prozesszeit solange über alle Episoden einer Person kumulieren, bis entweder das Aufstiegsereignis eintritt oder der gesamte Lebenslauf der Person am Ende des Beobachtungsfensters rechtszensiert ist.

Wir beginnen unsere empirische Analyse mit einem Modell ohne erklärende Variablen. Wir definieren unsere Daten mit dem `stset` Befehl als Episoden und teilen `Stata` mit, dass die Variable `dur_process` die Prozesszeit enthält und `status_diff==1` bedeutet, dass Episoden, bei denen die Variable `status_diff` den Wert 1 aufweist, mit einem Ereignis enden. Wir schätzen dieses Modell mit dem folgenden `streg` Befehl („survival time regression"), wobei die Option `dist(exp)` ein Exponentialmodell anfordert. Anschließend sagen wir mit dem `predict` Befehl den Median der Verweildauer vorher:

```
use $pfad/exp1.dta, clear
stset dur_process , failure(status_diff==1) id(idn)
streg, dist(exp) nohr
predict t_median, median time
sum t_median
```

Als Ergebnis erhalten wir eine mittlere logarithmierte Hazardrate von -5,716. Die mittlere Hazardrate *r* berechnen wir durch exp(-5,716)=0,003. Wir können auf Basis dieser Information einige grundlegende Berechnungen durchführen, die den Aufstiegsprozess für das gesamte Sample beschreiben (Blossfeld et al. 2007, S. 93). In dieser einfachen Form ist dies aber nur auf Basis des geschätzten Exponentialmodells möglich. Mit anderen parametrischen Modellen, bei denen *ex ante* eine andere Verteilungsfunktion der Ereignisse über die Zeit festgelegt wird (vgl. unten), ist das in dieser einfachen Form nicht möglich.

Tabelle 7: Berufliche Aufstiege im ostdeutschen Transformationsprozess, Exponentialmodell, Hazard Ratios

	(1) t
_t	
Berufserfahrung	0.993**
Prestige (Wegener)	0.961***
Frau (=1)	1.120
Studium (=1)	2.072***
Abschlusskohorte 1990	0.923
Abschlusskohorte 1995	0.982
Observations	2506

Exponentiated coefficients
+ p < .1, * p < .05, ** p < .01, *** p < .001

Anhand des Exponentialmodells können wir die *erwarte Anzahl der Ereignisse* für ein spezifisches Prozesszeitintervall berechnen, indem wir die Rate mit der Länge des Intervalls multiplizieren. In sechs Monaten erwarten wir im Durchschnitt 0,003•6=0,018 berufliche Aufstiege. Die *mittlere Wartezeit* bis zum Eintritt eines Aufstiegsereignisses errechnet sich aus 1/r, wonach man in einer Episode im Durchschnitt 333 Monate warten muss, bis ein Aufstiegsereignis eintritt. Der Median der Verweildauer beträgt dagegen nur 210 Monate, d.h. nach 210 Monaten haben 50% des Samples ein Ereignis erlebt (Blossfeld und Rohwer 1995, S. 87).

```
use $pfad/exp1.dta, clear
stset dur_process , failure(status_diff==1) id(idn)
streg lfx mps frau studium ko2 ko3 , dist(exp)
```

Im nächsten Schritt schätzen wir ein Exponentialmodell für berufliche Aufstiege mit mehreren erklärenden Variablen. Dabei lassen wir uns in Tabelle 7 über die Voreinstellung in Stata die Befunde als Hazard Ratios ausgeben, die wir sehr ähnlich zu den Odds Ratios interpretieren: nimmt die Berufserfahrung um einen Monat zu, geht die Aufstiegsrate um den Faktor 0,993 signifikant zurück. Mit jedem weiteren Punkt auf der Wegener-Prestigeskala geht die Aufstiegsrate signifikant um den Faktor 0,961 zurück. Frauen unterscheiden sich nicht signifikant von Männern, aber Hochschulabsolventen haben gegenüber den Absolventen einer beruflichen Lehre um den Faktor 2,072 erhöhte Aufstiegsraten.

Die *Hazard Ratios* berechnen wir durch *e* hoch den geschätzten β-Koeffizienten:

$$r(t) = \exp(\beta_0 + \beta_1 x_1 + \beta_2 x_2 + ... + \beta_n x_n)$$
$$= \exp(\beta_0) \bullet \exp(\beta_1 x_1) \bullet \exp(\beta_2 x_2) \bullet ... \bullet \exp(\beta_n x_n)$$

In der angewandten Forschung werden die Ergebnisse der Ereignisanalyse aber in unterschiedlichen Metriken dargestellt. Eine Darstellungsform neben den *Hazard Ratios* besteht darin, die *logarithmierten Hazard Ratios* darzustellen, was den Log Odds in der binären logistischen Regression entspricht.

$$\ln(r(t)) = \beta_0 + \beta_1 x_1 + \beta_2 x_2 + ... \beta_n x_n$$

Spezifisch für die Ereignisanalyse ist zudem die sogenannte *AFT-Metrik*, was bedeutet, dass die Koeffizienten als Effekte auf die *failure time* modelliert werden. In dieser Metrik wird der Prozess aufgrund der Kovariateneinflüsse entweder verzögert oder beschleunigt (daher der Begriff *accelerated failure time mo-*

dels). In diesem Fall ist die abhängige Variable nicht mehr die Übergangsrate, sondern der Logarithmus der Wartezeit bzw. der Prozesszeit, die vergeht, bis ein Ereignis eintritt.

$$\ln(T) = \beta_0 + \beta_1 x_1 + \beta_2 x_2 + \ldots \beta_n x_n$$

Im Vergleich zu den Effekten auf die logarithmierten Hazard Ratios sind die Vorzeichen der Koeffizienten umgedreht: Erhöht ein Prädiktor die logarithmierte Übergangsrate, dann senkt er in gleicher Weise die logarithmierte Verweildauer. Die Darstellung der Modelle in der AFT-Metrik ist wichtig, weil sich manche Modelle der Ereignisanalyse, wie beispielsweise das log-logistische oder log-normale Modell, nur in der AFT-Metrik darstellen lassen. Andererseits lässt sich das Gompertz-Modell (vgl. unten) wiederum *nicht* in der AFT-Metrik darstellen, sondern nur in Form von Effekten auf die Log-Hazard Ratios oder Hazard Ratios. Bei dem `streg` Befehl werden die Hazard Ratios durch die Option `nohr` unterdrückt und damit die Log-Hazard Ratios ausgegeben. Mit der Option `time` ruft man die AFT-Metrik auf.

```
use $pfad/exp1.dta, clear
stset dur_process , failure(status_diff==1) id(idn)
streg lfx mps frau studium ko2 ko3 , dist(exp)
streg lfx mps frau studium ko2 ko3 , dist(exp) nohr
streg lfx mps frau studium ko2 ko3 , dist(exp) time
```

Tabelle 8: Exponentialmodell in unterschiedlichen Metriken

	Modell (1) Hazard Ratios (HR)	Modell (2) log(HR)	Modell (3) AFT Metrik
Berufserfahrung	0.993[**]	-0.007[**]	0.007[**]
Prestige (Wegener)	0.961[***]	-0.040[***]	0.040[***]
Frau (=1)	1.120	0.113	-0.113
Studium (=1)	2.072[***]	0.728[***]	-0.728[***]
Abschlusskohorte 1990	0.923	-0.080	0.080
Abschlusskohorte 1995	0.982	-0.018	0.018
Constant	-	-3.179[***]	3.179[***]
Observations	2506	2506	2506

[+] p < .1, [*] p < .05, [**] p < .01, [***] p < .001

Tabelle 8 zeigt unser Modell der Ereignisanalyse in den drei Metriken. Wie zu sehen, sind die Koeffizienten vom Betrag her völlig identisch, wenn wir Modell 2 mit den Log-Hazard-Ratios vergleichen mit Modell 3 in der AFT-Metrik – nur die Vorzeichen sind gedreht.

6.4 Exponentialmodell mit zeitveränderlichen Kovariaten

Eine Stärke der Ereignisanalyse besteht darin, auch die Effekte *zeitveränderlicher* erklärender Variablen zu modellieren. Dabei macht man sich zu Nutze, dass die Ereignisanalyse rechtszensierte Episoden berücksichtigen kann. Man ist vermutlich geneigt, in dem Phänomen der Rechtszensierung einen gravierenden Nachteil von Ereignisdaten zu sehen. Aber selbst, wenn im Datensatz keine rechtszensierten Beobachtungen vorlägen, kann man die Möglichkeit der Ereignisanalyse, die rechtszensierten Episoden für die Modellschätzung zu nutzen, für einen anderen Zweck fruchtbar machen: Man kann rechtszensierte Episoden „künstlich" erzeugen, um den Einfluss *zeitveränderlicher Kovariaten* auf den zu erklärenden Prozess zu modellieren (Box-Steffensmeier und Jones 2007, S. 101f).

Dies geschieht durch das im Folgenden dargestellte Verfahren des *Episodensplittings* (Blossfeld et al. 2007, S. 141). Es stellt dabei letztlich nur einen datentechnischen Trick dar, durch den die Möglichkeit der Ereignisanalyse, rechtszensierte Episoden zu berücksichtigen, für die Modellierung *zeitveränderlicher Kovariaten* genutzt wird.

Wie sieht dieser datentechnische Trick aus? Wie wir bereits wissen, ist eine Episode im Wesentlichen durch einen Startzeitpunkt, einen Endzeitpunkt, die sich daraus ergebenden Dauer sowie durch den Ausgangs- und den Endzustand charakterisiert (hinzu kommen die Ausprägungen der erklärenden Variablen). Der Indikator des Zielzustandes enthält bei rechtszensierten Episoden in der Regel den Wert Null, Episoden mit einem Ereignis enthalten eine Eins. Abbildung 23 stellt diese zentralen Merkmale zweier Episoden dar. Hier liegt die Information über die Zeit in Form von sogenannten *Jahrhundertmonaten* vor, also als die Anzahl der seit dem Beginn des Jahres 1900 vergangenen Monate (vgl. unten). Die Person mit der ID-Nummer 23 hat beispielsweise eine Episode im Monat 1243 begonnen und beendete diese Episode im Monat 1260. Daraus ergibt sich eine Dauer von 17 Monaten. Die Person mit der ID-Nummer 67 begann ihre Episode hingegen wesentlich früher, nämlich im Monat 960, und war allerdings im Monat 1178 rechtszensiert.

Abbildung 23: Veränderung der Daten durch das Episodensplitting

```
ID  StartT  EndeT  Dauer  Des  HeiratT
23  1243    1260   17     1    1250
67  960     1178   218    0    .
```

ID	StartT	EndeT	Stspl	Endspl	Dauer	Des	HeiratT	Ehe
23	1243	1260	1243	**1250**	7	**0**	1250	0
23	1243	1260	**1250**	1260	10	1	1250	1
67	960	1178	.	.	218	0	.	0

Betrachten wir als Beispiel den Einfluss der Heirat auf den Auszug aus dem Elternhaus. Nehmen wir an, die Person mit der ID-Nummer 23 war seit dem Monat 1243 dem Risiko des Auszugs aus dem Elternhaus ausgesetzt, weil sie zu diesem Zeitpunkt ein Alter von 16 Jahren erreichte. Mit dem Alter von 16 Jahren begann also die Wartezeit auf das Auszugsereignis. Der Auszug erfolgte im Monat 1260. Ein unabhängiger Prozess, von dem wir einen Einfluss auf den Auszug aus dem Elternhaus erwarten, ist die Heirat. Die Person mit der ID-Nummer 23 heiratete im Monat 1250. Aus diesem Heiratszeitpunkt lässt sich nun die zeitveränderliche erklärende Variable bilden, die eine Zustandsänderung in x während der Episode indiziert. Es handelt sich um den Wechsel vom Zustand „ledig" in den Zustand „verheiratet", und dieser Zustandswechsel wird als unabhängige Variable betrachtet. Die Frage ist also: hat der Zustandswechsel in der unabhängigen Variablen der *Heirat* einen Einfluss auf die abhängige Variable des *Auszugs* aus dem Elternhaus?

Bei der Person mit der ID-Nummer 23 ändert sich der Zustand in der unabhängigen Variablen (Familienstand) tatsächlich seit dem Beginn der Wartezeit auf den Auszug. Das Episodensplitting wird für diese Person durchgeführt und verändert deren Episode. Dagegen hat die Person mit der ID-Nummer 67 während des Beobachtungsfensters nicht geheiratet, weshalb für sie kein Episodensplitting durchgeführt wird.

Das *Splitting der Episode* besteht darin, dass eine zweite Zeile in den Datensatz geschrieben wird, wenn der Zustandswechsel der unabhängigen Variablen während der Wartezeit des abhängigen Prozesses eintritt. Das Herausschreiben dieser zweiten Zeile bedeutet aber keine Verdoppelung der Untersuchungseinheiten, weil sehr genau darauf geachtet wird, dass die Prozesszeit sich dabei nicht verändert. Außerdem muss auch die Anzahl der Ereignisse trotz der Doppelung der Zeile unverändert bleiben. Beides bleibt konstant, wenn die erste Zeile – man sagt auch, die erste *Subepisode* – per Definition immer rechtszensiert ist und ihr der ursprüngliche Startzeitpunkt StartT zugewiesen wird, sowie als Endzeitpunkt EndeT der Zeitpunkt des intervenierenden bzw. unabhängigen Ereignisses. Im Falle der ID-Nummer 23 ist das der Monat 1250 (Endspl in deren erster Zeile) – nämlich der Monat der Eheschließung. Die zweite Zeile endet mit dem ursprünglichen Endzeitpunkt 1260, beginnt aber mit dem Zeitpunkt des Zustandswechsels des intervenierenden bzw. unabhängigen Ereignisses (Stspl) – also wieder dem Zeitpunkt der Eheschließung 1250.

Tatsächlich wurde die ursprüngliche Episode der Person mit der ID-Nummer 23 in zwei Subepisoden zerlegt, ohne dass sich die gesamte Prozesszeit oder die Anzahl der Ereignisse ändert. Bei der Modellierung des Einflusses des Zustandswechsels in die Ehe auf das abhängige Ereignis des Auszugs aus dem Elternhaus wird die Dummy-Variable *Ehe* als Prädiktor modelliert. Sie stellt die eigentliche zeitveränderliche Kovariate dar, für deren Bildung aber das Episodensplitting erforderlich war. Noch einmal: Bei der ID 23 hat die zeitveränderliche Dummy-Variable *Ehe* zunächst den Wert Null, weil die Person zu Beginn der Episode noch nicht verheiratet war und diese erste Subepisode zum Zeitpunkt der Heirat endet. Anders die zweite Subepisode: Diese beginnt mit dem Zeitpunkt der Eheschließung 1250 und endet mit dem ursprünglichen Endzeitpunkt. In der zweiten Subepisode war die ID-23 die gesamte Zeit im Zustand „in Ehe", sie war bereits verheiratet und hat die gesamte zweite Subepisode nach dem Heiratszeitpunkt erlebt. Man sieht bei der Variable „Dauer", dass sich die ursprüngliche Gesamtdauer von 17 Monaten ebenfalls nicht verändert: In der ersten Subepisode wurden sieben und in der zweiten Subepisode zehn Monate verbracht.

Weil die Person mit der ID-Nummer 67 während des Beobachtungsfensters nicht geheiratet hat, wurde für diese Person auch kein Episodensplitting durchgeführt, und damit ändert die zeitveränderliche Kovariate *Ehe* auch nicht ihren Wert.

Es wäre naheliegend zu vermuten, dass die Verdoppelung der Zeilen im Datensatz die Fallzahlen und damit auch die Effizienz der Schätzungen erhöht. Die Standardfehler der Schätzungen wären dann nicht mehr korrekt. Aber das Episodensplitting selbst ändert nichts an den Ergebnissen der Modellschätzung. Erst die Modellierung des Effekts der zeitveränderlichen Kovariaten *Ehe*, die man im Anschluss an die Datentransformation des Episodensplittings bildet, würde – sofern sie einen Einfluss auf das abhängige Ereignis aufweist – die Modellschätzung verändern. Die reine Verdoppelung der Episoden durch das Splitting hat also keinerlei Einfluss, weder auf die geschätzten Koeffizienten noch auf deren Standardfehler.

Warum ist das so? Die Schätzung der Effekte auf die Übergangsraten in der Ereignisanalyse basiert immer auf dem Verhältnis von der Anzahl der Ereignisse zur jeweiligen Risikozeit, also der Zeit, die die jeweiligen Individuen einer Merkmalskategorie dem Risiko eines Ereignisses ausgesetzt sind. Es wird stets das Verhältnis von Ereignissen zum Risk-Set betrachtet. Die Risikomenge in der Ereignisanalyse sind aber nicht die Individuen oder Untersuchungseinheiten, sondern es ist die durch sie bedingte *Zeit*, die unter der Bedingung der jeweiligen Konstellationen der Kovariaten **x** verbracht wird.

Das lässt sich auch an einem Beispiel verdeutlichen, bei dem die Log-Likelihood-Funktion eines Modells ohne erklärende Variablen in zwei verschiedenen Varianten dargestellt wird, die aber jeweils zum selben Ergebnis führen. Sehen wir uns zu diesem Zweck noch einmal das Maximum-Likelihood-Schätzverfahren für das Exponentialmodell an.

$$\ln[L(a\,|\,t_i, i \in N)] = \sum_{i \in E} \ln[r(t_i)] + \sum_{i \in N} -r(t_i) \bullet t_i$$

Der Logarithmus der *unbekannten* Rate wird innerhalb der Menge *E*, deren Elemente Ereignisse haben, aufsummiert. Jene Episoden, die ein Ereignis aufweisen, gehen also nur in den linken Term der Funktion ein. Dazu kommt innerhalb der Gesamtmenge *N* die Summe der unbekannten negativen Raten multipliziert mit der Prozesszeit der Episode *i*. Wie wir bereits sahen, lässt sich die obige Formel für unser 10-Episoden Beispiel in `Stata` folgendermaßen darstellen (vgl. S. 127 und das do-file `log_like.do` in `ereignisse.zip`):

```
replace LogL= log(a)+log(a)+log(a)+log(a)+log(a)+ ///
log(a)+log(a)+(-a)*83+(-a)*23+(-a)*80+(-a)*11+(-a)*47 ///
+(-a)*148+(-a)*68+(-a)*34+(-a)*42+(-a)*140 if _n==`i'
```

Bei einer zweiten Variante der Log-Likelihood-Funktion wird für jenen Teil der Funktion, der die Ereignisse beschreibt, einfach die *Summe aller Ereignisse* berechnet, und für jenen Teil, der die Survivorfunktion beschreibt, wird die *Summe der gesamten Risikozeit* gebildet. Hier gibt es keinen separaten Teil für r(t), in den die Beobachtungen mit einem Ereignis eingehen. Die Terme $\ln[r(t_i)]$ und $[-r(t_i)]$ werden mit der Summe der Ereignisse bzw. der Summer der Risikozeit multipliziert.

$$\ln[L(a\,|\,t_i, i \in N)] = \left\{ \ln[r(t_i)] \bullet \sum_{i \in E} i \right\} + [-r(t_i)] \bullet \sum_{i \in N} t_i$$

```
gen LL2= log(a)*sum_D + (-a) * sum_dur
```

Diese Umformung der Log-Likelihood-Funktion verdeutlicht, dass die Schätzung nur von der Anzahl der Ereignisse und der Risikozeit (und natürlich den jeweiligen Kovariaten) abhängt. Es spielt aber keine Rolle, ob man a) die (logarithmierten) Raten aufsummiert und dazu die Summe der mit der Risikozeit multiplizierten negativen Raten addiert; oder ob man b) die Anzahl der Ereignisse über die Ereignismenge und die Risikozeit über die Risikomenge aggregiert. Sofern das Splitting korrekt erfolgte und sich weder die Risikozeit noch die Anzahl der Ereignisse ändert, ändert sich nichts an der Schätzung. Ein weiteres Beispiel findet sich in der Datei splitLL.pdf im Archiv ereignisse.zip.

Kommen wir zur praktischen Umsetzung des Episodensplittings im Rahmen einer Analyse des Einflusses *betreuungsbedürftiger Kinder* auf die Rate *beruflicher Aufstiege*. Unser Ziel ist die Bildung einer zeitveränderlichen Kovariaten, die angibt, ob die befragte Person zum jeweiligen Zeitpunkt ein Kind unter drei Jahren hat. Somit sind zwei Ereignisse auf der Seite der unabhängigen Variablen relevant, nämlich 1. die Geburt eines Kindes (kind_geb_*) und 2. dessen dritter Geburtstag (kind3_*). Im Ausgangsdatensatz sind die Episoden noch nicht gesplittet. Wichtig ist, dass zunächst eine Bedingung definiert wird, die erfüllt sein muss, damit eine Episode *überhaupt* gesplittet wird. Diese Bedingung besteht darin, dass der Zustandswechsel in der unabhängigen Variablen *im Verlauf* der aktuellen Jobepisode stattfindet. Mit anderen Worten: Damit die jeweilige Jobepisode gesplittet wird, muss entweder ein Kind geboren werden (unabhängiges Ereignis 1), oder es muss drei Jahre alt werden (unabhängiges Ereignis 2).

Wie in Abbildung 23 sind Start- und Endzeitpunkt wieder in Jahrhundertmonaten gemessen. In dieser Zeitdimension führen wir auch das Splitting durch. Der Informationsgehalt der Zeitmessung, der im Falle der Jahrhundertmonate auch die kalenderzeitliche Lokalisierung gestattet, bleibt so erhalten. Für das Episodensplitting betrachten wir nur die ersten drei Kinder, deren Geburtsdaten sowie deren dritte Geburtstage. Dies ergibt zusammen sechs Variablen, die in der folgenden foreach-Schleife nacheinander verarbeitet werden (kindgeb1-kindgeb3 **sowie** kind3_1-kind3_3).

```
use $pfad/pre_split.dta, clear
foreach var of varlist kindgeb_* kind3_*{
    expand 2 if `var' > startm & `var' < endem
    sort id startm
    by id startm: replace status_diff=0 if _n==1 & _N==2
    by id startm: replace endem=`var' if _n==1 & _N==2
    by id startm: replace startm=`var' if _n==2
    }
gen kind_u3 =0
replace kind_u3 = 1 if ///
(kindgeb_1<=startm & kind3_1 >= endem) | ///
```

```
(kindgeb_2<=startm & kind3_2 >= endem) | ///
(kindgeb_3<=startm & kind3_3 >= endem) | ///
(kindgeb_4<=startm & kind3_4 >= endem)

tab kind_u3
gen dur=endem-s
list id idn s e startm endem dur status_diff in 1/50, clean
stset dur, failure(status_diff=1) id(idn)
stcox studium kind_u3
streg studium, dist(exp)
```

Innerhalb der Schleife wird für jede der Variablen, die durch den Platzhalter `var' indiziert wird, danach gefragt, ob der von ihr gemessene Zeitpunkt größer ist als der Startzeitpunkt der Jobepisode und zugleich kleiner als deren Endzeitpunkt. Es wird somit geprüft, ob der jeweilige Zeitpunkt (Geburt Kind oder dritter Geburtstag) innerhalb der Jobepisode liegt. Wenn diese Bedingung erfüllt ist, wird der expand Befehl aktiv, der aus *einer* Zeile im Datensatz *zwei* Zeilen macht. Dies geschieht nacheinander für jede der sechs Variablen. Man kann diesen Befehl auch verwenden, um von einer Zeile beliebig viele Kopien herzustellen. Wird eine Episode aufgrund *einer* unabhängigen Variablen gesplittet, dürfen wir, wie in Abbildung 23 gezeigt, pro Durchlauf nur *eine* Kopie der ursprünglichen Zeile herausschreiben. Aber mit dem Kopieren allein ist das Episodensplitting noch nicht abgeschlossen. Wir müssen die zentralen Kenngrößen einer Episode, nämlich die *Zeit* und den *Zensierungsindikator*, so anpassen, dass das Episodensplitting nichts an der Gesamtsumme der Prozesszeit sowie der Ereignisanzahl ändert. Weil expand die neu generierten Variablen "unten" an die Datei hängt, muss diese zuvor nach den Kriterien id und startm (ID-Nummer der Person und Startzeitpunkt der Jobepisode) sortiert werden (sort id startm). Jede Jobepisode, für die das Splitting durchgeführt wurde, existiert nun zweimal im Datensatz. Durch das Sortieren stehen beide Zeilen direkt untereinander.

Nun beginnt die eigentliche Arbeit: wie in Abbildung 23 ersichtlich, endet der "obere" Teil der gesplitteten Episode mit dem Zeitpunkt des Ereignisses der unabhängigen Variablen, etwa mit der Geburt des zweiten Kindes, der "untere" Teil beginnt zu diesem Zeitpunkt.

Hilfreich ist die Möglichkeit, mit dem by-Befehl zeilenübergreifende Datentransformationen für spezifische Unterteile des Datensatzes durchzuführen. Diese Unterteile sind durch identische Werte für id und startm definiert. Dies gilt für alle Jobepisoden, für die eine Kopie herausgeschrieben wurde. Mit dem Befehl replace wird der Zensierungsindikator in der "oberen" Subepisode pauschal auf Null gesetzt. Dabei formuliert if _n==1 & _N==2 die Bedingung, dass es sich um die erste (_n==1) von zwei zueinander gehörenden Teilepisoden handelt (_N==2).

In einigen anderen Lehrbüchern wird das Splitting mithilfe des stsplit Befehls in der Prozesszeitdimension durchgeführt. Im Prinzip macht stsplit dasselbe wie die oben beschriebene Schleife. Allerdings funktioniert stsplit in der Prozesszeitdimension und für einen Datensatz, der zuvor mit stset als Episodendatei definiert wurde. Das Problem von stsplit besteht darin, dass die kalenderzeitliche Information verloren geht bzw. nach dem Splitting wieder rekonstruiert werden muss.

Die Anwendung von expand innerhalb einer Schleife lässt sich auch sehr schön verwenden, um einen Episodendatensatz nach *Kalenderjahren* oder *Quartalen* zu splitten. Kalenderjahre sind eine sinnvolle Größe, um den Einfluss jährlich variierender Arbeitslosenquoten auf berufliche Aufstiegschancen zu modellieren. Dafür werden die Jobepisoden jahresweise gesplittet, aber eben nicht in der Prozesszeit, sondern in der Kalenderzeit. Wie geht man dabei vor?

Die im Folgenden beschriebene Prozedur ist etwas komplexer. Um wirklich alle Kalenderjahre im Datensatz zu erfassen, die die beobachteten Jobepisoden abdecken, definiert man zunächst den frühsten im Datensatz vorkommenden Startzeitpunkt sowie den spätesten Endzeitpunkt. Weil diese nicht zwangsläufig im Monat Januar (= Monat Null) beginnen müssen, wird durch floor(r(min)/12)*12 aus den Jahrhundertmonaten das Jahr berechnet und die Monate, die nun als Dezimalstelle erscheinen, abgeschnitten. Dies wird wieder mit 12 multipliziert. In unserem Beispiel liegt der frühste Startzeitpunkt bei 1021. Dieser Wert bezeichnet Februar 1985, denn 1021/12 ergibt 85,083333. Schneidet man mit der floor Funktion die Dezimalstelle weg, bleibt 85 übrig. Multipliziert mit 12 ergibt das Januar 1985, nämlich 1020 Jahrhundertmonate. Zu diesem Zeitpunkt kann das Splitting potenziell beginnen.

Indem der Januar als Monat Null gemessen wird, ist gewährleistet, dass auch der Dezember (Monat 11) des Jahres 1993 als dem Jahr 1993 zugehörig definiert ist. Anschließend wird eine neue Variable intervall gebildet, die nur zwei gültige Werte enthält, nämlich jeweils in Jahrhundertmonaten das früheste Startjahr und das späteste Endjahr der Jobepisode. Der Befehl summarize berechnet den Minimal- und den Maximalwert dieser Variable. Beide Werte sind über ein Makro ansprechbar (`r(min)`' bzw. `r(max)`'). Nun wird eine forvalues-Schleife gestartet, die alle Prozeduren innerhalb der Schleife schrittweise über alle Werte von *i* durchführt, wobei *i* ein Platzhalter für den jeweiligen Zeitpunkt gemessen in Jahrhundertmonaten ist. Diese forvalues-Schleife läuft somit vom Januar des frühesten Startjahres 1020 (= 1985) zum spätesten Endjahr 1200 (=2000). Nach dem Splitting werden mit merge m:1 (many-to-one) nach dem Kriterium des Kalenderjahres zwei Kontextvariablen hinzugefügt: die Arbeitslosenquote und der Anteil Beschäftigter im Dienstleistungssektor. Bis `Stata 11` kann `joinby` verwendet werden (hier durch den * auskommentiert). Vor 1990 (DDR) liegen dafür keine Werte vor, weshalb die Fallzahlen des letzten `streg` Modells deutlich geringer sind.

```
use $pfad/pre_split.dta, clear
gen endem_ = endem /*alter Endzeitpunkt zur Kontrolle*/
quietly sum startm
gen beginn = floor(r(min)/12)*12
quietly sum endem
gen fertig = floor(r(max)/12)*12
gen intervall=.
replace intervall=beginn if _n==1
replace intervall=fertig if _n==2
quietly sum intervall

forvalues i=`r(min)'(12)`r(max)'{
    expand 2 if startm <`i' & endem >`i'
    bysort id startm: replace status_diff=0 if _n==1 & _N==2
    bysort id startm: replace endem=`i' if _n==1 & _N==2
    bysort id startm: replace startm=`i' if _n==2
    }
gen dur=endem-s
gen jahr = floor(startm/12) + 1900
list idn s e startm endem dur status_diff in 1/50, clean
merge m:1 jahr using $pfad/alo_die9.dta
*joinby jahr using $pfad/alo_die9.dta, unmatched(master)
sort id startm
list idn s e startm endem dur status_diff jahr alo ///
die_ant in 1/50, clean
stset dur, failure(status_diff=1) id(idn)
streg studium, dist(exp)
streg studium die_ant alo, dist(exp)
```

Ändert sich infolge eines korrekten Splittings weder die Gesamt-Risikozeit noch die Zahl der Ereignisse, hat das keine Auswirkungen auf die Modellschätzung. Dies kann anhand eines Vergleiches der Modellschätzung `streg studium, dist(exp)`, die jeweils im Anschluss an die beiden Varianten des Episodensplittings durchgeführt wurde, überprüft werden. In beiden Fällen beträgt die Risikozeit 92614 Monate bei 305 Ereignissen. Splitten wir nur für den intervenierenden zeitabhängigen Zustand „Kind unter 3 Jahren vorhanden", erhalten wir 2621 Episoden und 3614 Subepisoden. Splitten wir aber nach Kalenderjahren, erhalten wir 10075 Subepisoden – weil die Personen wesentlich häufiger das

Kalenderjahr wechseln als sie Kinder bekommen. Das Schätzmodell kommt in beiden Fällen zum selben Ergebnis: der Hazard Ratio für die Variable studium beträgt 0,5138154 und sein Standardfehler 0,0591098.

Bevor wir ein komplexeres Modell schätzen, sollte der aus der Prozedur resultierende Datensatz sorgfältig überprüft werden, weil mit dem Episodensplitting eine grundlegende Transformation des Datensatzes vorgenommen wurde. Darum sehen wir uns den Datensatz exp2.dta, bei dem das Splitting bereits durchgeführt wurde, mit dem list Befehl in Stata an.

```
use $pfad/exp2.dta, clear
stset dur_process , failure(status_diff==1) id(idn)
list start ende startm endem frau alo _t0 _t _d ///
in 58/70, clean
```

Der list Befehl erzeugt für die angeforderten Variablen von drei Episoden den unten stehenden Output. Davon endet die erste mit einem Ereignis, die zweite mit einer Zensierung.

Tabelle 9: Ausschnitt aus dem Datensatz nach dem Episodensplitting

start	ende	startm	endem	frau	alo	_t0	_t	_d
1090	1120	1090	1092	1	10.2	0	2	0
1090	1120	1092	1104	1	10.2	2	14	0
1090	1120	1104	1116	1	14.4	14	26	0
1090	1120	1116	1128	1	15.4	26	38	0
1090	1120	1128	1140	1	15.7	38	50	0
1090	1120	1140	1152	1	14.8	50	62	0
1090	1120	1152	1160	1	16.6	62	70	1
1160	1166	1160	1164	1	16.6	0	4	0
1160	1166	1164	1166	1	19.1	4	6	0
1166	1200	1166	1176	1	19.1	0	10	0
1166	1200	1176	1188	1	19.2	10	22	0
1166	1200	1188	1197	1	18.7	22	31	0
1166	1200	1197	1200	1	18.7	31	34	0

Die ursprünglichen Episoden sind noch dadurch identifizierbar, dass die Variablen start und ende jeweils über die Subepisoden konstant bleiben. Die aktualisierten Start- und Endzeitpunkte, gemessen in Jahrhundertmonaten, werden durch die Variablen startm und endem abgebildet. Stata rechnet das Modell später zwar auf Basis der *Prozesszeit*information _t0 und _t, allerdings wird die in den Jahrhundertmonaten enthaltene *Kalenderzeit*information unbedingt benötigt, um die Variable `alo` hinzuzufügen (Arbeitslosenquote in %). Daher ist es ratsam, die Jahrhundertmonate immer solange beizubehalten, wie man mit der Datenorganisation beschäftigt ist. Auf die Prozesszeitebene wechselt man erst kurz vor der Modellschätzung. Hier erst erfolgt die Definition der Variable `dur_process`, die gebildet wird durch `endem - start`. Erst durch den `stset` Befehl erfährt `Stata`, dass es sich um Episodendaten handelt, die ereignisanalytisch ausgewertet werden sollen. Dieser Befehl erzeugt auch die Variablen `_t0`, `_t` und `_d`. Letztere zeigt an, ob am Ende der Episode ein Ereignis oder eine Zensierung vorliegt.

Die Schätzung des in Tabelle 10 gezeigten Modells erfolgt mit dem `streg` Befehl. Weil der Datensatz durch `stset` bereits als Episodendatensatz definiert ist und damit die relevanten Informationen vorliegen, nämlich die Prozesszeit und der Zielzustandsindikator, muss keine abhängige Variable mehr angegeben werden. Mit der Option `dist(exp)` ist `Stata` aber mitzuteilen, dass aus der Kategorie der parametrischen Ratenmodelle das Exponentialmodell gewählt wird, welches eine zeitkonstante Rate annimmt.

```
streg lfx_n mps frau kind_u3 frauXkindu3 studium ///
oeffdi41  vollzeit ko2 ko3  alo die_ant, dist(exp)
```

In Tabelle 10 ist zu sehen, dass sowohl die Berufserfahrung als auch das Prestigeniveau des Ausgangsjobs negative Effekte auf die Aufstiegsrate aufweisen. Gegenüber Lehrabsolventen haben Hochschulabsolventen eine erhöhte Aufstiegsrate, während die Rate im öffentlichen Dienst um den Faktor 0,638 geringer ist als in der Privatwirtschaft. Auch Vollzeitbeschäftigte haben geringere Aufstiegsraten, was möglicherweise daran liegt, dass die Mobilität auf Teilzeitpositionen insgesamt erhöht ist. Die Abschlusskohorten 1990 und 1995 weisen geringere Aufstiegsraten auf als die Kohorte 1985. Schließlich ergibt sich aus den zeitveränderlichen Kontexteffekten der Arbeitslosenquote und der Tertiarisierung (d.h. % Beschäftigte im Dienstleistungssektor), dass eine hohe Arbeitslosigkeit die Aufstiegsrate reduziert und eine hohe Tertiarisierung die Aufstiegsrate erhöht. Nimmt beispielsweise der Anteil der im tertiären Sektor Beschäftigten um einen Prozentpunkt zu, steigt die Aufstiegsrate um den Faktor 1,094, bzw. um 9,4%.

Tabelle 10: Berufliche Aufstiege im ostdeutschen Transformationsprozess, Exponentialmodell mit zeitveränderlichen Kovariaten, Hazard Ratios

Berufserfahrung (Mon.)	0.982^{***}
Prestige (Wegener)	0.961^{***}
Frau (=1)	1.006
Kind u. 3	0.918
Frau * Kind u. 3	0.951
Studium (=1)	2.486^{***}
öffentl. Dienst	0.638^{*}
vollzeit	0.650^{*}
Abschlusskohorte 1990	0.348^{***}
Abschlusskohorte 1995	0.239^{***}
Arbeitslosenquote	0.918^{+}
Tertiarisierung	1.094^{**}
Observations	8961

Exponentiated coefficients
$^{+}p < .1,$ $^{*}p < .05,$ $^{**}p < .01,$ $^{***}p < .001$

6.5 Modelle mit stückweise konstanter Rate (PCE)

Bisher haben wir relativ ausführlich das Exponentialmodell beschrieben, das eine im Zeitverlauf konstante Übergangsrate annimmt. Das Verfahren des Episodensplittings ermöglicht es, die Effekte zeitveränderlicher Kovariaten zu modellieren, so dass mögliche Zeitabhängigkeiten der Übergangsrate direkt durch manifeste Variablen – nämlich durch Veränderung der erklärenden Variablen über die Zeit – abgebildet werden. Führen wir eine Vielzahl von zeitveränderlichen Kovariaten in das Modell ein und können diese Kovariaten die Übergangsrate gut erklären, kann es durchaus sein, dass unter Kontrolle dieser zeitveränderlichen Kovariaten das Exponentialmodell den Prozess angemessen beschreibt. Dies muss aber nicht so sein und ist auch nicht die Regel. Es stellt sich die Frage, wie man am sinnvollsten mögliche Zeitveränderlichkeiten der Übergangsrate abbildet, ohne Gefahr zu laufen, das Modell falsch zu spezifizieren und einen Ratenverlauf anzunehmen, der nicht zu den empirischen Daten passt. Eine sehr flexible und in der Anwendung relativ sichere Variante ist das sogenannte *Piecewise-Constant-Exponential-Modell* (PCE), das auch als *Modell mit stückweise konstanter Rate* bezeichnet wird. Im Prinzip stellt dieses Modell ebenfalls eine Anwendung des Episodensplittings dar, mit der Besonderheit, dass das Episodensplitting nun in der *Prozesszeit*dimension erfolgt.

Dabei wird folgendermaßen vorgegangen: Die Prozesszeitachse wird entweder nach substantiellen Überlegungen oder auch relativ willkürlich in Zeitintervalle untergliedert. Man kann in Lebensverlaufsanalysen, wie etwa der Wiederbeschäftigung nach Arbeitslosigkeit, die Zeitachse z.B. alle drei Monate splitten. Aufgrund dieser gesplitteten Daten werden nun Dummy-Variablen in das Modell eingeführt, die das jeweilige Prozesszeitintervall identifizieren. Unterdrückt man bei der Modellschätzung die Regressionskonstante, dann kann man für jedes Prozesszeitintervall die Übergangsrate (unter der Bedingung der Kontrolle der jeweiligen Kovariaten) schätzen. Weil man aber Zeitintervalle gebildet hat und die Übergangsrate nur zwischen den Intervallen, nicht jedoch innerhalb der Intervalle, variieren kann, wird die Zeitveränderlichkeit der Übergangsrate durch eine Treppenfunktion abgebildet. Dies entspricht der Art der Kontrolle der Zeitveränderlichkeit, die wir bereits aus dem diskreten logistischen Ratenmodell kennen. Allerdings wurde das Piecewise-Constant-Exponential-Modell für stetige Zeitmessungen entwickelt.

Die Ergebnisse des PCE-Modells sind analog zu denen des Exponentialmodells zu interpretieren. Der Unterschied besteht nur darin, dass das Modell nicht nur eine Konstante aufweist, sondern ebenso viele Konstanten wie Zeitintervalle, also l Konstanten bei l Intervallen:

$$r(t) = \exp(\beta_0^l + \mathbf{x'}\boldsymbol{\beta})$$

Diese intervallspezifischen Konstanten müssen bei Maximierung der Log-Likelihood berücksichtigt werden. Die Rate r wird hier nicht unter der Bedingung einer sich stetig verändernden Prozesszeit betrachtet, sondern nur spezifisch für jedes der l Prozesszeitintervalle, die jeweils eigene Startzeitpunkte s aufweisen und den aktuellen Beobachtungszeitpunkt t enthalten (Blossfeld und Rohwer 1995, S. 111). Die Rate hängt damit nicht von der Differenz zwischen den unterschiedlichen Prozesszeitpunkten ab, sondern von der Differenz Δ zwischen den Intervallen $[s_i, t_i, l]$, was zu folgender Schreibweise der Log-Likelihood führt:

$$\ln[L(r \mid \Delta[s_i, t_i, l], X, i \in S] =$$
$$\sum_{i \in E} [\beta_{0,l[t_i]} + \beta_1 x_1 + \ldots + \beta_k x_k] +$$
$$\sum_{i \in S} \left[-\exp(\beta_{0,l[t_i]} + \beta_1 x_1 + \ldots + \beta_k x_k) \bullet \Delta[s_i, t_i, l] \right]$$

Man ersetzt also den Term t (vgl. Kapitel 6.3) durch $\Delta[s_i, t_i, l]$ und berechnet intervallspezifische Konstanten $\beta_{0,l[ti]}$. Die Rate ist nun $r|\Delta[s_i, t_i, l]$. Wir schätzen nun

zwei unterschiedliche PCE-Modelle sowie ein Exponentialmodell zum Vergleich
der Resultate hinsichtlich der Zeitabhängigkeit der Rate.

```
use $pfad/exp1.dta, clear
stset dur_process, failure(status_diff==1) id(idn)
streg lfx mps frau studium ko2 ko3 , dist(exp)
stpiece lfx mps frau studium ko2 ko3, tp(0(12)48)
stpiece lfx mps frau  ko2 ko3, tp(0(12)48) tv(studium)
```

In der Syntax wird das PCE-Modell durch den Befehl stpiece aufgerufen, der
zuvor mit findit stpiece gesucht und installiert werden muss. Die Zeitintervalle werden durch tp(0(12)48) definiert und tv(studium) gibt im zweiten
Modell an, welche Variable ihre Einflussstärke über die Zeit hinweg ändern
kann. Dies führt zu folgendem Ergebnis: Tabelle 11 zeigt wieder Modelle für
berufliche Aufstiege. Ignorieren wir zunächst die beiden Cox-Modelle in den
Spalten 1 und 2 (vgl. dazu unten). Im Exponentialmodell (*Exp*) in Spalte 3 sehen
wir keine Effekte der Kohorten, dafür die gewohnten negativen Effekte der Berufserfahrung und des Prestiges des Ausgangsjobs sowie den deutlichen positiven Effekt für Hochschulabsolventen.

Verglichen mit dem PCE-Modell in Spalte 4 sind die Effekte des Modells
Exp nahezu identisch, wenngleich sich im PCE-Modell eine leichte Zeitabhängigkeit – im Sinne eines Rückgangs der Rate über die Zeit – andeutet. Trotz
dieser Zeitabhängigkeit ist das PCE-Modell in Spalte 4 aber ein *proportional
hazards model*, was bedeutet, dass die Effekte der unabhängigen Variablen über
die gesamte Zeitachse hinweg konstant bleiben: unabhängig von der Baseline-
Hazard (d.h. der intervallspezifischen Regressionskonstanten) erhöhen oder
senken die erklärenden Variablen die Rate immer um denselben Faktor. In Spalte
5 ist das anders (*PCE tv()*): Hier wurden periodenspezifische Effekte für den
Prädiktor studium modelliert, wodurch das Modell *kein* proportional hazard
model mehr ist. Die Unterschiede in den Raten zwischen Lehr- und Hochschulabsolventen sind nicht zu jedem Zeitpunkt gleich, wenn der Effekt von studium
über die Zeit variiert. Wieder bleiben in diesem Modell die Effekte der Berufserfahrung und des Prestiges unverändert. Man sieht aber, dass Hochschulabsolventen vor allem in den ersten beiden Berufsjahren erhöhte Aufstiegsraten haben, im
dritten Jahr ist der Effekt nur noch auf dem 10%-Niveau signifikant. Auch im
Betrag nimmt der Koeffizient deutlich ab, was bedeutet, dass der Einfluss der
Variable Studium über die Zeit an Relevanz verliert. Somit kann das PCE-
Modell in der Variante tv() die Einflüsse einer erklärenden Variablen intervall-
spezifisch schätzen.

Tabelle 11: Berufliche Aufstiege im ostdeutschen Transformationsprozess, Cox-
Modelle, Exponentialmodell und PCE-Modelle, Hazard Ratios

	1 Cox	2 Cox (tvc())	3 Exp	4 PCE	5 PCE (tv())
Berufserfahrung	0.992***	0.992**	0.993**	0.992***	0.992**
Prestige (Wegener)	0.962***	0.962***	0.961***	0.962***	0.962***
Frau (=1)	1.115	1.112	1.120	1.114	1.111
Studium (=1)	2.081***	4.861***	2.072***	2.079***	-
Abschlusskohorte 1990	0.857	0.875	0.923	0.867	0.890
Abschlusskohorte 1995	0.862	0.872	0.982	0.855	0.871
tp1 0-12				0.054***	0.045***
tp2 12-24				0.044***	0.040***
tp3 24-36				0.041***	0.044***
tp4 36-48				0.037***	0.039***
tp5 48+				0.034***	0.045***
tp1*Studium (=1)					2.923***
tp2*Studium (=1)					2.424***
tp3*Studium (=1)					1.740+
tp4*Studium (=1)					1.781
tp5*Studium (=1)					1.085
tvc Studium (=1)		0.741**			
Observations	2506	2506	2506	7158	7158

Exponentiated coefficients
$^+ p < .1,$ $^* p < .05,$ $^{**} p < .01,$ $^{***} p < .001$

Wir kommen darauf sowohl beim Cox-Modell als auch bei den parametrischen
Modellen noch zurück. Deutlich wird bei einem Vergleich der Modelle PCE und
Cox aber bereits jetzt, dass das flexible PCE Modell nahezu identische Schät-
zungen liefert, wie das ebenfalls flexible Cox Modell.

6.6 Cox-Regression

Ein sehr beliebtes und flexibles Modell der Ereignisanalyse stellt die *Cox-
Regression* dar. Dieses Modell kann zeitveränderliche Übergangsraten abbilden,
ohne dabei eine *a priori* definierte Form der Zeitabhängigkeit anzunehmen. Dabei wird keine Baseline-Hazard, also keine Regressionskonstante, spezifiziert,
sondern es werden nur die Risk Ratios (auch als ‚relative Risiken' bezeichnet)
der Kovariaten modelliert.

Im Gegensatz zu den bisher dargestellten Modellen der Ereignisanalyse basiert die Cox-Regression nicht auf einer vollständigen Log-Likelihood-Funktion, sondern nur auf einer sogenannten *Partial-Likelihood-Funktion*. Während bei der vollen Likelihood-Funktion jede einzelne Beobachtung eine unabhängige Information zur Likelihood beiträgt, resultiert die Partial-Likelihood aus Einzelbeiträgen nur jener Fälle, die tatsächlich ein Ereignis erleben. Das bedeutet aber keineswegs, dass die zensierten Fälle ignoriert werden. Die zensierten Fälle gehen für jede Episode, die zum jeweiligen Zeitpunkt t ein Ereignis erlebt, in das Risk-Set ein. Die Cox-Regression lässt sich folgendermaßen darstellen:

$$r(t) = h(t) \bullet \exp(\mathbf{x'\beta})$$

Man schätzt durch $\exp(\mathbf{x'\beta})$ Hazard Ratios. Dabei wird die sogenannte Baseline-Hazardrate $h(t)$, die im PCE-Modell durch die periodenspezifischen Konstanten $\beta_{0,1[ti]}$ abgebildet wird, im Cox-Modell nicht geschätzt. Man kann sagen, dass beim Cox-Modell die Wahrscheinlichkeit geschätzt wird, dass es gerade das jeweilige Individuum i ist, das zum Zeitpunkt t ein Ereignis erlebt (vgl. unten). Die Cox-Regression basiert allerdings auf der Annahme, dass alle Beobachtungen ihre Ereignisse zu unterschiedlichen Zeitpunkten (in der Prozesszeit) erleben und keine sogenannten *ties* vorliegen. Ein *tie* (Verbindung) liegt vor, wenn zwei Episoden dieselbe Verweildauer aufweisen und sie darum nicht in einer Reihenfolge der Ereigniszeiten angeordnet werden können. Für die Schätzung der Koeffizienten durch das Partial-Likelihood-Verfahren ist letztlich der genaue Zeitpunkt des Ereignisses nicht relevant, sondern es geht nur um die Reihenfolge der Beobachtungen gemäß den Ereigniszeiten. Das ist gemeint, wenn die Cox-Regression als *semi-parametrisches* Modell bezeichnet wird.

Für die Modellschätzungen werden alle Episoden der Ereignismenge zunächst im Datensatz nach ihrer Verweildauer sortiert. Dies ist anhand eines kleinen, fiktiven Beispiels in Tabelle 12 dargestellt (Box-Steffensmeier und Jones 2007, S. 53). Anhand dieser Tabelle, in Kombination mit der Formel für die Partial-Likelihood, lässt sich das Verfahren der Cox-Regression am besten veranschaulichen. Nicht jede Beobachtung leistet einen Beitrag zur Partial-Likelihood, sondern nur Beobachtungen, die mit einem Ereignis enden. In Tabelle 12 leistet also die Beobachtung mit der ID-Nummer 5 keinen eigenständigen Beitrag zur Partial-Likelihood-Funktion. Sie wird aber dennoch berücksichtigt, indem sie in das Risk-Set der ID-Nummer 1 eingeht. Die ID-Nummer 1 erlebt ein Ereignis (des=1) nach drei Monaten. Während dieser drei Monate waren auch alle anderen Fälle dem Risiko ausgesetzt, einschließlich des zensierten Falles 5. Der Unterschied besteht darin, dass der Fall 5 nach drei Monaten nicht mit einem Ereignis, sondern mit einer Zensierung endet. Dennoch geht er, wie die Formel zur Berechnung von P1 zeigt (siehe unten), in das Risk-Set mit ein. Die Wahrscheinlichkeit zum Zeitpunkt 1 ein Ereignis zu erleben, lässt sich ähnlich abbilden wie in der multinomialen logistischen Regression (vgl. Kapitel 9).

Tabelle 12: Beispieldatensatz für die Cox-Regression

ID	t	x	des
1	3	13	1
2	5	10	1
3	9	9	1
4	17	8	1
5	3	10	0

x=Bildungsjahre

Betrachtet man die Formel für die Einzelbeiträge zur Partial-Likelihood, dann wird deutlich, dass jeder Einzelbeitrag die Wahrscheinlichkeit darstellt, dass es gerade Person i ist, die zum jeweiligen Zeitpunkt ein Ereignis erlebt. Der Datensatz ist sortiert nach den Dauern bis zum Ereigniseintritt: Im Zähler eines jeden Einzelbeitrages steht $\exp(\beta`x)$ immer für jene Person, für die gerade zu $t$ ein Ereignis festgestellt wird. Im Nenner steht das für jeden Einzelbeitrag spezifische Risk-Set, also die Summe aller $\exp(\beta`x)$ für alle jene Fälle, die zum Zeitpunkt t des Ereignisses von Fall i noch kein Ereignis erlebt haben – und daher noch *at risk* sind.

$$L^p(\beta) = \prod_{i \in E} \frac{\exp(\mathbf{x}_i(t_i)\beta)}{\sum_{l \in R(t_i)} \exp(\mathbf{x}_i(t_i)\beta)} = P_1 \bullet P_2 \bullet P_3 \bullet P_4$$

Beginnen wir den Versuch, die Logik der Partial-Likelihood nachzuvollziehen, „von hinten". Betrachten wir die Wahrscheinlichkeit P_4 für den Fall mit der ID-Nr. 4, ein Ereignis zu erleben. Fall 4 weist ein Ereignis nach t=17 Monaten auf. Zu diesem Zeitpunkt des Warteprozesses befindet sich kein Fall mehr im Risk-Set, auch der zensierte Fall mit der ID-Nr. 5 ist bereits ausgetreten. Nach der obigen Formel für die Partial-Likelihood wäre der Beitrag der ID-Nr. 4:

$$P_4 = \frac{\exp(\mathbf{x}_4(t_{4(t=17)})\beta)}{\exp(\mathbf{x}_4(t_{4(t=17)})\beta)} = 1$$

Der Beitrag zur Likelihood wäre damit neutral, er beeinflusst die Partial-Likelihood nicht (logarithmieren wir die Beiträge, wäre der Beitrag zur Summe der Log-Likelihood gleich Null). Dies liegt daran, dass kein Fall mehr existiert, der das Risk-Set im Nenner über die Person ID-Nr. 4 hinaus erweitern könnte. Aber die ID-Nr. 4 trägt zu den Risk-Sets aller anderen Fälle bei, die ihre Ereignisse vorher erlebten.

Anders sieht das bei der ID-Nr. 3 aus, für die wir den Wert P_3 berechnen: sie erlebt zum Zeitpunkt t=9 ein Ereignis, aber zu diesem Zeitpunkt ist auch noch ID-Nr. 4 Teil des Risk-Sets, weil sie noch kein Ereignis erlebt hat. ID-Nr. 5 gehört dem Risk-Set zu t=9 hingegen nicht mehr an, weil sie zu t=3 mit einer Rechtszensierung ausgeschieden ist. Der Beitrag zur Partial-Likelihood ist damit:

$$P_3 = \frac{r(9 \mid x_3)}{r(9 \mid x_3) + r(9 \mid x_4)} = \frac{\exp(x_3\beta)}{\exp(x_3\beta) + \exp(x_4\beta)}$$

Der nächst frühere Zeitpunkt, an dem ein Ereignis eintritt, ist der Zeitpunkt t=5 Monate bei der ID 2. Daher steht nun im Zähler $r(5|x_2)$. Hier wird die Rate berechnet, nach fünf Monaten ein Ereignis zu erleben, und zwar im Zähler unter der Bedingung der spezifischen Kovariatenwerte der Person 2. Im Nenner steht die Rate, nach fünf Monaten ein Ereignis zu erleben, für alle diejenigen, die nach fünf Monaten noch dem Ereignisrisiko ausgesetzt sind – jeweils mit *deren* spezifischen Kovariatenkonstellationen. Dies sind nur noch drei Personen, da die Personen mit der ID-Nummer 1 und mit der ID-Nummer 5 nicht mehr dem Risk-Set angehören. Sie sind bereits nach drei Monaten entweder durch ein Ereignis (ID 1) oder durch eine Zensierung (ID 5) aus dem Risk-Set gefallen. Im Nenner zu P_2 stehen also noch die Raten der Personen 2 (t=5), 3 (t=9) und 4 (t=17).

$$P_2 = \frac{r(5 \mid x_2)}{r(5 \mid x_2) + r(5 \mid x_3) + r(5 \mid x_4)}$$

Für den ersten beobachteten Ereigniszeitpunkt steht im Zähler $\exp(\beta'x)$ für jene Person mit der ID 1, die zum ersten Zeitpunkt ein Ereignis erlebt, also nach drei Monaten (P_1). Die Aussage, dass die Partial-Likelihood im Prinzip die Wahrscheinlichkeit darstellt, dass es jeweils Person i ist, die zum aktuellen Zeitpunkt t ein Ereignis erlebt, ergibt sich aus dieser Logik: Im Nenner steht jeweils $\exp(\beta'x)$ für alle Personen, die zu dem Zeitpunkt, an dem die betreffende Person ihr Ereignis erlebt, auch noch dem Risiko eines Ereignisses ausgesetzt sind. In Fall P_1 sind das alle fünf Personen, auch die Person mit der ID 5, da sie ja zum Zeitpunkt des Ereignisses von ID 1 noch kein Ereignis erlebt hat, sondern trotz ihrer Zensierung zu t=3 noch dem Risiko eines Ereignisses ausgesetzt war. Zum ersten Zeitpunkt t=3 ist das Risk-Set noch recht umfangreich:

$$P_1 = \frac{r(3 \mid x_1)}{r(3 \mid x_1) + r(3 \mid x_2) + r(3 \mid x_3) + r(3 \mid x_4) + r(3 \mid x_5)}$$

Bei der Partial-Likelihood-Schätzung wird nun für jeden Zeitpunkt, an dem ein Ereignis eintritt, in der eben beschriebenen Weise der Wahrscheinlichkeitsbeitrag einer jeden Person, deren Episode mit einem Ereignis endet, berechnet und nach der Formel für die Partial-Likelihood als Produkt aufkumuliert. Dieses Kettenprodukt läuft über alle Personen des Datensatzes, die ihre Episoden mit einem Ereignis beenden (i ∈ E, d.h. Ereignismenge), während die rechtszensierten Fälle bis zum Zensierungszeitpunkt im Risk-Set verbleiben und damit im Nenner des Ausdrucks berücksichtigt werden. Bei der Partial-Likelihood-Schätzung werden nun wieder unter Kenntnis der jeweiligen Werte für *x* der erklärenden Variablen iterativ Werte für die Beta-Koeffizienten eingesetzt, solange, bis die Partial-Likelihood-Funktion ihr Maximum erreicht. In der Praxis wird auch hier wieder eine *Log-Likelihood* verwendet. Die Cox-Regression schätzen wir mit den folgenden Befehlen:

```
use $pfad/exp1.dta, clear
stset dur_process , failure(status_diff==1) id(idn)
stcox lfx mps frau studium ko2 ko3
stcox lfx mps frau studium ko2 ko3, tvc(studium) ///
texp(ln(_t))
centile dur_process  if e(sample), centile(50) /*Median*/
disp ln(r(c_1)) /*3.2188758*/

stcox lfx mps frau studium ko2 ko3, tvc(studium) ///
texp(ln(_t)-3.2188758)
```

Erklärungsbedürftig ist dabei die Optionen in der zweiten `stcox` Schätzung: `Stata` wird durch die `tvc()`Option mitgeteilt, dass die erklärende Variable `studium` ihre Einflussstärke über die Zeit ändern kann. Technisch geschieht dies durch eine Interaktion von `studium` mit der logarithmierten Prozesszeit, allerdings werden hier auch manchmal alternative Transformationen der Prozesszeit verwendet. Die Art der Messung der Prozesszeit wird durch die Option `texp()` angegeben. Beispielsweise kann die logarithmierte Prozesszeit `ln(_t)` auch um den logarithmierten Median der Prozesszeit zentriert werden (Blossfeld et al. 2007).

Die Ergebnisse der beiden Cox-Regressionen (nicht-proportional mit
`texp(ln(_t))`) sind in Tabelle 11 (S. 145) dargestellt. Ein Vergleich des Cox-
Modells in Spalte 1 (*Cox*) mit dem Exponentialmodell in Spalte 3 (*Exp*) zeigt,
dass beide Modelle im Wesentlichen dasselbe Ergebnis liefern. In Spalte 2 sehen
wir eine nicht-proportionale Cox-Regression, bei der der Effekt der erklärenden
Variable `studium` als „zeitveränderliche" Kovariate modelliert wurde (`tvc` =
time varying covariate). Wichtig ist hier der Hinweis auf die unterschiedliche
Bedeutung des Begriffs „zeitveränderlich" im Vergleich zu den zeitveränderlichen Kovariaten, die wir über das Verfahren des Episodensplittings kennengelernt haben: Während beim Episodensplitting die *erklärenden Variablen* ihre
Werte im Zeitverlauf ändern, meint „zeitveränderlich" beim Cox-Modell, dass
die *Effektstärken* der erklärenden Variablen über die Dauer des beobachteten
Prozesses hinweg variieren. Genau dies wird uns weiter unten bei der Darstellung und Diskussion der parametrischen Modelle unter dem Begriff des *Formparameters* wieder begegnen. Immerhin ergibt sich aus dem Cox-Modell (*Cox
(tvc()*)) in Spalte 2 ein ähnliches Szenario, wie im PCE-Modell mit periodenspezifischen Effekten in Spalte 5 (Tabelle 11, S. 145): Der Effekt von 0,741 der
Variable „tvc Studium (=1)" ist kleiner als 1, folglich reduziert sich der Effekt
der Variable `studium` über die Zeit. Mit anderen Worten: Der Effekt dieser
Variable ist unmittelbar zu Beginn des Prozesses positiv und erhöht die Aufstiegsrate um den Faktor 4,861, der Effekt wird aber mit jedem Monat um den
Faktor 0,741 kleiner.

Übrigens: Es spricht nichts dagegen, das Episodensplitting als „echte" Methode der Einbeziehung zeitveränderlicher Kovariaten auch im Cox-Modell anzuwenden (Blossfeld und Rohwer 1995, S. 222).

Aus der Logik der Partial-Likelihood sollte deutlich geworden sein, dass für
die Modellschätzung der Cox-Regression der genaue Zeitpunkt des Ereignisses
faktisch irrelevant ist. Es werden nur die *Reihenfolgen* der Beobachtungen gemäß der Ereigniszeiten berücksichtigt und dadurch das Risk-Set immer für jeden
Fall neu berechnet. Die Episoden der Ereignismenge (i ∈ E) werden zunächst
sortiert nach der Verweildauer. Nur Beobachtungen, die mit einem Ereignis
enden, leisten einen unabhängigen Beitrag, d.h. es gibt keinen eigenständigen
Beitrag von ID-Nr. 5. Sie geht aber zu jedem Zeitpunkt, den sie ohne Ereignis
noch erlebt, ins Risk-Set ein.

In dem einfachen Beispiel in Tabelle 12 ließen sich die Ereigniszeiten unserer Fälle problemlos in eine Reihenfolge bringen, denn alle Beobachtungen erleben ihre Ereignisse zu unterschiedlichen Zeitpunkten. Wäre der Datensatz aber
realistischerweise größer, wüchse auch die Wahrscheinlichkeit, dass ein oder
mehrere Fälle ihr Ereignis zum selben Zeitpunkt, z.B. nach 9 Monaten, erleben.
Solche Fälle werden als *ties* (Verbindungen) bezeichnet. Eine eindeutige Reihen-

folge ist nun nicht mehr möglich. Zwei Fälle mit demselben Ereigniszeitpunkt müssten dann für sich wechselseitig jeweils Teil des Risk-Sets sein. Der Beitrag zur Likelihood, gegeben das jeweilige Risk-Set, kann nicht eindeutig berechnet werden. Daher sind Korrekturmethoden erforderlich, z.B. jene von Breslow (Cleves et al. 2008, S. 151; Box-Steffensmeier und Jones 2007, S. 55).

Nehmen wir an, die Ereigniszeitpunkte von Fall 2 und Fall 3 wären verknüpft. Beide Fälle sind jeweils wechselseitig im Risk-Set. Bei der Korrekturmethode von Breslow werden für jeden der beiden Fälle beide Raten multipliziert und das Resultat anschließend mit 2 multipliziert. Der Term $P_{23}+P_{32}$ ist nun der *gemeinsame* Beitrag zur Partial-Likelihood – sie leisten somit also *keine separaten* Beiträge.

$$P_{23} = \frac{r_2}{r_2 + r_3 + r_4} \bullet \frac{r_3}{r_2 + r_3 + r_4} = \frac{r_2 r_3}{(r_2 + r_3 + r_4)^2}$$

$$P_{32} = \frac{r_3}{r_2 + r_3 + r_4} \bullet \frac{r_2}{r_2 + r_3 + r_4} = \frac{r_2 r_3}{(r_2 + r_3 + r_4)^2}$$

$$P_{23} + P_{32} = 2 \bullet \frac{r_2 r_3}{(r_2 + r_3 + r_4)^2}$$

Eine weitere Besonderheit der Cox-Regression besteht darin, dass sie keine Konstante hat. Aus der Cox-Regression können somit keine Vorhersagen der abhängigen Variablen, wie man es von der Regression eigentlich gewohnt ist, abgeleitet werden. Formal hat das Cox-Modell folgende Form (vgl. oben):

$$r(t) = \exp(\ln(h(t)) + \mathbf{x'\beta}) = h(t) \bullet \exp(\mathbf{x'\beta})$$

Die Baseline-Hazard-Funktion *h(t)* wird im Cox-Modell nicht berechnet. Die Konstante kann aber approximiert werden. Dafür existieren unterschiedliche Vorgehensweisen (Blossfeld und Rohwer 1995, S. 231). Es können sowohl die kumulative Hazardfunktion als auch die Survivorfunktion jener Teilpopulation, in der alle Kovariaten den Wert Null aufweisen, vorhergesagt werden (Cleves et al. 2008, S. 138), wodurch allgemeine Vorhersagen der Raten und der Survivorfunktion in Abhängigkeit von der jeweiligen Kovariatenkonstellation möglich sind. In Stata geschieht dies durch die Optionen basehc und basesurv, die zwei neue Variablen generieren (hier als r_t und G_t bezeichnet):

```
use $pfad/exp1.dta, clear
stset dur_process , failure(status_diff==1) id(idn)
stcox lfx mps frau studium ko2 ko3, ///
basehc(r_t) basesurv(G_t)
```

Schätzen wir ein Cox-Modell ohne Kovariaten, dann berechnet basesurv den Kaplan-Meier-Schätzer und basehc den kumulativen Nelson-Aalen-Schätzer für die Baseline-Übergangsrate (dazu Cleves et al. 2008, S. 139). Sind die kumulierte Baseline-Übergangsrate und die Baseline-Survivorfunktion berechnet, kann mit dem stcurve Befehl die Form der Rate visualisiert werden, es können aber auch aus dem Cox-Regressionsmodell konditionale Survivorfunktionen dargestellt werden. Hilfreich ist dies im Cox-Modell, weil man in der Regel an der empirisch offenen Verlaufsform der Rate über die Zeit interessiert ist. Selbstverständlich ist der stcurve Befehl nicht auf die Verwendung im Anschluss an stcox beschränkt. In allen anderen Modellen, in denen die Konstante bzw. die Baseline-Hazardfunktion direkt spezifiziert wird, ist ihre Approximation auch nicht erforderlich. Bei komplexeren parametrischen Modellen, etwa beim generalisierten Gamma-Modell (Cox et al. 2007), das nur in der AFT-Metrik geschätzt werden kann (siehe unten), ist stcurve hilfreich bei der Erstellung konditionaler Effektplots.

Im Folgenden nutzen wir den stcurve Befehl im Anschluss an stcox für die Vorhersage der Rate und der Survivorfunktion beruflicher Aufstiege von Lehr- und Hochschulabsolventen auf Basis des geschätzten Modells:

```
stcurve, survival at(studium=0) at(studium=1)
stcurve, hazard at(studium=0) at(studium=1)
```

Abbildung 24: Hazardrate und Survivorfunktion für berufliche Aufstiege

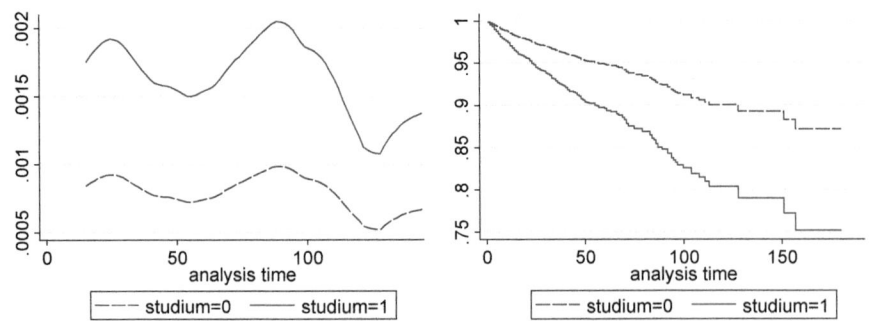

Bei der Darstellung werden für die Variable studium die Werte Null und Eins eingesetzt und damit für diese Werte separate Funktionen geplottet. Alle anderen im Modell vorhandenen erklärenden Variablen werden in stcurve für diese Darstellung beim Mittelwert konstant gehalten. Gäbe man mit at() keine Werte vor, dann würde man auch nur eine Funktion erhalten, die Beobachtungen mit mittleren Werten bei allen erklärenden Variablen repräsentiert.

Ein weiteres Problem der Cox-Regression besteht darin, dass sie sensitiv auf eine Verletzung der Proportionalitätsannahme reagieren kann. Wie wir oben gesehen haben, basiert das Verfahren der Partial-Likelihood darauf, dass zu jedem Zeitpunkt, an dem ein Ereignis eintritt, ein Beitrag zur Partial-Likelihood-Funktion erzeugt wird. In jedem einzelnen Beitrag ist der Effekt der Kovariaten enthalten (vgl. Tabelle 12, S. 147). Das Modell nimmt an, dass der Effekt einer Kovariaten von Beitrag zu Beitrag (und damit von Zeitpunkt zu Zeitpunkt) konstant ist. Weil aber ebenso viele Zeitpunkte betrachtet werden wie Fälle mit Ereignis im Datensatz enthalten sind, gibt es gleichsam viele Gelegenheiten für zeitvariierende Kovariateneffekte. Zwar könnte man dasselbe Argument z.B. auch gegen das PCE-Modell einwenden, aber im PCE-Modell wird über die Zeitintervalle die Prozesszeitabhängigkeit deutlich gröber modelliert. Das einfache PCE-Modell basiert ebenfalls auf der Annahme der Proportionalität der Effekte über die Zeit, weshalb die Möglichkeit der Erweiterung um die Modellierung intervallspezifischer Effekte im PCE-Modell sehr wichtig ist.

Es gibt in Stata mehrere Möglichkeiten, die Proportionalitätsannahme zu prüfen. Ist die Annahme erfüllt, lässt sich der Effekt einer erklärenden Variablen als Hazard Ratio darstellen: Erhöht sich eine erklärende Variable um eine Einheit, erhöht sich die Übergangsrate um den Faktor $\exp(\beta)$, wenn $\beta > 0$. Der Hazard Ratio bleibt über den gesamten beobachteten Prozess konstant (Proportionalität). Betrachten wir eine erklärende Variable x_k mit zwei Werten x und x':

$$\frac{r(t)}{r_0(t)} = \frac{\exp(x_k\beta_k)}{\exp(x_k'\beta_k)} = \exp\{(x_k - x_k')\beta_k\}$$

Trifft die Proportionalitätsannahme zu, müsste auch das Verhältnis der logarithmierten Survivorfunktionen für die beiden Gruppen mit x und x' gleich dem Verhältnis der beiden Raten sein (Blossfeld und Rohwer 1995, S. 225):

$$\frac{\log(G(t \mid x_k))}{\log(G(t \mid x_k'))} = \exp\{(x_k - x_k')\beta_k\}$$

Umformen und Wechsel des Vorzeichens ergibt

$$-\log(G(t \mid x_k)) = -\log(G(t \mid x_k')) \bullet \exp\{(x_k - x_k')\beta_k\}$$

Die Logarithmierung beider Seiten führt zu:

$$\log[-\log(G(t \mid x_k))] = \log[-\log(G(t \mid x_k'))] \bullet \{(x_k - x_k')\beta_k\}$$

Bilden wir diese Werte über *log(t)* ab, müssten wir bei Proportionalität des Effektes zwei annähernd parallele Linien erhalten (Cleves et al. 2008, S. 204). Testen wir die Proportionalität für Hochschul- und Lehrabsolventen: Wir können eine Grafik in Stata generieren, wenn wir nach der Schätzung unseres letzten Cox-Modells (siehe oben) den Befehl stphplot, by(studium) eingeben. Wir sahen oben in Tabelle 11, dass im Modell *Cox(tvc)* der Effekt der Variable Studium über die Zeit signifikant kleiner wird. Auch in der Abbildung 25 deutet sich an, dass die beiden Linien zumindest nicht ganz parallel zueinander verlaufen, weshalb die Annahme der Proportionalität in diesem Fall zumindest kritisch zu sehen ist. Problematisch an diesem grafischen Diagnoseverfahren ist jedoch, dass wir keine klare Entscheidungsregel haben, aufgrund derer wir eine Grafik als akzeptabel oder kritisch beurteilen können. Wir hatten aber oben bereits ein nicht-proportionales Cox-Modell geschätzt, bei dem die Effektstärke von studium signifikant über die Zeit variierte.

Abbildung 25: Grafischer Test der Proportionalitätsannahme des Cox-Modells, Aufstiege von Hochschul- und Lehrabsolventen

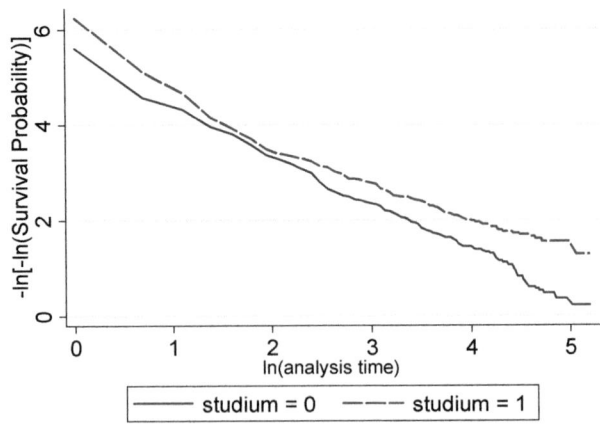

Mit der Schätzung *nicht-proportionaler* Cox-Modelle haben wir eine Diagnose und Therapie zugleich: Verändert eine erklärende Variable ihre Einflussstärke über die Zeit, dann ist für diese Variable die Annahme der Proportionalität verworfen; der Effekt wird aber bereits als nicht proportionale Einflussgröße geschätzt.

Sind die erklärenden Variablen, für die man einen Verstoß der Annahme der Proportionalität feststellt, kategorial, gibt es eine weitere attraktive Möglichkeit des Umgangs mit dem Problem der Nicht-Proportionalität, nämlich das *stratifizierte* Cox-Modell. Dabei wird der Datensatz nach den Kategorien der erklärenden Variable aufgeteilt und die Modellschätzung separat für jedes Subsample durchgeführt. Natürlich bedeutet die dadurch jeweils stark abnehmende Fallzahl einen enormen Effizienzverlust, und die einfache Aufteilung in kategorienspezifische Subsamples empfiehlt sich nur bei großen Datensätzen.

Bei kleineren Datensätzen besteht die Möglichkeit, durch Setzung von *constraints* die Schätzkoeffizienten über die Teildatensätze hinweg auf jeweils gemeinsame Werte zu fixieren (Allison 2009, S. 74). Dies ist über eine gemeinsame Partial-Likelihood-Schätzung möglich, bei der zum einen das Produkt der Einzelbeiträge zur Log-Likelihood innerhalb der Gruppen gebildet wird und diese Produkte dann wiederum über die Gruppen G aufmultipliziert werden (Blossfeld et al. 2007, S. 237). Im stratifizierten Cox-Modell mit *constraints* variiert also die unspezifizierte Baseline-Hazardrate zwischen den Gruppen. Weil diese Baseline zur Vorhersage der Rate benötigt wird (und daher für den Befehl `stcurve` extra über spezielle Verfahren approximiert werden muss, siehe oben), ist auch der Gesamtbetrag der Rate gruppenspezifisch:

$$r_g(t) = h_g \bullet \exp(\mathbf{x}_i(t_i)\boldsymbol{\beta})$$

In der Formel für die Partial-Likelihood des stratifizierten Cox-Modells sind die Subskripte wichtig: Bei dem inneren Produktzeichen ist jeder Fall i Teil der Ereignismenge E, d.h. nur unzensierte Fälle leisten einen Beitrag. Zu dem E gehört jedoch noch ein Subskript g, was bedeutet, dass die Multiplikation zunächst innerhalb der G Gruppen stattfindet, und anschließend über die G Gruppen multipliziert wird. Im Nenner der Formel für die Einzelbeiträge zur Partial-Likelihood steht unter dem Summenzeichen, dass i Element der Risikomenge R sein muss, und die Risikomenge wiederum wird gruppenspezifisch definiert. Demnach gehören nur jene Fälle zur jeweiligen Risikomenge, die derselben Gruppe g angehören, wie der jeweilige Fall mit dem Ereignis im Zähler.

$$L^p = \prod_{g \in G} \prod_{i \in E_g} \frac{\exp(\mathbf{x}_i(t_i)\boldsymbol{\beta})}{\displaystyle\sum_{i \in R_g(t_i)} \exp(\mathbf{x}_i(t_i)\boldsymbol{\beta})}$$

Der Nachteil eines stratifizierten Cox-Modells scheint auf den ersten Blick darin zu bestehen, dass man für jene erklärende Variable, die die Stratifizierung bestimmt, keinen Effekt schätzen kann. Wie in nahezu jedem Regressionsmodell werden im Cox-Modell die Effekte kategorialer erklärenden Variablen in Bezug auf eine Referenzkategorie interpretiert. Im Cox-Modell stellt die unspezifizierte Baseline-Hazardrate – also im Prinzip eine zeitveränderliche Regressionskonstante – die Referenzkategorie dar. Ist aber die Verteilungsform der Baseline-Hazardrate nicht über die Kategorien der kategorialen erklärenden Variablen identisch, kann auch kein relatives Risiko geschätzt werden. Man kann also keinen eindeutigen Effekt einer Stratifizierungsvariablen schätzen.

Schätzen wir unterschiedliche Varianten des Cox-Modells mit der folgenden Syntax und vergleichen die Koeffizienten:

```
use $pfad/exp1.dta, clear
stset dur_process , failure(status_diff==1)
stcox mps lfx frau  vollzeit ko2 ko3 /*Cox 1*/
stcox mps lfx frau  vollzeit ko2 ko3 studium /*Cox 2*/
/*stratifiziert*/
stcox mps lfx frau  vollzeit ko2 ko3, strata(studium)
/*nur Lehrabsolventen*/
stcox mps lfx frau  vollzeit ko2 ko3 if studium == 0
/*nur Hochschulabsolventen*/
stcox mps lfx frau  vollzeit ko2 ko3 if studium == 1
```

Tabelle 13: Varianten der Cox-Regression im Vergleich,

	Cox 1	Cox 2	Cox 3 Strata= Studium	Cox 4 nur Lehre	Cox 5 nur Hochschule
Prestige (Wegener)	0.968^{***}	0.961^{***}	0.961^{***}	0.952^{***}	0.960^{***}
Berufserfahrung	0.993^{**}	0.992^{***}	0.993^{**}	0.992^{*}	0.994^{+}
Frau (=1)	1.187	1.093	1.087	1.381^{*}	0.822
vollzeit	0.639^{**}	0.628^{**}	0.623^{**}	0.779	0.496^{**}
Abschlusskohorte 1990	0.867	0.862	0.893	0.895	0.769
Abschlusskohorte 1995	0.813	0.845	0.875	0.499^{**}	1.430
Studium (=1)		2.100^{***}			
Observations	2506	2506	2506	*1021*	*1485*

Exponentiated coefficients
$^{+} p < .1, ^{*} p < .05, ^{**} p < .01, ^{***} p < .001$

Wir sehen in den Modellen Cox 4 und Cox 5, dass die separaten Schätzungen tatsächlich mit einem Effizienzverlust einhergehen (N=1021, bzw. N=1485). So sind die Effekte der Berufserfahrung im Betrag zwar sehr ähnlich, aber in den Modellen Cox 4 und Cox 5 sind die Schätzungen weniger effizient.

6.7 Die Verbindung von Theorie und Daten durch parametrische Ratenmodelle

Die Schätzung eines parametrischen Modells der Ereignisanalyse impliziert, dass man den Verlauf (bzw. die Verteilung) der Rate über die Zeit nicht empirisch aus den Daten ermittelt, wie das beim Cox-Modell der Fall ist, sondern die Verlaufsform der Rate über die Zeit *a priori* festlegt. Wir hatten solch ein Modell bereits geschätzt und interpretiert, nämlich das Exponentialmodell. Dieses Modell basiert auf der Annahme, dass sich die Rate im Zeitverlauf nicht ändert. Wie wir anhand des PCE-Modells gesehen haben, kann diese Annahme restriktiv, manchmal sogar extrem unrealistisch sein. In der Regel variiert die Rate über die Zeit allein schon deshalb, weil wir es mit *unbeobachteter Heterogenität* zu tun haben, was bedeutet, dass wir in unserem Modell nicht alle auf die Rate einwirkenden Faktoren erfassen können. Warum dies so ist, werden wir weiter unten besprechen. Zunächst ist festzuhalten, dass die Rate in sehr unterschiedlicher Weise über die Zeit verteilt sein kann: Sie kann ab- oder zunehmen. Sie kann einer Glocken- oder Sichelform folgen. Darüber hinaus wären auch Badewannen- oder sogar Sinusformen denkbar. Die Form einer Badewanne, bei der die Rate zunächst hoch ist, steil abnimmt, relativ lange auf einem konstanten Niveau bleibt und am Ende wieder steil zunimmt, könnte die Mortalitätsraten in Entwicklungsländern abbilden, in denen die Kindersterblichkeit hoch ist und anschließend einem reinem Zufallsprozess folgt, wenn die Neugeborenen nach ca. einem Jahr aus dem Gröbsten raus sind. Mit dem Alter nimmt die Mortalitätsrate dann wieder steil zu.

Parametrische Modelle basieren auf mathematischen Funktionen, die in Abhängigkeit von bestimmten, empirisch zu schätzenden Parametern, den *Formparametern*, auf eine bestimmte Form festgelegt sind. Auf den ersten Blick mag uns diese Festlegung als lästige Inflexibilität erscheinen – warum soll man den Ratenverlauf a priori festlegen, wenn doch flexible Verfahren wie PCE-Modell oder Cox-Regression den Verlauf direkt aus den Daten heraus abbilden? Immerhin setzt man sich durch die *a priori* Festlegung der Verteilungsform der Rate über die Zeit dem Risiko aus, dass das Modell fehlspezifiziert und nicht an die Daten angepasst ist. Aber ganz so einfach ist der Sachverhalt nicht. Es kommt darauf an, ob man einem streng deduktiven erkenntnistheoretischen Ansatz folgt bzw. wie ernst man das Gebot des deduktiven, Hypothesen testenden Vorgehens bei der statistischen Analyse nimmt: Der eindeutige Vorteil der parametrischen Modelle erscheint im überhitzten Alltag der schnellen Datenanalyse womöglich als Nachteil. Aber der parametrische Ansatz zwingt uns immerhin, *vor* der Modellschätzung klare theoretische Überlegungen darüber anzustellen, welche relevanten Faktoren im Modell kontrolliert und welche wichtigen weiteren unbeobachteten Faktoren mit der Verteilung der Rate über die Zeit korreliert sind. Auf der Basis gründlicher theoretischer Vorüberlegungen wird man eine Hypothese z.b. über das Vorzeichen des Formparameters aufstellen, weil man eine bestimmte Erwartung über die Form des Ratenverlaufs hat. Auch diese a priori formulierte Hypothese wird dann mit dem parametrischen Modell getestet.

So kann das *Weibull-Modell* (vgl. unten) sowohl über die Zeit steigende als auch fallende Raten abbilden. Zudem enthält es als Sonderfall das *Exponentialmodell* (konstante Rate). Obwohl die Rate theoretisch allen möglichen Verteilungsformen über die Zeit folgen kann, verwendet man in der empirischen Forschung in der Regel nur eine begrenzte Menge an Modellen, die auch in der gängigen Statistiksoftware verfügbar sind. In Stata standardmäßig implementiert und über den streg Befehl abrufbar sind neben dem Exponentialmodell mathematische Funktionen bzw. Modelle sowohl für steigende und für fallende Raten (*Gompertz* und *Weibull*), Modelle für zunächst steigende und anschließend wieder fallende Raten (*Log-Logistisch* und *Log-Normal*), sowie das flexible *generalisierte Gamma-Modell*, welches auch U-förmige Verläufe abbilden kann. Im Vergleich zum Exponentialmodell beinhalten z.B. das Weibull- und das Log-Logistische Modell einen zusätzlichen Parameter, dessen Wert aus den Daten geschätzt wird. Dieser Parameter entscheidet über die Verteilungsform der Rate über die Zeit. Dagegen hat das flexible generalisierte Gamma-Modell sogar zwei Formparameter. In diesem Modell bestimmt die Kombination der geschätzten Werte beider Formparameter die Verteilungsform der Rate. Allerdings ist ein Modell umso sparsamer, je weniger Parameter es enthält. Wenn z.B. dass Exponentialmodell gegenüber dem Weibull-Modell (welches einen zusätzlich zu schätzenden Parameter enthält) nicht schlechter an die Daten angepasst ist, dann spricht das für eine Konstanz der Rate über die Zeit, und es sollte ein Exponentialmodell geschätzt werden. Bevor wir uns mit den parametrischen Modellen genauer beschäftigen, beginnen wir mit der Diagnostik, die uns Hinweise darauf liefert, welches Modell die jeweilige Datensituation am besten beschreibt. Dafür reicht es zunächst hin zu wissen, dass ein Modell bestimmte Verteilungsformen der Rate abbilden kann, andere hingegen nicht.

Schätzt man ein Modell, welches den empirischen Ratenverlauf *nicht* korrekt abbildet – was man anhand der geschätzten Parameter eines Modells nicht unbedingt erkennen kann –, sind verzerrte oder sogar gänzlich falsche Parameter nicht auszuschließen. Man benötigt darum Hinweise darauf, ob die Wahl einer bestimmten parametrischen Ratenfunktion bei gegebenen Daten eine Fehlspezifikation des Modells darstellt. Dabei reicht es nicht hin, im Rahmen einer Sterbetafelanalyse einfach die Rate über die Zeit graphisch darzustellen. Ob ein Modell fehlspezifiziert ist oder nicht, kann erst nach Einschluss aller zu dem Modell gehörigen Kovariaten entschieden werden.

Wie geht man vor, wenn man überprüfen möchte, ob das gewählte Modell zu den Daten passt? Nehmen wir an, es gäbe ähnlich der OLS-Regression auch in der Ereignisanalyse *Residuen*, also „Reste" der Varianz der abhängigen Variablen, die nicht durch das Modell erklärt werden können. Wenn die Zeitabhängigkeit der Rate durch das gewählte Modell korrekt spezifiziert ist, dürften diese Residuen keine systematische Verlaufsform über die Zeit mehr aufweisen. Denn mit einer korrekten Spezifikation der Ratenfunktion wäre die Zeitabhängigkeit aus dem Modell bereits „herausgerechnet". Die Residuen müssten dann dem Exponentialmodell folgen und damit keine Veränderungen über die Zeit aufweisen. Ob das der Fall ist, lässt sich anhand einer Kaplan-Meier-Survivorfunktion überprüfen, bei der nun nicht die Prozesszeit, sondern für jede Episode das sogenannte *Pseudoresiduum* als Verweildauer eingesetzt wird. Ein graphischer Vergleich der Verteilung der nach dem jeweiligen parametrischen Modell empirisch geschätzten Residuen mit einer Verteilung der Residuen, die bei Gültigkeit des Exponentialmodells zu erwarten wäre, kann zur Prüfung herangezogen werden. Dafür müssen die Werte entsprechend transformiert werden, wie unten gezeigt wird. Nun stellt sich die Frage, wie die Residuen für Modelle der Ereignisanalyse überhaupt berechnet werden können. Die abhängige Variable, nämlich die Übergangsrate, ist nicht direkt beobachtbar, sondern stellt ein mathematisches Konstrukt dar, so dass wir nicht einfach, wie beim linearen OLS-Modell, die Residuen als Differenz aus Vorhersage- und Beobachtungswert berechen können.

Möglich ist aber die Berechnung der *Pseudodresiduen*, die in der Variante von Cox & Snell (vgl. Hosmer et al. 2008, S. 268; Blossfeld et al. 2007, S. 219) einfach zu ermitteln sind und mit etwas Aufwand für die Diagnose der Modellanpassung verwendet werden können. Die Logik dieser Pseudoresiduen besteht darin, dass man für einen Fall auf Basis des spezifizierten Modells und der geschätzten Kovariaten die *kumulierte geschätzte Übergangsrate* einer Episode von s_i bis t_i berechnet, wobei s_i der Start- und t_i der Endzeitpunkt der Episode ist. Dabei wird die Rate durch ein Modell geschätzt, in dem sowohl die Zeitabhängigkeit z.B. durch ein Weibull-Modell als auch die zentralen erklärenden Variablen kontrolliert sind. Für das Individuum i ist das Residuum gleich dem Wert der kumulierten Übergangsrate vom Beginn der Episode bis zum Zeitpunkt t des Ereignisses. Wenn die Zeitabhängigkeit durch das gewählte Modell tatsächlich adäquat kontrolliert ist, müssten die Residuen nun unabhängig von der Prozesszeit sein und einem Exponentialmodell entsprechen. Unter der Bedingung der

Kovariaten $\mathbf{x}_i$ wird das Pseudoresiduum im Ein-Episodenfall für die Person i als konditionale kumulierte Rate $\hat{r}$ formal ausgedrückt durch:

$$\hat{e}_i = \int_{s_i}^{t_i} \hat{r}(\tau; \mathbf{x}_i) d\tau$$

Wir haben folgenden Zusammenhang zu Beginn dieses Kapitels kennengelernt: Die erste Ableitung des Logarithmus der Survivorfunktion entspricht der negativen Rate. Lösen wir die erste Ableitung von $\log(G(t))$ auf der linken Seite auf, wird die Rate über das Integral bis t aufkumuliert:

$$\frac{d\log(G(t))}{dt} = -r(t) \quad \Leftrightarrow \quad \log(G(t)) = -\int_0^t r(\tau) d\tau$$

Bzw. von der Survivorfunktion $G(t)$ aus gesehen ist die Herleitung:

$$G(t) = \exp\left(-\int_0^t r(\tau) d\tau\right) \Leftrightarrow \log(G(t)) = -\int_0^t r(\tau) d\tau \Leftrightarrow -\log(G(t)) = \int_0^t r(\tau) d\tau$$

Sind sowohl die wesentlichen erklärenden Variablen $\mathbf{x}_i$ als auch die Zeitabhängigkeit durch das parametrische Regressionsmodell kontrolliert, erhält man die geschätzte Rate $\hat{r}$. Daraus ergibt sich die Survivorfunktion aus dem Pseudoresiduum einer Episode:

$$\hat{G}(t_i \mid s_i; x_i) = \exp\left\{-\int_{s_i}^{t_i} \hat{r}(\tau; \mathbf{x}_i) d\tau\right\}$$

Das Residuum einer Episode ist die kumulative Rate $\hat{r}$ – die aus dem Modell geschätzt und daher konditional t und $\mathbf{x}_i$ ist. Wir ziehen das Minuszeichen des Integrals auf die andere Seite, das ergibt für ein Exponentialmodell:

$$\hat{e}_i = \int_{s_i}^{t_i} \hat{r}(\tau; x_i) d\tau = -\log(\hat{G}(t \mid x)) = -\log(\exp(-\hat{r} \bullet t))$$

Nehmen wir das uns bereits bekannte Exponentialmodell als Beispiel. Wir führen folgende Schätzung durch, die ein einfaches Exponentialmodell darstellt.

```
use $pfad/exp1.dta, clear
stset dur_process , failure(status_diff==1)
streg mps lfx studium, dist(exp) nohr
predict presidual, csnell
```

Der Befehl `predict` mit der Option `csnell` generiert eine neue Variable `pre-sidual`, die das Cox & Snell Pseudoresiduum enthält. Als Ergebnis erhalten wir folgende Schätzgleichung:

$r(t) = a =$

$\exp(-3,162162 - 0,0395008 \bullet prestige - 0,0071011 \bullet lfx + 0,743499 \bullet studium)$

Dieses Ergebnis setzen wir in die obige Formel für die Berechnung des Cox & Snell Pseudoresiduums ein.

$-\log(\exp(-\hat{r} \bullet t)) =$

$-\log(\exp(\exp(-3,162162 - 0,0395008 \bullet prestige - 0,0071011$

$\bullet lfx + 0,743499 \bullet studium) \bullet t))$

Sehen wir uns mit Hilfe des `list` Befehls die Episode Nr. 18 an: Aus der Liste können wir für diese Episode die Werte der erklärenden Variablen und die Verweildauer ablesen. Schließlich zeigt die Variable `presidual` auch den Wert des Cox & Snell-Pseudoresiduums an:

```
list mps lfx studium _t _d presidual in 1/20, clean

mps    lfx studium _t   _d   presidual
78.6    41    0    34    0   .0482332
```

Nun setzen wir alle über die Episode Nr. 18 benötigten Informationen in die Formel zur Berechnung des Pseudoresiduums ein und erhalten auf diese Weise den Wert, den auch `Stata` errechnet hat.

$-\log(\exp(\exp(-3,162162 - 0,0395008 \bullet 78,6 - 0,0071011$

$\bullet 41 + 0,743499 \bullet 0) \bullet 34)) = 0,0482332$

Wie kann man das Pseudoresiduum für die Diagnostik nutzen? Wir definieren mit `stset` unseren Datensatz als Episodendatei, setzen nun aber die Werte von `presidual` als Prozesszeit ein. Der Befehl `sts gen` erstellt anschließend eine neue Variable, die als km bezeichnet wird. In diese Variable wird der Wert *s* hineingeschrieben, wobei *s* für Survivorfunktion steht. Anders ausgedrückt: Wir erstellen eine Variable mit den Werten der Kaplan-Meier-Survivorfunktion, die allerdings nicht auf der in den Daten gemessenen Prozesszeit, sondern auf den nach dem oben gezeigten Verfahren berechneten *Pseudoresiduen* basiert. Diese Pseudoresiduen stammen aus einem Regressionsmodell, in dem sowohl die Prozesszeit *t* als auch die erklärenden Variablen **x** kontrolliert sind:

```
stset presidual, failure(status_diff==1)
sts gen km=s
gen cum_r=-ln(km)
line cum_r presidual presidual, sort
```

Mit gen cum_r=-ln(km) wird die *kumulative Rate* berechnet, die sich, wie oben gezeigt, aus $-\log(G(t))$ ergibt und die nun in die Variable cum_r geschrieben wird (während die (negative) Rate selbst über die erste Ableitung der logarithmierten Survivorfunktion berechnet wird). Der letzte Befehl line fordert eine Grafik an, in der presidual die *x*-Achse darstellt (letztes Wort vor dem Komma) und die Werte von presidual selbst (um die diagonale Linie zu erhalten) sowie cum_r geplottet werden. Diese Grafik sieht wie folgt aus:

Abbildung 26: Residuen des Exponentialmodells

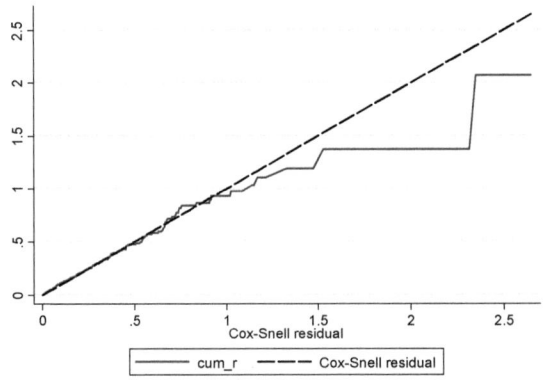

Die in den Daten möglichen Werte des Cox & Snell-Pseudoresiduums zeigt die gestrichelte Linie, die durchgezogene Linie ist die kumulative Rate, die sich aus der Kaplan-Meier-Survivorfunktion des Pseudoresiduums ergibt. Diese Grafik kann als moderate Anpassung des Exponentialmodells interpretiert werden. Am oberen, rechten Ende der Grafik sehen wir ca. 12 Ausreißer ($cum\_r > 1{,}11$), aber abgesehen davon scheint die Fehlanpassung des Exponentialmodells nicht dramatisch zu sein. Übrigens ist das rechte, obere Ende der Grafik nicht gleichbedeutend mit dem Ende des Prozesses, weil die x-Achse die Werte der Pseudoresiduen, nicht aber die Prozesszeit repräsentiert.

Allerdings bedarf diese graphische Inspektion der Residuen einer sorgfältigen Interpretation, und leider führt das Verfahren keineswegs immer zu eindeutigen Entscheidungen. Die graphische Interpretation ist nicht als formaler Test der Anpassungsgüte zu verstehen, sondern als Hilfestellung im Prozess der Modellselektion (Blossfeld und Rohwer 1995, S. 211). Man merkt die Uneindeutigkeit des graphischen Vorgehens häufig bei vergleichenden Analysen unterschiedlicher parametrischer Modelle (z.B. Exponential oder Weibull).

Ein gravierendes Problem des grafischen Verfahrens besteht darin, dass es nur korrekte Pseudoresiduen berechnet, wenn die Startzeitpunkte der Episoden gleich Null sind (Blossfeld und Rohwer 1995, S. 207). Startzeitpunkte ungleich Null haben wir aber immer dann, wenn wir das Verfahren des Episodensplittings durchführen, um die Effekte zeitveränderlicher erklärender Variablen zu modellieren. Nun könnte aber durch die Modellierung zeitveränderlicher Kovariaten die scheinbare Zeitabhängigkeit der Übergangsrate potenziell durch substanzielle, manifeste (d.h. direkt zeitveränderlich gemessene) Faktoren erklärt werden. In diesem Fall wäre eine Zeitabhängigkeit der Rate nichts weiter als ein Hinweis auf unbeobachtete Heterogenität. Auf diesen Sachverhalt kommen wir unten wieder zu sprechen. Das Dilemma besteht darin, dass die Methode zur potenziellen Erklärung der Zeitabhängigkeit der Rate – nämlich die Einbeziehung zeitveränderlicher unabhängiger Variablen – eine grafische Diagnostik durch Pseudoresiduen verbietet. Anders gesagt: Diese Diagnostik funktioniert nur *ohne* zeitveränderliche unabhängige Variablen, also ohne die eigentliche „Musik", die im Verfahren der Ereignisanalyse spielen sollte. Darum können Pseudoresiduen auch nicht zur Diagnostik des PCE-Modells verwendet werden – allerdings muss man sich beim PCE-Modell auch vergleichsweise geringe Sorgen über eine mögliche Fehlspezifikation machen (zumindest dann, wenn die Prozesszeitintervalle einigermaßen differenziert gebildet wurden). Was nützt also eine Diagnostik, die für die eigentlich interessanten Modelle gar nicht geeignet ist?

Zu Beginn dieses Buches (Kapitel 2) haben wir uns mit formalen Tests der Modellanpassungsgüte beschäftigt. Weil das Exponentialmodell einen Parameter weniger enthält als die übrigen Modelle (das Exponentialmodell benötigt keinen Formparameter, weil es eine zeitkonstante Rate annimmt), kommt uns eine wichtige Eigenschaft des AIC-Maßes zugute, nämlich die „Bestrafung" vieler Parameter. Wie in Kapitel 2 dargestellt, erfolgt die Modellauswahl gemäß AIC und

BIC nach der Regel „je kleiner, desto besser". Testen wir daher unter Verwendung des AIC-Maßes die unterschiedlichen parametrischen Modelle gegeneinander. Dazu definieren wir in Stata eine Schleife, die den jeweiligen Modellna-
men als Makro beinhaltet und nacheinander in die Variable `mod' einsetzt. Nach
jedem Durchlauf werden u.a. die Log-Likelihood-Werte und die Anzahl der
Parameter mit dem Befehl estimates store unter dem jeweiligen Modellna-
men gespeichert, woraus der estimates stat Befehl dann die AIC- und BIC-
Werte berechnet. Das folgende Schätzmodell ist etwas umfassender und enthält
innerhalb der geschwungenen Klammern auch die zeitabhängigen erklärenden
Variablen kind_u3, frauXkindu3, alo und die_ant, die wir über das Episodensplitting einbeziehen können.

```
use $pfad/exp2.dta, clear
stset dur_process , failure(status_diff==1) id(idn)

foreach mod in exponential weibull gompertz ///
lognormal loglogistic{
        quietly streg lfx_n mps frau kind_u3 ///
        frauXkindu3 studium oeffdi41 vollzeit ko2 ko3 ///
        alo die_ant, dist(`mod')
        estimates store `mod'
}
estimates stat _all
```

Wir erhalten die Ausgabe in Tabelle 14, die uns nahelegt, dass das *Weibull-
Modell* aufgrund des kleinsten AIC-Wertes den Verlauf der Rate in den empirischen Daten am besten abbildet. Anzumerken ist das Fehlen des generalisierten
Gamma-Modells in der Liste. Dieses Modell wäre von AIC aufgrund seines
zweiten Formparameters im Vergleich zum Exponentialmodell noch einmal
stärker bestraft worden.

Tabelle 14: AIC- und BIC-Maße der Anpassung parametrischer Modelle

Model	Obs	ll(null)	ll(model)	df	AIC	BIC
exponential	8961	-976.3953	-812.0806	13	1650.161	1742.47
weibull	8961	-975.5908	-806.4068	14	1640.814	1740.222
gompertz	8961	-973.2022	-806.9932	14	1641.986	1741.395
lognormal	8961	-967.3798	-816.0684	14	1660.137	1759.546
loglogistic	8961	-973.5553	-808.3104	14	1644.621	1744.03

Note: N=Obs used in calculating BIC; see **[R] BIC note**

Aber die Schätzung des Gamma-Modells führte nicht zur Konvergenz, d.h. die Log-Likelihood-Funktion weist kein eindeutiges Maximum auf. Damit ist aber auch entschieden, dass ein generalisiertes Gamma-Modell nicht angemessen ist.

Grundsätzlich ist bei der Verwendung parametrischer Modelle Vorsicht geboten. Ein guter Indikator für ein Erklärungsmodell mit seinen spezifischen unabhängigen Variablen, die man theoretisch möglichst gut begründet auswählt, ist die Robustheit der zentralen Effekte bei unterschiedlichen Modellspezifikationen. Generell gilt also, dass das PCE-Modell immer ein guter Kandidat für die Modellauswahl ist. In der Literatur findet man auch sehr häufig eine starke Favorisierung des Cox-Modells (Box-Steffensmeier und Jones 2007, S. 46). Nochmals: Geht man streng deduktiv-hypothesentestend vor, können parametrische Modelle sehr wohl angemessen sein. Immerhin haben die parametrischen Modelle die schöne Eigenschaft, dass sie solide und detaillierte theoretische Vorüberlegungen über den Zeitverlauf der Rate abverlangen. Wenn aus diesen Überlegungen heraus ein Modell geschätzt wird, eine Überprüfung der Pseudoresiduen erfolgt und die geschätzten Parameter nicht nennenswert von den alternativen Spezifikationen des PCE- und Cox-Modells abweichen, ist die Wahl eines parametrischen Modells durchaus zu empfehlen, da parametrische Modelle aufgrund der gegenüber dem PCE-Modell geringeren Anzahl der Parameter etwas effizienter sind.

Jedes parametrische Modell impliziert bestimmte Annahmen über die Zeitabhängigkeit. Aber was bedeutet es überhaupt, wenn die Rate – konditional der im Modell berücksichtigten Kovariaten x – systematisch über die Zeit variiert? Kann die Zeit „an sich" überhaupt ein wirksamer Faktor sein, der Übergänge beeinflussen kann? Eher nicht. Wenn auf die Zeit als Ursache verwiesen wird, dann in der Regel mit dem Argument, dass mit der Zeit „irgendetwas" für die Übergangsrate Relevantes „passiert". Letztlich dienen systematische Hypothesen über den Verlauf der Rate über die Zeit der Bearbeitung eines grundlegenden Problems der Ereignisanalyse, nämlich der Kontrolle *unbeobachteter Heterogenität*. Diese liegt vor, wenn wir eine oder mehrere relevante Erklärungsvariablen in der Schätzung nicht berücksichtigen konnten. So finden wir in der Literatur über den Prozess der Wiederbeschäftigung nach Arbeitslosigkeit folgendes Argument: die Rate der Wiederbeschäftigung geht mit einer länger andauernden Wartezeit zurück, weil Qualifikationen über die Zeit entwertet werden. Längere Wartezeiten werden von potenziellen Beschäftigern, die auf Basis von letztlich unvollständiger Information entscheiden müssen, als „negatives Signal" bewertet – also als Hinweis darauf, dass man diese Person besser nicht einstellen sollte.

Aber beide Ursachen der Abnahme der Rate über die Zeit könnte man zumindest theoretisch messen und als zeitveränderliche Kovariaten in das Modell aufnehmen. Man müsste direkt messbare Indikatoren für die Entwertung der Qualifikation erheben, ebenso für den Einfluss des negativen Signals einer längeren Arbeitslosigkeit: Man müsste messen, wie die Arbeitslosigkeitsdauer bei der Durchsicht der Bewerbungsunterlagen bewertet wird. In der Forschungspraxis sind diese Indikatoren schwer messbar, aber es gibt wiederum gute theoretische Gründe, dass die beiden eher negativen Signale positiv mit der Dauer der Arbeitslosigkeit korrelieren und die Rate daher mit der Zeit abnimmt. So wird die Zeit zu einem Indikator für Merkmale, die man aus forschungspraktischen Gründen nicht beobachten kann.

Ähnlich verhält es sich mit einem Argument aus der Familiensoziologie, das einen sichelförmigen Verlauf (Blossfeld und Rohwer 1995, S. 193f) der Scheidungsrate begründet (vgl. Abbildung 27), die durch das von Diekmann und Mitter (1983) entwickelte *Sichelmodell* dargestellt werden kann. Das Sichelmodell werden wir allerdings im Folgenden nicht tiefer gehend besprechen, weil es nicht in Stata, dafür aber in der Software TDA implementiert ist (Blossfeld und Rohwer 1995, S. 193ff). Die hinter diesem Modell stehende theoretische Argumentation ist aber für die Logik unbeobachteter Heterogenität in parametrischen Modellen illustrativ: Im Sichelmodell ist die Scheidungsrate zunächst gering und steigt dann im Zeitverlauf an, weil „mismatches" oder „Fehlallokationen" (unexpected gains or losses) (Tuma 1985) aufgedeckt und behoben werden. Nachdem die Scheidungsrate nach der Heirat in die Höhe geschnellt ist, geht sie langsam wieder zurück, weil man im Verlauf der Ehe in gemeinsame Güter investiert und damit die Opportunitätskosten einer Scheidung steigen. Zudem verändern sich mit steigendem Alter die Heiratsmärkte, denn zumutbare Alternativpartner werden immer seltener, je älter man wird. Außerdem ist aus der Theorie bekannt, dass sich manche Personen niemals scheiden lassen, weshalb die *Survivorfunktion* des Sichelmodells auch *nicht* gegen *Null* konvergiert – was man auch daran sieht, dass die *Hazardrate immer* gegen *Null* konvergiert. Darum wird die Survivorfunktion des Sichelmodells auch als „gestört" oder „fehlerhaft" (*defective*) bezeichnet (Blossfeld und Rohwer 1995, S. 193), weil in den meisten anderen Modellen davon ausgegangen wird, dass die Survivorfunktion irgendwann den Wert Null erreicht (J. M. Keynes: „in the long run we are all dead").

Der vom Sichelmodell unterstellte, zunächst rapide ansteigende und dann langsam abnehmende, Ratenverlauf resultiert also aus theoretisch gut begründeten Ursachen, die man in der praktischen Forschung jedoch nur schlecht messen kann. Könnte man alle für die Scheidungsrate relevanten Merkmale messen und in das Regressionsmodell aufnehmen, gäbe es keinen Anlass mehr, darüber hinaus noch von einer über die Zeit veränderlichen Rate auszugehen. Idealerweise wird in der empirischen Forschung eine Hypothese über einen Sachverhalt aus theoretischen Überlegungen abgeleitet, was ebenso für die Erwartung einer Zeitabhängigkeit der Übergangsrate gilt. Daher ist es wichtig, sich darüber bewusst zu sein, ob man wirklich in der Zeit einen substanziellen Faktor vermutet, oder ob die Zeit nur eine Proxyvariable für andere Merkmale darstellt, die man selbst nicht messen konnte, die aber vermutlich in erwarteter Weise mit der Zeit variieren. Bei dem oben erwähnten Beispiel aus der Scheidungsforschung ist sicherlich eher letzteres der Fall. Gibt es allerdings gute Gründe, dass die unbeobachtete Heterogenität sich in einem spezifischen Verlauf der Rate über die Zeit niederschlägt, ist es auch sinnvoll, diesen Verlauf durch eine passende Verteilungsfunktion der Rate über die Zeit zu modellieren. Tut man das nicht, läuft man Gefahr, das Schätzmodell falsch zu spezifizieren. Das lässt sich anhand eines einfachen Beispiels verdeutlichen: Nehmen wir an, unsere Theorie lässt eine zeitkonstante Übergangsrate vermuten, allerdings haben wir aufgrund von Problemen der Datenerhebung zwei relevante Populationen nicht identifizieren können.

Abbildung 27: Zeitabhängigkeit der Übergangsrate im Sichelmodell

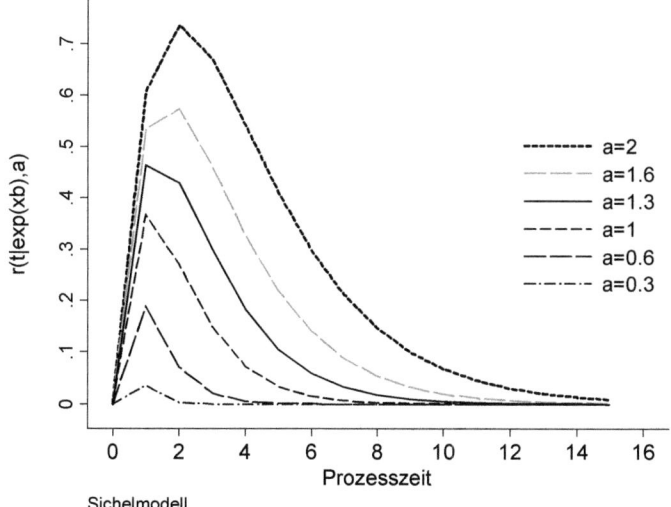

Nennen wir diese Populationen *A* und *B*. Auch wenn es zutrifft, dass die Übergangsrate in beiden Populationen zeitkonstant ist, kann es angemessen sein, ein Modell mit im Zeitverlauf abnehmender Rate zu spezifizieren. Der Grund liegt darin, dass die beiden Populationen A und B nicht beobachtet wurden (was etwa der Fall wäre, wenn man die Variable Geschlecht nicht erhoben hätte, Geschlecht aber einen starken Einfluss auf die Übergangsrate ausübt).

Hat nun Population A eine zeitkonstante, aber deutlich höhere Rate als Population B, deren Rate ebenfalls zeitkonstant ist, führt das dazu, dass mit zunehmender Dauer des Warteprozesses die Beobachtungen der Population A deutlich schneller aus dem Risk-Set austreten als Beobachtungen der Population B. Anders gesagt: Mit zunehmender Dauer des selektiven Abstroms wächst der Anteil von Beobachtungen der Population B im Risk-Set stetig an. Weil aber Population B eine geringe zeitkonstante Rate aufweist, scheint es so, als würde die Übergangsrate im Zeitverlauf abnehmen, da das Risk-Set mit zunehmender Dauer zu immer höheren Anteilen aus Beobachtungen besteht, die eine vergleichsweise geringe Rate aufweisen. Die im Zeitverlauf abnehmende Rate ist nun aber nicht eine Eigenschaft der gesamten Population, sondern eine Folge der *Mischung* der Übergangsraten aus den beiden zeitkonstanten Raten der nicht identifizierten Populationen A und B. Aufgrund der höheren Rate in Population A erleben diese Subjekte schneller Ereignisse und treten damit schneller aus dem Risk-Set aus. Population B erlebt die Ereignisse langsamer mit der Folge, dass sich mit zunehmender Dauer das Risk-Set zu immer höheren Anteilen aus Subjekten der Population B zusammensetzt. Aufgrund dieses Selektionsprozesses scheint die beobachtete Rate über die Zeit zu fallen, obwohl ein Exponentialmodell, in dem beide Populationen durch Kovariaten identifiziert sind, angemessen wäre. Aufgrund der unbeobachteten Heterogenität beobachten wir eine nur scheinbar im Zeitverlauf abnehmende Übergangsrate.

Abbildung 28:   Unbeobachtete Mischung einer „Mover"- und einer „Stayer"-
              Population

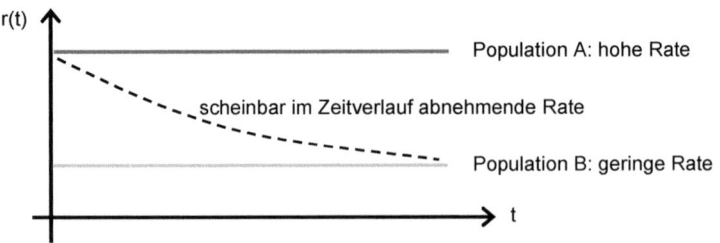

Es gibt aber noch weitere mögliche Fälle, bei denen eine beobachtete Form der Übergangsrate ein Artefakt aufgrund einer Mischung zweier Populationen darstellt. So kann eine umgekehrt u-förmige Übergangsrate daraus resultieren, dass man zwei Populationen A und B mischt, von denen die eine eine zeitkonstante Rate aufweist (Population B), die andere hingegen (Population A) eine im Zeitverlauf steil ansteigende Rate. Dieses Problem ist überaus wichtig, wenn man erwägt, parametrische Übergangsratenmodelle zu spezifizieren. Denn im Falle parametrischer Modelle wird der Verlauf der Übergangsrate über die Zeit durch eine a priori festgelegte Funktion bestimmt. Die Modellschätzung erfolgt derart, dass genau die jeweils spezifizierte Funktion über die Daten gelegt wird bzw. die Modellschätzung mit der jeweils spezifischen Funktion den Daten angepasst wird. Dabei besteht offensichtlich die Gefahr einer Fehlspezifikation aufgrund von unbeobachteter Heterogenität. So wäre in Abbildung 28 ein Modell mit einer im Zeitverlauf abnehmenden Rate fehlspezifiziert, wenn sich die wahren Raten in den Populationen A und B jeweils zeitkonstant verhalten. Ebenfalls wäre die umgekehrt u-förmige Übergangsrate in Abbildung 29 eine Fehlspezifikation, wenn eine der beiden unbeobachteten Populationen eine konstante Rate (Population B), die andere Population jedoch eine im Zeitverlauf stark ansteigende Rate aufweist (Population A).

Idealerweise wäre das Exponentialmodell quasi ein Referenzmodell, dessen Anpassung an die Daten man dadurch anstrebt, dass man möglichst viele der einschlägigen erklärenden Variablen im Modell kontrolliert. Denn das war ja unser Argument: Die Zeit an sich ist kein kausaler Faktor, sondern nur eine Proxyvariable für soziale Prozesse, die sich auf die Übergangsrate auswirken, die man aber in den Daten nicht messen konnte.

Haben wir zwei unbeobachtete Populationen A und B, und weist Population B eine zeitkonstante, Population A jedoch eine ansteigenden Rate im Zeitverlauf auf (vgl. Abbildung 29), folgt der Prozess des Übergangs vom Ausgangs- in den Zielzustand der folgenden Logik: Weil zu Beginn des Prozesses die eine Teilpopulation eine exponentiell steigende Rate aufweist, scheint zu Beginn auch insgesamt die Rate zuzunehmen, da Übergänge zunächst in jener Population stattfinden, die eine steigende Rate aufweist. Allerdings führt der exponentielle Anstieg der Rate in der Population A dazu, dass Beobachtungen dieser Population *sehr schnell* aus dem Risk-Set aussteigen. Daher erreicht die aus beiden Populationen aggregierte Rate irgendwann ihr Maximum und nimmt ab, wenn der größte Teil der Population A aus dem Risk-Set ausgestiegen ist. Nach dieser Logik erhalten wir aus einer zeitkonstanten Rate in der latenten Population B und einer steigenden Rate in der latenten Population A eine scheinbar glockenförmige Rate, die aber ein Artefakt aus der Mischung dieser beiden unbeobachteten Populationen darstellt. Wenngleich ein extremes Szenario, wie in Abbildung 29 dargestellt, eher selten auftritt, dient es doch der Sensibilisierung für die Probleme, die eine Modellierung a priori festgelegter Verteilungen der Rate über die Zeit mit parametrischen Modellen mit sich bringt.

Abbildung 29: Unbeobachtete Mischung einer steigenden und einer konstanten
Rate

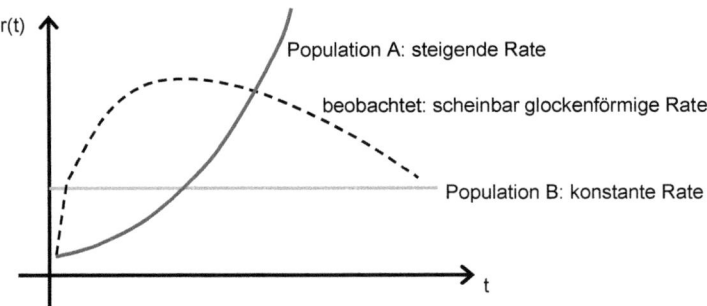

Dies ist kein grundsätzliches Argument gegen die Verwendung parametrischer
Modelle, dennoch verlangt ihre Anwendung besondere Vorsicht. Aber: auch eine
Approximation der glockenförmigen Rate durch die Treppenfunktion des PCE-
Modells wäre hier letztlich eine Fehlspezifikation.

Im Abschnitt über die Diagnostik hatten wir unterschiedliche parametrische
Modelle angesprochen, von denen wir uns im Folgenden das *Exponentialmodell,*
dass *Weibull-Modell* und das *Gompertz-Modell* genauer ansehen wollen. In Ab-
bildung 30 sind die Dichtefunktion der Ereignisse *f(t)* (links) und die Ratenfunk-
tion *r(t)* des *Exponentialmodells* dargestellt. Die Dichtefunktion *f(t)* geht im
Zeitverlauf zurück, weil das Risk-Set kleiner wird, und bei einer zeitkonstanten
Rate damit auch die Menge der momentan eintretenden Ereignisse abnimmt.
Dividiert man die über die Zeit abnehmende Funktion *f(t)* durch das ebenfalls
kleiner werdende Risk-Set, erhält man im Exponentialmodell eine zeitkonstante
Rate *r(t).*

Die Rate ist also eine Konstante, die wir als *Lageparameter a* bezeichnen
(Blossfeld und Rohwer 1995, S. 193):

$$r(t) = a \qquad \Leftrightarrow \qquad a = \exp(\boldsymbol{\beta' x})$$

Aufgrund der Zeitkonstanz der Rate benötigen wir für die Darstellung der Survivorfunktion kein Integral, sondern multiplizieren den Lageparameter der Rate *a*
mit der Prozesszeit *t.*

Abbildung 30: Dichtefunktion und zeitkonstante Rate im Exponentialmodell

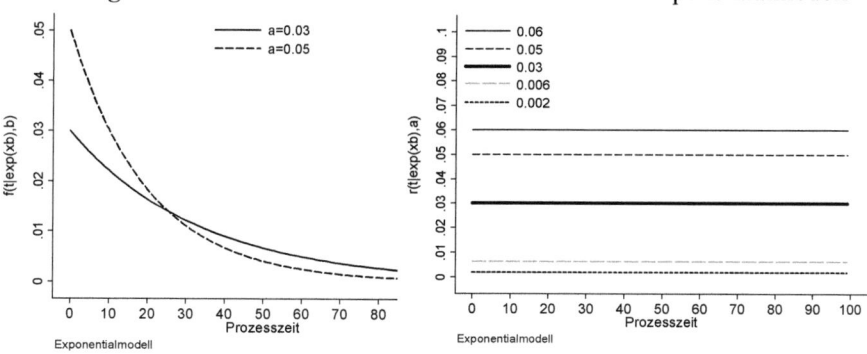

$$G(t) = \exp(-a \bullet t)$$

Weil sich die Rate *r(t)* aus dem Quotienten der Dichtefunktion *f(t)* und der Survivorfunktion *G(t)* berechnet, ergibt sich *f(t)* aus:

$$f(t) = a \bullet \exp(-a \bullet t)$$

Als nächstes betrachten wir das *Weibull-Modell*, welches eine Generalisierung des Exponentialmodells darstellt. Das Weibull-Modell schließt potentiell das Exponentialmodell ein, wenn der besondere Modellparameter (*b*-Term), den wir im Folgenden als *Formparameter* bezeichnen, den Wert 1 annimmt. Was passiert mit der Formel für die Weibull-Übergangsrate, wenn *b*=1 ist?

$$r(t) = b \bullet a^b \bullet t^{b-1}$$

Setzt man für *b* den Wert 1 ein, wird ersichtlich, dass nur der Wert *a* übrigbleibt, der wiederum exponentiell abhängig ist vom Vektor aus Regressionskoeffizienten und erklärenden Variablen. Das war gemeint, als gesagt wurde, dass das Exponentialmodell im Weibull-Modell enthalten ist bzw. diese beiden Modelle – wie man sagt – sich *genestet* zueinander verhalten. Das Weibull-Modell verfügt also nicht nur über einen empirisch zu schätzenden *a*-Term, sondern auch über einen *b*-Term.

Der *a*-Term wird als *Lageparameter* bezeichnet, der die Höhe der Übergangsrate in Abhängigkeit von den Kovariaten angibt. Dagegen haben wir den *b*-Term oben als *Formparameter* bezeichnet, der – je nach Größe – die Form der Übergangsrate über die Zeit beschreibt. Wie Abbildung 31 zeigt, lässt das

Weibull-Modell potentiell drei mögliche Formen der Rate über die Zeit zu, nämlich eine zeitkonstante Rate (b=1), eine im Zeitverlauf ansteigende Rate (b>1)
und eine im Zeitverlauf fallende Rate (b<1). Interessieren wir uns bei der Modellschätzung nur für Effekte auf die Höhe der Übergangsrate, schätzen wir die
Effekte auf den *a*-Term und schätzen einen Wert für den *b*-Term durch Spezifikation eines Weibull-Modells. Dabei ist es eine empirische Frage, ob der Wert
für *b* größer Eins, gleich Eins oder kleiner Eins ist. Das Weibull-Modell gibt uns
also an, ob wir für die beobachtete Stichprobe eine im Zeitverlauf konstante,
ansteigende oder fallende Übergangsrate feststellen, und wie sich die jeweiligen
Kovariaten auf den *Lageparameter* der Übergangsrate auswirken – mit anderen
Worten, auf die Höhe der Übergangsrate. Idealerweise formuliert man a priori
eine gute Theorie, die uns erwarten lässt, ob die Übergangsrate im Zeitverlauf
steigt oder fällt. Modellieren wir die Kovariaten nur auf den Lageparameter,
können wir das Weibull-Modell als *Proportional-Hazard-Modell* interpretieren
und die Effekte können als Hazard Ratios ausgegeben werden. Die Interpretation
erfolgt ähnlich wie beim diskreten Ratenmodell der logistischen Regression, dem
Piecewise-Constant-Exponential Modell (ohne periodenspezifische Effekte!)
oder dem standardmäßigem Cox-Modell. Wir können uns aber auch die logarithmierten Hazard Ratios ausgeben lassen oder das Modell in der *accelerated
failure time*-Metrik interpretieren.

Das Weibull-Modell hat eine weitere interessante Eigenschaft: Man kann zusätzlich zu den Effekten auf den Lageparameter Effekte auf den *Formparameter*
modellieren. Man kann auf diese Weise beschreiben, wie sich eine erklärende
Variable auf die *Form* des Ratenverlaufs über die Zeit auswirkt, und zwar zusätzlich zum Effekt auf den Lageparameter. Es kann sein, dass eine erklärende
Variable zum einen *die Höhe der Rate* beeinflusst, zum anderen aber auch beeinflusst, *wie schnell* im Zeitverlauf die Übergangsrate ansteigt oder zurückgeht
bzw. wie steil oder flach der Ratenverlauf über die Zeit ist. In dem empirischen
Schätzmodell kann man somit auch für den Formparameter eine eigene Regressionsgleichung formulieren und hat damit ein *Mehrgleichungsmodell*: eine Regressionsgleichung für den Lageparameter und eine Regressionsgleichung für
den Formparameter. Das Weibull-Modell stellt bei der Modellierung eines Effektes auf den Formparameter ein log-lineares Modell der Rate über die Zeit dar,
da gilt b=exp($B \bullet \beta$). Logarithmieren wir diesen Ausdruck, ergibt sich ln(*b*) als
Linearkombination (vgl. Kapitel 2) aus Regressionskoeffizienten und Merkmalen der erklärenden Variablen.

Abbildung 31: Dichtefunktion und Ratenverläufe im Weibull-Modell

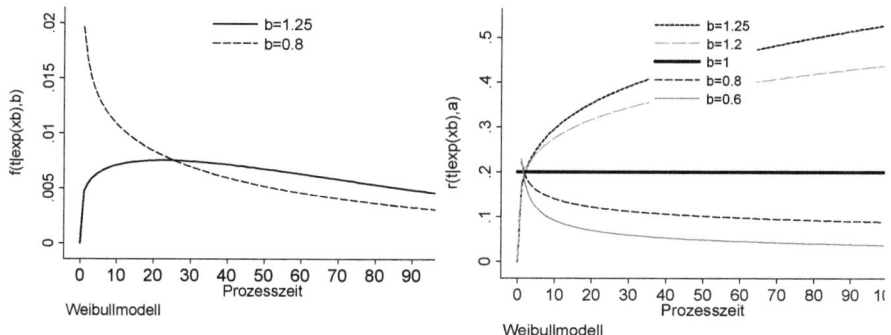

$$r(t) = b \bullet a^b \bullet t^{b-1},$$

$$f(t) = b \bullet a^b \bullet t^{b-1} \bullet \exp\{-(at)^b\}, \qquad a = \exp(A\alpha) \quad b = \exp(B\beta)$$

$$G(t) = \exp\{-(at)^b\}, \qquad\qquad\qquad a = \exp(A\alpha) \quad b = \exp(B\beta)$$

(with $a = \exp(A\alpha) \quad b = \exp(B\beta)$ for the first line)

Schätzen wir Effekte der Kovariaten sowohl auf den *a*-Term als auch auf den *b*-Term, haben wir *kein proportional hazard model* mehr. Eine Interpretation als Hazard Ratios ist nicht mehr möglich, wenn Effekte auf den *b*-Term signifikant sind, weil der Hazard Ratio für eine erklärende Variable nun nicht mehr über die Zeit konstant ist. Die Effekte auf den *a*-Term werden als Log Hazard Ratios nur noch anhand des Vorzeichens und der Signifikanz der Effekte interpretiert.

Das sogenannte *Gompertz-Modell* ist dem Weibull-Modell in der Darstellung und Interpretation ähnlich. Der Unterschied besteht darin, dass im Gompertz-Modell die Rate über die Zeit exponentiell ansteigt und nicht, wie beim Weibull-Modell, als Sättigungsfunktion. Im Gompertz-Modell wird, anders als beim Weibull-Modell, der Lageparameter als *b*-Term bezeichnet, während der Form-parameter nun als *c*-Term bezeichnet wird (Blossfeld und Rohwer 1995, S. 167). Beim Gompertz-Modell haben wir einen linearen Zusammenhang zwischen den Kovariaten und dem Formparameter *c*, was im Vergleich zum Weibull-Modell zu einem unterschiedlichen Verlauf der Rate über die Zeit führt. Daher erhalten wir im Gompertz-Modell als Sonderfall das Exponentialmodell, wenn der *c*-Term gleich null ist.

Abbildung 32: Ratenverläufe im Gompertz-Modell

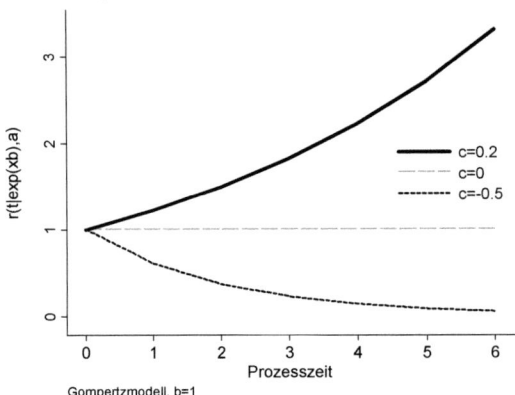

$$r(t) = b \bullet \exp(ct) \quad b > 0 \qquad\qquad\qquad b = \exp(B\beta) \quad c = C\gamma$$

$$f(t) = \exp\left\{-\frac{b}{c}(\exp(ct) - 1)\right\} \bullet (b \bullet \exp(ct)) \quad b = \exp(B\beta) \quad c = C\gamma$$

$$G(t) = \exp\left\{-\frac{b}{c}(\exp(ct) - 1)\right\} \qquad\qquad b = \exp(B\beta) \quad c = C\gamma$$

Beim Weibull-Modell erhielten wir das Exponentialmodell dann, wenn der *b*-Term gleich 1 ist. Abgesehen davon sind sich das Weibull- und das Gompertz-Modell relativ ähnlich. Schätzen wir zum Vergleich Weibull- und Gompertz-Modelle, jeweils mit und ohne Effekt der Variable `studium` auf den Formparameter. Im parametrischen Modell fordert man den Formparameter für die jeweilige Variable mit der Option `ancillary()` an.

```
use $pfad/exp2.dta, clear
stset dur_process , failure(status_diff==1) id(idn)
streg lfx_n mps frau kind_u3 frauXkindu3 studium ///
oeffdi41 vollzeit ko2 ko3  alo die_ant, dist(weib) nohr
streg lfx_n mps frau kind_u3 frauXkindu3 studium ///
oeffdi41  vollzeit ko2 ko3  alo die_ant, ///
dist(weib) ancillary(studium) nohr

streg lfx_n mps frau kind_u3 frauXkindu3 studium ///
oeffdi41 vollzeit ko2 ko3  alo die_ant, dist(gomp)
```

```
streg lfx_n mps frau kind_u3 frauXkindu3 studium ///
oeffdi41 vollzeit ko2 ko3  alo die_ant, ///
dist(gomp) ancillary(studium)
```

Das Ergebnis zeigt Tabelle 15. Die Interpretation der Effekte bezieht sich jetzt auf die logarithmierten Hazard Ratios – z.b. reduzieren in Modell *Weib1* die Effekte der Berufserfahrung und des Prestiges die logarithmierte Rate um -0,023 bzw. -0,040.

Der Formparameter wird in der Stata Ausgabe des Weibull-Modells als *ln(p)* und im Gompertz-Modell als *gamma* bezeichnet. In Modell *Weib1* hat der *logarithmierte b*-Term ein positives Vorzeichen, ebenso der gamma-Term in Modell *Gomp1*. Beide Modelle ergeben somit eine im Zeitverlauf zunehmende Rate für berufliche Aufstiege. In den Modellen *Weib2* und *Gomp2* ist in der Gleichung des Formparameters jeweils zusätzlich zur Regressionskonstanten der Effekt der Variable studium geschätzt.

Zu bedenken ist bei der Spezifikation von erklärenden Variablen auf den *b*-Term, dass nun kein Proportional-Hazard-Modell mehr spezifiziert wird, zumindest nicht für jene Effekte, die sich auch auf den *b*-Term auswirken. Es ist daher nicht sinnvoll, die Effekte als Hazard Ratios darzustellen, weil *Ratios* Proportionalität suggerieren. Sowohl die Log Hazard Ratios als auch Koeffizienten in der AFT-Metrik (vgl. S. 131) der Variable studium zeigen nun die Effekte unmittelbar *zu Beginn des Prozesses* (t=0). Wir werden weiter unten sehen, wie die Effekte auf den Form- und auf den Lageparameter gemeinsam zu interpretieren sind.

Der negative Effekt von studium auf den *b*-Term bedeutet in diesem Fall, dass die Relevanz der Variable im Zeitverlauf abnimmt. Mit anderen Worten, die Variable wirkt sich zwar zu Beginn des Prozesses aus, mit zunehmender Verweildauer wird ihr Einfluss aber schwächer. Umgekehrt wäre es bei einem positiven Effekt auf den *b*-Term: Dann wäre der Effekt der erklärenden Variable zu Beginn des Prozesses relativ gering, jedoch nimmt er im Zeitverlauf zu. Allerdings müssen bei der Interpretation die Effekte auf Lage- und Formparameter simultan betrachtet werden.

Ähnlich verhält es sich beim Gompertz-Modell ($r(t)=b \bullet exp(ct)$ $b>0$), mit dem Unterschied, dass der *c*-Term ($c=C\gamma$) sich aus einer *linearen* Kombination von Regressionsgewicht γ und Werten der erklärenden Variablen C, die auf den *c*-Term modelliert werden, errechnet.

Tabelle 15: Berufliche Aufstiege im ostdeutschen Transformationsprozess (Log-
Hazard Ratios)

	Weib1	Weib2	Gomp1	Gomp2
_t				
Berufserfahrung (Mon.)	-0.023***	-0.023***	-0.026***	-0.025***
Prestige (Wegener)	-0.040***	-0.040***	-0.040***	-0.040***
Frau (=1)	-0.003	0.006	-0.006	0.003
Kind u. 3	-0.125	-0.148	-0.121	-0.152
Frau * Kind u. 3	-0.064	-0.067	-0.058	-0.060
Studium (=1)	0.953***	2.278***	0.961***	1.384***
öffentl. Dienst	-0.463**	-0.451*	-0.461*	-0.447*
vollzeit	-0.452*	-0.447*	-0.430*	-0.444*
Abschlusskohorte 1990	-1.180***	-1.164***	-1.241***	-1.193***
Abschlusskohorte 1995	-1.549***	-1.544***	-1.702***	-1.654***
Arbeitslosenquote	-0.088+	-0.087+	-0.078	-0.076
Tertiarisierung	0.093**	0.093**	0.098**	0.095**
Constant	-5.762***	-6.476***	-5.506***	-5.611***
ln_p				
Studium (=1)		-0.291**		
Constant	0.196***	0.337***		
gamma				
Studium (=1)				-0.014**
Constant			0.010**	0.015***
Observations	8961	8961	8961	8961

$^+ p < .1, ^* p < .05, ^{**} p < .01, ^{***} p < .001$

Die durchaus komplexe Logik der Interpretation lässt sich noch einmal anhand
einer Grafik verdeutlichen: In Abbildung 33 stellt die durchgezogene horizontale
Linie die Rate jener Beobachtungen dar, die bei der erklärenden Variablen x
(=studium) einen Wert von 0 aufweisen. Es ist zu sehen, wie der Lageparameter aufgrund eines positiven Effektes von x den Koeffizienten β die Rate nach
oben verschiebt (gestrichelte Linie). Erhalten wir zugleich einen positiven Effekt
auf den Formparameter, wächst die Stärke des Effektes von x mit zunehmender
Prozesszeit sogar noch an. In unserem vereinfachten fiktiven Beispiel würde das
bedeuten, dass sich die „Form" der dünnen gestrichelten Linie verändert. Sie
„verbiegt" sich umso stärker nach oben und nimmt die Form der dicken gebogenen Linie an, je weiter der Prozess in der Zeit voranschreitet. Zusätzlich zum
höheren Niveau der Rate, das durch x (Lageparameter, gestrichelte horizontale
Linie) bedingt ist, verstärkt sich also der Effekt von x über die Zeit. Die „Schere"
zwischen der dicken gebogenen und der horizontalen gestrichelten Linie klafft
mit der Zeit in zunehmendem Maße auseinander.

Abbildung 33: Typisiertes Beispiel für den Lage- und Formparameter

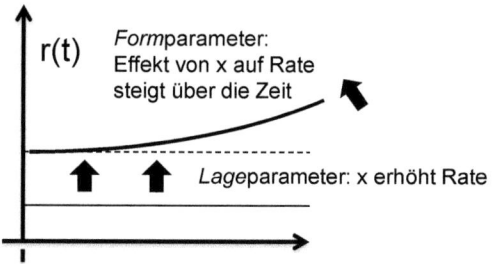

Das ist mit der Formulierung gemeint, dass bei einem positiven Effekt von x auf den Formparameter die Relevanz des Effektes mit der Zeit größer wird. Dies lässt sich auch an den jeweiligen Formeln ablesen, die das Weibull- und das Gompertz-Modell beschreiben. Im Weibull-Modell ($r(t) = b \bullet a^b \bullet t^{b-1}$) ist der B-Term ein Exponent der Zeit. Mit der Zeit steigt der Effekt also exponentiell (da $b=\exp(B\beta)$) und die Differenz im b-Term, die durch x bedingt ist, führt zu einem mit der Zeit immer stärkeren Auseinanderklaffen der Kurven, d.h. der Szenarien, in denen x einerseits einen eher kleinen und andererseits einen eher großen Effekt auf die Rate aufweist.

Verdeutlichen wir uns noch einmal die Effekte auf den Lage- und den Formparameter exemplarisch anhand eines einfachen Weibull-Modells. Wir schätzten wieder Effekte auf die Rate beruflicher Aufstiege im ostdeutschen Transformationsprozess. Dabei sehen wir in Tabelle 16 einen negativen Effekt der Berufserfahrung sowie des Prestiges des Ausgangsjobs auf die logarithmierte Aufstiegsrate. Dagegen haben wir einen deutlich positiven Effekt von Hochschulabsolventen im Vergleich zu Lehrabsolventen (1,741, p<=0,000).

```
use $pfad/exp2.dta, clear
stset dur_process , failure(status_diff==1) id(idn)
streg lfx_n mps studium, dist(weib) ancillary(studium) nohr
```

Tabelle 16: Berufliche Aufstiege im ostdeutschen Transformationsprozess, reduziertes Modell, Log Hazard Ratios

	weibull
Berufserfahrung (Mon.)	-0.007***
Prestige (Wegener)	-0.039***
Studium (=1)	1.741***
Constant	-3.791***
ln_p	
Studium (=1)	-0.245**
Constant	0.190**
Observations	10623

$^+ p < .1$, $^* p < .05$, $^{**} p < .01$, $^{***} p < .001$

Der Effekt der Variable Studium auf den Formparameter ist negativ. Um das Zusammenspiel eines Effektes auf den Form- und Lageparameter zu verstehen, müssen beide Effekte *gemeinsam* betrachtet werden. In diesem Fall haben wir einen positiven Effekt auf den Lageparameter, aber einen negativen Effekt auf den Formparameter. Diese Situation ist vergleichsweise einfach zu interpretieren: Als Effekt auf den Lageparameter hebt die Variable Studium die Übergangsrate, aber die Differenz, die die Variable *Studium* auf den Lageparameter erzeugt, nimmt im Zeitverlauf ab, wie der Effekt auf den Formparameter zeigt. Es sind aber andere Konstellationen denkbar, bei denen etwa die Variable *Studium* einen negativen Effekt auf den Formparameter und den Lageparameter hat. In diesem Fall wäre der Effekt auf den Formparameter eher als Interaktionseffekt zu interpretieren, d.h., die Differenz, die die Variable *Studium* erzeugt (und zwar nach unten) wäre dann durch einen negativen Effekt auf den Formparameter noch verstärkt.

Anhand des Beispiels in Tabelle 16 kann man die Effekte direkt berechnen. Wir nehmen das Ergebnis der Modellschätzung, um die Größe des Formparameters für die Lehrabsolventen zu berechnen, bei denen die Variable studium den Wert Null hat. Hier ergibt sich der Formparameter aus der Regressionskonstanten der zweiten Gleichung – die die Gleichung für den Formparameter darstellt. Die logarithmierte Konstante des Formparameters beträgt 0,190, daher beträgt der Formparameter für die Lehrabsolventen exp(0,190)=1,21. Denn die Lehrabsolventen sind ja gegenüber der Gruppe der Hochschulabsolventen die Referenzkategorie. Berechnen wir nun den Formparameter für die Gruppe der Hochschulabsolventen: Hier kann der logarithmierte Formparameter als Linearkombination aus der Regressionskonstanten sowie dem Regressionsgewicht und dem Wert der Kovariaten betrachtet werden. Das bedeutet, der logarithmierte Formparameter ist gleich 0,190 minus 0,245, das ergibt -0,054. Wir berechnen aus dem *loga-rithmierten Formparameter* den *Formparameter* durch exp(-0,054)=0,95. Wir haben folglich eine Situation, in der der logarithmierte Formparameter für die Gruppe der Lehrabsolventen relativ deutlich positiv (0,190) und der Formpara-meter folglich größer 1 ist (1,21). In der Gruppe der Hochschulabsolventen ist der logarithmierte Formparameter hingegen schwach negativ (-0,054) und ist geringfügig kleiner als 1 (0,95). Anders ausgedrückt: Lehrabsolventen haben eine im Zeitverlauf steigende Aufstiegsrate, Hochschulabsolventen dagegen eine im Zeitverlauf fallende Übergangsrate. Berechnen wir im nächsten Schritt die Übergangsrate für beide Gruppen, dann müssen wir sowohl den Form- als auch den Lageparameter berücksichtigen. Das führt nach der Formel für das Weibull-Modell zu folgendem Ergebnis:

Für die *Lehrabsolventen* gilt:

Studium=0: Ln(b-Term)= 0,190 $\Leftrightarrow$ exp(0,190) = 1,21.

Dagegen schreiben wir für die *Hochschulabsolventen* folgende Gleichung:

Studium = 1: Ln(b-Term)= 0,190-0,245= –0,054 $\Leftrightarrow$ exp(–0,054) = 0,95

Setzen wir die Schätzung des *b*-Terms in die Gleichung für das Weibull-Modell ein, können wir mit Hilfe der geschätzten Effekte auf den *a*- und den *b*-Term die zeitabhängige Rate für die jeweils interessierende Subpopulation ausrechnen (Cleves et al. 2008, S. 254):

$$r(t) = b \bullet a^b \bullet t^{b-1} \quad a = \exp(A\alpha) \quad b = \exp(B\beta)$$

Das ergibt für Lehr- und Hochschulabsolventen:

Lehrabsolventen
$$r(t) = 1,21 \bullet \exp(-3,791 - 0,007[lfx] - 0,039[pres.]) \bullet t^{0,21}$$

Hochschulabsolventen:
$$r(t) = 0,95 \bullet \exp(-3,791 - 0,007[lfx] - 0,039[pres.] + 1,741[Stud.]) \bullet t^{-0,05}$$

Anhand dieser Berechnungen wird deutlich, dass bei der Vorhersage der abhän-gigen Variablen – nämlich in diesem Fall der Rate *r(t)* zum Zeitpunkt *t* – durch das Regressionsmodell sowohl der Lage- als auch der Formparameter berück-sichtigt werden müssen. Dadurch wird eine Vorhersage natürlich komplizierter.

Obwohl Stata uns durch den stcurve Befehl viel Arbeit erspart, muss man bei selbst konstruierten Vorhersagen, beispielsweise bei der Simulation von Effekten zeitveränderlicher Kovariaten, die über ein Episodensplitting gemessen wurden, bei der Vorhersage die Nicht-Proportionalität der Modelle korrekt erfassen.

Abschließend sei noch einmal kurz und auf unmathematische Weise auf das *generalisierte Gamma-Modell* eingegangen. Zusätzlich zur Schätzung der Höhe der Rate (Lageparameter) verfügt das generalisierte Gamma-Modell über *zwei Formparameter*, die als σ ($\sigma>0$) und κ bezeichnet werden (sigma und kappa). Anzumerken ist, dass in der Literatur die Notationen nicht einheitlich ist und κ auch als λ (lambda) bezeichnet wird (Cox et al. 2007). Weil Stata ebenfalls das Symbol κ verwendet, wird es auch hier verwendet.

Der große Vorteil des *generalisierten Gamma-Modells* besteht darin, dass es in Abhängigkeit der geschätzten Werte für die beiden Formparameter mehrere Modelle abbilden kann, die weniger komplex sind, nämlich das Exponential-Modell, das Weibull-Modell, das einfache Gamma-Modell sowie das Log-Normal-Modell. Weil das Modell auch u-förmige Verläufe erfasst, ist es offen für die vier in der angewandten Forschung wichtigsten Verteilungsformen der Rate: steigende, fallende, u-förmige und umgekehrt u-förmige Verläufe über die Zeit. Dieses Modell wird eingesetzt, wenn es in einer gegebenen Datensituation (d.h. für die Zusammenhänge in der jeweils vorliegenden Stichprobe) nachweislich überlegen ist (Cox et al. 2007).

Weil es mehrere andere parametrische Modelle einschließt, kann es eine weitere Funktion erfüllen, nämlich die der *Modellauswahl*: Dabei nutzt man das generalisierte Gamma-Modell, um anhand systematisch durchgeführter Tests sich für ein einfacheres bzw. sparsameres Modell entscheiden zu können. Mit dem Problem der Auswahl des angemessenen parametrischen Modells sind wir in dieses Kapitel über parametrische Modelle eingestiegen. Dabei hatten wir auch das generalisierte Gamma-Modell gestreift, das aber in der Beispielanalyse nicht konvergierte. Daher soll die Anwendung des generalisierten Gamma-Modells für die Modellauswahl nun anhand eines einfacheren Beispiels nachvollzogen werden. Nehmen wir an, dass auf zwei Formparametern basierende generalisierte Gamma-Modell führt zu dem Ergebnis, dass beide Formparameter denselben Wert aufweisen, also $\sigma = \kappa$. Dann reduziert es sich auf ein *einfaches Gamma-Modell* mit einem Lage- und einem Formparameter. Resultiert aus der Schätzung $\kappa = 1$, entspricht dies einem *Weibull-Modell*, dessen Formparameter sich dann aus $1/\sigma$ errechnet. Im Gegensatz dazu deutet das Ergebnis $\sigma = \kappa = 1$ auf ein *Exponential-Modell* hin. Wird die jeweilige Nullhypothese nicht widerlegt, spricht das Testergebnis für das jeweilige Modell (Cleves et al. 2008, S. 270). Nicht alle Hypothesen schließen sich wechselseitig aus, sie lassen sich aber schrittweise eingrenzen:

H0: $\sigma = \kappa$ $\Rightarrow$ Gamma-Modell mit einem Formparameter
H0: $\kappa = 0$ $\Rightarrow$ Log-Normalmodell
H0: $\kappa = 1$ $\Rightarrow$ Weibull-Modell
H0: $\kappa = \sigma = 1$ $\Rightarrow$ Exponentialmodell

Wir können im Anschluss an die Schätzung eines generalisierten Gamma-Modells mit dem Stata Befehl test die Hypothesentests durchführen. Schätzen wir zunächst das *generalisierte Gamma-Modell* für Aufstiege mit dem Ergebnis in Tabelle 17:

```
use $pfad/exp1.dta, clear
gen ID=_n
stset dur_process, failure(status_diff==1)
streg mps lfx frau studium vollzeit, dist(gamma)
```

Tabelle 17: Generalisiertes Gamma-Modell für berufliche Aufstiege (AFT)

	AFT-Koef.
Prestige (Wegener)	0.042***
Berufserfahrung	0.007**
Frau (=1)	-0.067
Studium (=1)	-0.866***
vollzeit	0.496**
Constant	2.668***
ln(σ)	0.270*
κ	0.618**
Observations	2506

$^+ p < .1,$ $^* p < .05,$ $^{**} p < .01,$ $^{***} p < .001$

Bei der Interpretation des generalisierten Gamma-Modells ist zu berücksichtigen, dass das Modell nur in der AFT-Metrik darstellbar ist (vgl. oben). Demzufolge sind die Koeffizienten als Effekte auf die *logarithmierte Verweildauer* zu interpretieren, nicht aber als Effekte auf eine (logarithmierte) Rate. Somit verzögert sich der Aufstiegsprozess mit steigendem Prestige und zunehmender Berufserfahrung. Gleiches gilt für Episoden in Vollzeitbeschäftigung. Hochschulabsolventen warten dagegen kürzer auf Aufstiege. Unten in der Tabelle sind die Werte der beiden Formparameter angegeben. Der Wert von σ ist logarithmiert, was für die Tests aber keine Probleme bereiten wird. Wir testen einfach auf $ln(\sigma) = 0$ anstelle von $\sigma = 1$. Für den ersten Test auf $\sigma = \kappa$ müssen wir aber zunächst den *antilog* von $ln(\sigma)$ ausrechnen, was den Wert 1,309 ergibt (disp exp(0.270)).

Die Tests werden einzeln durchgeführt, beim letzten Test von $\kappa = \sigma = 1$ werden simultan die beiden Parameter getestet. Dies geschieht im test Befehl durch die beiden Optionen notest und accum. Um die Syntax des test Befehls zu verstehen, muss man sich vergegenwärtigen, dass das generalisierte Gamma-Modell potenziell ein aus drei Gleichungen bestehendes System darstellt: Es verfügt über zwei Formparameter und jeder dieser beiden kann – wie auch der Lageparameter – durch einen Vektor aus erklärenden Variablen geschätzt bzw. vorhergesagt werden. Bei dem test Befehl muss in diesem Fall die jeweilige Gleichung und anschließend die Variable, deren Wert getestet werden soll, angegeben werden. Dabei steht der Name der Gleichung in der ersten eckigen Klammer, in der zweiten eckigen Klammer steht der Name des Koeffizienten. In dem Modell in Tabelle 17 wurden nur Effekte auf den Lageparameter geschätzt, daher enthalten die beiden Formparameter-Gleichungen jeweils nur die Konstante, die Stata auch für die Gleichungen der Formparameter intern als _cons bezeichnet. Der erste Test prüft die Nullhypothese, dass κ nicht signifikant von dem Wert 1,309 (nämlich σ) abweicht. Diese Nullhypothese wird widerlegt ($\chi^2(df=1)=13,41**$), weshalb die Datensituation durch ein einfaches Gamma-Modell nicht gut repräsentiert wird. Ebenso wird die Nullhypothese widerlegt, dass κ gleich Null ($\chi^2(df=1)= 10,69**$) und die Rate log-normal verteilt ist. Zwar knapp, aber dennoch signifikant wird auch das Weibull-Modell verworfen (H0: $\kappa = 1$, $\chi^2(df=1)= 4,10*$). Als einzige Hypothese wird bei zwei Freiheitsgraden die Nullhypothese $\kappa = \sigma = 1$ nicht verworfen ($\chi^2(df=2)= 4,94$ n.s.).

```
test [kappa]_b[_cons] = 1.309 /*kein einfaches Gamma*/
test [kappa]_b[_cons] = 0 /*kein log-normal*/
test [kappa]_b[_cons] = 1 /*knapp kein Weibull*/

test [kappa]_b[_cons] = 1, notest
test [ln_sig]_b[_cons] = 0, accum /*Exponential-Modell: ja*/
```

Folgt man dem letzten Test, würde aufgrund der geschätzten Formparameter des generalisierten Gamma-Modells das Exponential-Modell am besten zu den vorliegenden Daten passen. Diese Art des Testens auf Basis des generalisierten Gamma-Modells stellt eine Variante des uns schon bekannten Likelihood Ratio-Tests dar. Er ist darum nur für Modelle geeignet, die innerhalb des generalisierten Gamma-Modells genestet sind, was bedeutet, dass man durch Setzen bestimmter *constraints* (d.h. vorgegebener Werte) für die Formparameter die einfacheren Modelle (Gamma-Modell, Log-Normalmodell, Weibull-Modell, Exponential-Modell) erhält. Sind Modelle nicht genestet, sollte die Modellauswahl in Form der AIC- und BIC- Vergleiche erfolgen, wobei aber wiederum zu beachten ist, dass das auf der Partial-Likelihood basierende Cox-Modell mit den anderen

Modellen *nicht* vergleichbar ist, weil das Schätzverfahren von dem der anderen Modelle abweicht.

6.8 Residuen, Ausreißer und einflussreiche Fälle

Ein weiteres Problem der ereignisanalytischen Regressionsmodelle sind verzerrte Schätzungen aufgrund von Ausreißern und einflussreichen Fällen. Dies betrifft natürlich Regressionsmodelle generell, nicht nur die Ereignisanalyse. Im ersten Schritt können wieder die Cox & Snell Residuen verwendet werden. Hier ist der Hinweis wichtig, dass nach `predict` die Option `csnell` das adäquate Residuum für einen Ein-Episodenfall liefert. Würde man die Abhängigkeit der Episoden innerhalb der Personen explizit berücksichtigen, müsste man sich durch die Option `ccsnell` das kumulierte Cox & Snell-Residuum ausgeben lassen. Nehmen wir der Einfachheit der Darstellung halber ein eher sparsames Modell zur Erklärung beruflicher Aufstiege und nehmen wir die Unabhängigkeit der Episoden an: Nach der Vorhersage der Residuen können wir diese über die Prozesszeitachse plotten. Weil wir zuvor mit `gen ID=_n` alle Episoden im Datensatz chronologisch durchnummeriert haben, können wir bei der Ausgabe der Grafik diese Nummer als Label verwenden, um eventuelle Ausreißer zu identifizieren und – wenn es als erforderlich erachtet wird – auszuschließen.

```
use $pfad/exp1.dta, clear
gen ID=_n
stset dur_process , failure(status_diff==1)

streg  mps lfx studium, dist(weib) nohr
predict cc_weib, csnell
scatter cc_weib _t, mlabel(ID) msymbol(i)

stcox mps lfx studium, esr(r1_c r2_c r3_c)
predict cc_cox, csnell
scatter cc_cox _t, mlabel(ID) msymbol(i)
```

Als Resultat erhalten wir zwar nicht identische, aber sehr ähnliche Diagnostiken für das Cox-Modell und das Weibull-Modell, was auch damit zusammenhängt, dass beide Modelle bei der Koeffizientenschätzung nahezu identische Ergebnisse liefern.

Abbildung 34: Cox & Snell-Residuen zur Analyse von Ausreißern

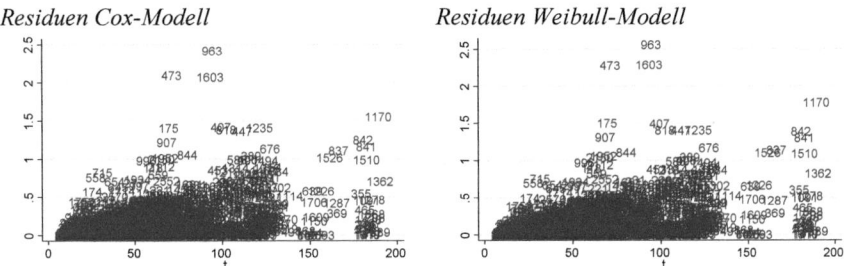

Residuen Cox-Modell   Residuen Weibull-Modell

Das Cox-Modell erlaubt zudem die Vorhersage eines Maßes für einflussreiche Fälle, welches wir im Prinzip schon aus der binären logistischen Regression kennen: „differences in beta" bzw. „dfbeta", die man auch als *leverage* bezeichnet („Einfluss", „Hebelkraft"). Einer einfachen Logik folgend wird für jede erklärende Variable fallweise ein Wert berechnet, der die Differenz der beiden β-Koeffizienten enthält, die sich daraus ergibt, dass ein Modell einmal mit und einmal ohne diesen Fall geschätzt wird. Würde man allerdings tatsächlich dieses Vorgehen wählen, müsste man n+1 Regressionen berechnen, nämlich n-mal mit Ausschluss des jeweiligen Falles und einmal mit allen Fällen, woraus sich dfbeta ergäbe (Cleves et al. 2008, S. 218):

$$\text{dfbeta} = \hat{\beta}_x - \hat{\beta}_x^{(i)}$$

Ist dfbeta für einen Fall *i* nahe Null, hat er auch nur einen geringen Einfluss auf die Koeffizientenschätzung. Dies würde sich multiplizieren mit der Anzahl der erklärenden Variablen, wenn man dfbeta für jeden Prädiktor einzeln berechnete. Insbesondere bei großen Datensätzen wäre dieses Vorgehen also sehr zeitintensiv.

Als Alternative zu diesem aufwändigen Vorgehen können sogenannte *efficient score* residuals berechnet werden (Box-Steffensmeier und Jones 2007, S. 123; Cleves et al. 2008, S. 218). Anzumerken ist allerdings, dass in der Literatur eine nachvollziehbare Berechnungsweise der *efficient score residuals* schwer zu finden ist. Zudem liefert hier nicht das Residuum selbst, sondern, aus Gründen ihrer Skalierung, erst das Produkt aus dem Residuum und der Varianz-Kovarianzmatrix der geschätzten Koeffizienten β das Maß für den *leverage* (Box-Steffensmeier und Jones 2007, S. 128). In der obigen Syntax werden die *efficient score residuals* im Cox-Modell mit der Option `esr(r1_c r2_c r3_c)` angefordert und in die drei in der Klammer stehenden Variablen geschrieben. Die Reihenfolge der erklärenden Variablen des Modells bestimmt die Reihenfolge, in der die Residuen für die jeweilige erklärende Variable in den Datensatz geschrieben werden. Daher ist der Hinweis wichtig, dass die Zuordnung der Residuen zu den Variablen nicht mehr stimmt, wenn Stata während der Modellschätzung z.b. aufgrund von zu hoher Multikollinearität eine Variable ausschließt (Cleves et al. 2008, S. 218). In diesem Fall gibt Stata jedoch folgende Warnung aus.

```
note: _variable omitted because of collinearity
```

Die Multiplikation der Matrix der *efficient score residuals* mit der Varianz-Kovarianzmatrix müssen wir im Anschluss an die obige stcox Schätzung von Hand durchführen. Wenn der Datensatz groß ist, reicht die Voreinstellung der Matrizengröße nicht, sie muss darum hoch gesetzt werden, vorsichtshalber auf 3000 (set matsize 3000) oder sogar höher. Der Befehl mkmat schreibt die Residuen unserer drei Erklärungsvariablen in eine Matrix, die mit der Option matrix() als resid bezeichnet wird. Die Varianz-Kovarianzmatrix der Koeffizienten wird nach der Regressionsschätzung standardmäßig von Stata angelegt, sie wird aber erst durch explizites Abrufen sichtbar, indem wir den Befehl matrix list e(V) anwenden. Die eigentliche Matrixmultiplikation erfolgt durch den mat Befehl. Weil die Stata Grafik Werte aus Matrizen nicht direkt darstellen kann, müssen die intern gespeicherten Matrixwerte an die Analysedatei gehängt werden, was durch svmat geschieht, wobei mit der Option names() allen drei *leverage*-Variablen der Matrix das Präfix „dfb" vorangestellt wird, die Variablen selbst aber chronologisch durchnummeriert werden.

```
stcox mps lfx studium, esr(r1_c r2_c r3_c)
predict cc_cox, csnell
scatter cc_cox _t, mlabel(ID) msymbol(i)

set matsize 3000
mkmat r1_c r2_c r3_c, matrix(resid)
mat leverage=resid*e(V)
svmat leverage, names(dfb)

scatter dfb1 _t, yline(0) mlabel(ID) msymbol(i)
scatter dfb2 _t, yline(0) mlabel(ID) msymbol(i)
scatter dfb3 _t, yline(0) mlabel(ID) msymbol(i)
```

Deutlich wird, dass die beiden Fälle mit der ID 473 und 963 zumindest bei den Variablen studium und mps stark einflussreiche Fälle sind, weil sie weit von der Nulllinie abweichen. Um sicher zu gehen, ob die einflussreichen Fälle die

Schätzkoeffizienten und Hypothesentests gravierend verzerren, berechnen wir die Modelle mit und ohne die beiden problematischen Fälle. Der Ausschluss funktioniert einfach durch die Bedingung if ID != 473 & ID != 963, wobei „!=" für den Vergleichsoperator „ungleich" steht.

Vorausgesetzt, man hat Ben Janns ado-file esttab installiert und es existiert ein Verzeichnis c:\temp, können die beiden Modelle in eine Tabelle geschrieben werden, die man direkt z.B. in MS-Word hineinkopieren kann. Das esttab ado kann man ggfls. einfach installieren, indem man im Befehlsfenster („Command") den Befehl findit esttab eingibt.

Abbildung 35: dfbeta (leverage) Werte für die drei erklärenden Variablen des Cox-Modells

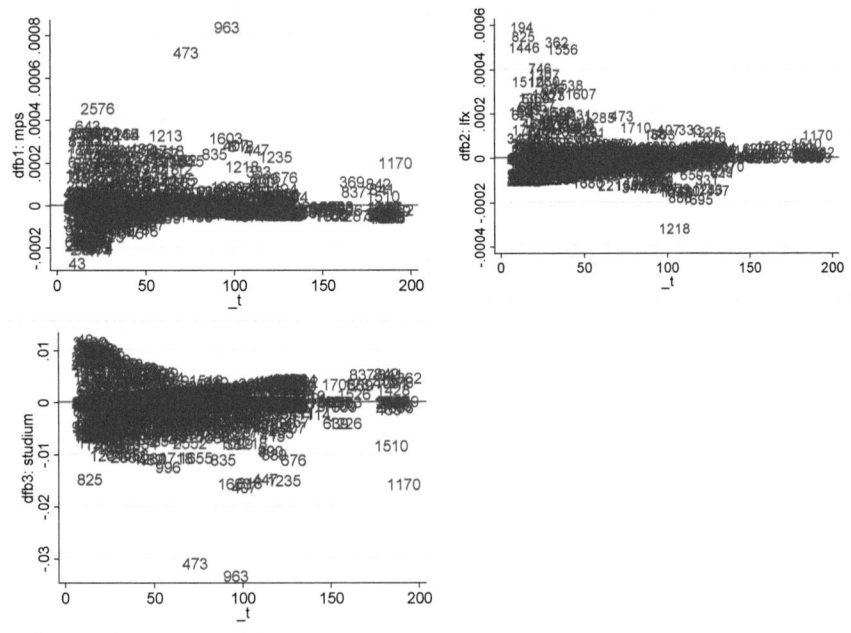

```
use $pfad/exp1.dta, clear
gen ID=_n
stset dur_process , failure(status_diff==1)

stcox mps lfx studium
```

```
est sto cox1
stcox mps lfx studium if ID != 473 & ID != 963
est sto cox2
esttab cox1 cox2 using c:\temp\cox.rtf,  ///
star(+ .1 * .05 ** .01 *** .001)  b(%4.3f) ///
not label replace eform nogaps
```

Tabelle 18 zeigt das Ergebnis. Würden wir die beiden einflussreichen Fälle nicht ausschließen, wäre der Fehler bzw. die Verzerrung der Schätzung durch diese beiden Fälle nur sehr gering. Hat man die Möglichkeit, die Fragebögen zu sichten und eventuelle Eingabefehler zu korrigieren, sollte man das natürlich tun – denn auch dadurch kann die hohe Einflussstärke dieser Fälle bedingt sein. Grundsätzlich bedarf die Entscheidung über einen Ausschluss einflussreicher Fälle einer sorgsamen Abwägung durch die Forschenden.

Übrigens ist es kein Zufall, dass die beiden Fälle ID 473 & 963 besonders einflussreich sind und sich zugleich in der Abbildung 35 anhand der Cox & Snell-Residuen als Ausreißer entpuppten. Eine Diagnostik hatten wir exemplarisch auch bereits bei der binären logistischen Regression in Kapitel 3 durchgeführt. Generell gilt, dass ein einflussreicher Fall tendenziell auch ein Ausreißer ist. Umgekehrt muss aber ein Ausreißer nicht zwangsläufig auch im selben Maße ein einflussreicher Fall sein.

Tabelle 18: Cox-Regression mit und ohne zwei einflussreiche Fälle

	Cox 1	Cox 2 ohne ID 473 & 963
Prestige (Wegener)	0.962^{***}	0.960^{***}
Berufserfahrung	0.993^{**}	0.993^{**}
Studium (=1)	2.121^{***}	2.276^{***}
Observations	2504	2504

Exponentiated coefficients
$^+ p < .1$, $^* p < .05$, $^{**} p < .01$, $^{***} p < .001$

Wie in Abbildung 7 in Kapitel 3 zu sehen ist, entsteht ein einflussreicher Fall nicht nur durch einen großen Abstand von der Schätzfunktion, also durch ein hohes Residuum, sondern auch durch seine spezielle Lage relativ zur Schätzfunktion *und* zur Punktewolke.

Die Tatsache, dass die *efficient score residuals* auf der Partial-Likelihood zu basieren scheinen, erklärt möglicherweise, warum man sie nicht im Anschluss an `streg` erhält, sondern nur nach `stcox` (Cleves et al. 2008, S. 207). Dazu passt auch, dass die auf den *score residuals* basierenden Beispielanalysen in Box-Steffensmeier und Jones (2007) sich nur auf das Cox-Modell beschränken. Unter der Bedingung, dass ein parametrisches Modell sehr ähnliche Resultate zeigt wie ein äquivalentes Cox-Modell, und zwar sowohl hinsichtlich der Koeffizienten als auch hinsichtlich der Ausreißerdiagnostik anhand der Cox & Snell-Residuen, ist aber Folgendes möglich: Man generiert, wie oben gezeigt, die *efficient score residuals* aus einem äquivalenten Cox-Modell, identifiziert die für jede erklärende Variable offensichtlich einflussreichsten Fälle und schließt diese aus. Wenn die Befunde von `streg` sich mit und ohne diese Fälle als robust erweisen, sollte man diese Fälle wieder aufnehmen und das interessierende parametrische Modell mit allen Fällen schätzen. Das Cox-Modell weist die schöne Eigenschaft auf, dass es sehr flexibel in Bezug auf die Verteilungsform der Rate über die Zeit ist. Wenn man ein Weibull-Modell schätzt und die empirische Verteilung der Rate tatsächlich gut durch die Weibullfunktion abgebildet werden kann, lässt sich diese Verteilungsform auch durch das Cox-Modell gut approximieren. Somit dürften auch die Niveaus der *leverages* in beiden Modellen ähnlich sein.

6.9 Modelle für gruppierte Daten

Wir haben bisher ein wesentliches Problem der Episodendaten nicht berücksichtigt, nämlich die Tatsache, dass in dem von uns verwendeten Beispieldatensatz häufig mehrere Episoden von einer Person vorliegen. Auf Grund der Clusterung der Episoden innerhalb der Individuen ist jedoch die Annahme verletzt, dass die Beobachtungen (die Episoden) statistisch voneinander unabhängig sind.

Innerhalb eines zeitkontinuierlichen Ansatzes kann das Problem der geclusterten Beobachtungen durch ein so genanntes *shared frailty*-Modell gelöst werden, welches die unbeobachtete Heterogenität kontrolliert (Hougaard 2001). Dabei bedeutet *frailty* „Zerbrechlichkeit" oder „Verwundbarkeit" und verweist damit erneut auf die Herkunft der Ereignisanalyse aus den Mortalitätsanalysen der Demographie bzw. der Biostatistik. Die Logik des *shared frailty*-Modells besteht darin, dass man einen zusätzlichen Parameter einführt, der die Unterschiede in der Hazardrate zwischen den Episoden abbildet, die durch *unbeobachtete* Einflussfaktoren bedingt sind. Jener Teil der Varianz einer abhängigen Variablen (das ist hier die Übergangsrate), der durch unbeobachtete Faktoren bedingt ist, schlägt sich im Fehlerterm des Modells nieder. Das *shared frailty*-Modell basiert auf der Annahme, dass unbeobachtete Heterogenität aus Merkmalen resultiert, die allen Episoden innerhalb einer Einheit gemeinsam sind. Somit wird eine hierarchische Datenstruktur angenommen, bei der die einzelnen Episoden Einheiten innerhalb der Individuen darstellen. Im folgenden Beispiel sind also die Individuen die „höhere" Ebene. Das muss aber nicht so sein, man kann z.B.

auch Regionen oder Stadtteile als höhere Ebenen definieren, wobei das Modell dann direkt im Geiste der Mehrebenenanalyse steht. In der Tat wird im *shared frailty*-Modell der Einfluss unbeobachteter Merkmale durch einen zusätzlichen Fehlerterm α modelliert, der zwischen den Einheiten der höheren Ebene variiert (hier der Individuen) und dessen Varianz θ empirisch zu schätzen ist. Diese Variante der Ereignisanalyse kann daher als Random Effects Modell betrachtet werden (Giesselmann und Windzio 2012), bei dem der *frailty*-Term einer Zufallsverteilung für jede Gruppe von Beobachtungen folgt (Hougaard 2001, S. 215). Diese Subgruppen sind in der folgenden Analyse durch die Individuen definiert und der *frailty*-Term spiegelt die Effekte unbeobachteter Heterogenität zwischen den Individuen wider.

$$r(t_{ij} \mid x_{ij}, \alpha_j) = \alpha_j \bullet r(t_{ij} \mid x_{ij}) \quad , \quad \mathrm{var}(\alpha) = \theta$$

Im Gegensatz zu den klassischen Random Effects Modellen in der Mehrebenen- und Panelanalyse (Giesselmann und Windzio 2012) wird aus Gründen der effizienten mathematischen Lösbarkeit allerdings keine Normalverteilung des Fehlerterms α, sondern häufig eine Gammaverteilung angenommen (Hougaard 2001, S. 233; Fox 2009, S. 105). Dies muss uns aber im Folgenden nicht weiter beschäftigen. Für die Schätzung eines *shared frailty*-Modells lesen wir die Daten wie gewohnt ein. Weil die Variable `idn` jede einzelne *Episode* separat identifiziert, muss eine neue Variable erstellt werden, die die *Person* identifiziert, innerhalb der die Episoden geclustert sind. Weil die `idn` aus `Person ID*10000 + Startzeitpunkt der Episode` gebildet wurde, muss die `idn` nun durch 10000 dividiert werden, wobei die Dezimalstellen mit der `floor`-Funktion abgeschnitten werden. Beim `stpiece` Befehl wird bei der Option `shared()` die Variable angegeben, die die übergeordneten Einheiten definiert, innerhalb derer die Episoden voneinander abhängig sein könnten. Um die Syntax etwas abzukürzen schreiben wir die Liste der unabhängigen Variablen in ein globales Makro `UVs`, das im Gegensatz zum lokalen Makro nach erstmaliger Verwendung bestehen bleibt und immer wieder mit dem Präfix `$` aufgerufen werden kann.

```
use $pfad/exp2.dta, clear
gen person=floor(idn/10000)
global UVs lfx_n mps frau kind_u3 frauXkindu3 ///
studium oeffdi41 ko2 ko3 alo die_ant

stset dur_process , failure(status_diff==3) id(idn)
stpiece $UVs, tp(0(24)48) shared(person)
```

Das Ergebnis der Modellschätzung zeigt, dass es legitim ist, die Episoden als unabhängig voneinander zu betrachten: Die Varianz des *frailty* Terms θ, also des Zufallseffektes auf der Personenebene, ist nahe Null und nicht signifikant.

Tabelle 19: Berufliche **Ab**stiege im ostdeutschen Transformationsprozess, PCE *shared frailty* Modell und Random Effects (RE) Logit-Modell für multiple Episoden

	pce, shared frailty	diskret, RE Logit
0-12	0.009***	0.009***
tp2	0.011***	0.011***
tp3	0.016***	0.016***
Berufserfahrung (Mon.)	0.987*	0.987*
Prestige (Wegener)	1.003	1.003
Frau (=1)	1.107	1.107
Kind u. 3	0.773	0.772
Frau * Kind u. 3	1.883+	1.887+
Studium (=1)	1.449+	1.450+
öffentl. Dienst	0.557***	0.555***
Abschlusskohorte 1990	0.662	0.661
Abschlusskohorte 1995	0.650	0.649
Arbeitslosenquote	0.986	0.985
Tertiarisierung	0.988	0.987
θ	0.000 n.s.	0.000 n.s.
Personen	1109	1109
Observations	10320	76243

Exponentiated coefficients
$^{+}p < .1,\ ^{*}p < .05,\ ^{**}p < .01,\ ^{***}p < .001$

Ist man mit der Analyse von Paneldaten z.B. mit der Software Stata vertraut (Giesselmann und Windzio 2012), ist es unmittelbar naheliegend, das *shared frailty* Modell durch eine alternative Spezifikation zu schätzen, nämlich durch ein Random Effects Modell der binären logistischen Regression. In dem Lehrbuch von Giesselmann und Windzio (2012) werden Random Effects Modelle wegen der häufig unrealistischen Annahme, dass $corr(\alpha, \mathbf{x}=0)$ sei, insgesamt eher kritisch dargestellt; aber sie entsprechen relativ genau dem, was im *shared frailty* Modell ebenfalls passiert – nur dass das Random Effects Modell ein zeitdiskretes Modell darstellt.

Für die binäre logistische Regression müssen wir ein Episodensplitting durchführen, in dessen Folge wir eine Zeile pro Personenmonat erhalten. Darum ist in diesem Modell in Tabelle 19 auch die Zahl der Subepisoden (Observations) deutlich höher. Mit Ausnahme der letzten Zeile einer Episode, die den ursprünglichen Zielzustandsindikator enthält, muss die Zielzustandsvariable für alle Zeilen mit dem Wert Null überschrieben werden. Anschließend wird eine binäre Zielzustandsvariable gebildet, die den Wert 1 für Abstiege, andernfalls den Wert Null enthält. Das zeitdiskrete Random Effects Ratenmodell kann mit dem Befehl xtlogit geschätzt werden, wobei die Option nocons die Ausgabe der Konstanten unterdrückt, damit für jede der drei Prozesszeitperioden eine Baseline-Rate geschätzt werden kann. Wir schließen an die obige Syntax, mit der das *shared frailty* PCE-Modell geschätzt wurde, an:

```
gen d=endem - startm
expand d
sort person startm
bysort idn: gen time=_n - 1
bysort idn: replace status_diff=0 if _n !=_N
tab status_diff

gen abstieg=0
bysort person startm: replace abstieg = 1 if ///
status_diff == 3

gen t0_24=0
replace t0_24 = 1 if time < 24
gen t24_48=0
replace t24_48 = 1 if time >= 24 & time < 48
gen t48plus=0
replace t48plus = 1 if time >= 48

xtlogit abstieg t0_24 t24_48 t48plus $UVs, i(person) ///
diff nocons or
xtcloglog abstieg t0_24 t24_48 t48plus $UVs, i(person) ///
diff nocons eform
sum time if e(sample)
tab status_diff if e(sample)
```

Wenn man die Schätzung von xtlogit mit dem zeitdiskreten Modell vergleicht wird man nur geringfügige Unterschiede zum PCE-Modell feststellen. Ein weiteres Modell, dass im Vergleich zu xtlogit nahezu identische Resultate bringt, ist das Random Effects *complementary log-log* Modell (xtcloglog) (Cameron und Trivedi 2005, S. 466), welches relativ häufig als diskretes Modell der Ereignisanalyse verwendet wird.

7 Schätzung der Anzahl von Ereignissen: Modelle für Zähldaten

In den vorangegangenen Abschnitten haben wir Regressionsmodelle behandelt, mit deren Hilfe das Auftreten von Ereignissen durch einen Satz unabhängiger Variablen erklärt werden kann. Das Auftreten von Ereignissen wurde als Übergang betrachtet, bei dem die Rate des Wechsels von einem Ausgangszustand in einem Zielzustand durch erklärende Variablen vorhergesagt wird.

In ihrer klassischen Form sagt uns die Ereignisanalyse jedoch nichts darüber aus, *wie viele* Ereignisse einer bestimmten Art während einer Risikoperiode eintreten. Wollen wir untersuchen, welche Faktoren die *Instabilität von Erwerbsverläufen* erklären, können auch andere statistische Verfahren zur Analyse von Ereignissen aufschlussreiche Befunde liefern. Nehmen wir ein fiktives Beispiel aus einer Studie über den Übergang vom Bildungssystem in den Beruf während der ersten fünf Jahre nach Ende der Ausbildung. Angenommen, Personen, deren Eltern ein geringes Bildungsniveau haben, nehmen nach Abschluss des Studiums sofort den ersten ihnen angebotenen Job an, da sie aufgrund ihrer sozialen Herkunft keine finanziellen Rücklagen haben und auf „schnelles Geld" angewiesen sind. Während dieser ersten Jobepisode haben sie ihr Auskommen und bewerben sich nebenher wohlüberlegt und sorgfältig vorbereitet auf eine passende Stelle, die sie aufgrund ihres guten Studienabschlusses auch schnell bekommen. Diese Stelle behalten sie über ihr weiteres berufliches Leben hinweg bei. In einer empirischen Studie über berufliche Mobilität würde man für diese Personen nur zwei Erwerbsepisoden und ein Mobilitätsereignis feststellen, wobei die soziale Herkunft „Eltern mit geringer Bildung" für die erste Episode eine hohe berufliche Aufstiegsrate bedingt. Zugleich hätte diese unabhängige Variable einen negativen Effekt auf die Rate der Mobilität vom ersten zum zweiten Job. Zur Frage, inwieweit die Bildung der Eltern sich tatsächlich auf die Fluktuationsneigung am Arbeitsmarkt auswirkt, liefert die Ereignisanalyse also ambivalente, wenngleich durchaus aufschlussreiche Befunde. Man könnte die Perspektive wechseln und fragen, wie sich die berufliche Stellung der Eltern auf die *Anzahl der Beschäftigungsverhältnisse* in den ersten fünf Berufsjahren auswirkt.

Zur Analyse derartiger Fragestellungen gibt es Modelle zur Analyse von *Zähldaten*. Auch bei Analysen von Querschnittsdaten werden diese Modelle immer dann angewendet, wenn eine diskrete abhängige Variable die *Anzahl* von etwas (z.B. Kinder, Publikationen, gerauchte Zigaretten) misst. Sie lassen sich als generalisiertes lineares Modell darstellen, bei dem die nicht-linearen Zusammenhänge zwischen einer in spezifischer Weise verteilten abhängigen Variablen durch eine Linkfunktion in eine Linearkombination aus Werten der unabhängigen Variablen und Regressionsgewichten transformiert werden (vgl. Kap. 2).

Zähldaten beschreiben *Inzidenzen*. In der medizinischen Statistik bezeichnet der Begriff der Inzidenz die Anzahl von neu auftretenden Fällen einer Krankheit in einem Zeitintervall. In der kriminologischen Forschung verwendet man den Begriff für die *Anzahl* der in *einem bestimmten Zeitintervall* auftretenden *Delikte*, während der *Anteil* der Täter in einer Population als *Prävalenz* bezeichnet wird (Enzmann et al. 2004; Windzio und Baier 2009). Wenngleich Inzidenzen ratioskaliert sind, stellen sie *kategoriale* Variablen dar. Man kann in den letzten 12 Monaten zwei oder neun Gewaltdelikte begangen haben, nicht aber eineinhalb. Streng genommen ist ein auf der Annahme stetig normal verteilter abhängiger Variablen basierendes Schätzmodell wie die lineare OLS-Regression nicht angemessen, wenngleich die Schätzungen der OLS-Koeffizienten nicht notwendigerweise verzerrt sein müssen. Problematisch wird die Anwendung der linearen Regression auf Zähldaten aber dann, wenn der Daten generierende Prozess zu sehr schiefen Verteilungen in der Untersuchungspopulation führt oder wenn die mittlere Anzahl der Ereignisse deutlich kleiner als 30 ist.

Die in Abbildung 36 dargestellte Verteilung der Anzahl der Jobwechsel im Alter von 25 ist schief und entspricht keinesfalls einer Normalverteilung. Angesichts dieser schiefen Verteilung wird man durch ein lineares OLS-Modell kaum valide Ergebnisse erhalten.

Abbildung 36: Anzahl der Jobwechsel im Alter von 25

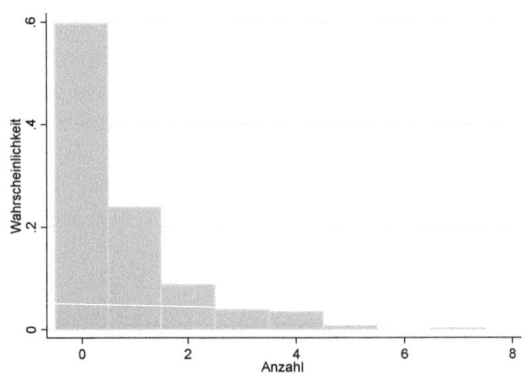

Kann man trotzdem eine Regression schätzen? Ja, aber man muss eine Verteilungsfunktion wählen, die der empirischen Verteilung der abhängigen Variablen *y* angemessen ist. Diese Verteilungsfunktion muss zum einen diskret sein, weil *y* eine diskrete Zufallsvariable ist. Sie muss zum anderen derartig schiefe Formen zulassen. Eine häufig verwendete diskrete Verteilung für Zähldaten ist die *Poisson-Verteilung*. Aus ihr ergibt sich die so genannte *Poisson-Regression*. Im folgenden Beispiel misst die abhängige Variable *y* die Anzahl der Jobs, die eine Person während des ostdeutschen Transformationsprozesses im Alter von 25 Jahren hatte. Die Poisson-Verteilung wird nur durch einen Parameter bestimmt, nämlich μ (sprich: „mü"). In der Literatur wird er auch häufig als λ (sprich: „lambda") dargestellt. Dieser Parameter ist der Kern der Regressionsschätzung; er wird in Kombination mit den geschätzten Regressionsgewichten als abhängig von den Merkmalen der jeweiligen Beobachtungen betrachtet. Er steht für den Erwartungswert von *y*, zugleich aber auch für dessen Varianz.

Die Poisson-Verteilung ist diskret und gibt für jede Kategorie der abhängigen Variablen *y* die *Wahrscheinlichkeit* an, mit der eine zufällig ausgewählte Beobachtung in die jeweilige Kategorie fällt, sie also die jeweilige Anzahl der Jobwechsel aufweist. Sie stellt sich formal folgendermaßen dar:

$$\Pr(y_i \mid \mu_i) = \frac{\exp(-\mu_i)\mu_i^{y_i}}{y_i!}$$

Dabei steht y! für die *Fakultät von y*. Hat eine Person vier Ereignisse erlebt, bedeutet y! = 4! = 4•3•2•1 = 24. Für jedes Individuum lässt sich auf Basis einer Poisson-Regression also in Abhängigkeit von μ_i die Wahrscheinlichkeit schätzen, eine bestimmte Anzahl von Ereignissen aufzuweisen. Der Wert μ_i lässt sich nach Logarithmierung aus einer Linearkombination von Regressionsgewichten β und Werten von **x** schätzen.

$$\ln(\mu_i) = \beta_0 + \beta_1 x_{1i} + \beta_2 x_{2i} + \ldots + \beta_3 x_{3i} = \beta' \mathbf{x}_i$$

Daraus ergibt sich für μ:

$$\mu_i = \exp(\beta_0 + \beta_1 x_1 + \beta_2 x_2 + \ldots + \beta_3 x_3) = \exp(\beta' \mathbf{x}_i)$$

$$E(y_i) = \mu_i \iff \mu_i = E(y_i \mid \mathbf{x}) = \exp(\beta' \mathbf{x}_i)$$

Der konditionale Erwartungswert von *y* ist also μ. Schätzt man einen Wert für μ_i mit einer Poisson-Regression, kann man diesen in die obige Formel für die

Wahrscheinlichkeit $\Pr(y_i|\ \mu_i)$ einsetzen und daraus die Wahrscheinlichkeit für einen gegebenen Wert von y berechnen. Der durch $\exp(\boldsymbol{\beta'}\mathbf{x}_i)$ vorhergesagte Wert für μ_i bezeichnet die durch die Regression vorhergesagte *Anzahl der Ereignisse*.

Der Term μ_i lässt sich im Poisson-Modell auch als *Inzidenzrate* bezeichnen, d.h., als die mittlere Anzahl der Ereignisse in einem gegebenen Zeitintervall. Allerdings besteht in vielen Untersuchungen ein Problem darin, dass nicht alle Untersuchungseinheiten über dieselbe Zeitdauer hinweg dem Risiko ausgesetzt sind, Ereignisse zu erleben. Sind die Beobachtungen jeweils für spezifische Dauern t_i dem Ereignisrisiko ausgesetzt, variiert das Ereignisrisiko allein schon deshalb, weil die Beobachtungen unterschiedlich lange „Wartezeiten" (oder Risikozeiten) aufweisen, während der sie die Ereignisse erleben können. Dieses Problem wird bei der Modellierung von Zähldaten dadurch gelöst, dass die Inzidenzrate durch eine *Offset-Variable* auf die jeweilige Risikozeit konditioniert wird, in der eine Beobachtung ein Ereignis erleben kann. Verwendet man die individuellen Risikozeiten t_i als Offset-Variable, ist nicht mehr $\ln(\mu_i)$ sondern $\ln(\mu_i/t_i)$ die abhängige Variable (Dunteman und Ho 2006, S. 48). Der konditionale Erwartungswert der Anzahl der Ereignisse wird also konditioniert auf die Risikozeit. Zwar lässt sich der Ausdruck $\ln(\mu_i/t_i)$ nicht einfach aus den Daten heraus berechnen. Weil aber gilt: $\ln(\mu_i/t) = \ln(\mu_i) - \ln(t_i)$, können wir $\ln(t_i)$ auf die linke Seite ziehen und erhalten $\ln(\mu_i)=\ln(t_i)+\mathbf{x}\boldsymbol{\beta}$. Ist μ_i nicht von der Risikozeit abhängig, z.B. in einer Querschnittsstudie, wird auch keine *Offset-Variable* verwendet, das Modell also einfach ohne diese Variable geschätzt.

$$\ln\left(\frac{\mu_i}{t_i}\right) = \mathbf{x}_i\boldsymbol{\beta} \Leftrightarrow \quad \ln(\mu_i) - \ln(t_i) = \mathbf{x}_i\boldsymbol{\beta} \quad \Leftrightarrow \ln(\mu_i) = \ln(t_i) + \mathbf{x}_i\boldsymbol{\beta}$$

Wie beschreibt der Parameter μ die Poisson-Verteilung? Je größer μ, desto stärker verschiebt sich die Masse der Verteilung nach rechts. Der Parameter μ ist der Erwartungswert („Mittelwert") der Verteilung. Diesen wollen wir durch erklärende Variablen vorhersagen [($|x$)]. Zugleich ist μ aber auch die Varianz der Poisson-Verteilung. Somit müssen sowohl Varianz und Mittelwert von y gleich μ sein, andernfalls passt das Poisson-Modell nicht zu den Daten. Betrachten wir zur Illustration der Poisson-Verteilung die Abbildung 37. Nehmen wir an, eine erklärende Variable x hat einen positiven Effekt auf die Inzidenz (d.h. Anzahl der Ereignisse), der sich in einem großen Wert des Koeffizienten β zeigt. Dadurch steigt μ, und der Erwartungswert $E(y_i|x_i)$ ist nun bei höheren Inzidenzen zu finden.

$$\mu_i = E(y_i\mid \mathbf{x}_i) = \exp(\boldsymbol{\beta'}\,\mathbf{x}_i)$$

Je höher die vorhergesagte Anzahl μ_i ist, desto weiter schiebt sich der Modalwert der Poisson-Verteilung nach rechts und desto ähnlicher werden sich Modal- und Mittelwert. Bei hohen y nimmt die Wahrscheinlichkeit jedes einzelnen Wertes von y ab: In der Grafik oben rechts sind es nur maximal fünf Ereignisse und die Wahrscheinlichkeit für die Werte Null und Eins liegt zumindest über 30%. In der Grafik rechts unten beträgt die Wahrscheinlichkeit für den Modalwert von ca. 10 bereits weniger als 20%, die Ereignisse verteilen sich nun auf mehrere Kategorien. Bei hohem y konvergiert die Poisson-Verteilung gegen die Normalverteilung, und in diesem Fall würde auch eine OLS-Regression ein gutes Ergebnis liefern – und ist zudem deutlich einfacher zu interpretieren.

Abbildung 37: Lage der Poisson-Verteilung in Abhängigkeit von µ

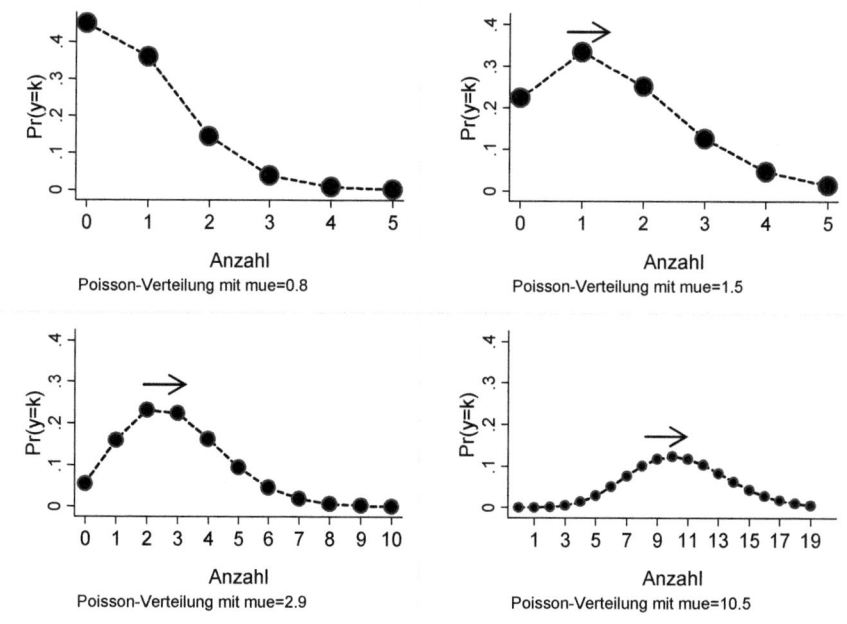

Die Poisson-Verteilung weist die bereits erwähnte Eigenschaft auf, die die praktische Anwendung des Poisson-Modells häufig verbietet: Der Mittelwert der Poisson-Verteilung, d.h. der Schätzwert μ, ist gleich der Varianz der Verteilung. Dies wird als *Equidispersion* bezeichnet:

$$\text{var}(y) = E(y) = \mu$$

Die Tatsache, dass die abhängige Variable eine Zählvariable darstellt, bedeutet daher keineswegs automatisch, dass sie einer Poisson-Verteilung entspricht. Ist also die Annahme, auf der das Modell basiert, erfüllt? In unseren Beispielanalysen unten schätzen wir Prädiktoren der Anzahl von im Alter von 25 Jahren bereits erlebten Jobwechseln. Im Anschluss an die Modellschätzung mit `Stata` berechnen wir mit `sum` Mittelwert und Standardabweichung der abhängigen Variablen `anz` für jenes Subsample, auf dem die Modellschätzung basierte (Bedingung `if e(sample)`). Wir greifen auf die intern gespeicherte Varianz mit `r(Var)` zu und geben den Wert mit dem `disp` Befehl aus (siehe unten).

Die Varianz (1,19) ist deutlich größer als der Mittelwert (0,698), was man als *overdispersion* (dt. Überdispersion) bezeichnet. Dieses Phänomen entsteht häufig dadurch, dass der Wert Null für y häufiger auftritt, als man nach der Poisson-Verteilung erwarten würde. Es stellt sich aber die Frage, ob diese Überdispersion erhalten bleibt, wenn wir im Rahmen einer Regression die einschlägigen erklärenden Variablen kontrollieren. Die Überdispersion können wir aber auch in die Gleichung integrieren und mitschätzen. Dazu erweitern wir die Poisson-Verteilung um eine *empirisch zu schätzende Varianz* und erhalten, allerdings nach komplexerer Algebra, die *negative Binomialverteilung*. Dieses Modell hat folgende Form, wobei Γ (sprich: Gamma) für die Gamma-Verteilung steht, die an dieser Stelle nicht näher erläutert werden kann:

$$\Pr(y_i \mid \mathbf{x_i}) = \frac{\Gamma(y_i + v_i)}{y!\Gamma(v_i)} \bullet \left(\frac{v_i}{v_i + \mu_i}\right)^{v_i} \bullet \left(\frac{\mu_i}{v_i + \mu_i}\right)^{y_i}$$

Der Erwartungswert der Anzahl der Ereignisse ist wieder μ.

$$\mu = E(y_i \mid \mathbf{x}_i) = \exp(\mathbf{b'}\mathbf{x}_i)$$

Die Varianz der abhängigen Variablen y ist nun nicht mehr zwangsläufig gleich μ, sondern wird auch durch den zusätzlichen Parameter v_i gesteuert (sprich: nü) und berechnet sich durch

$$\text{var}(y_i \mid x) = \mu_i \left(1 + \frac{\mu_i}{v_i}\right) = \mu_i + \mu_i \bullet \frac{\mu_i}{v_i} = \mu_i + \frac{\mu_i^2}{v_i}$$

$$= \mu_i + \frac{1}{v_i}\mu_i^2 = \mu_i + \alpha\mu_i^2$$

Die Statistiksoftware `Stata` gibt als Indikator für die Varianz den Wert α aus, der sich errechnet aus $\alpha = 1/v$. Ist α in der obigen Gleichung Null, bleibt für die Varianz nur μ übrig, also der geschätzte konditionale Mittelwert. In diesem Fall wäre das negative Binomialmodell mit der Poisson-Regression identisch. Somit ist das Poisson-Modell als Sonderfall mit $\alpha = 0$ in der negativen Binomialregression enthalten, beide Modelle sind *genested*. Ist α Null, dann ist die Varianz gleich dem Mittelwert und die Annahme des Poisson-Modells ist erfüllt. Schätzt man die negative Binomialregression mit einen *constraint* $\alpha = 0$, dann erhält man das Poisson-Modell. Mit dem Signifikanztest der Nullhypothese $\alpha = 0$ kann entschieden werden, ob das negative Binomialmodell tatsächlich aufgrund von $\alpha \neq 0$ dem Poisson-Modell überlegen ist. Ist das nicht der Fall, sollte man eine Poisson-Regression schätzen, weil man andernfalls mit der negativen Binomialregression überflüssigerweise α als zusätzlichen Parameter schätzen und damit die Modellanpassung verschlechtern würde (siehe *AIC* und *BIC* in Kapitel 2).

Weil die *overdispersion* relativ häufig bei der Schätzung von Modellen für Zähldaten auftritt, wird entsprechend häufig das Poisson-Modell zugunsten der negativen Binomialregression verworfen. Dies ist auch im anschließenden Beispiel der Fall. Wir wollen Einflussfaktoren auf die Anzahl der Jobwechsel modellieren, die eine Person im Alter von 25 erlebt hat. Die beiden Modelle erhält man mit der unten stehenden Syntax. Dabei ist der Hinweis wichtig, dass die Anzahl der Jobwechsel auch von der gesamten Erwerbsdauer abhängt, also von der Gesamtzeit, die eine Person im Alter von 25 Jahren im Erwerbssystem verbracht hat. Diese stellt unsere Offset-Variable `durS` dar, die wir in der Option `exposure()` angeben.

```
use $pfad/count.dta, clear
poisson anz alter frau kohorte2 kohorte3 m_isei_88 ///
studium ant_befrist, exposure(durS) irr

nbreg anz alter frau kohorte2 kohorte3 m_isei_88 ///
studium ant_befrist, exposure(durS) irr

sum anz if e(sample)
disp r(Var)
```

Tabelle 20: Anzahl der Jobwechsel im Alter von 25, Poisson- und negative Binomialregression, incidence rate ratios (IRR)

	poisson	negativ binomial
Alter	1.090^{***}	1.105^{***}
Frau	0.983	0.971
Kohorte90	1.887^{***}	2.023^{***}
Kohorte95	1.182	1.199
ISEI	0.990^{*}	0.989^{*}
Studium	0.596^{**}	0.558^{**}
Anteil befristet	1.009^{***}	1.010^{***}
α	-	.305***
Observations	709	709

$^{+}p < .1,\ ^{*}p < .05,\ ^{**}p < .01,\ ^{***}p < .001$
Likelihood-ratio test of alpha=0: chibar2(01) = 19.10 Prob>=chibar2 = 0.000

In der Ergebnisausgabe von Stata zeigt auch der Likelihood-Ratio-Test an, dass die Nullhypothese H0: $\alpha = 0$ mit einem Chi-Quadrat Wert von 19,10 bei einem Freiheitsgrad widerlegt ist ($\chi^2(df)=19,10(1)$, $p<=0,000$). Wir haben folglich eine signifikante Überdispersion, und damit eine Verteilung, deren Varianz größer ist als der Mittelwert. Das Poisson-Modell wird zu Gunsten der negativen Binomial-regression verworfen.

In Tabelle 20 haben wir uns die Koeffizienten in entlogarithmierter Form ausgeben lassen und können diese als so genannte *incidence rate ratios* interpre-tieren: Mit jedem Altersjahr der Person steigt im Poisson-Modell die Rate eines weiteren Jobwechselereignisses um den Faktor 1,090, nach dem negativen Bi-nomialmodell um den Faktor 1,105. Wesentlich interessanter und erwartungs-gemäß ist aber der Befund, dass die Absolventen der Kohorte 1990 gegenüber der Referenzkategorie der Kohorte 1985 einen wesentlich turbulenteren Berufs-einstieg erlebten, und zwar mit einer um den Faktor 1,887 (Poisson) bzw. 2,023 (negativ binomial) erhöhten Inzidenzrate. Hingegen ist kein Unterschied zwi-schen der Absolventenkohorte 1995 und der Referenzkategorie der Kohorte 1985 festzustellen. Insbesondere jene, die während der „heißen Phase" der ostdeut-schen Transformation in den Arbeitsmarkt einstiegen, dem so genannten „Gele-genheitsfenster", in dem neben der Abwicklung ineffizienter Betriebe auch zahl-reiche Neugründungen stattfanden (Windzio 2001), hatten bis zum Alter von 25 vergleichsweise viele Jobwechsel. Schließlich ergibt sich für den Anteil befriste-ter Beschäftigungsverhältnisse (in %) an der Gesamtdauer der Beschäftigung bis zum Alter von 25 eine höhere Jobwechselhäufigkeit, d.h. Befristung korrespondiert mit Instabilität der Beschäftigung.

Nochmals ist zu betonen, dass das Poisson-Modell zu Gunsten der negativen Binomialregression widerlegt ist. In diesem speziellen Fall wäre allerdings der Fehler, den man mit dem Poisson-Modell machen würde, nicht sehr dramatisch – aber das kann sich in anderen Analysen anders darstellen, und das Problem einer möglichen Fehlanpassung des Poisson-Modells muss sehr ernst genommen werden.

Es gibt Situationen, in denen selbst die negative Binomialregression den Daten generierenden Prozess für Zählvariablen nicht adäquat beschreibt. Dies ist der Fall, wenn die Kategorie der Null so häufig besetzt ist, dass diese extreme Häufigkeit auch nicht mehr durch die Überdispersion des negativen Binomialmodells abgebildet werden kann. Man spricht in diesen Fällen von einem *Exzess* der Nullen. Zwar kann die Fehlanpassung der Poisson-Verteilung an die Daten grundsätzlich durch eine überhöhte Anzahl an Nullen bedingt sein, so dass die negative Binomialverteilung den Daten generierenden Prozess adäquat beschreibt. Übersteigt aber der Exzess der Nullen eine gewisse Schwelle, dann passt auch die negative Binomialverteilung nicht mehr zu den Daten. Verteilungen mit einem Exzess von Nullen können auf interessante soziale Prozesse hindeuten. Nehmen wir das Beispiel der Delinquenzforschung. Untersuchen wir die Inzidenz von schweren Gewaltdelikten, die Schülerinnen und Schüler der 9. Jahrgangsstufe im letzten Jahr begangen haben, kann ein Exzess von Nullen auf die Existenz von *zwei latenten Klassen* hindeuten. Der Begriff der latenten Klasse beschreibt Gruppen, die sich signifikant im Hinblick auf die abhängige Variable unterscheiden, ohne dass die Daten einen Indikator enthalten, der die beiden Gruppen identifiziert. Die Gruppen sind also *latent*, d.h. in diesem Fall: *unbeobachtet*. In der Delinquenzforschung ist es häufig überaus angebracht, von latenten Klassen auszugehen. So wirken in der großen Mehrheit der Jugendlichen protektive Faktoren dahingehend, dass ihnen niemals in den Sinn käme, ein schweres Gewaltdelikt zu begehen. Nur ein kleiner Teil der Jugendlichen fällt in die Gruppe derjenigen, die zu einem schweren Gewaltdelikt überhaupt in der Lage sind. Erst, wenn man Teil der Gruppe der potentiellen Gewalttäter ist, stellt sich überhaupt die Frage, *wie viele* Gewaltdelikte man beispielsweise im letzten Jahr begangen hat (Windzio und Baier 2009).

Wir brauchen ein Regressionsmodell, das zum einen erklärt, welche Faktoren die Zugehörigkeit zu den beiden latenten Gruppen erklären, andererseits aber die Inzidenz der Gewaltdelikte im letzten Jahr innerhalb der Gruppe der Täter erklärt. Tatsächlich existiert eine Variante der Poisson- bzw. der negativen Binomialregression, die diese beiden Fragen in einer simultanen Modellschätzung beantworten kann. Es handelt sich um sogenannte *Zero-Inflated Count-Data Modelle*. Diese Modelle basieren auf zwei simultan geschätzten Regressionsgleichungen. In der ersten Regressionsgleichung werden Einflussfaktoren auf die Zugehörigkeit zur latenten Klasse geschätzt. Da diese Zugehörigkeit binär ausgeprägt ist (1 = gehört zu der Gruppe der Nichttäter; 0 = gehört zu der Gruppe der potentiellen Täter), können wir Modelle zur Erklärung binär ausgeprägter abhängiger Variablen für die Schätzung der ersten Gleichung verwenden. Wie wir bereits wissen, bieten sich hier entweder Logit- oder Probit-Modelle an. Für die zweite Gleichung, die die Inzidenz der Ereignisse (hier der schweren Gewaltdelikte) in der latenten Gruppe der potentiellen Täter erklärt, schätzen wir entweder eine Poisson- oder eine negative Binomialregression. Dabei ist zu berücksichtigen, dass sich etwa die Erklärung zur Zugehörigkeit zur latenten Gruppe der Nichttäter nicht vollständig durch ein isoliertes Modell der binären Logit- oder Probit-Regression reproduzieren lässt. Bei den Zero-Inflated Count-Data Modellen werden die Parameter beider Gleichungen *simultan* durch eine *gemeinsame* Log-Likelihood-Funktion über numerischem Wege geschätzt, d.h. die Parameter werden durch den Algorithmus gefunden, indem für beide Gleichungen simultan die Log-Likelihood-Funktion maximiert wird.

Verdeutlichen wir uns das Zero-Inflated Count-Data-Modell anhand des Beispiels der Gewaltdelikte Jugendlicher (Windzio und Baier 2009), indem wir das Verfahren in zwei Schritte zerlegen: Im ersten Schritt schätzen wir die Wahrscheinlichkeit der Zugehörigkeit zur latenten Klasse *A* der *Nichttäter* durch eine binäre logistische Regression.

$$\pi = \frac{\exp(\mathbf{B}\mathbf{Z}')}{1 + \exp(\mathbf{B}\mathbf{Z}')}$$

Dabei ist π die vorhergesagte Wahrscheinlichkeit der Zugehörigkeit zur latenten Gruppe der Nichttäter, $\mathbf{B}\mathbf{Z}'$ ist ein Vektor von Regressionsgewichten $\mathbf{B}$ und ein Zeilenvektor unabhängiger Variablen $\mathbf{Z}'$. Allerdings haben auch Zugehörige zur latenten Gruppe der *Täter* eine Wahrscheinlichkeit größer Null, *Nichttäter* zu sein, weshalb sich die Wahrscheinlichkeit von Null Delikten ($y = 0$) ergibt aus:

$$\Pr(y_i = 0 \mid x_i, \mathbf{Z}_i) \quad = \pi_i + \{ (1 - \pi_i) \times \Pr(y_i = 0 \mid x_i, A_i = 0) \}$$

Unter der Annahme, dass die Wahrscheinlichkeit eines Wertes > 0 in der Gruppe *A* der *Nichttäter* gleich Null ist, können die Wahrscheinlichkeiten für Werte > 0 unter der Bedingung berechnet werden, dass $A_i = 0$ ist (d.h. dass es sich *nicht* um einen Nichttäter handelt):

$$\Pr(y_i = k \mid x_i, \mathbf{Z}_i) \quad = (\pi_i \times 0) + \{ (1 - \pi_i) \times \Pr(y_i = k \mid x_i, A_i = 0) \}$$
$$= (1 - \pi_i) \times \Pr(y_i = k \mid x_i, A_i = 0)$$

Damit erhalten wir die Wahrscheinlichkeit, dass ein Befragter k Delikte begangen hat unter der Bedingung, dass er nicht Mitglied der Gruppe der Nichttäter ist, und dies wird gewichtet mit der Wahrscheinlichkeit ($1 - \pi_i$), *nicht* zur Gruppe der Nichttäter zu gehören. Die Wahrscheinlichkeit für die jeweilige Anzahl der Delikte kann dabei entweder durch eine Poisson-Regression (Zero-Inflated-Poisson) oder durch eine negative Binomialregression (Zero-Inflated Negative-Binomial) geschätzt werden.

Für die didaktische Erläuterung der Zero Inflated Count-Data Modelle bietet sich das Beispiel der Gewaltdelikte von Jugendlichen gut an, weil die überwiegende Mehrheit der Leserinnen und Leser sicher intuitiv nachvollziehen kann, dass man erst einmal die Schwelle in eine andere Kategorie überschreiten müsste, um solch ein Delikt zu begehen.

Schauen wir uns ein anderes Anwendungsbeispiel an, bei dem es wieder um die Anzahl der Jobwechsel geht, die eine Person im Alter von 25 Jahren bereits erlebt hat (anz), und die wir durch die Prädiktoren Alter, Kohorte und ISEI 88 vorhersagen. Mit der Option inflate(m_isei_88 studium frau) wird zusätzlich zur Modellierung der Anzahl der Jobwechsel unter der Bedingung, dass man nicht der latenten Gruppe der Stayer angehört, eine Gleichung für die Wahrscheinlichkeit angefordert, der Gruppe der *Stayer* anzugehören. Diese Zero-Inflated Negative Binomialregression (zinb) spezifizieren wir durch:

```
use $pfad/count.dta, clear
zinb anz frau alter kohorte2 kohorte3 m_isei_88 ///
studium ant_befrist , exposure(durS) ///
inflate(m_isei_88 studium frau) vuong irr
```

Für die Zero Inflated Poisson-Regression ersetzt man nur das zinp durch zip. Die Stata-Syntax von zinb (Zero-Inflated negative Binomial) beschreibt ein Mehrgleichungssystem, bei dem innerhalb der Option inflate() eine binäre logistische Regression spezifiziert wird, die die Chancen auf $y=0$ schätzt. Eine weitere Option fordert den Vuong-Test an, der prüft, ob wirklich ein Exzess von Nullen vorliegt (vgl. unten).

Nun geht es noch darum zu prüfen, ob ein (leichter) Exzess von Nullen, der zu einer Fehlanpassung der Poisson-Regression führt, gut mit der negativen Binomialverteilung abgebildet werden kann, oder ob der Exzess der Nullen so groß ist, dass das Zero-Inflated Count-Data Modell verwendet werden muss. Diese Frage kann nicht allein aufgrund der visuellen Inspektion der Verteilung beantwortet werden. Es gibt zwei Möglichkeiten zu entscheiden, ob das Zero-Inflated Count-Data Modell oder das einfache Zähldatenmodell (Poisson- oder Negative Binomialregression) den Daten generierenden Prozess angemessen beschreibt. Um die Anpassung des Modells zu testen, können entweder grafische

Verfahren verwendet werden, die dann die Anpassung der jeweiligen Vorhersagewerte an die empirischen Werte von y vergleichen.

Tabelle 21: Anzahl der Jobwechsel im Alter von 25, Zero-Inflated Negative Binomialregression, *incidence rate ratios (IRR)*

	Anzahl (IRR)	OR(Y=0)
Frau	0.891	0.133
Alter	1.105^{***}	
Kohorte90	2.007^{***}	
Kohorte95	1.200	
ISEI	0.995	1.178^{*}
Studium	0.656^{+}	2.342
Anteil befristet	1.010^{***}	
α	.27 n.s.	
Observations	709	

Exponentiated coefficients
+ p < .1, * p < .05, ** p < .01, *** p < .001

Man kann dann entscheiden, ob Poisson-Regression, Zero-Inflated-Poisson, negative Binomialregression oder aber Zero-Inflated Negative Binomialregression am besten die empirische Verteilung beschreiben. Oder man kann auf formale Testverfahren wie den Vuong Test zurückgreifen (Greene 2000, S. 891; Long 1997, S. 248).

Der Vuong-Test vergleicht die durch das jeweilige Modell vorhergesagten Wahrscheinlichkeiten. Dabei wird folgendermaßen vorgegangen: Für jedes Individuum wird die Wahrscheinlichkeit geschätzt, dass die Zufallsvariable y (d.h. die abhängige Variable) den empirischen Wert von y_i aufweist, und zwar einerseits durch das Zero-Inflated Count-Data Modell (entweder Zero-Inflated Poisson oder Zero-Inflated Negativ Binomial) und andererseits durch die Standardversion des jeweiligen Zähldatenmodells. Für jedes Individuum wird die vorhergesagte Wahrscheinlichkeit des ersten Modells durch die vorhergesagte Wahrscheinlichkeit des zweiten Modells dividiert und dieser Ausdruck schließlich logarithmiert. Aus dem logarithmierten Verhältnis beider Wahrscheinlichkeiten wird die Größe m_i berechnet.

$$m_i = \ln\left[\frac{P_1(Y = y_i \mid x)}{P_2(Y = y_i \mid x)}\right]$$

Die Größe m_i wird sodann für die Berechnung der χ^2-verteilten Teststatistik V verwendet. Diese resultiert aus dem Produkt der Wurzel der Fallzahl und dem Mittelwert von m_i, dividiert die Standardabweichung von m.

$$V = \frac{\sqrt{N} \bullet \overline{m}}{\sqrt{\frac{1}{N} \bullet \sum_{i=1}^{N} (m_i - \overline{m})}}$$

Diese etwas umständliche Teststatistik ergibt sich daraus, dass beispielsweise das Poisson-Regressionsmodell und das Zero-Inflated-Poisson Regressionsmodell nicht ineinander genestet sind, und daher auch kein Likelihood-Ratio-Test durchgeführt werden kann (Long 1997, S. 248). Der Vuong-Test hilft allerdings nur bei der Entscheidung zwischen dem jeweiligen Standardzähldatenmodell und dem dazugehörigen Zero-Inflated-Count-Data-Modell. Man kann also nur testen, ob die Poisson-Regression oder die Zero-Inflated-Poisson-Regression besser zu den Daten passt, oder aber man unterscheidet zwischen der Anpassung der negativen Binomialregression und der Zero-Inflated negativen Binomialregression.

Im Prinzip sollte man aber die Modellanpassung zwischen den vier Modellen simultan vergleichen. Hierfür existiert eine graphische Lösung. Für den graphischen Modellvergleich sagt man wieder für jedes Individuum auf Basis des Regressionsmodells die Anzahl der jeweiligen Ereignisse (also z.B. Jobwechsel) vorher. Man bildet dann die Differenz aus der vorhergesagten und der beobachteten Anzahl der Ereignisse für jedes Individuum. Stellt man für jede Kategorie der Zählvariable die Abweichung zwischen den vorhergesagten und den beobachteten Anzahlen graphisch dar, lässt sich aufgrund der visuellen Inspektion in der Regel recht gut entscheiden, welches der vier Modelle letztlich am besten zu den Daten passt. Eine einfache Version der folgenden Abbildung erhält man durch:

```
use $pfad/count.dta, clear

poisson anz alter frau kohorte2 kohorte3 m_isei_88 ///
studium ant_befrist , exposure(durS)
prcounts kpoisson, plot max(7)

nbreg anz alter frau kohorte2 kohorte3 m_isei_88 ///
studium ant_befrist , exposure(durS)
prcounts knbreg, plot max(7)
zinb anz alter kohorte2 kohorte3 m_isei_88 ///
studium ant_befrist , exposure(durS) ///
inflate(m_isei_88 studium frau) vuong
prcounts kzinb, plot max(7)
```

```
zip anz alter kohorte2 kohorte3 m_isei_88 ///
studium ant_befrist , exposure(durS) ///
inflate(m_isei_88 studium frau) vuong
prcounts kzip, plot max(7)
gen kobs=kpoissonobeq
tab1 kobs anz if e(sample) /* kobs: beobachtete P*/
gen kobs1=0
gen kdprm=kobs - kpoissonpreq
gen kdnbreg=kobs - knbregpreq
gen kdzinb= kobs - kzinbpreq
gen kdzip= kobs - kzippreq

line kobs1 kdzip kdprm kdnbreg kdzinb kpoissonval
```

In Abbildung 38 stellt sich die grafische Überprüfung des Modell-Fits allerdings nicht sehr eindeutig dar: Die dicke horizontale Linie repräsentiert die Differenz der beobachteten und der beobachten Werte und stellt darum eine Nulllinie dar. Diese dient als Referenz für die perfekte Modellanpassung. Je weiter die anderen Linien von dieser Nulllinie abweichen, desto weiter ist das jeweilige Modell von dieser perfekten Anpassung entfernt. Offensichtlich ist die Zero-Inflated Version der Negativen Binomialregression (dünne durchgezogene Linie) nicht besser angepasst als das Standardmodell der Negativen Binomialregression. Passend dazu erwies sich in Tabelle 21 der Vuong-Test auch als insignifikant.

Interessant ist aber der Vergleich der Standardversionen von Poisson- und negativer Binomialregression: Gemäß der Grafik ist die dicke graue Linie (Poisson-Regression) nicht weiter von der Nulllinie entfernt als die graue gestrichelte Linie. Bei der Modellschätzung in Tabelle 20 ergab sich aber ein signifikanter Überdispersionsparameter (alpha= 0,305***), weshalb das Modell auch als negative Binomialregression geschätzt werden sollte.

Die Stärke der Zähldatenmodelle besteht darin, dass sie auf den für Zähldaten adäquaten Verteilungsfunktionen der abhängigen Variablen basieren. Allerdings weisen diese Modelle noch ein weiteres Potential auf, das in der Regel wenig beachtet wird: In manchen empirischen Studien sind auch stetig gemessene Variablen nicht normal verteilt, sondern weisen im Prinzip auch einen Exzess von Nullen auf.

Abbildung 38: Visualisierung der Vorhersagen von vier Zähldatenmodellen

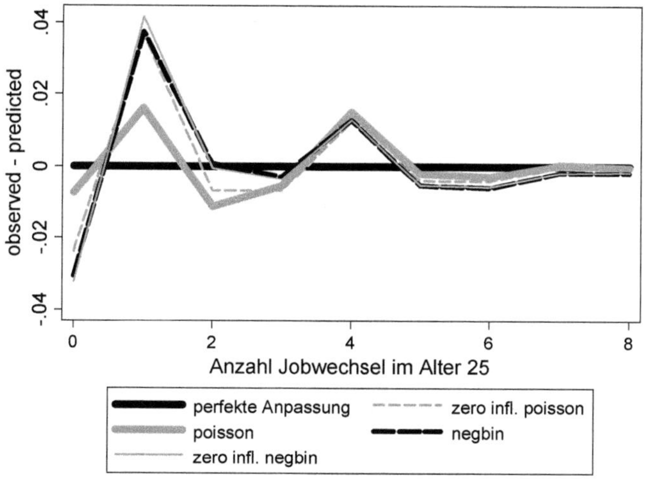

Daten des SFB 186 A4 N=709 - eigene Berechnungen

Trotz der stetigen Verteilung der abhängigen Variablen ist in diesen Fällen davon abzuraten, ein lineares Regressionsmodell zu schätzen. Es besteht die Möglichkeit, die Stärken der Zähldatenmodelle (mithilfe von etwas Datentransformation) auch für diese Fälle fruchtbar zu machen. Natürlich kann man die Zähldatenmodelle, die ja für diskrete abhängige Variablen entwickelt wurden, nicht auf stetig gemessene abhängige Variablen anwenden. Man kann allerdings die abhängige Variable in einer Weise rekodieren, bei der die stetige Variable in Kategorien von ganzzahligen Werten zusammengefasst wird. Hat man diese ganzzahligen Kategorien gebildet, lassen sich Zähldatenmodelle schätzen, wenngleich die Zusammenfassung der Daten und die Kategorienbildung zu einem Informationsverlust führt. Ist man aber an möglichst unverzerrten Schätzungen der Koeffizienten interessiert, ist die Zusammenfassung, unter Hinnahme dieses Informationsverlustes, ein weniger riskantes Vorgehen als die Anwendung der linearen OLS-Regression.

In Kapitel 10 wenden wir uns Verfahren zu, die unter anderem für stetige Verteilungen mit dem Exzess von Nullen entwickelt wurden, nämlich die Tobit-Regression, das Two-Part-Modell sowie das Heckman-Modell. An dieser Stelle sei bereits angedeutet, dass eine enge Beziehung besteht zwischen den Zero-Inflated Count-Modellen und Modellen, die für stetige Daten formuliert wurden.

8 Mehr oder weniger: Ordinale logistische Regression

In vielen sozialwissenschaftlichen Studien ist die abhängige Variable nur in ordinaler Skalierung verfügbar. Sie liefert Information über „mehr oder weniger", aber keine Quantifizierung der Abstände zwischen den Werten der Kategorien. Häufig wird der ordinale Charakter der Messung jedoch ignoriert und eine stetige und annähernd normal verteilte abhängige Variable unterstellt, um auf dieser Grundlage lineare OLS-Regressionen anwenden zu können. Und tatsächlich sind die Schätzergebnisse einer OLS-Regression dann relativ erwartungstreu, wenn die eigentlich ordinale abhängige Variable viele Ausprägungen hat und sie trotz ihrer diskreten Natur annähernd einer Normalverteilung ähnelt. Ist die Anzahl der Kategorien aber nur gering und ist z.B. die unterste Kategorie am stärksten besetzt, ist die Annahme einer Normalverteilung nicht mehr vertretbar und man sollte nicht von unverzerrten OLS-Schätzungen ausgehen. Für ordinal skalierte abhängige Variablen existieren spezielle Regressionsverfahren. Wir werden in diesem einführenden Lehrbuch nur auf die ordinalen Logitmodelle, genauer: die *ordinale logistische Regression* näher eingehen.

Wir beginnen mit einer vereinfachten, aber intuitiven Herleitung des Modells. Die vollständige Herleitung ist komplizierter, und führt zudem zu einer Koeffizienteninterpretation, die einer durch die OLS-Regression geprägten Intuition zuwiderläuft. In der Literatur ist sie aber verbreitet (O'Connell 2006; Liao 1994; Long 1997). Wir orientieren uns im ersten Schritt zunächst an der einfachen Darstellung des Modells, wie es in Stata implementiert ist, und an der man sich bei der Anwendung orientieren sollte. Anschließend sehen wir uns die präzisere Herleitung an, um die unterschiedlichen Darstellungsweisen des Modells zu verdeutlichen.

8.1 Darstellung des Modells

Die ordinale logistische Regression basiert auf der Überlegung, dass man bei der Messung der abhängigen Variablen y zwar nur diskrete Kategorien erfassen konnte, hinter diesen Kategorien aber eine stetige latente abhängige Variable y^* vorliegt, die durch $\beta'\mathbf{x}_i$ vorhergesagt wird:

$$y^* = \beta'\mathbf{x} + \varepsilon$$

Die beobachtbaren Werte der diskreten Kategorien m von y resultieren aus der dahinterliegenden, kontinuierlich normal verteilten abhängigen Variable y^*. Beobachtet wird für y der Wert $m=1$, wenn die latente abhängige Variable zwischen $-\infty$ und der ersten Schwelle θ_1 liegt. Beobachtet wird für y der Wert 2, wenn der Wert der latenten Variablen zwischen der Schwelle θ_1 und der Schwelle θ_2 liegt. Beobachtet wird für y der Wert 3, wenn die latente Variable zwischen θ_2 und θ_3 liegt. Allgemein ausgedrückt weist eine Beobachtung bei der abhängigen Variablen den Wert m auf, wenn die latente Variable y^* innerhalb der Fläche liegt, die für die jeweilige Kategorie von den Schwellenwerten θ_{j-1} und θ_j abgegrenzt wird. Somit ist bei m Kategorien und $j=m-1$ Schwellen die oberste Kategorie eine Fläche, die von θ_{j-1} und dem Wert $+\infty$ abgegrenzt wird (Tutz 2000):

$$y = 1, wenn \ -\infty \leq y^* < \theta_1$$

$$y = 2, wenn \ \theta_1 \leq y^* < \theta_2$$

$$y = 3, wenn \ \theta_2 \leq y^* < \theta_3$$

$$y = J, wenn \ \theta_{J-1} \leq y^* < \theta_J = +\infty$$

Abbildung 39: Flächenveränderung unter der Verteilung der latenten abhängigen Variablen durch Veränderungen von x, Version 1

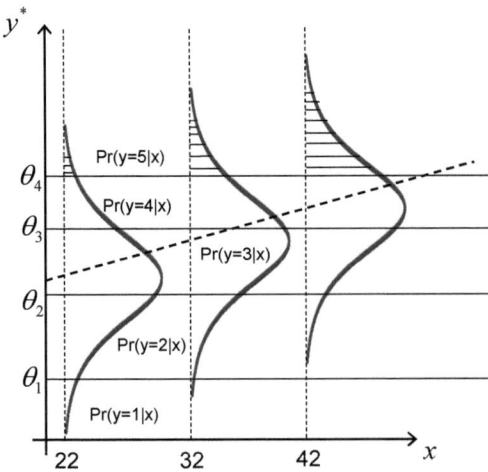

Wie Abbildung 39 zeigt (vgl. z.B. Tutz 2000, S. 205ff), hebt ein positiver Effekt von x auf y^* den Erwartungswert von $E(y^*)$ an. Bei $x=42$ ist die Wahrscheinlichkeit der Kategorie 2 sehr gering, weil sich in dieser Kategorie kaum mehr Fläche unter der Verteilung befindet. Innerhalb der Kategorie 1 ist die Fläche nahezu Null. Als Modell zur Vorhersage von Wahrscheinlichkeiten kennen wir bereits die binäre logistische Regression, die wir nun zu einem Modell für ordinale abhängige Variablen generalisieren können.

Wir können durch eine binäre logistische Regression (Kapitel 3) die Log Odds vorhersagen, dass y^* oberhalb der Schwelle θ_1 liegt. Analog sagen wir die Log Odds vorher, dass y^* oberhalb der Schwelle θ_2 liegt. Diese Kumulation wird nun für alle Kategorien verallgemeinert (Kühnel und Krebs 2010, S. 865).

$$\ln\left(\frac{P(y>1)}{1-P(y>1)}\right) = \theta_1 + \boldsymbol{\beta}'\mathbf{x}$$

$$\ln\left(\frac{P(y>2)}{1-P(y>2)}\right) = \theta_2 + \boldsymbol{\beta}'\mathbf{x}$$

$$\ln\left(\frac{P(y>m-1)}{1-P(y>m-1)}\right) = \theta_{J-1} + \boldsymbol{\beta}'\mathbf{x}$$

Die Schätzung erfolgt aber nicht durch mehrere binäre Logit-Modelle, sondern durch *ein* ordinales Modell. Die Schwelle θ_j, der *cutpoint*, liegt umso weiter oben, je höher die Kategorie ist, die wir mindestens erreichen wollen. Dagegen bleibt der Vektor der Regressionsgewichte $\boldsymbol{\beta}$ unverändert. Das bedeutet, dass die Einflussgröße $\boldsymbol{\beta}$ *nicht* zwischen den Schwellen variiert. Weiter unten wird uns dies unter dem Begriff der *Proportionalitätsannahme* wieder begegnen. Wir schätzen die ordinale logistische Regression mit der folgenden Syntax und interpretieren die Koeffizienten in Tabelle 22.

```
use $pfad/ologit.dta, clear
ologit pendeln alter isei_88 frau studium oeffdi41 ///
befristung kohorte2, vce(cluster fb_nr41)
brant
```

Tabelle 22: Ursachen der beruflichen Pendelintensität (1=nein, 2=wöchentl.,
3=tägl.), ordinale logistische Regression, robuste Standardfehler

	(1) Log Odds	(2) Odds Ratios
Alter	0.072^*	1.075^*
ISEI 88	-0.001	0.999
Frau	-0.353^*	0.703^*
Studium (vs. Lehre)	-0.122	0.885
öffentl. Dienst	-0.136	0.873
befristete Stelle	0.463^*	1.589^*
Kohorte 1990	0.420^*	1.522^*
cut1		
Constant	3.595^{***}	3.595^{***}
cut2		
Constant	4.011^{***}	4.011^{***}
Observations	1266	1266

$^+ p < .1,\ ^* p < .05,\ ^{**} p < .01,\ ^{***} p < .001$
Brant-Test χ^2(df=7)= 24,03; p= 0,001

Die Option `vce(cluster fb_nr41)` führt zu einer Korrektur der Standardfehler, die die Abhängigkeit der Beobachtungen (mehrere Arbeitsstellen pro Person) berücksichtigt. Die abhängigen Variablen sind in Spalte (1) die Log Odds der *Intensität des beruflichen Pendelns*, in Spalte (2) die Odds Ratios, die wieder mit der Option `or` angefordert werden. Je älter eine Person ist, *desto höher sind auch die Log Odds einer höheren vs. einer geringeren Kategorie des Pendelns.* Frauen weisen dagegen eine geringere Intensität des Pendelns auf als Männer, während befristete Arbeitsstellen die Log Odds einer höheren Kategorie des erhöhen. Wir werden uns unten mit der Interpretation eingehender beschäftigen.

Die ordinale logistische Regression basiert auf einer Annahme, die uns unter anderem bei der Cox-Regression schon einmal begegnete, nämlich die *proportional odds* Annahme: Die Stärke der Effekte unterscheidet sich nicht zwischen den Kategorien. Ein auf dieser Annahme basierendes Modell wird auch *Parallel Slopes Cumulative Model* bezeichnet. Wir sehen in den Gleichungen oben, dass sich zur Vorhersage der kumulativen Log Odds für das Erreichen einer jeweiligen Kategorie immer nur die Schwelle θ_j ändert. Dagegen bleibt die Linearkombination aus Regressionsgewichten und Werten der erklärenden Variablen $\beta'x_i$ immer konstant. Genau dies ist mit der *Proportional-Odds*-Annahme gemeint: Während bei der *multinomialen logistischen Regression* für jede Kategorie der abhängigen Variable ein eigener Koeffizientenvektor geschätzt wird (vgl. das folgende Kapitel 9), liefert die *ordinale logistische Regression* nur *einen* Koeffizientenvektor für alle Schwellen. Die Proportional-Odds-Annahme unterstellt, dass sich die Effekte β nicht zwischen den Kategorien unterscheiden.

Ist diese Annahme nicht erfüllt, sind die Schätzungen der ordinalen logistischen Regression verzerrt, weshalb eine Überprüfung der Annahme erforderlich ist. Dies geschieht mit dem so genannten *Brant-Test*. Der Brant-Test vergleicht die geschätzten Beta-Koeffizienten von *m-1* binären logistischen Regressionen. Dabei wird für jede Schwelle eine logistische Regression durchgeführt. Man prüft anschließend die Signifikanz der Abweichungen anhand eines χ^2-verteilten Tests. Der Brant-Test, wie er in Stata verfügbar ist, liefert sowohl einen Testwert für den gesamten Koeffizientenvektor als auch einen Testwert für jede einzelne Erklärungsvariable. Anhand dieses Tests kann man problematische Variablen identifizieren und ggfls. ausschließen.

Der Brant-Test kommt für das Modell in Tabelle 22 (oben) zu dem Ergebnis, dass für das gesamte Modell die Annahme einer Proportionalität der Effekte widerlegt ist ($\chi^2(df=7)= 24,03$; $p= 0,001$). Die detaillierte Auflistung der χ^2-Werte für die einzelnen Effekte zeigt, dass die Variable frau eindeutig einen nicht-proportionalen Effekt aufweist.

Im ordinalen Modell wird durch $\theta_j+\beta'x_i$, ausgehend von der Kategorie *m*, jeweils mindestens die *nächste höhere Kategorie* bzw. der Bereich oberhalb der Schwelle θ_j anvisiert. Man kann die Schätzung der Effekte auf die Log Odds der ordinalen logistischen Regression mit der Schätzung der Effekte einer linearen OLS-Regression vergleichen. Häufig ist die lineare OLS-Regression zumindest in Bezug auf Vorzeichen und Signifikanz der Koeffizienten gar nicht weit vom ordinalen Modell entfernt.

Tabelle 23: Ursachen des beruflichen Pendelns (=1, sonst 0), logistische und ordinale logistische Regression, robuste Standardfehler

	logit	ologit
Alter	0.067[*]	0.067[*]
ISEI 88	-0.001	-0.001
Frau	-0.420[**]	-0.420[**]
Studium (vs. Lehre)	-0.133	-0.133
öffentl. Dienst	-0.149	-0.149
befristete Stelle	0.531[*]	0.531[*]
Kohorte 90 (vs. 85)	0.425[*]	0.425[*]
Constant	-3.496[***]	-
cut1	-	3.496[***]
Observations	1266	1266

[+] $p < .1$, [*] $p < .05$, [**] $p < .01$, [***] $p < .001$

Im Gegensatz zur binären logistischen Regression existiert im ordinalen Modell allerdings nicht nur *eine* Regressionskonstante, sondern ebenso viele Schwellenwerte (*cutpoints*), wie Grenzen zwischen den Kategorien. Wie sind diese Schwellenwerte θ_j zu verstehen? Wir untersuchen nun eine *binäre* abhängige Variable, die anzeigt, ob die Befragten während ihrer aktuellen Arbeitsstelle pendeln oder nicht. Wir schätzen für diese binäre abhängige Variable sowohl das *binäre* als auch das *ordinale* Modell. Beide Modelle erhalten wir mit:

```
use $pfad/ologit.dta, clear
tab pend
logit pend alter isei_88 frau studium oeffdi41 ///
befristung kohorte2, vce(cluster fb_nr41)

ologit pend alter isei_88 frau studium oeffdi41 ///
befristung kohorte2, vce(cluster fb_nr41)
sum pend if e(sample)
```

Der Anteil der Pendlerepisoden beträgt insgesamt $P=19,83\%$. Mit Ausnahme der unterschiedlichen Vorzeichen des *cutpoints* im ordinalen Modell und der Konstanten im binären Modell sind beide Modelle völlig identisch (Tabelle 23).

Abbildung 40: Konstante bei logit und τ bei ologit

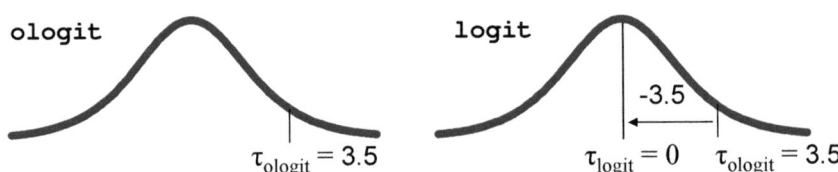

Die *Konstante* in `logit` und der *cutpoint* in `ologit` werden nun als τ (tau) bezeichnet. In der *ordinalen logistischen Regression* schätzt man keine Konstante bzw. keinen Intercept β_0, sondern *cutpoints*, die die beobachtbaren Kategorien der latenten Variablen y^* abgrenzen (vgl. `ologit` in Abbildung 40). Die Konstante β_0 wird auf den Wert Null gesetzt und die Werte der *cutpoints* τ empirisch ermittelt. Geschätzt wird in diesem besonderen Fall, in dem wir nur einen einzigen *cutpoint* haben, die Wahrscheinlichkeit, oberhalb der Schwelle τ zu liegen. Hier sind das die „oberen" 19,83% der empirischen Verteilung bzw. 19,83% der Fläche unter der logistischen Dichtefunktion, die durch den *cutpoint* τ=3,5 abgegrenzt werden.

Anders verhält es sich bei der binären logistischen Regression: Die latente Variable y^* erzeugt in den Daten „empirische" Nullen unterhalb eines a priori *festgelegten cutpoints*, und empirische Einsen oberhalb dieses *cutpoints*. Dieser *cutpoint* liegt per Definition beim Wert 0 der logistischen Dichtefunktion (=50% der Fläche). Die Konstante β_0 wird im binären Modell empirisch geschätzt, ebenso die Effekte von $\mathbf{x'\beta}$ darauf, dass y^* *oberhalb* des *cutpoints* 0 liegt ($P(Y=1)$). Während beim ordinalen Modell die *cutpoints* als Grenzen zwischen den Kategorien aus den Daten geschätzt werden, ist beim binären Logit-Modell die Grenze zwischen den Kategorien auf den Wert Null fixiert. Mit 19,83% liegt der Anteil der Einsen weit unterhalb der 50%, weshalb sich der cutpoint auch deutlich rechts vom Mittelwert der logistischen Dichtefunktion (=0) befindet. Um im *ordinalen Modell* bei der Vorhersage der Wahrscheinlichkeit die Fläche oberhalb von τ_0 (die oberen 19,83%) zu erreichen, die weit rechts vom Mittelwert (=0) liegt, bedarf es eines relativ hohen Wertes, der als „Konstante" (nämlich *cutpoint*) auf die durch $\mathbf{x'\beta}$ vorhergesagten Log Odds aufaddiert wird. Man muss sich in Abbildung 40 also – gegeben $\mathbf{x}$ – viel weiter zum rechten Ende der Verteilung hin bewegen, bis man den *cutpoint* 3,5 erreicht. Im binären Modell hingehen ist die Fläche bis zum *cutpoint* geringer, sie endet beim Mittelwert (=0). Somit ist in der *binären logistischen Regression* auch der auf $\mathbf{x'\beta}$ zu addierende Wert der Konstanten geringer, und zwar genau um jenen Wert, um den der *cutpoint* bei `ologit` (=0) nach rechts verschoben ist (Abbildung 40).

Nochmals mit anderen Worten: Im *ordinalen Modell* haben wir einen *cutpoint*, der die große Kategorie mit den Nullen von der kleinen Kategorie (19,83%) mit den Einsen abgrenzt. Oberhalb von τ liegen nur 19,83%, unterhalb von 80,17%. Dagegen liegen im *binären Modell* oberhalb des auf den Wert 0 der Dichtefunktion der logistischen Verteilung (=50%) fixierten *cutpoints* 50% der Fläche und es bedarf eines kleineren „zusätzlichen" Wertes, der auf $\mathbf{x'\beta}$ zu addieren ist, um diesen *cutpoint* zu ereichen.

8.2 Motivation des Modells

Für die einfache Anwendung des ordinalen Modells mit `Stata`, bei der Vorzeichen und Signifikanz der Koeffizienten auf die latente abhängige Variable y^* interpretiert werden, müssten die obigen Ausführungen hinreichen. Die Herleitung des Modells führt zunächst zu einer kontraintuitiven Interpretation der (Log) Odds, obwohl $\mathbf{x'\beta}$ ganz analog zur OLS-Regression auf y^* einwirkt.

Betrachten wir die Vorhersage der Wahrscheinlichkeit, dass wir für y den Wert 2 beobachten, unter der Bedingung der jeweiligen erklärenden Variablen $\mathbf{x}$. Diese lässt sich als Wahrscheinlichkeit Pr darstellen, dass der Wert der latenten Variablen y^* zwischen den Schwellen θ_1 und θ_2 liegt. In einer Regression lässt sich der Wert der latenten Variablen $y*$ durch den Vektor aus erklärenden Variablen, ihren Regressionsgewichten ($\beta'x_i$) sowie dem Fehlerterm ε eindeutig bestimmen. Also setzen wir $\beta'x_i$ für $y*$ ein. In der Formel unten steht nun rechts des Gleichheitszeichens eine *Ungleichung*, die wir algebraisch umformen können (z.B.: Subtraktion von 1 aus 5<(5+1)<10 ergibt 4<5<9): Wir subtrahieren daher $\beta'x_i$ von beiden Seiten der Ungleichung.

$$\Pr(y_i = 2 \mid \mathbf{x}) = \Pr(\theta_1 \le y* < \theta_2) = \qquad \Pr(\theta_1 \le \beta'\mathbf{x}_i + \varepsilon_i < \theta_2)$$
$$\Pr(y_i = 2 \mid \mathbf{x}) = \qquad\qquad\qquad \Pr(\theta_1 - \beta'\mathbf{x}_i \le \varepsilon_i < \theta_2 - \beta'\mathbf{x}_i)$$

wobei gilt: $\quad y* = \beta'\mathbf{x} + \varepsilon \quad$ und $\quad y = 2,$ wenn $\theta_1 \le y* < \theta_2$

Dieses Resultat zeigt, dass wir die Wahrscheinlichkeit vorhersagen, dass der Fehlerterm zwischen den beiden Intervallen liegt. Je größer $\beta'x_i$, desto größer ist der Wert, der von der jeweiligen Schwelle θ_j subtrahiert wird ($\theta_j-\beta'x_i$). Weil die Schwellen θ_j als konstant gesetzt sind, verschieben hohe positive Werte von $\beta'x_i$ die *Verteilung* der latenten Variablen $y*$ nach rechts (Winkelmann und Boes 2006, S. 181). Aufgrund der Rechtsverschiebung der Verteilung der latenten Variablen werden *relativ* zu dieser Verteilung von $y*$ die Werte von $\theta_j-\beta'x_i$ kleiner (Abbildung 41). Die Wahrscheinlichkeit z.B. der Kategorie 2 ergibt sich aus der Differenz zweier Flächen unter der stetigen Verteilung von $y*$. Die Flächen werden durch die Schwellen θ_2, θ_1 und $\beta'x_i$ definiert. Dabei steht Λ für eine noch zu spezifizierende Verteilungsfunktion. Die Normalverteilung führt zu einem ordinalen Probit-Modell, die logistische Verteilung zum ordinalen Logit-Modell:

$$\Pr(y_i = 2 \mid \mathbf{x}) = \Lambda(\theta_2 - \beta'\mathbf{x}_i) - \Lambda(\theta_1 - \beta'\mathbf{x}_i)$$

$$\Pr(Y = j \mid \mathbf{x}) = \frac{1}{1 + \exp(-(\theta_j - \beta'\mathbf{x}_i))} - \frac{1}{1 + \exp(-(\theta_{j-1} - \beta'\mathbf{x}_i))}$$

Sehen wir uns zum Verständnis der Gleichungen jenen Fall an, bei dem $y=2$ beträgt. Es wird die Wahrscheinlichkeit vorhergesagt, dass der Wert der latenten Variablen $y*$ gegeben $\mathbf{x}$ zwischen den beiden Schwellen θ_1 und θ_2 liegt, bzw. innerhalb der von diesen beiden Schwellen abgegrenzten Fläche unter der Verteilung von $y*$. Dies entspricht der Wahrscheinlichkeit, dass der Wert der latenten Variablen $y*$ zwischen den beiden Schwellen θ_1 und θ_2 liegt.

Abbildung 41: Flächenveränderung unter der Verteilung der latenten abhängigen Variablen durch Veränderungen von *x*, Version 1

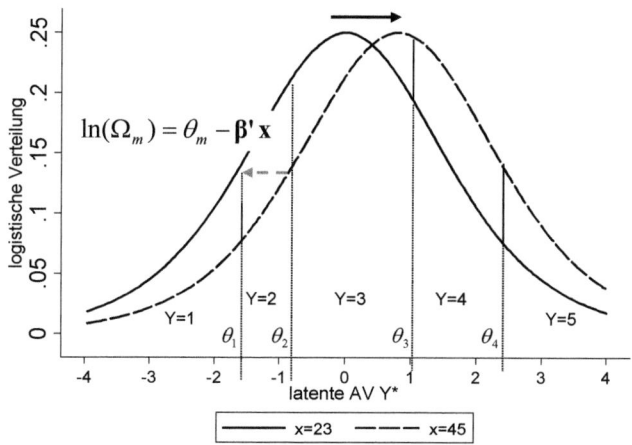

Was bewirkt der Ausdruck $\theta_2-\beta'\mathbf{x}$, wenn die Variable x einen positiven Einfluss β auf y^* hat und wenn man zunehmende Werte für x in die Schätzgleichung einsetzt (Winkelmann und Boes 2006, S. 181)? Dies verdeutlicht die Abbildung 41. Nimmt der Wert von x zu, verschiebt sich die Verteilung von y^* gegenüber den Schwellenwerten θ_j nach rechts (durchgezogener Pfeil), der Term $\theta_2-\beta'\mathbf{x}$ wird relativ zur Verteilung kleiner, weil die Linearkombination $\beta'\mathbf{x}$ von dem Schwellenwert θ_2 subtrahiert wird. Man sagt die Wahrscheinlichkeit vorher, dass das Residuum ε zwischen den beiden Intervallen θ_2 und θ_1 liegt, jedoch ist die genaue Lokalisierung *innerhalb* dieses Intervalls nicht von Bedeutung. Wenn aber die Verteilung der latenten Variablen y^* gegenüber den Schwellenwerten θ_j nach rechts verschoben wird und sich die $\theta_j-\beta'\mathbf{x}$ -Werte relativ zur Verteilung verkleinern, wird $\theta_j-\beta'\mathbf{x}$ *relativ zur Verteilung* nach links verschoben (gestrichelter Pfeil). Weil $\beta'\mathbf{x}$ von den θ_j-Werten subtrahiert wird, verändern sich damit auch die jeweiligen Flächen der Kategorien unterhalb der Verteilung von y^*.

Wie oben angedeutet, verhält sich die Interpretation, die sich aus dieser Herleitung ergibt, zunächst *entgegen der Intuition*, die wir aus der binären logistischen Regression gewohnt sind. Wenngleich mit Stata geschätzte ordinale Modelle so interpretiert werden, wie wir es zu Beginn dieses Kapitels getan haben – was aufgrund der Nähe zur Logik der linearen Regression auch zu empfehlen ist –, sollte man auch diese kontraintuitive Darstellung der Ergebnisse kennen, um diese bei der Lektüre empirischer Studien auch zu verstehen.

Während im binären Modell die logarithmierten Chancen für $y=1$ vs. $y=0$ geschätzt und damit die Chancen auf einen *größeren* Wert der latenten Variablen y^* betrachtet werden, ist nach dieser Herleitung die Perspektive im ordinalen Modell zunächst umgekehrt: Ausgehend von der Schwelle θ_j werden die Odds vorhergesagt, dass y *kleiner* oder gleich der Kategorie m ist.

$$\Omega_m = \frac{P(y \leq m \mid \mathbf{x})}{1 - P(y \leq m \mid \mathbf{x})} = \frac{P(y \leq m \mid \mathbf{x})}{P(y > m \mid \mathbf{x})} = \quad \exp(\theta_m - \boldsymbol{\beta}' \mathbf{x})$$

Der obige Ausdruck bezeichnet also die Odds bezogen auf die über die unteren Kategorien (bis einschließlich m) kumulierte Wahrscheinlichkeit P, dass y *kleiner oder gleich* Kategorie m ist, dividiert durch P, dass y *oberhalb* der Kategorie m liegt. Analog dazu betrachten wir die Log Odds.

$$\ln \Omega_m(x) = \theta_m - \boldsymbol{\beta}' \mathbf{x}$$

Dies sind die Log Odds, dass der Wert *nicht* größer als Kategorie m ist, d.h. kleiner oder gleich m.

Veranschaulichen wir uns dies noch einmal anhand der Schwelle θ_2 in Abbildung 41: Subtrahieren wir $\boldsymbol{\beta}'\mathbf{x}$ von θ_2 (also $\theta_2 - \boldsymbol{\beta}'\mathbf{x}$), verschiebt sich die Dichtefunktion der logistischen Verteilung relativ zur Schwelle $\theta_2 - \boldsymbol{\beta}'\mathbf{x}$ umso weiter nach rechts, je höher die Werte von x sind. Anders herum ausgedrückt: $\theta_2 - \boldsymbol{\beta}'\mathbf{x}$ verschiebt sich gegenüber der Verteilung nach links und wird kleiner. Genau dies zeigt die Abbildung 41, bei der die Verteilung mit der durchgezogenen Linie auf die Position der Verteilung mit der gestrichelten Linie wandert. Die Gesamtfläche unterhalb der Schwelle, die die Kategorien $y=1$ und $y=2$ abdeckt, wird kleiner. Damit nimmt die Wahrscheinlichkeit ab, dass y gleich m ist oder unterhalb der Kategorie m liegt; auch die dazugehörigen Log Odds gehen zurück.

Tatsächlich wird das Modell der ordinalen logistischen Regression in einigen Lehrbüchern so dargestellt (Long 1997, S. 138; O'Connell 2006), und die Statistiksoftware SAS gibt die Koeffizienten standardmäßig auf diese Weise aus. Aus $\theta_2 - \boldsymbol{\beta}'\mathbf{x}$ ergeben sich die Odds, dass y^* *nicht größer als Kategorie m* ist, dass also y^* *unterhalb* der Kategorie $m+1$ liegt. In dieser Weise wird das ordinale Modell in der Darstellung bei O'Connell (2006) oder bei Liao (1994) interpretiert. Um aber die (Log) Odds in einer aus der OLS-Regression gewohnten Logik zu interpretieren, bei der positive Effekte $\boldsymbol{\beta}$ einer erklärenden Variablen die Werte von y^* erhöhen, sollte man die Perspektive wechseln, indem nämlich Log Odds oder Odds vorhergesagt werden, *mindestens* Kategorie m oder darüber zu erreichen. Dieser Ansatz ist in `Stata` implementiert ist und folgt der intuitiven Logik einer linearen Regression auch hinsichtlich der (Log) Odds:

$$\ln(\Omega_m) = \ln\left(\frac{P(y \geq m \mid \mathbf{x})}{1 - P(y \geq m \mid \mathbf{x})}\right) = \ln\left(\frac{P(y \geq m \mid \mathbf{x})}{P(y < m \mid \mathbf{x})}\right) = \theta_j + \boldsymbol{\beta}' \mathbf{x}$$

Bei einem positiven Effekt von x auf die abhängige Variable y^* gehen nun hohe Werte von x auch mit hohen Werten von y einher, weil bei den Log Odds im Zähler nun die Wahrscheinlichkeit steht, dass y gleich oder größer m ist. Im Nenner steht die Gegenwahrscheinlichkeit, nämlich dass y kleiner m ist.

8.3 Interpretation der Effekte

Wie oben bereits erwähnt, weichen die Darstellungen der ordinalen logistischen Regression voneinander ab, je nachdem, welches Lehrbuch bzw. welches Softwarepaket verwendet wird. Entgegen der uns aus der binären logistischen Regression geläufigen Intuition, bei der in der Regel nach den (Log) Odds des höheren Wertes, nämlich der 1 versus der 0 gefragt wird, führt die Herleitung des ordinalen Modells zu $\theta_2 - \boldsymbol{\beta}'\mathbf{x}$. Demnach bewirkt (vgl. Abbildung 41) ein positiver Effekt $\boldsymbol{\beta}$ von $\mathbf{x}$ auf die latente Variable y^* einen Rückgang der (Log) Odds der Kategorie 2 oder darunter. Deren Wahrscheinlichkeit wird durch die jeweilige Fläche unterhalb der Dichtefunktion der logistischen Funktion repräsentiert. Allerdings gibt das ordinale Logit-Modell zunächst nicht die Wahrscheinlichkeit selbst, sondern den Logit-Wert, also die Log Odds an. Wie auch bei der binären logistischen Regression können Effekte auf die Log Odds durch die Umrechnung $\exp(\beta)$ in Odds Ratios transformiert werden, wobei wieder das Vorzeichen zu berücksichtigen ist. Zunächst ist die kontraintuitive Log Odds Interpretation eines positiven Effektes $\boldsymbol{\beta}$ auf y^*: Erhöht sich x_k um eine Einheit, gehen die Odds der Kategorie m oder *darunter* um den Faktor $\exp(-\beta_k)$ zurück, bzw. gehen die Odds, *höchstens* Kategorie m zu erreichen, um den Faktor $\exp(-\beta_k)$ zurück.

$$\frac{\Omega_m(\mathbf{x}, x_k + 1)}{\Omega_m(\mathbf{x}, x_k)} = \exp(-\boldsymbol{\beta}_k)$$

Folglich sinkt der Odds Ratio, dass der Wert von y^* *nicht* größer als Kategorie m ist, also kleiner oder gleich m ist, wenn sich x um eine Einheit erhöht, um $\exp(-\beta)$. Dies ergibt sich aus der Vorhersage der Log Odds, dass y^* nicht größer als Kategorie m ist:

$$\ln \Omega_m(x) = \theta_j - \boldsymbol{\beta}'\mathbf{x}$$

Allerdings ist diese Interpretation der Logik der linearen Regression entgegenge-
setzt. Daher hatten wir oben erwähnt, dass wir der Darstellung in Stata folgend
auch die Log Odds und die Odds Ratios *aufwärtsgerichtet* betrachten wollen, in
dem ein $\beta > 0$ die Kategorie *m* oder darüber liegend anvisiert:

$$\frac{\Omega_m(\mathbf{x}, x_k + 1)}{\Omega_m(\mathbf{x}, x_k)} = \exp(\beta_k)$$

Dies ist der Odds Ratio, dass der Wert größer als Kategorie *m* ist, wenn sich *x*
um eine Einheit erhöht. Man erhält die eigentlich intuitivere Interpretation: Erhöht sich *x* um eine Einheit, erhöhen sich die Odds einer höheren vs. einer geringeren Kategorie von *y* um den Faktor exp(β) (Long und Freese 2003, S. 182).

8.4 Generalized Ordered Logit

Oben wurde bereits auf die dem ordinalen Modell zugrunde liegende *Proportional-Odds*-Annahme hingewiesen. Ein Verstoß gegen die Proportional-Odds-
Annahme ist nicht nur ein Ärgernis, er liefert u.U. inhaltlich interessante Informationen. Ein Verstoß bedeutet, dass der Effekt einer erklärenden Variablen *x*
nicht an jeder Schwelle der abhängigen Variablen identisch ist. Daher bietet es
sich an, ein sogenanntes *Generalized Ordered Logit Modell* zu schätzen. Bei
diesem Modell wird zwar die Information einer ordinalen Anordnung der Kategorien der abhängigen Variablen beibehalten, aber dennoch für jede Outcome-
Kategorie ein eigener Koeffizientenvektor geschätzt. Die klassische Variante des
generalisierten ordinalen logistischen Regressionsmodells erzeugt damit ebenso
viele zu schätzende Parameter wie die multinomiale logistische Regression –
wenngleich die ordinale Information aufrechterhalten wird. Gegenüber der multinomialen logistischen Regression (vgl. Kapitel 9) bedeutet die ordinale Perspektive, dass die Flächen von Kategorie 1 bis Kategorie 4 aufkumuliert werden
können, um dann davon ausgehend die Effekte von *x* auf das Überschreiten der
Schwelle von der 4. in die 5. Kategorie zu schätzen. Wenn ein steigendes *x* die
Wahrscheinlichkeit der Kategorie 5 erhöht, kann es im ordinalen Modell *nicht*
zugleich die Wahrscheinlichkeit der Kategorie 1 erhöhen. Diese Kumulation
existiert in der multinomialen logistischen Regression nicht, weil dort die Wahrscheinlichkeit der Kategorie 5 gerade nicht impliziert, dass es „darunter" liegende Kategorien gibt, die aufkumuliert werden können. Im multinomialen Modell
kann es sein, dass ein steigendes *x* die Wahrscheinlichkeit der Kategorie 5 und
zugleich die der Kategorie 1 erhöht, wenn der Abstrom aus der Basiskategorie 3
erfolgt (vgl. das folgende Kapitel 9), nicht aber im ordinalen Modell.

Eine interessante Möglichkeit liefert die sogenannte `autofit`-Option des `gologit2` Befehls (`findit gologit2`). In einem Vorlauf der Modellschätzung wird zunächst überprüft, für welche erklärenden Variablen die Proportionalitätsannahme nicht erfüllt ist. Nur für diese Variablen werden die Effekte für jede Schwelle separat geschätzt. Für alle übrigen Variablen werden *constraints* eingeführt, die die Effekte für jede Schwelle auf dieselben Werte fixieren.

Wir schätzen darum das *Generalized Ordered Logit Modell*, bei dem mit der `autofit` Option nur jene Effekte schwellenspezifisch geschätzt werden, die sich tatsächlich signifikant zwischen den Schwellen unterscheiden. Dabei stellen wir in der Tat fest, dass für die Variable `frau` kein *constraint* gesetzt wurde.

Tabelle 24: Faktoren der Pendelmobilität (nicht, wöchentlich, täglich), generalisierte ordinale logistische Regression, „`autofit`" Option

	pendeln	
	nicht→wöch.	wöch.→tägl.
Alter	0.073[*]	0.073[*]
ISEI 88	-0.002	0.004
Frau (vs. Mann)	-0.407[*]	-0.053
Studium (vs. Lehre)	-0.125	-0.125
öffentl. Dienst (vs. andere)	-0.133	-0.133
befristete Stelle (vs. unbefr.)	0.465[*]	0.465[*]
Kohorte 1990 (vs. 85)	0.419[*]	0.419[*]
Constant	-3.529[***]	-4.467[***]
Observations	1266	

[+] $p < .1$, [*] $p < .05$, [**] $p < .01$, [***] $p < .001$

Der Effekt von Frau ist signifikant negativ an der ersten Schwelle, d.h. vom Zustand „nicht pendeln" zu „wöchentlichem Pendeln". An der zweiten Schwelle zum täglichen Pendeln ist der Effekt nicht signifikant. Mit anderen Worten: Frauen pendeln seltener als Männer, auf die Intensität des Pendelns (wöchentlich → täglich) hat das Geschlecht aber keinen Einfluss mehr.

```
use $pfad/ologit.dta, clear
gologit2 pendeln alter isei_88 frau studium oeffdi41 ///
befristung kohorte2, vce(cluster id) autofit
```

Anzumerken ist bei diesem Analysebeispiel allerdings, dass bei der hier gemessenen Pendel*häufigkeit* das tägliche Pendeln zwar *häufigeres* Pendeln bedeutet als das wöchentliche Pendeln. Jedoch spricht einiges dafür, dass wöchentliches

Pendeln eine deutlich höhere Belastung für Paare und Familien bedeutet als tägliches Pendeln, weil bspw. eines der Elternteile für mehrere Tage abwesend ist. Es stellt sich daher häufig die Frage, ob die ordinale Kodierung überhaupt angemessen ist.

Weil das ordinale Modell die stetige latente Variable y^* in Wahrscheinlichkeiten von Kategorien auflöst, liegt es nahe, Veränderungen der Wahrscheinlichkeiten in Abhängigkeit von x durch konditionale Effektplots darzustellen (vgl. Kapitel 9; Long 1997, S. 132). In der Regel wird bei einem positiven Einfluss von x auf eine höhere vs. eine niedrigere Kategorie aber die Wahrscheinlichkeit der *mittleren* Kategorien zunächst zunehmen, dann wieder zurückgehen (vgl. Abbildung 39). Anders als beim multinomialen Modell liefern derartige *umgekehrt u-förmige* Zusammenhänge für *mittlere* Kategorien des ordinalen Modells selten substanzielle Information. Man sollte beim ordinalen Modell m.E. auf diese Plots zu Gunsten einer OLS-analogen Interpretation verzichten.

Es gibt Varianten von ordinalen Regressionen, die an dieser Stelle aus Platzgründen nicht besprochen werden können. So diskutiert O'Connell auch das *adjacent category model* (O'Connell 2006, S. 77), das im Prinzip eine multinomiale logistische Regression darstellt, jedoch mit dem Unterschied, dass die Odds nicht für jede Outcome-Kategorie gegen eine festgelegte Basiskategorie getestet werden (vgl. den folgenden Abschnitt), sondern jeweils die Odds, ausgehend von Kategorie j in die Kategorie $j+1$ überzugehen. Es wird also für jedes Paar von benachbarten Kategorien eine separate binäre logistische Regression geschätzt. Daraus ergeben sich für eine unabhängige Variable ebenso viele Koeffizienten wie benachbarte Kategorienpaare vorliegen, wodurch die Proportionalitätsannahme unnötig wird.

Interessant ist zudem, dass eine ordinale Messung auch durch eine Transformation der Daten in eine „Personen x Kategorien" Struktur erfolgen kann, bei der für jede Person ebenso viele Zeilen wie Kategorien der abhängigen Variablen vorliegen. Damit wird das ordinale Regressionsmodell durch eine diskrete Ereignisanalyse geschätzt – nun aber nicht mit einer über die Zeilen innerhalb einer Untersuchungseinheit diskret ablaufenden Prozesszeit, sondern über die Kategorien der abhängigen Variablen! Dieser Ansatz wird von O'Connell als *continuation ratio model* bezeichnet (O'Connell 2006, S. 54).

9 Multinomiale logistische Regression und deren Erweiterungen

In der empirischen Forschung finden sich viele Beispiele, in denen die Annahme einer Rangordnung der Kategorien der abhängigen Variablen nicht aufrecht zu erhalten ist. Tatsächlich gibt es Fälle, in denen die Entscheidung, ob eine Rangordnung tatsächlich vorliegt, nicht leicht zu treffen ist. In diesen Fällen wird der Brant-Test in der Regel einen Verstoß gegen die Annahme der proportionalen Odds anzeigen. Auch extreme Veränderungen der Einflussgrößen, der Signifikanzen sowie der Vorzeichen der Koeffizienten in generalisierten ordinalen logistischen Regressionsmodellen können darauf hindeuten, dass die Kategorien *nicht ordinal*, sondern *nominal* skaliert sind.

Auch für nominal skalierte abhängige Variablen existiert ein spezifisches Regressionsmodell, nämlich die *multinomiale logistische Regression*. Ein häufig in Lehrbüchern verwendetes Anwendungsbeispiel stellt die Analyse der Parteipräferenz einer Person dar. Die Parteipräferenz hat beispielsweise die Ausprägung CDU, FDP, SPD, Die Grünen oder Die Linke. Wenn man nur hinreichend lange sucht, lassen sich auch für die im Bundestag vertretenen politischen Parteien Kriterien finden, nach denen sie in eine Rangordnung gebracht werden können – z.B. der Anteil der Stimmen bei der letzten Bundestagswahl. Es wäre eher artifiziell, nach diesem Kriterium eine ordinale Kategorisierung vorzunehmen. Die Wahl politischer Parteien als abhängige Variable ist nur nominal skaliert und eine ordinale Rangordnung würde sich auf sehr spezielle Fragestellungen beziehen.

In den folgenden Analysen gehen wir nicht von einer Rangordnung aus. Wir fragen danach, ob die jeweils *aktuelle Arbeitsstelle* einer Person entweder über *soziale Netzwerke*, über eine *Initiativbewerbung*, eine *Annonce*, direkt vom *Betrieb* oder über das *Arbeitsamt* vermittelt wurde. Diese Allokationswege sind *nominal* skaliert, weshalb die *multinomiale logistische Regression* das angemessene Modell darstellt. Der zentrale Unterschied zur ordinalen logistischen Regression besteht darin, dass nicht mehr von einer kontinuierlichen latenten Variablen ausgegangen wird, von der man nur die kategorialen Ausprägungen beobachtet. Im ordinalen logistischen Regressionsmodell hat man zumindest die Information, dass etwa die Kategorie 4 eine größere Kategorie darstellt als die Kategorie 3 und daher mit höheren Werten der latenten abhängigen Variablen y^* einhergehen sollte. Dies ist bei der multinomialen logistischen Regression nicht mehr der Fall. Das Modell sagt nur die Realisierungswahrscheinlichkeit einer jeweiligen Kategorie der nominal skalierten abhängigen Variablen in Abhängig-

keit von den Ausprägungen der jeweiligen Kovariaten vorher. Wir werden allerdings sehen, dass die multinomiale logistische Regression in der Anwendung
und Interpretation durchaus kompliziert sein kann, was dadurch bedingt ist, dass
keine normal verteilte latente abhängige Hintergrundvariable angenommen wird.

Wie auch in der binären logistischen Regression lässt sich über die logistische Linkfunktion eine Linearkombination aus Regressionsgewichten und Werten der unabhängigen Variablen bilden. Die Log Odds einer Kategorie der abhängigen Variablen werden in der multinomialen logistischen Regression allerdings nicht über den Quotienten aus Wahrscheinlichkeit und Gegenwahrscheinlichkeit [1/(1–P)] berechnet, sondern die Wahrscheinlichkeit einer *interessierenden Kategorie* wird auf die Wahrscheinlichkeit einer so genannten *Basiskategorie* bezogen.

Nehmen wir ein Beispiel mit drei Ausprägungen der nominal skalierten abhängigen Variablen. Die drei Kategorien beziehen sich auf den Allokationsweg
der aktuellen Arbeitsstelle. Diese kann entweder durch das *soziale Netzwerk* der
Person vermittelt sein, oder die Person hat sich auf eine *Annonce* beworben, oder
die Arbeitsstelle wurde vom *Arbeitsamt* vermittelt. Darüber hinaus sind natürlich
noch weitere Ausprägungen denkbar, die wir uns nachher in den Beispielanalysen noch ansehen werden. In der multinomialen logistischen Regression werden
die Log Odds der Allokationswege im Vergleich zur Basiskategorie vorhergesagt, die vor der Spezifikation des Modells festgelegt wird. Nehmen wir die
Kategorie *Netzwerk* als Basiskategorie: Das Modell schätzt die Log Odds, dass
die aktuelle Arbeitsstelle über eine *Annonce* gefunden wurde, relativ zur Basiskategorie *Netzwerk*. Dabei steht im Zähler des folgenden Ausdrucks die Wahrscheinlichkeit, die Arbeitsstelle über eine *Annonce* gefunden zu haben (*m*), und
im Nenner die Wahrscheinlichkeit, die Arbeitsstelle über den Weg der Basiskategorie (*b*), nämlich des *Netzwerks*, gefunden zu haben.

$$\log \text{odds}(m) = \ln\left(\frac{\Pr(y = m \mid x)}{\Pr(y = b \mid x)}\right) = \boldsymbol{\beta}' \mathbf{x}_{m|b}$$

Simultan dazu schätzt das Modell die Log Odds, die aktuelle Arbeitsstelle durch
das *Arbeitsamt* vermittelt bekommen zu haben, wieder in Relation zu der Wahrscheinlichkeit, die Arbeitsstelle über die Basiskategorie des *Netzwerks* gefunden
zu haben. Es sollte damit deutlich werden, dass bei drei Kategorien der abhängigen Variablen eine dieser drei Kategorien als Basiskategorie zu bestimmen ist,
und die Log Odds der übrigen Kategorien immer in Relation zu dieser Basiskategorie geschätzt werden.

Wie auch in der binären logistischen Regression lässt sich die abhängige Variable des Modells als *Wahrscheinlichkeit* ausdrücken. Die Wahrscheinlichkeit,

dass der Wert der abhängigen Variablen y des Falles i gleich der Kategorie m ist unter der Bedingung der jeweiligen Ausprägung der unabhängigen Variablen $\mathbf{x}$ der Person i ist gleich den Odds der jeweils interessierenden Kategorie m in Relation zur Summe der Odds über *alle* Kategorien. In dieser Weise sind Wahrscheinlichkeiten definiert: Sie beschreiben den *Anteil* der aktuell *interessierenden Realisierungen* der abhängigen Variablen dividiert durch alle j *möglichen Realisierungen* der abhängigen Variablen.

$$P(y_i = m \mid \mathbf{x}_i) = \frac{\exp(\boldsymbol{\beta}'_m \mathbf{x}_i)}{\sum_{i=1}^{J} \exp(\boldsymbol{\beta}'_j \mathbf{x}_i)} = \frac{\exp(\boldsymbol{\beta}'_m \mathbf{x}_i)}{\exp(\boldsymbol{\beta}'_m \mathbf{x}_i) + \exp(\boldsymbol{\beta}'_k \mathbf{x}_i) + \exp(\boldsymbol{\beta}'_l \mathbf{x}_i)}$$

Allerdings ist dieses Mehrgleichungsmodell aufgrund der hohen Anzahl der zu schätzenden Unbekannten nicht identifizierbar. Es lässt sich algebraisch zeigen, dass das Auslassen einer Kategorie, die auf diese Weise als *Basiskategorie* definiert wird, die Gleichung vereinfacht zu:

$$= \frac{\exp(\boldsymbol{\beta}'_m \mathbf{x}_i)}{1 + \sum_{i=1}^{J-1} \exp(\boldsymbol{\beta}'_j \mathbf{x}_i)}$$

Ein interessierender Effekt wird in Relation zur Basiskategorie betrachtet, wenn wir das Ergebnis als *Relative Risk Ratios* $\Omega_{m|n}(\mathbf{x}_i)$ darstellen. Diese sind analog zu den Odds Ratios der binären logistischen Regression zu interpretieren, nun jedoch immer relativ zu der Basiskategorie.

$$\Omega_{m|n}(\mathbf{x}_i) = \frac{P(y = m \mid \mathbf{x}_i)}{P(y = b \mid \mathbf{x}_i)}$$

$$= \frac{\dfrac{\exp(\mathbf{x}_i \boldsymbol{\beta}_m)}{\sum_{i=1}^{J} \exp(\mathbf{x}_i \boldsymbol{\beta}_j)}}{\dfrac{\exp(\mathbf{x}_i \boldsymbol{\beta}_b)}{\sum_{i=1}^{J} \exp(\mathbf{x}_i \boldsymbol{\beta}_j)}} = \frac{\exp(\mathbf{x}_i \boldsymbol{\beta}_m)}{\exp(\mathbf{x}_i \boldsymbol{\beta}_b)}$$

Die oben genannte Wahrscheinlichkeit errechnet sich aus den *Odds der aktuell interessierenden Kategorie* dividiert durch 1 plus die Summe über die Odds *aller* Kategorien mit Ausnahme der Basiskategorie. Im Nenner stehen also nicht mehr *j* Odds bei *j* Kategorien, sondern nur noch *j-1* Odds. Wie in der binären logistischen Regression kann man sich als Ergebnis der Modellschätzung Effekte auf die Log Odds ausgeben lassen, oder durch Entlogarithmierung *Relative Risk Ratios* (rrr) berechnen. Diese entsprechen den Odds Ratios der logistischen Regression. Sie sind aber nicht auf die eigene Gegenwahrscheinlichkeit bezogen, sondern immer auf die Wahrscheinlichkeit der *Basiskategorie*. Interpretiert man die multinomiale logistische Regression in der Perspektive der Log Odds oder der Relative Risk Ratios und behält dabei im Kopf, dass die Effekte jeweils auf die Basiskategorie bezogen werden, erfolgt die Interpretation analog zur binären logistischen Regression.

Interpretiert man dieses Modell allerdings aus der Perspektive der *Wahrscheinlichkeiten*, wird das Modell komplizierter, da eine Darstellung der Ergebnisse in Form von Wahrscheinlichkeiten durchaus ein anderes Bild ergeben kann, als die Log Odds oder die Relative Risk Ratios nahe legen.

Woran liegt das? Wie gesagt: Log Odds und Relative Risk Ratios sind immer auf die Basiskategorie bezogen. Es kann sein, dass eine Variable *x* die Chancen auf die Realisierung *aller anderen* Kategorien im Vergleich zur Basiskategorie erhöht. Man würde in diesem Fall für die erklärende Variable (z.B. Bildung) jeweils ein positives Vorzeichen auf die Log Odds ablesen: die Variable *x* erhöht gegenüber der Basiskategorie die Chancen aller anderen Kategorien. Nehmen jedoch die Log Odds einer Kategorie *j* vs. die Basiskategorie *deutlich stärker* zu, als die einer anderen Kategorie *k* (vs. die Basiskategorie), dann kann aufgrund des stärkeren Zustroms in die Kategorie *j* die *Wahrscheinlichkeit* von Kategorie *k* abnehmen.

Zur Verdeutlichung sagen wir anhand eines fiktiven Modells die Wahrscheinlichkeit vorher, die jeweilige Arbeitsstelle über das Arbeitsamt vermittelt bekommen zu haben, und zwar in Abhängigkeit vom Bildungsniveau der Untersuchungsperson. Die Basiskategorie ist das *Netzwerk*.

$$\Pr(y_i = Arbeitsamt \mid x = bild)$$

$$= \frac{\exp(-0{,}110 + 0{,}094_{arbeitsamt\|Netz}\, x)}{1 + \exp(-0{,}110 + 0{,}094_{arbeitsamt\|Netz}\, x) + \exp(-0{,}120 + 0{,}634_{annonce\|Netz}\, x)}$$

Nehmen wir an, wir erhalten aus unserer Modellschätzung einen positiven Effekt der Bildung auf die Kategorie *Arbeitsamt* von +0,094. Diesen tragen wir zusammen mit der Regressionskonstanten der Kategorie *Arbeitsamt* in den Zähler der

Gleichung ein. Dasselbe tragen wir in den Nenner der Gleichung ein, dem wir nun noch die Odds der Kategorie des Allokationsweges einer *Annonce* hinzu addieren.

Die Komplexität der multinomialen logistischen Regression besteht darin, dass wir zwar einen positiven Effekt der Bildung auf die Log Odds von +0,094 auf den Allokationsweg *Arbeitsamt* (vs. *Netzwerk*) feststellen, doch aus der Perspektive der Wahrscheinlichkeit kann sich der Zusammenhang anders gestalten. So haben wir im Nenner der Gleichung einen Effekt der Variable Bildung auf die Log Odds von +0,634, die aktuelle Arbeitsstelle über eine *Annonce* (vs. *Netzwerk*) der Person gefunden zu haben. Die geschätzten Effekte auf die Log Odds einer jeweiligen Kategorie werden aber auf die Basiskategorie des sozialen Netzwerks bezogen. Weil der *Log Odds* Koeffizient der Variable „Bildung" auf die Kategorie *Annonce* deutlich größer ist als der Effekt auf die Kategorie *Arbeitsamt*, führt das paradoxerweise dazu, dass die *Wahrscheinlichkeit*, die Arbeitsstelle vom Arbeitsamt vermittelt zu bekommen, mit steigender Bildung *zurückgeht*, *obwohl* wir einen positiven Effekt der Variable Bildung auf die Log Odds der Kategorie Arbeitsamt +0,094 berechnet haben. Diese paradoxe Situation kommt dadurch zustande, dass aufgrund des starken Effektes der Bildung auf die Kategorie *Annonce* vs. *Netzwerk* von +0,634 der Nenner mit steigender Bildung deutlich stärker anwächst als der Zähler. Man könnte also aus der Perspektive der Log Odds und der Relative Risk Ratios annehmen, die Bildung hätte einen positiven Effekt auf die Wahrscheinlichkeit, die aktuelle Arbeitsstelle durch das Arbeitsamt vermittelt zu bekommen. Das wäre aber falsch. Denn mit steigender Bildung nehmen auch die Log Odds zu, die Arbeitsstelle über eine Annonce zu finden – und zwar in weitaus stärkerem Maße. Wahrscheinlichkeiten sind auf einen Wertebereich von 0 und 1 beschränkt, weshalb der starke Zuwachs der Logits der Kategorie *Annonce* zu Lasten der Wahrscheinlichkeit der Kategorie *Arbeitsamt* gehen muss.

Dieses Beispiel verdeutlicht relativ gut, wie wichtig es ist, sehr genau zwischen diesen einzelnen mathematischen Konstrukten zu unterscheiden. Effekte auf die Log Odds oder Effekte auf die Relative Risk Ratios sind etwas anderes als Effekte auf die Wahrscheinlichkeit. Daher ist es sehr wichtig, die einzelnen Begriffe und Konzepte zu verstehen und wohlüberlegt anzuwenden.

In der Regel werden die Ergebnisse der multinomialen logistischen Regression als Effekte auf die Log Odds oder Relative Risk Ratios ausgegeben. Genau genommen sind diese aber nicht anschaulich. Dagegen ist den meisten Leserinnen und Lesern einer empirischen Studie intuitiv klar, was eine Wahrscheinlichkeit bedeutet, die ja auf den Wertebereich von 0 bis 1 bzw. von 0 bis 100 Prozent beschränkt ist.

Die multinomiale logistische Regression wird mit dem Befehl `mlogit` geschätzt, wobei `i_allokation` die abhängige Variable darstellt.

```
use $pfad/mlogit.dta, clear
mlogit i_allokation kohorte2 kohorte3 alter frau ///
studium, cluster(fb_nr41) robust rrr
prchange
mlogit i_allokation kohorte2 kohorte3 alterZ alterM ///
frau studium, cluster(fb_nr41) robust rrr
mlogit i_allokation kohorte2 kohorte3 alterZ alterM ///
frau studium, cluster(fb_nr41) robust rrr baseoutcome(6)
```

Im dritten Modell wird durch die Option `baseoutcome(6)` vorsätzlich die Kategorie *Arbeitsamt* als Basiskategorie definiert. Das Ergebnis der Modellschätzung in Tabelle 25 resultiert jedoch aus dem ersten Modell mit *Netzwerk* als Basiskategorie. Zu sehen sind die relativen Risk-Ratios, die immer im Vergleich zur Basiskategorie (Allokationsweg *Netzwerk*) interpretiert werden. So erhöht sich mit jedem Altersjahr die relative Chance, sich *selbstständig* zu machen um den Faktor 1,183 im Vergleich zur Basiskategorie der Arbeitsmarktallokation über ein *Netzwerk*. Im Vergleich zur Kohorte 1985 (Referenzkategorie) ist die Chance, die Information über die freie Arbeitsstelle über den *Betrieb* selbst zu bekommen, bei der Kohorte 1990 um den Faktor 0,648, bei der Kohorte 1995 um den Faktor 0,389 reduziert. Außerdem geht mit steigendem Alter diese Chance um den Faktor 0,901 zurück. Hochschulabsolventen haben eine um den Faktor 1,693 erhöhte Chance, ihre Arbeitsstelle direkt vom *Betrieb* zu bekommen im Vergleich zur Nutzung eines privaten *Netzwerkes*.

In dieser Weise werden auch die Effekte auf die übrigen Kategorien der abhängigen Variablen interpretiert. Der wichtige Punkt bei der Interpretation der multinomialen logistischen Regression besteht darin, dass die Effekte immer relativ zur Basiskategorie interpretiert werden. Ein Effekt einer Variable auf die Chance oder das Risiko einer Kategorie relativ zur Basiskategorie kann positiv sein (also einen relativen *Risk-Ratio* >1 aufweisen), wenngleich mit steigenden Werten dieser Variable die *Wahrscheinlichkeit*, in diese jeweilige Kategorie zu fallen, *zurückgeht*. Dies sehen wir am Effekt von `frau` auf die Kategorie *Betrieb*: Der *relative risk ratio* ist >1, wenngleich insignifikant (1,093642), jedoch ist die Veränderung der Wahrscheinlichkeit (`prchange`) negativ (-0,0109847). Wir werden im folgenden Abschnitt sehen, dass es sinnvoll ist, die Ergebnisse in sogenannten konditionalen Effektplots darzustellen. Dabei wird jeweils die Veränderung der Wahrscheinlichkeiten einer jeweiligen Kategorie in Abhängigkeit von einer erklärenden Variablen x aus dem Modell vorhergesagt und grafisch dargestellt, wobei man die übrigen Variablen des Modells kontrolliert.

Tabelle 25: Allokationswege zur aktuellen Arbeitsstelle, multinomiales Logit,
relative Risikoverhältnisse (Basiskategorie: Netzwerk)

	Selbstst.	Betrieb	initiativ	Annonce	Arbeitsamt
Kohorte 1990	1.188	0.648**	1.325	1.943**	1.411
Kohorte 1995	0.765	0.389***	1.528+	2.245***	1.878**
Alter	1.183***	0.901***	0.992	1.099***	1.141***
Frau (=1)	0.759	1.094	1.406*	1.576**	1.391+
Studium (=1)	1.638	1.693**	1.524+	0.555**	0.192***
Observations			2161		

Exponentiated coefficients
$^+ p < .1,$ $^* p < .05,$ $^{**} p < .01,$ $^{***} p < .001$

Zunächst aber kommen wir zu einer Besonderheit der multinomialen logistischen Regression, nämlich die Panelanalyse. Im Prinzip stellt der von uns verwendete Datensatz eine Messwiederholungsdatei dar, weil die meisten Personen im Laufe der beobachteten Erwerbskarriere mehrere Arbeitsstellen hatten. Diese Art der Messwiederholung über die Zeit ermöglicht die Einbeziehung zeitveränderlicher Kovariaten auf die abhängige Variable zu schätzen. Ähnlich den sogenannten hybriden Verfahren der Panelanalyse (Giesselmann und Windzio 2012) kann dabei unterschieden werden zwischen einem zeitveränderlichen Effekt einer zeitveränderlichen Variablen und einem zeitkonstanten Effekt. Dies wird auch als Within- und Between-Effekt bezeichnet.

Die Anwendung dieser Modellvariante ist im Folgenden insofern etwas konstruiert, als die einzige zeitabhängige Variable das Alter darstellt und die Trennung in einen Within- und Between-Effekt theoretisch nicht unbedingt leicht interpretierbar ist. Nichtsdestotrotz soll dies an dem Beispiel demonstriert werden: Für die Trennung in Within- und Between-Effekte wurde für jede Person über den gesamten beobachteten Zeitraum der Mittelwert des Alters berechnet. Diese Berechnung könnte man in diesem Fall auch gewichten um die Länge der Episoden, was in diesem Fall nicht geschehen ist. Hat man den Mittelwert des Alters berechnet, kann man sowohl diesen Mittelwert als auch den um seinen Mittelwert zentrierten zeitveränderlichen Wert in die Modellspezifikation aufnehmen. Dies ist in Tabelle 26 geschehen. Dabei zeigt sich, dass die Chance oder das Risiko, die Information über die Arbeitsstelle direkt über das *Arbeitsamt* zu bekommen, mit jedem Altersjahr um den Faktor 1,180 zunimmt (im Vergleich zur Basiskategorie: Allokation durch *Netzwerk*). Zusätzlich dazu gilt generell, dass Ältere ein höheres Risiko aufweisen, die Information über die Arbeitsstelle vom Arbeitsamt zu bekommen (vs. *Netzwerk*) als Jüngere; und zwar erhöht ein Anstieg des mittleren Alters jeweils um ein Jahr das Risiko für das Outcome Arbeitsamt (versus Netzwerk) um den Faktor 1,096. Wie gesagt: In unserem

Analysebeispiel haben wir strenggenommen keine Paneldaten, sondern Episodendaten, und die Episoden weisen eine unterschiedliche Länge auf. So gesehen ist das Vorgehen, wie hier dargestellt, nicht ganz zulässig. In der Regel hat man Paneldaten mit konstanten Zeitintervallen, und es spricht nichts dagegen, Within-Effekte in Paneldaten mit mehr als zwei diskreten Outcome-Kategorien zu schätzen. Dabei ist wichtig, dass sowohl der um den Mittelwert zentrierte Effekt der zeitveränderlichen Variablen ins Modell eingeführt wird als auch deren subjektspezifischer Mittelwert über die Zeit. Wichtig ist zudem, dass – wie hier geschehen – die Standardfehler für die Abhängigkeit der Beobachtungen (sprich: der Messungen) innerhalb der Person korrigiert sind. Dieses Vorgehen entspricht dem Beispiel von Allison (2009).

Tabelle 26: Allokationswege zur aktuellen Arbeitsstelle, multinomiales Logit, relative Risikoverhältnisse, Panelmodell mit *between-* und *within-*Schätzern für das Alter (Basiskategorie: Netzwerk)

	Selbstst.	Betrieb	initiativ	Annonce	Arbeitsamt
Kohorte 1990	1.152	0.718^{+}	1.352	1.839^{**}	1.341
Kohorte 1995	0.816	0.439^{***}	1.562^{+}	2.163^{***}	1.799^{*}
Alter(Z)	1.373^{***}	0.877^{***}	0.979	1.171^{***}	1.180^{***}
Alter(mean)	1.054	0.944^{+}	1.004	1.036	1.096^{*}
Frau (=1)	0.619	1.142	1.429^{*}	1.466^{*}	1.344
Studium (=1)	3.477^{+}	1.287	1.426	0.785	0.244^{***}
Observations			2161		

Exponentiated coefficients
$^{+}p < .1,$ $^{*}p < .05,$ $^{**}p < .01,$ $^{***}p < .001$

Eine Möglichkeit der anschaulichen Darstellung der Ergebnisse der multinomialen logistischen Regression sind konditionale Effektplots. Dabei werden die Veränderungen der Wahrscheinlichkeiten einer jeweiligen Kategorie in Abhängigkeit von Veränderungen der jeweils interessierenden unabhängigen Variablen dargestellt, und dabei die Werte aller übrigen unabhängigen Variablen des Modells beim Mittelwert konstant gehalten.

9.1 Konditionale Effektplots

Wie auch in der binären logistischen Regression ist es für die Interpretation der Ergebnisse hilfreich zu visualisieren, wie sich die Wahrscheinlichkeit einer bestimmten Kategorie der abhängigen Variablen (bei der binären logistischen Regression ist das die Kategorie 1) verändert, wenn sich die Variable *x* verändert. Auch hier ist zu berücksichtigen, dass die Effekte von *x* immer vom Ausgangsniveau der Wahrscheinlichkeit abhängig sind. Daher müssen auch für die Visualisierung der Ergebnisse der multinomialen logistischen Regression die Kontrollvariablen beim Mittelwert konstant gehalten werden. Ist dies erfolgt, können für eine interessierende unabhängige Variable die Veränderungen der Wahrscheinlichkeiten der jeweiligen Kategorie über alle Kategorien der erklärenden Variablen grafisch dargestellt werden. Abbildung 42 zeigt einen solchen konditionalen Effektplot aus einem multinomialen Logit-Modell. Hier wurde für eine bestimmte Untergruppe, nämlich die Kohorte 1985 mit akademischem Abschluss, unter Kontrolle aller weiteren Variablen (hier nur das Geschlecht) diese Veränderung der Wahrscheinlichkeit grafisch dargestellt.

Abbildung 42: Konditionaler Effektplot aus dem multinomialen Logit-Modell in Tabelle 26

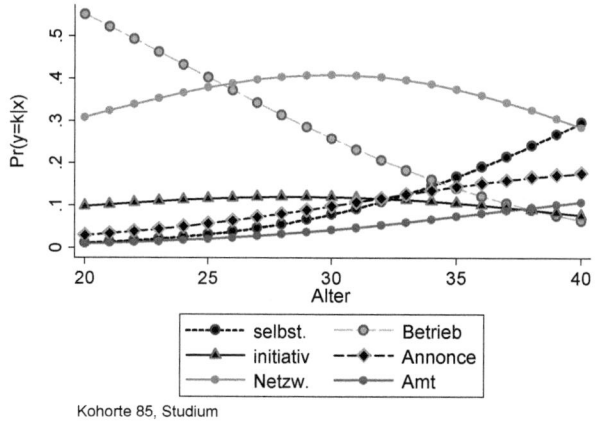

Interessant ist zu sehen, wie sich die Wahrscheinlichkeit der Outcome-Kategorie *Netzwerk* in Abhängigkeit vom Alter verändert: Es erfolgt zunächst ein Anstieg im Alter von 20 bis 30 Jahren. Nachdem der Höhepunkt erreicht wurde, nimmt die Wahrscheinlichkeit dieser Kategorie mit steigendem Alter ab. Solche nichtlinearen Veränderungen der Wahrscheinlichkeit in Abhängigkeit von *x* sind in multinomialen logistischen Regressionsmodellen durchaus üblich. Wichtig ist, dass derartige Zusammenhänge nicht als relativer Risk-Ratio darstellbar sind. Daher ist es angeraten, die Darstellung über die konditionalen Effektplots zu wählen. Long und Freese (2003, S. 214ff) beschreiben darüber hinaus noch weitere interessante grafische Visualisierungen der Ergebnisse multinomialer logistischer Regression. Abbildung 42 basiert auf Variablen, die mit dem `prgen` Befehl erzeugt wurden (`findit spost9_ado`).

```
mlogit i_allokation kohorte2 kohorte3 alter frau ///
studium, cluster(fb_nr41) robust rrr
prgen alter, x(kohorte3=0 kohorte2=0 studium =1) ///
from(20) to (40) gen(ko85stud) ncases(21)
capture prgen alter, x(kohorte3=0 kohorte2=0 studium =1) ///
from(20) to (40) gen(ko85stud) ncases(21) /*wiederholt!*/
graph twoway connected ko85studp1 ko85studp2 ko85studp3 ///
ko85studp4 ko85studp5 ko85studp6 ko85studx
```

Die Syntax hat folgende Form: Der Befehl `prgen` verweist auf die Variable, über deren Kategorien hinweg die Wahrscheinlichkeiten der Outcome-Kategorien berechnet werden sollen. In diesem Fall handelt es sich um `alter`. Als erste Option `x()` werden die jeweils interessierenden Werte der unabhängigen Variablen eingetragen. In dem Fall setzen wir `kohorte3` und `kohorte2` auf 0 und erhalten damit die Referenzkategorie der Kohorte 1985. Wir setzen die Variable `studium` auf 1, um Akademiker darzustellen. Anschließend wird der Range beschrieben, über den hinweg für jede Kategorie die Wahrscheinlichkeiten berechnet werden. Dieser Range muss mit der Option `ncases` übereinstimmen, was hier der Fall ist. Das Ergebnis der Prozedur wird in einen Satz von Variablen geschrieben, die mit dem Präfix `ko85stud` beginnen. Wir generieren diese Variablen mit der Option `generate`. Long und Freese beschreiben ausführlich, wie man nun im Anschluss an diesen Befehl die entsprechenden Variablen labelt und dann einfach über den Befehl `graph twoway connected` grafisch darstellt (Long und Freese 2003, S. 215).

Ab `Stata 12` kann alternativ der `margins` Befehl verwendet werden, der sehr leistungsfähig, allerdings auch ziemlich komplex ist.

9.2 Unabhängigkeit von irrelevanten Alternativen

Eine wichtige Annahme der multinomialen logistischen Regression, die anhand von Tests überprüft werden kann, besteht in der *independence of irrelevant alternatives* (IIA) (Borooah 2002, S. 74f; Crown 1998, S. 125f). Bei der multinomialen logistischen Regression werden die Log Odds einer jeweils interessierenden Kategorie immer relativ zur Basiskategorie geschätzt, und diese Log Odds sind unabhängig von den jeweils anderen Alternativen. Mit anderen Worten: Die Log Odds, eine Arbeitsstelle über das *Arbeitsamt* vermittelt zu bekommen versus sie über das *soziale Netzwerk* vermittelt zu bekommen, sind unabhängig von den anderen möglichen Allokationswegen am Arbeitsmarkt, wie beispielsweise das Lesen von Zeitungsannoncen. Diese Annahme ist aber nicht in allen Fällen plausibel. Nimmt man eine Kategorie der abhängigen Variablen hinzu oder aber fasst man zwei Kategorien zusammen, darf das keinen Einfluss auf die Schätzung der Relative Risk Ratios der jeweils interessierenden Kategorie m relativ zur Basiskategorie b haben.

In der Literatur zum multinomialen Logit-Modell wird dieses Problem häufig am Beispiel einer Studie zur Wahl von Verkehrsmitteln erläutert. Eine Person steht vor der Wahl, entweder mit dem Auto, mit dem Fahrrad oder dem Bus zur Arbeit zu fahren. Was geschieht, wenn man nun noch zwischen *roten* und *blauen* Bussen unterscheidet? Die Unterscheidung zwischen den Bussen nach dem Kriterium ihrer Farbe ist eine irrelevante Alternative. Die Unterscheidung wäre eingebettet in eine Oberkategorie *Bus*. Tabelle 27 zeigt die prozentualen Verteilungen über die einzelnen Verkehrsmittel. In der linken Hälfte entscheiden sich 55,4 Prozent, mit dem Auto zu fahren, 23 Prozent fahren mit dem Bus und 21,6 Prozent mit dem Fahrrad. In der rechten Hälfte der Tabelle 27 wurde die Kategorie Bus noch einmal unterteilt in rote und blaue Busse.

Weil gilt $exp(a)/exp(b)= exp(a-b)$, lässt sich der resultierende Quotient zusammenziehen zu einem Term, der nach Ausklammern von $\mathbf{x}_i$ den Einfluss von $\mathbf{x}_i$ auf die Chance der interessierenden Kategorie m gegenüber der Basiskategorie b darstellt (Long 1997, S. 154). Durch Logarithmierung zeigt sich, dass auch in der multinomialen logistischen Regression sich die Log Odds durch eine Linearkombination aus Werten von $\mathbf{x}$ und den Regressionsgewichten $\boldsymbol{\beta}$ vorhersagen lassen.

$$\log\ odds(m) = \ln\left(\frac{\Pr(y=m\mid x)}{\Pr(y=b\mid x)}\right)$$

$$\Omega_{m\mid n}(\mathbf{x}_i) = \exp(\ \mathbf{x}[\boldsymbol{\beta}_m - \boldsymbol{\beta}_b])\quad \Leftrightarrow\quad \ln\left\{\Omega_{m\mid n}(\mathbf{x}_i)\right\} = \mathbf{x}(\boldsymbol{\beta}_m - \boldsymbol{\beta}_b)$$

Die Differenz aus den Regressionskoeffizienten $\boldsymbol{\beta}_m - \boldsymbol{\beta}_b$ wird als *Kontrast* bezeichnet, der den Effekt einer unabhängigen Variable x auf die Log Odds der interessierenden Kategorie m gegenüber der Basiskategorie b darstellt. In dieser Darstellung wird der Kontrast anhand der Differenz der beiden Regressionskoeffizienten berechnet. Die Koeffizienten für alle anderen Kategorien der abhängigen Variablen bzw. alle anderen Kontraste werden dabei nicht berücksichtigt. Daraus folgt, dass sich Modelle der multinomialen logistischen Regression in eine Serie von binären logistischen Regressionsmodellen zerlegen lassen, die alle jeweils Kontraste gegen dieselbe Basiskategorie *b* schätzen. Allerdings gilt das nur, wenn die Annahme der Unabhängigkeit eines Kontrasts von den jeweils anderen Alternativen gegeben ist. Dies muss aber nicht zwangsläufig der Fall sein. Wird in einem multinomialen Logit-Modell gegen diese Annahme verstoßen, liefert es verzerrte Schätzungen der Log Odds.

Das Verständnis dieser Annahme und der Konsequenzen eines Annahmeverstoßes ist allerdings nicht ganz einfach. Die Unabhängigkeit der Kontraste von den übrigen Alternativen würde bedeuten, dass die geschätzten Log Odds für einen Kontrast unverändert bleiben, auch wenn der abhängigen Variablen eine weitere Kategorie und damit eine weitere Alternative hinzugefügt wird. Weil sich die *Wahrscheinlichkeit* über alle Kategorien auf 100% summieren muss, impliziert das Hinzufügen einer weiteren Kategorie, dass die Einzelwahrscheinlichkeit jeder übrigen Kategorie zurückgehen muss, wenn die geschätzten Log Odds konstant bleiben. Dieser Rückgang muss für jede der übrigen Kategorien zu einem einheitlichen Prozentwert geschehen, damit die Log Odds bzw. die Relativen Risk Ratios sich durch die neue Kategorie nicht ändern. Dies ist aber nur der Fall, wenn die Alternativen tatsächlich als völlig unabhängig voneinander betrachtet werden können. Bei der Anwendung der multinomialen logistischen Regression setzt man diese Unabhängigkeit einfach voraus.

Beim Red-Bus-Blue-Bus Problem impliziert die farbliche Unterteilung der Busse die irrelevanten Alternativen. Das Modell kann nicht unterscheiden zwischen einer eindeutig abgrenzbaren neuen Kategorie und einer irrelevanten Alternative (Borooah 2002, S. 74).

Tabelle 27: Das IIA-Problem

A	B
Auto: 55,4%	Auto: 45,1%
Bus (Red): 23%	Bus (Red): 18,8%
	Bus (Blue): 18,4%
Fahrrad: 21,6	Fahrrad: 17,7

In Tabelle 27 betragen bei der gegebenen Verteilung der Wahrscheinlichkeiten der Wahl jedes Verkehrsmittels die Odds für das Auto vs. den (Roten) Bus 55,4/23=2,4. Nach der Einführung der blauen Busse in Spalte B der Tabelle, die von 18,4% der Population gewählt wurden, ging die Wahrscheinlichkeit der Wahl aller anderen Kategorien um 18,4% (nicht Prozentpunkte) zurück. Nur unter dieser Voraussetzung verändern sich die Schätzungen der Kontraste nach Erweiterung um eine neue Kategorie *nicht* und die Odds für das Auto vs. den

(Roten) Bus betragen weiterhin 2,4. Um diese Konstanz zu gewährleisten, müssen aber auch ca. 18,4% derjenigen, die vorher Auto oder Fahrrad gefahren sind, auf die blauen Busse umsteigen [(45,1/55,4 - 1)•100]. Unterstellt man die Unabhängigkeit der Odds von den übrigen Alternativen, legt das Modell nahe, die Busgesellschaft könne einfach durch einen blauen Anstrich der Hälfte ihrer Busse den Anteil der Busfahrer von 23% auf 37,2% erhöhen. Das ist unrealistisch, stellt aber ein notwendiges Argument dar für die Begründung der Unabhängigkeit der Odds von der Hinzufügung einer weiteren Alternative. In der Realität würden Personen, die in Spalte A lieber Bus fahren, sich zufällig mit zwei mal 11,5% auf rote und blaue Busse aufteilen. Dann bleiben jedoch die Odds nicht konstant. Käme aber eine *relevante* Alternative hinzu, wäre es tatsächlich denkbar, dass diese Alternative gleichermaßen auch von bisherigen Auto- und Fahrradfahrern wahrgenommen wird, die Wahrscheinlichkeiten für *alle* Kategorien sich ändern, die Odds aber konstant bleiben. Bei Borooah findet sich ein weiteres Beispiel aus der Forschung über politische Wahlen (Borooah 2002, S. 75).

Um nun zu unserem Anwendungsbeispiel zurück zu kommen: Bei der Jobsuche interessieren für die Schätzung eines Kontrastes nur die spezifische Kategorie *Arbeitsamt* relativ zur Basiskategorie *Netzwerke*. Es darf nicht sein, dass mit steigender Bildung das Arbeitsamt weniger genutzt wird als die Netzwerke, nur weil in einem Ort eine Zeitung existiert, die einschlägige Annoncen publiziert. Nach der Logik des statistischen Modells bedeutet diese Annahme, dass die Fehlerterme einer jeden Gleichung, die spezifisch für jede Outcome-Kategorie relativ zur Basiskategorie geschätzt wird, nicht über die Gleichungen hinweg korreliert sind.

Inwieweit die IIA-Annahme tatsächlich restriktiv ist, hängt von der untersuchten Fragestellung ab. Sind die einzelnen Kategorien wirklich eindeutige, klar abgegrenzte Alternativen? Dann wird die Einführung einer weiteren Kategorie (oder das Löschen einer Kategorie) keinen Einfluss auf die Schätzung der Log Odds haben, weil die Fehlerterme nicht über die für jede Alternative spezifischen Gleichungen hinweg korreliert sind.

Man kann einen *Hausman-Test* durchführen, der in seiner klassischen Logik (Giesselmann und Windzio 2012) die geschätzten Koeffizienten für unterschiedliche Modellspezifikationen vergleicht und auf signifikante Abweichungen dieser Koeffizienten testet. Die beiden Modellspezifikationen unterscheiden sich dadurch, dass man bei der einen Modellspezifikation bestimmte Kategorien ausschließt. Man kann also beispielsweise bei einer multinomialen logistischen Regression mit vier Ausprägungen eine Kategorie ausschließen und dann den Test durchführen und anschließend eine andere Kategorie ausschließen und den Test wiederum durchführen.

Die Logik des *Small-Hsiao-Tests* funktioniert ähnlich (Long und Freese 2003, S. 208f; Fry und Harris 1998). Zunächst wird der Datensatz zufällig in

zwei gleichgroße Teile zerlegt. Sodann wird jeweils auf Basis beider Teildatensätze das multinomiale logistische Regressionsmodell berechnet. Nun hat man
für jeden Regressionskoeffizienten bei jeder Outcome-Kategorie zwei Werte.
Daraus wird ein gewichteter Mittelwert berechnet. Die Gewichte sind die Konstanten $1/\sqrt{2}$ für die Beta-Koeffizienten, die auf Basis des ersten Teildatensatzes
S_1 geschätzt wurden, und $1-(1/\sqrt{2})$ für die Koeffizienten, die auf Basis des zweiten Teildatensatzes S_2 geschätzt wurden. S_1 und S_2 sind hier die *unrestricted
samples u.*

$$\hat{\beta}_u^{S_1 S_2} = \left(\frac{1}{\sqrt{2}}\right)\hat{\beta}_u^{S_1} + \left\{1-\left(\frac{1}{\sqrt{2}}\right)\right\}\hat{\beta}_u^{S_2}$$

In Anschluss daran wird das multinomiale Modell auf Basis der halben Samp-
legröße erneut geschätzt, allerdings werden nun die durch den gewichteten Mittelwert berechneten Beta-Koeffizienten als *fixe* Zielwerte der Modellschätzung
vorgegeben und der Wert der Log-Likelihood ermittelt, den man durch Einsetzen
dieser Koeffizienten in die Log-Likelihood-Funktion erhält. Entgegen der eigentlichen Logik werden also nicht die unbekannten Werte der Schätzparameter
gesucht, die man beim Maximum der Log-Likelihood findet, sondern es wird ein
zunächst unbekannter Log-Likelihood-Wert bei fixen Werten der Schätzparameter ermittelt. Die Log-Likelihood der Schätzung des Modells mit vorgegebenen
Koeffizienten $\hat{\beta}_u^{S_1 S_2}$ lässt sich formal darstellen als:

$$LL(\hat{\beta}_u^{S_1 S_2})$$

Diese Likelihood wird festgehalten. Nun wird im nächsten Schritt das erste Subsample S_1 verworfen und der Datensatz S_2 durch eine Beschränkung (*restriction*)
modifiziert: Aus dem zweiten Subsample S_2 werden alle Fälle gelöscht, die eine
bestimmte Alternative gewählt haben (es wird also eine Outcome-Kategorie samt
der zugehörigen Fälle gelöscht). Damit ist S_2 nun ein *restricted sample* – daher
das Subskript *r*. Wieder werden die Beta-Koeffizienten geschätzt. Der Small-
Hsiao-Test besteht nun darin, dass die Likelihoods beider Modellschätzungen
verglichen werden:

$$SH = -2\left\{LL(\hat{\beta}_u^{S_1 S_2}) - LL(\hat{\beta}_r^{S_2})\right\}$$

Dabei ist wichtig, dass für die Zerlegung des Datensatzes in zwei gleichgroße
Teile im ersten Schritt eine Zufallszahl gezogen werden muss. Je nach Auspra-

gung dieser Zufallszahl wird das Sample in spezifischer Weise in zwei gleichgroße Teile zerlegt. Bei einer völlig indeterminierten Zufallszahl werden unterschiedliche Durchführungen dieses Tests möglicherweise zu unterschiedlichen
Ergebnissen führen. Man kann nun die Zufallszahl mit dem `set seed` Befehl
steuern. Zu empfehlen ist dabei, dass man diesen Test nicht nur einmal, sondern
beispielsweise bis zu zehnmal durchführt, und jeweils mit `set seed` unterschiedliche Startwerte für die Zufallszahl vorgibt, damit der Datensatz in jeweils
unterschiedlicher Weise in zwei Teile zerlegt wird. Hat man beispielsweise in
acht von zehn Tests ein negatives Ergebnis (d.h. für H0), kann man davon ausgehen, dass die Annahme der *independence of irrelevant alternatives* erfüllt ist.
Denn die Nullhypothese, dass die Annahme der Unabhängigkeit von irrelevanten
Alternativen erfüllt ist, wird tendenziell nicht widerlegt. Wenngleich hier das
Problem des multiplen Testens besteht (Bortz 1989, S. 322), kann man davon
ausgehen, dass sich diese Annahme kaum mehr aufrechterhalten lässt, wenn in
der Hälfte der Fälle positive Befunde vorliegen, d.h. die Likelihoods der Modellschätzungen signifikant voneinander abweichen. In diesem Fall lässt sich alternativ das sogenannte Nested-Logit-Modell schätzen (vergleiche unten).

Wir schätzen ein einfaches Modell und testen im Anschluss daran mit dem
Befehl `mlogtest, smhsiao` die Nullhypothese der Unabhängigkeit von irrelevanten Alternativen.

```
use $pfad/mlogit.dta, clear
mlogit i_allokation  kohorte2 kohorte3 alter frau studium,
rrr

set seed 1259
mlogtest, smhsiao
```

Tabelle 28 zeigt für jede der fünf Kategorien, dass die Nullhypothese der Unabhängigkeit von irrelevanten Alternativen aufrecht erhalten werden konnte. Bei
mehrfacher Durchführung kann durchaus in einigen Fällen bzw. für einige Kategorien die Nullhypothese verworfen werden, ohne dass das Modell insgesamt
verworfen werden muss. Eine klare Regel, wie häufig der Test durchzuführen ist
und ab wann genau die IIA-Annahme verworfen werden sollte, findet sich in der
Literatur aber nicht.

Tabelle 28: Ergebnis des Small-Hsiao-Tests

```
**** Small-Hsiao tests of IIA assumption (N=2161)

Ho: Odds(Outcome-J vs Outcome-K) are independent of other alternatives.

Omitted  | lnL(full)  lnL(omit)   chi2    df   P>chi2    evidence

1__selbs | -1441.345  -1430.790  21.110   24   0.632     for Ho
2__betri | -1101.960  -1092.465  18.990   24   0.753     for Ho
3__initi | -1214.148  -1203.192  21.911   24   0.585     for Ho
4__annon | -1195.979  -1183.729  24.500   24   0.433     for Ho
6__arbei | -1362.821  -1351.700  22.242   24   0.565     for Ho
```

Zudem stellten Cheng und Long in ihrer Simulationsstudie insgesamt beträchtliche Probleme dieser Tests fest – auch beim Small-Hsiao Test (Cheng und Long 2007). Dadurch sehen sie die Aussage von McFadden bestätigt, dass sowohl das multinomiale als auch das konditionale logistische Regressionsmodell (vgl. folgenden Abschnitt) nur dann verwendet werden sollten, wenn gute Gründe dafür sprechen, dass die Alternativen hinreichend distinkt voneinander sind und die Akteure sie auch unabhängig voneinander bewerten. Durch die Probleme der Tests werden jene Modellvarianten aufgewertet, die *nicht* auf der Annahme der Unabhängigkeit von irrelevanten Alternativen basieren. Dazu gehört das Nested-Logitmodell, welches im folgenden Abschnitt besprochen wird.

9.3 Konditionales Logit-, Mixed-Logit- und Nested-Logitmodell

Wie im vorangegangenen Abschnitt dargestellt, wird bei der multinomialen logistischen Regression die Wahrscheinlichkeit einer Kategorie durch Merkmale der Beobachtungen (hier der Personen) vorhergesagt. Überlegt man auf Basis von ökonomischen, psychologischen oder soziologischen Theorien, nach welchen Kriterien individuelle Akteure ihre Entscheidungen treffen, erscheint es allerdings fragwürdig, die Entscheidung für die jeweilige Kategorie ausschließlich auf Merkmale der Individuen, und nicht zugleich auch auf Merkmale der Kategorien selbst, zurückzuführen. Nehmen wir an, den jeweiligen Kategorien der nominalskalierten abhängigen Variablen sind bestimmte Wertigkeiten zugeordnet. Untersucht man beispielsweise Einflussfaktoren auf die Wahl eines Verkehrsmittels (z.B. Bus, Fahrrad, Auto), sind es bestimmte Eigenschaften dieser Verkehrsmittel, die sich ebenfalls auf die Wahl auswirken. Denn offensichtlich spielen Eigenschaften wie Fahrpreis oder Geschwindigkeit für die Wahl eines

Verkehrsmittels eine große Rolle. Und diese Eigenschaften werden wiederum von den Akteuren unterschiedlich bewertet.

Bei der multinomialen logistischen Regression kann man aber die Merkmale der jeweiligen Kategorien nicht als erklärende Variable in das Modell einführen. Zu diesem Zweck wurde das *konditionale Logit-Modell* entwickelt. In der einfachen Variante dieses Modells werden die Eigenschaften der individuellen Akteure zunächst ignoriert und ausschließlich Merkmale der Kategorien als Prädiktoren berücksichtigt. Konditionale Logit-Modelle können nicht verwendet werden, wenn die untersuchten Daten keine Information über die von den Akteuren zugewiesenen Wertigkeiten (in einer jeweils interessierenden Dimension) der Kategorien der abhängigen Variablen enthalten. In Studien zur Analyse von Entscheidungen rationaler Akteure werden daher Bewertungen der Kategorien der abhängigen Variablen erhoben. In Studien zur Verkehrsmittelwahl würde man beispielsweise für die jeweilige Strecke, die eine Person üblicherweise zurücklegt, den Fahrpreis sowie die benötigte Zeit für die jeweilige Strecke erfassen. Untersucht man die Wahl eines Restaurants, könnte man etwa den Preis eines vom Akteur präferierten Gerichts erheben und als Prädiktor des Entscheidungsverhaltens der Akteure modellieren.

Üblicherweise variieren zwischen den Akteuren die Wertigkeiten, die sie den Kategorien in der jeweiligen Dimension zumessen. Für manche Akteure ist es wesentlich einfacher und schneller, alltägliche Distanzen mit dem Auto zurückzulegen als mit dem Bus, während es sich bei anderen Akteuren genau umgekehrt verhält. In Studien zum Entscheidungsverhalten werden den befragten Personen zunächst alle möglichen Alternativen vorgelegt, die die Akteure hinsichtlich unterschiedlicher Dimensionen bewerten sollen. So kann man z.B. Abiturienten (eine begrenzte Anzahl von) Ausbildungsalternativen vorlegen und sie bitten, die jeweilige Ausbildungsmöglichkeit in Bezug auf Kriterien wie erwartetes Einkommen, Interesse an der Tätigkeit oder die erwartete Beschäftigungssicherheit zu bewerten. Man erwartet, dass die Bewertungen sowohl zwischen den Personen, aber insbesondere auch zwischen den Kategorien, variieren.

Allerdings müssen die Daten transformiert werden, bevor ein konditionales Logit-Modell geschätzt werden kann. In unserem Untersuchungsbeispiel fragen wir wieder danach, über welchen Weg eine Person sich die Information über die aktuelle Arbeitsstelle beschafft hat. Dabei unterscheiden wir wieder zwischen Initiativbewerbung, Information direkt vom Betrieb, von den Eltern, Bekannten, Kollegen, aus einer Annonce sowie vom Arbeitsamt. Man müsste jetzt in der empirischen Studie für jede Person die Kosten erheben, die ein jeweiliger Informationsweg beinhaltet. Diese Kosten variieren sowohl zwischen den Alternativen als auch zwischen den Personen. So wird der Grad der Stigmatisierung, den eine Person beim Aufsuchen des Arbeitsamtes empfindet, von den Personen in subjektiver Weise erlebt. Je nachdem, wie die Beziehung zu den eigenen Eltern, zu Bekannten oder zu (ehemaligen) Kollegen gestaltet ist, kann die Nutzung des Sozialkapitals für einen Akteur mit unterschiedlichen Kosten einhergehen – und diese Kosten unterscheiden sich wiederum deutlich von den Kosten anderer Alternativen. Auf diese Weise haben wir Informationen, die wir für die Schätzung eines konditionalen Logit-Modells verwenden können.

Es sei an dieser Stelle ein Problem dieses speziellen Anwendungsfalls angemerkt, welches wir im Folgenden der Einfachheit halber ignorieren wollen: Da wir die jeweils aktuellen Arbeitsstellen einer Person betrachten, untersuchen wir nicht nur die Wahl, die die Personen getroffen haben, sondern zugleich auch die Wahl, die der jeweilige Arbeitgeber getroffen hat. Faktisch betrachtet unsere Analyse daher letztlich nicht allein die Wahl eines jeweiligen Informationsweges durch die befragten Personen.

Nehmen wir trotzdem an, es handle sich tatsächlich um eine Analyse von Wahlentscheidungen der Arbeitsuchenden. Wollen wir die Merkmale der jeweiligen Outcome-Kategorie als Prädiktorvariablen modellieren, müssen wir den Datensatz zunächst transformieren. Tabelle 29 zeigt den Datensatz in seiner ursprünglichen Version. Zu sehen sind unter anderem die ID-Nummer, die Variable `alter`, der ursprüngliche Indikator des *Allokationsweges* `allok` und schließlich jeweils zwei Dummy-Variablen für die Allokationswege sowie die Kosten eines jeweiligen Allokationsweges. Anzumerken ist, dass es sich bei den Kosten um für diese Beispielanalyse künstlich generierte Variablen handelt. Für die Schätzung der konditionalen logistischen Regression muss der Datensatz transformiert werden, so dass *eine* Variable die Kosten der jeweiligen Alternativen abbildet. Anders als bei der multinomialen logistischen Regression geht es nicht mehr darum, *Merkmale der Individuen* auf die Log Odds der jeweiligen Kategorie der abhängigen Variable zu modellieren, sondern den Einfluss einer *Eigenschaft einer Kategorie* (hier die Kosten). Wir erhalten nun für jede unabhängige Variable nur noch *einen* Koeffizienten für die Log Odds. Dieser Koeffizient gibt allgemein an, ob x_k die Auswahl aus den Kategorien beeinflusst. Die „erklärte Varianz" resultiert nun aus dem Einfluss der Merkmale der *Alternativen*, die von den Akteuren jeweils spezifisch bewertet werden.

In dem Datensatzausschnitt in Tabelle 29 stellt die Variable `allok_ur` die jeweilige Kategorie bzw. den jeweiligen Allokationsweg dar, während die Variablen `allok1` bis `allok3` als Dummy-Variablen anzeigen, welcher der Allokationswege jeweils gewählt wurde. In der ersten Zeile hat die Variable `allok1` den Wert Eins, während die anderen beiden Variablen `allok2` und `allok3` jeweils auf null gesetzt sind. Somit wird deutlich, dass der erste Allokationsweg – nämlich die Initiativbewerbung – gewählt wurde. Anders verhält es sich bei ID-Nummer 801, bei der der dritte Allokationsweg, nämlich die Informationsbeschaffung über die Eltern, gewählt wurde. Die Variablen `cost1` bis `cost3` beinhalten für jede Person die jeweiligen Kosten eines Informationsweges. Es bedeutet für eine Person – in je spezifischer Weise – unterschiedliche Grade an Zeit und Nerven, eine Zeitung zu lesen oder die Eltern um Rat zu fragen.

Für die Schätzung der konditionalen logistischen Regression müssen wir den Datensatz in eine *Mehrebenen*-Struktur transformieren. In Tabelle 29 ist der Datensatz noch im sogenannten `wide format`, d.h. die Informationen über jede Alternative, wie etwa `cost` oder `allok`, liegen in Form von Variablen als *Spalten* in der Datenmatrix vor. Wir müssen die Variablen `allok1` bis `allok7` (in Tabelle 29 wurden aus Platzgründen nur die Informationen für jeweils die ersten drei Allokationswege dargestellt) umbauen, so dass für die Personen exakt so viele *Zeilen* im Datensatz generiert werden, wie Alternativen zur Entscheidung vorliegen. Ähnlich dem *Personen-Jahre*-Datensatz der diskreten Ereignisanalyse (vgl. Kapitel 6.1) erstellt man einen „*Personen-Alternativen*"-Datensatz. Jeder alternativenspezifischen Zeile innerhalb einer Person ist nun der korrekte Wert für die Kosten einer jeweiligen Alternative zugewiesen. Vor der Transformation sieht der Datensatz folgendermaßen aus:

Tabelle 29: Datensatz im „wide" Format

ID	alter	allok_ur	allok1	allok2	allok3	cost1	cost2	cost3
101	23.50	initiativ	1	0	0	1.39	1.78	4.04
102	24.25	eltern	0	0	1	1.91	1.76	3.93
301	21.25	kollegen	0	0	0	1.02	2.47	4.05
302	25.83	kollegen	0	0	0	1.96	2.10	3.89
501	23.83	kollegen	0	0	0	1.53	1.70	3.72
502	26.16	kollegen	0	0	0	1.92	1.99	3.86
503	29.83	arbeitsamt	0	0	0	1.72	1.57	4.27
801	18.91	eltern	0	0	1	1.88	2.26	4.08
802	19.75	initiativ	1	0	0	1.22	2.06	4.23
803	21.41	initiativ	1	0	0	1.76	1.60	4.00

Nach der Transformation der Daten mit dem `reshape` Befehl haben wir für jede Episode ebenso viele Zeilen wie Alternativen vorliegen. Die Variable `allok` nimmt die Werte Null oder Eins an; die Eins steht bei jeder Alternative, die eine Person in der jeweiligen Episode gewählt hat.

Der `reshape` Befehl liegt in zwei Varianten vor: Zum einen wird mit dem Befehl `reshape long` der Datensatz vom *wide format* in das *long format* transformiert, mit `reshape wide` vom *long format* in das *wide format*. Im *wide for-*

mat liegen die alternativenspezifischen Informationen in Variablenform (nämlich `allok1` bis `allok7` sowie `cost1` bis `cost7`) vor.

Tabelle 30: Datensatz im „long" Format

ID	stud	alter	alternative	allok	cost
101	1	23.5	initiativ	1	1.43
101	1	23.5	betrieb	0	2.45
101	1	23.5	eltern	0	3.62
101	1	23.5	bekannte	0	1.00
101	1	23.5	kollegen	0	1.68
101	1	23.5	annonce	0	3.75
101	1	23.5	arbeitsamt	0	5.70
102	1	24.25	initiativ	0	1.62
102	1	24.25	betrieb	0	1.54
102	1	24.25	eltern	1	4.24
102	1	24.25	bekannte	0	1.36
102	1	24.25	kollegen	0	1.75
102	1	24.25	annonce	0	3.65
102	1	24.25	arbeitsamt	0	5.07
301	0	21.25	initiativ	0	1.38
301	0	21.25	betrieb	0	1.90
301	0	21.25	eltern	0	3.70
301	0	21.25	bekannte	0	1.31
301	0	21.25	kollegen	1	2.08
301	0	21.25	annonce	0	3.05
301	0	21.25	arbeitsamt	0	5.17

Durch den Befehl `reshape long` wird der Datensatz umorganisiert, so dass diese alternativenspezifischen Informationen in *Zeilenform* vorliegen. Dabei gibt man an, für welche Variablen die jeweiligen Informationen in die Zeilen geschrieben werden sollen, sowie als Option die ID-Variable der ursprünglichen Zeilen. Mit der Option `j()` legt man den Namen der von `Stata` neu zu generierenden Variable fest, die die Information über die letztlich gewählte Alternative enthält. Wir haben nach der Umorganisation für jede Person daher ebenso viele Zeilen wie Alternativen vorliegen. Für jede Personen-Alternative kann man jetzt die Wahrscheinlichkeit der Realisierung einer 1 in Abhängigkeit von den Kosten der jeweiligen Alternative vorhersagen – nichts anderes macht das konditionale Logit-Modell.

Mit der unten stehenden Syntax wird der Datensatz vom *wide format* in das *long format* transformiert. Alle Variablen, die aus den Spalten (z.B. `allok1` und allok2) in die Zeilen geschrieben werden, müssen als Suffix eine chronologische Nummer enthalten. Der reshape Befehl soll zwei neue Variablen – nämlich allok und cost – erzeugen, wobei das Suffix von den Variablennamen abgetrennt und in die neu gebildete Variable alternative geschrieben wird. Durch dieses Vorgehen kommt man von der Datenform in Tabelle 29 zu der Datenform in Tabelle 30. Weiter unten sehen wir uns die Datentransformation noch einmal in direkter Verbindung mit der Modellschätzung an.

```
use $pfad/asclogit.dta, clear
list ID studium alter allok_ursprung allok1 allok2 ///
allok3 cost1 cost2 cost3 in 1/10, clean
reshape long allok cost, i(ID) j(alternative)
lab val alternative allok
tab alternative
tab alternative, nolabel
list ID studium alter alternative allok cost in 1/21, clean
```

Ähnlich dem Fixed-Effects-Logit-Modell für Paneldaten (Giesselmann und Windzio 2012) ist das Modell nicht in der Lage, Merkmale, die nicht zwischen den Alternativen variieren, als Prädiktoren aufzunehmen. Konditionale Logit-Modelle benötigen immer Variation der unabhängigen und abhängigen Variablen innerhalb einer Person. *Personenspezifische* Merkmale lassen sich durch Interaktionseffekte zwischen den personenspezifischen Merkmalen und den Outcome-Kategorien einführen, wodurch das konditionale logit Modell zu einem *Mixed-Logitmodell* wird.

Bevor die Syntax für die Modellschätzung besprochen wird, sollen anhand einer formalen Darstellung der Modelle die Unterschiede noch einmal deutlich werden: Im Datensatz, der einem *multinomialen Logit-Modell* zugrunde liegt, wird jede Person bzw. jede Jobepisode durch eine Zeile repräsentiert. Die nominal skalierte abhängige Variable hat mehr als zwei Ausprägungen. Geschätzt werden die individuellen Werte der Variablen **x** als Prädiktoren der Realisierung der jeweiligen Alternativen J. Dass die unten stehende Gleichung in dieser Form nicht identifizierbar ist, sondern relativ zu einer Basiskategorie umgeformt werden muss, ist an dieser Stelle nicht von Bedeutung. Wichtig ist: beim multinomialen Logit-Modell wird die Wahrscheinlichkeit einer Kategorie durch Merkmale der Personen vorhergesagt. Dies geschieht dadurch, dass im Zähler der folgenden Gleichung $\exp(\beta'_m x_i)$ steht, d.h. der Antilogarithmus der Linearkombination aus Regressionsgewichten und erklärenden Variablen für die Kategorie m. Im Nenner wird dieser Term für *alle möglichen* Kategorien gebildet und über diese aufsummiert, wodurch der Gesamtausdruck eine *Wahrscheinlichkeit* darstellt.

$$\Pr(y_i = m \mid \mathbf{x}_i) = \frac{\exp(\boldsymbol{\beta}'_m \mathbf{x}_i)}{\sum\limits_{i=1}^{J} \exp(\boldsymbol{\beta}'_j \mathbf{x}_i)}$$ Multinomiales Logit

Dieses Grundprinzip gilt auch für das konditionale Logit- und das Mixed-Logitmodell. Der Unterschied zwischen dem multinomialen und dem *konditionalen Logit* besteht darin, dass beim *multinomialen Logit-Modell* der Term $\exp(\boldsymbol{\beta}'_m \mathbf{x}_i)$ nur *Merkmale der Individuen* als erklärende Variablen zur Vorhersage der Wahl der Kategorie *m* berücksichtigt. Die *Regressionsgewichte* $\boldsymbol{\beta}_m$ sind hier spezifisch für jede Kategorie, während die *Werte der erklärenden Variablen* $\mathbf{x}_i$ nur zwischen den Individuen, nicht aber zwischen den Kategorien der abhängigen Variablen, variieren können. Denn im multinomialen Logit-Modell sind die erklärenden Variablen Merkmale der Individuen.

$$\Pr(y_i = m \mid \mathbf{x}_i) = \frac{\exp(\boldsymbol{\gamma}' \mathbf{Z}_{im})}{\sum\limits_{i=1}^{J} \exp(\boldsymbol{\gamma}' \mathbf{Z}_{im})}$$ Konditionales Logit

Im *konditionalen Logit-Modell* ist das anders: Im Term $\exp(\boldsymbol{\gamma}' \mathbf{Z}_{im})$ variieren die Werte der erklärenden Variablen **Z** zwischen den Kategorien der abhängigen Variablen, d.h. die erklärenden Variablen sind Merkmale dieser Kategorien, die wiederum zwischen den Personen variieren (z.B. der spezifische Geldpreis, den die Person *i* bei der Wahl der Alternative *m* zahlen muss). Häufig werden in Studien, in denen das konditionale Logit-Modell verwendet wird, subjektive Bewertungen der Alternativen durch die Akteure verwendet. Um im Datensatz kategorienspezifischen Bewertungen abbilden zu können, ist die oben erwähnte Umformung der Daten notwendig: Jede Person erhält für jede Alternative eine eigene Zeile, die die Bewertungen enthält (vgl. Tabelle 30). Zudem gibt es einen Koeffizienten γ für ein alternativenspezifisches Merkmal Z. Die Regressionskoeffizienten variieren nicht zwischen den Kategorien der abhängigen Variablen, sondern sie geben nur an, wie stark ein Merkmal der Alternativen (z.B. Geldpreis) die Wahlwahrscheinlichkeit beeinflusst. Selbstverständlich können die Alternativen mehrere relevante Merkmale aufweisen, z.B. Preis, Reputation, Komfort oder zertifizierte Umweltverträglichkeit. Die erklärenden Variablen sind Merkmale der Alternativen bzw. der Kategorien der abhängigen Variablen – als solche können sie aber nur modelliert werden, wenn der Datensatz entsprechend umgebaut wird: Die Untersuchungseinheiten sind *Personen-Alternativen*, d.h. eine Zeile im Datensatz steht für eine Alternative *m*, die eine Person wählen kann. Jede Person erscheint im Datensatz ebenso häufig, wie sie Alternativen zur Auswahl hat (d.h. die Kategorien der abhängigen Variablen) (vgl. unten). Ist der Datensatz in das *long format* transformiert, so dass bereits ein *konditionales Logitmodell* geschätzt werden konnte, lässt sich in Stata auch das *Mixed Logitmodell* ohne weiteren Aufwand mit dem Befehl asclogit schätzen. Das Mixed-Logitmodell stellt eine Kombination aus dem multinomialen und dem konditionalen Logitmodell dar, es können hier also sowohl Merkmale der Individuen als auch Merkmale der Kategorien als erklärende Variablen modelliert werden. In dem Term $\exp(\beta'_m x_i + \gamma' Z_{im})$ variiert β_m zwischen den Kategorien, weil unterschiedliche Werte x_i der Individuen – wie im multinomialen Logitmodell – die Wahrscheinlichkeit der Wahl einer Kategorie beeinflussen. Man erhält zudem Koeffizienten γ für jedes Alternativenmerkmal Z_{im}. Eine erklärende Variable Z_{im} stellt also ein Merkmal einer Alternative dar. Es variiert sowohl zwischen den Individuen als auch zwischen den Alternativen, aber man erhält für jedes Merkmal der Alternative nur *einen* Koeffizienten γ.

$$\Pr(y_i = m \mid x_i) = \frac{\exp(\beta'_m x_i + \gamma' Z_{im})}{\sum_{i=1}^{J} \exp(\beta'_j x_i + \gamma' Z_{im})} \qquad \text{Mixed-Logit}$$

Das Mixed-Logitmodell lässt sich mit etwas Datentransformation in Stata 9 mit dem Befehl clogit schätzen, indem Interaktionseffekte aus personenspezifischen Merkmalen und den Outcome-Kategorien gebildet werden (Long 1997, S. 181). Dafür haben J. Freese und J. S. Long das ado-file case2alt entwickelt (Long und Freese 2006, S. 308). Ab Stata 10 existiert der Befehl asclogit.

In der Literatur wird darauf hingewiesen, dass die Bezeichnung Mixed-Logit nicht immer einheitlich verwendet wird. Manchmal werden damit Modelle mit korrelierten Fehlertermen bezeichnet (Winkelmann und Boes 2006, S. 163). Ähnlich wie beim bivariaten Probit-Modell sind in diesen Modellen die Alternativen nicht unabhängig voneinander, wodurch die Annahme der Unabhängigkeit von irrelevanten Alternativen gelockert wird. Cameron und Trivedi sowie Greene bezeichnen dieses Modell als *random-parameter logit* (Cameron und Trivedi 2005, S. 513; Greene 2008, S. 851). Es kann in Stata mit dem Befehl mixlogit geschätzt werden, der allerdings zunächst installiert werden muss. Eine Variante davon ist das alternativenspezifische multinomiale Probit-Modell asmprobit, welches ebenfalls eine Korrelation der Fehlerterme über die Gleichungen hinweg zulässt. Exemplarische Anwendungen dieser Modelle findet man bei Cameron und Trivedi (2009, S. 505–510).

Betrachten wir zunächst das einfache konditionale Logit-Modell, bei dem die Realisierungschancen des jeweiligen Outcomes durch ein Merkmal der jeweiligen Outcomes selbst vorhergesagt werden. Für die Schätzung des Modells haben wir hier nur eine einzige Prädiktorvariable, nämlich die Kosten einer jeweiligen Alternative (eines jeweiligen Outcomes). In umfangreichen Entscheidungsstudien ist es sinnvoll, eine Vielzahl von Merkmalen der Alternativen zu erfassen, um die Realisierungschancen einer jeweiligen Alternative im Rahmen einer *multiplen* Regression, d.h. durch einen ganzen Satz von Prädiktorvariablen, vorherzusagen. Wir schätzen das einfache konditionale Logit-Modell mit dem Befehl clogit, wobei wir berücksichtigen sollten, dass genau genommen nicht Personen, sondern Arbeitsstellen, die innerhalb der Personen geclustert sind, die Untersuchungseinheiten darstellen. Daher fordern wir mit der Option cluster(person) robust die korrigierten Standardfehler an.

```
use $pfad/asclogit.dta, clear
reshape long allok cost, i(ID) j(alternative)
clogit allok cost, group(ID) cluster(person) robust
asclogit allok cost, casevars(alter frau studium ///
kohorte2 kohorte3) case(ID) alternatives(alternative)
```

Wir erhalten folgendes Ergebnis der Schätzung des konditionalen Logitmodells (eine Tabelle zu zeigen ist nicht notwendig): Der Koeffizient der Variable cost hat ein negatives Vorzeichen und beträgt -0,137. Er ist mit einem z-Wert von -7,97 auf dem 0,1-Prozent-Niveau signifikant. Je höher die Kosten eines Allokationsweges sind, desto geringer sind die Chancen, dass eine Person diesen Allokationsweg auch auswählt. Die Stärke des konditionalen Logitmodells besteht also in der Modellierung der spezifischen Merkmale einer Outcome-Kategorie als Prädiktoren der Realisierungschance der jeweiligen Kategorie.

Für die sozialwissenschaftliche Forschung noch interessanter ist das Mixed-Logit-Modell, bei dem neben den alternativenspezifischen Merkmalen auch Merkmale der Akteure als Prädiktoren eingeführt werden können. Beim Mixed-Logit-Modell wird die Realisierungschance einer jeweiligen Outcome-Kategorie sowohl durch individuenspezifische als auch durch alternativenspezifische Merkmale vorhergesagt. Das heißt: Sowohl die Variable cost, die sich auf die Alternativen bezieht, als auch die Variablen alter, frau und studium, die sich auf die einzelnen Personen beziehen und nicht zwischen den Kategorien variieren, wirken auf die abhängige Variable. In Stata wird dieses Modell mit dem Befehl asclogit geschätzt (*alternative specific conditional logit*).

Dieses Modell führt zu folgendem Ergebnis: Nach Kontrolle der Personenmerkmale ist das alternativenspezifische Merkmal der Kosten der jeweiligen Alternative nicht mehr signifikant (0,108, n.s.). Interessant ist, dass Personen mit

Hochschulabschluss signifikant weniger geneigt waren, ihre Stellen über das Arbeitsamt, über eine Annonce oder über Bekannte zu finden; sie fanden ihre Jobs deutlich häufiger über Initiativbewerbungen (Basiskategorie), als dies bei Lehrabsolventen der Fall war.

Tabelle 31: Allokationswege zur aktuellen Arbeitsstelle im ostdeutschen Transformationsprozess, Mixed-Logit Modell, Basiskategorie: Initiativbewerbung

	Kolleg.	Eltern	Bek.	Betrieb	Annonce	Arb.amt
Alter	0.091**	-0.095**	0.028	-0.067*	0.118***	0.153***
Frau (vs. M.)	-0.257	-0.426*	-0.247	-0.191	0.138	0.030
Studium (vs. L.)	-0.281	-0.429	-0.650**	-0.071	-1.079***	-2.125***
Koh. 90 (vs. 85)	-0.017	-0.425+	-0.220	-0.610**	0.408+	0.126
Koh. 95 (vs. 85)	0.036	-0.592*	-0.507*	-1.226***	0.407+	0.280
Constant	-2.027**	2.654**	0.147	2.924***	-2.786***	-3.954***
Kosten			0.108 n.s.			
Observations			14476			

$^+ p < .1,$ $^* p < .05,$ $^{**} p < .01,$ $^{***} p < .001$

Wie auch beim multinomialen Logitmodell gilt jedoch auch hier, dass sie auf der Annahme der Unabhängigkeit von irrelevanten Alternativen (*independence of irrelevant alternatives, IIA*) basieren. Diese Annahme besagt, dass die Realisierungschance einer Kategorie immer unabhängig sein muss von den Realisierungschancen der jeweils anderen Kategorie. Wird im multinomialen, konditionalen oder im Mixed-Logit Modell ein Verstoß gegen die Annahme der Unabhängigkeit von irrelevanten Alternativen festgestellt, gibt es neben dem Zusammenfassen oder Auslassen von Kategorien der abhängigen Variablen sowie der Verwendung von `mixlogit` oder `asmprobit` eine weitere Möglichkeit, auf den Verstoß gegen diese Annahme zu reagieren: das *Nested-Logit Modell* (Train 1986; Train 2009). Das Nested-Logit Modell ist dem Mixed-Logit Modell ähnlich, allerdings ist die Schätzung weitaus komplexer. Die restriktive Annahme der Unabhängigkeit von irrelevanten Alternativen wird im Nested-Logit Modell dadurch gelockert, dass dieses Modell Korrelationen der Residuen der alternativenspezifischen Gleichungen erlaubt. Es wird davon ausgegangen, dass Alternativen, die nicht unabhängig voneinander sind, innerhalb einer Oberkategorie zusammengehören. Im Nested-Logit Modell wird somit im Sinne eines *Entscheidungsbaumes* eine *Hierarchie von Entscheidungen* modelliert (vgl. Abbil-

dung 43). So kann die obere Hierarchie eines Entscheidungsbaumes darin bestehen, dass eine Person zunächst entscheidet, ob sie bei der Arbeitsstellensuche
ihre sozialen Netzwerke aktiviert, oder ob sie sich auf Institutionen verlässt. Die
beiden Oberkategorien müssen aber hinreichend distinkt voneinander sein, damit
sich das Problem der Abhängigkeit von irrelevanten Alternativen auf der oberen
Ebene gar nicht erst stellt.

Abbildung 43: Entscheidungsbaum in Nested-Logit Modell

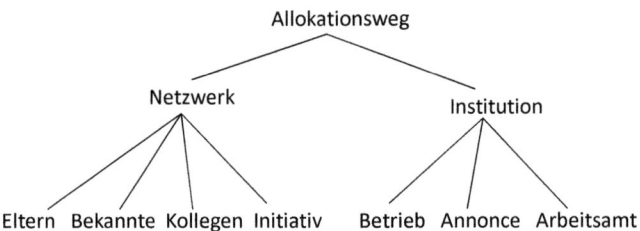

Die korrekte Abbildung des Entscheidungsbaumes ist eine Aufgabe, die die
Forschenden auf Basis guter theoretischer Vorarbeit bzw. empirischer Vorstu-
dien zu treffen haben. Die Besonderheit besteht darin, dass die einzelnen Alternativen *innerhalb* der Oberkategorien nicht mehr als unabhängig voneinander
betrachtet werden müssen, sondern eine Korrelation der Residuen der Gleichungen *innerhalb* der Oberkategorien explizit mitmodelliert wird. In der Entscheidungstheorie wird argumentiert, dass eine Korrelation der Residuen darauf hin-
deutet, dass innerhalb der Oberkategorie die Alternativen gemeinsame unbeobachtete Nutzdimensionen aufweisen (Train 1986, S. 67).

Formal lässt sich das Nested-Logit Modell als bedingte Wahrscheinlichkeit
p_{jk} der Wahl einer Alternative k innerhalb von Kategorie j darstellen: Es ist die
Wahrscheinlichkeit p_j der Wahl der Oberkategorie j multipliziert mit der Wahrscheinlichkeit $p_{j \mid k}$ der Wahl der Alternative k unter der Bedingung, die Oberkategorie j gewählt zu haben:

$$p_{jk} = p_j \bullet p_{k|j} = \frac{\exp(\mathbf{z}_j'\boldsymbol{\alpha} + \rho_j I_j)}{\displaystyle\sum_{m=1}^{J}\exp(\mathbf{z}_m'\boldsymbol{\alpha} + \rho_m I_m)} \bullet \frac{\exp(\mathbf{x}_{jk}'\boldsymbol{\beta}_j / \rho_j)}{\displaystyle\sum_{l=1}^{Kj}\exp(\mathbf{x}_{jl}'\boldsymbol{\beta}_j / \rho_j)}$$

Dabei steht I_j für den sogenannten *inclusive value*:

$$I_j = \ln\left(\sum_{l=1}^{Kj} \exp(\boldsymbol{\beta}'_m \mathbf{x}_i / \rho_j)\right)$$

Er stellt den durchschnittlichen Nutzen dar, den eine Person aus der Wahl der Alternative *k* innerhalb der Oberkategorie *j* erwarten kann (Train 1986, S. 68; vgl. auch Wooldridge 2002, S. 503). Bei dem *inclusive value* ist die Division durch ρ_j relevant, weil erst dadurch die Koeffizienten so normalisiert werden, dass das Modell als *random utility maximization Modell* (RUM) bzw. *random utility maximization nested logit* Modell (RUMNL) interpretiert werden kann. In ältere Versionen von Stata war diese Normalisierung noch nicht implementiert (Heiss 2002, S. 236), ab der Version 10 ist die Schätzung nun konsistent mit dem entscheidungstheoretischen RUMNL Modell.

Es lässt sich zeigen, dass durch die Formulierung als bedingte Wahrscheinlichkeit die Alternativen zwischen den Oberkategorien tatsächlich unabhängig voneinander sind (Fox 2008, S. 363). Der Term ρ_j weist einen inversen Zusammenhang mit der Korrelation der Residuen der Schätzgleichungen auf und wird darum als *dissimilarity parameter* bezeichnet (Heiss 2002, S. 233).

$$\rho_j = \sqrt{1 - \mathrm{Corr}[\varepsilon_{jk}, \varepsilon_{jl}]}$$

Ist die Korrelation von ε_{jk} und ε_{jl} gleich Null und sind die Gleichungen innerhalb der jeweiligen Oberkategorie damit unabhängig voneinander, nimmt ρ_j den Wert Eins an. In unserem Fall würde sich das Nested-Logit Modell bei ρ_j=1 auf ein Mixed-Logit Modell reduzieren.

In der formalen Darstellung des Nested-Logit Modells sind Subskripte wichtig: für p_j im ersten Teil der Gleichung wirken die Prädiktoren auf die Auswahl aus einem Satz von *J* Oberkategorien. Für $p_{j \mid k}$ im zweiten Teil wirken die Prädiktoren auf die Auswahl einer Alternative *k* innerhalb der Oberkategorie *j*. Dabei ist zu beachten, dass ein Prädiktor nicht gleichzeitig sowohl auf die Wahl zwischen den Oberkategorien als auch auf die Wahl zwischen den Alternativen innerhalb einer Oberkategorie modelliert werden kann.

Wie sieht die Anwendung des Nested-Logit Modells praktisch aus? Nach dem Einlesen der Datei muss Stata mit dem nlogitgen Befehl die hierarchische Struktur des Entscheidungsbaumes mitgeteilt werden (alternative()). Daraufhin wird die neue Variable type generiert, die die beiden Werte netz und inst annimmt – je nachdem, welcher Obergruppe (d.h. type) wir die Alternative zugewiesen haben. Zur Obergruppe netz gehören die Alternativen initiativ, Eltern, Bekannte und Kollegen. Zur Obergruppe inst gehören der Betrieb, das Arbeitsamt oder eine Zeitungsannonce. Der Befehl nlogittree

erzeugt eine tabellarische Darstellung der Entscheidungshierarchie mit den dazugehörigen Häufigkeiten, wie in Tabelle 32 dargestellt. Für die Modellschätzung
selbst ist der Befehl nicht relevant, aber man sollte diese Möglichkeit der Kontrolle unbedingt nutzen, um Fehler auszuschließen. Die eigentliche abhängige
Variable in dem mit dem Befehl nlogit spezifizierten Modell ist der binäre
Indikator allok (0/1), der anzeigt, ob die jeweilige Alternative innerhalb der
Person (Daten sind im *long format*) gewählt wurde.

```
use $pfad/asc_mixlogit.dta, clear
nlogitgen type = alternative (netz: initiativ | eltern | ///
bekannte | kollegen, inst: betrieb | annonce | arbeitsamt)
nlogittree alternative type, choice(allok)
/*Modell A)*/
nlogit allok cost || type: , base(netz) || alternative: ///
alter studium, case(ID) notree diff
 /*Modell B)*/
nlogit allok cost || type: frau, base(netz) || ///
alternative: alter studium, case(ID) notree diff
```

In unserem Fall basiert die Schätzung auf 2074 Beobachtungen – multipliziert
mit sieben Alternativen ergibt das 14518 Zeilen. In den Daten enthalten sind
insgesamt 2074 Wahlentscheidungen, weil jeder der Jobs über einen der möglichen Wege gefunden wurde (Tabelle 32).

Tabelle 32: Entscheidungshierarchie und Wahlhäufigkeiten der Alternativen

type	N	alternative	N	k
netz	8296	initiativ	2074	282
		eltern	2074	221
		bekannte	2074	297
		kollegen	2074	304
inst	6222	betrieb	2074	469
		annonce	2074	339
		arbeitsamt	2074	162
		total	14518	2074

Die Schätzung des Modells *A* benötigt 103 Iterationen, was bei Nested-Logit
Modellen nicht unüblich ist. So benötigt auch das Beispielmodell bei Cameron
und Trivedi mehr als 50 Iterationen (Cameron und Trivedi 2009, S. 500). Aus
Gründen der Schätzbarkeit enthält das Nested-Logit Modell in Tabelle 33 im
Vergleich zu dem Mixed-Logit Modell in Tabelle 31 nur die erklärenden Variab-

len `alter` und `studium` auf Personenebene und wiederum die *Kosten* auf der Ebene der Alternativen.

Im Vergleich zur Basiskategorie einer Initiativbewerbung sind Ältere signifikant weniger dazu geneigt, direkt über den Betrieb von dem Jobangebot zu erfahren. Anders verhält es sich mit den Hochschulabsolventen, die wiederum signifikant stärker als Lehrabsolventen ihre Jobangebote direkt vom Betrieb erhalten. In der oben dargestellten Syntax für Modell *A* wurde bei dem Unterbefehl `type:` , keine Prädiktorvariable spezifiziert, die sich auf die Entscheidung über die Oberkategorie auswirkt. Daher stellt diese Variante des Nested-Logit Modells lediglich eine Generalisierung des Mixed-Logit Modells dar, und zwar für den Fall, dass die IIA-Annahme nicht erfüllt ist – wie ja auch aufgrund von $\tau \neq 1$ festgestellt wird (vgl. unten).

Tabelle 33: Wahl eines Allokationsweges, Nested-Logit Modell (Basiskategorie: Initiativbewerbung), Modell A)

	Netzwerk			Institution		
	Kolleg.	Eltern	Bek.	Betrieb	Annonce	A.amt
Alter	-0.213+	0.145	-0.121	-0.233*	0.040	0.164
Studium (vs. Lehre)	0.704	1.494	1.910+	1.913*	0.669	-2.313
Constant	4.717+	-4.546+	1.804	-0.503	-8.010*	-12.423*
Kosten 0.312+	τ_1 (netz) = -2.211*			τ_2 (inst) = 2.636+		
Observations 14476						

+ p < .1, * p < .05, ** p < .01, *** p < .001
LR test for IIA (tau = 1):   chi2(2) =   9.77   Prob > chi2 = 0.0076

Im Gegensatz zum Mixed-Logit Modell erhalten wir beim Nested-Logit Modell zwei Tests auf Gültigkeit der Annahme der Unabhängigkeit der Gleichungen innerhalb der Obergruppe. Zunächst ist aber der Hinweis wichtig, dass der geschätzte Parameter τ_j identisch ist mit dem ρ_j in der obigen Darstellung, d.h dies ist der *dissimilarity parameter*. Es handelt sich also nur um unterschiedliche Notationen, aber `Stata` verwendet in der Ausgabe τ_j. Ist der jeweilige Wert von τ gleich Eins, kann innerhalb der Obergruppen auch ein Mixed-Logit Modell geschätzt werden. Innerhalb der beiden Obergruppen *Netzwerk* und *Institution* stellen wir jedoch signifikante Abweichungen von $\tau=1$ fest (Netzwerk: -2,211*; Institution: 2,636+), wenngleich die Abweichung innerhalb der Obergruppe *Institution* nur auf dem 10% Niveau signifikant ist. `Stata` gibt zudem einen Likelihood-Ratio Test aus, der simultan die Nullhypothesen $\tau_1=\tau_2=1$ prüft. In diesem Fall verwirft auch dieser Test die Nullhypothese ($\chi^2 (df=2)=9,77$**), was bedeutet, dass das Nested-Logit Modell mit seinem hierarchischen Entscheidungsbaum gegenüber dem Mixed-Logit Modell das angemessenere Verfahren darstellt. Wie oben jedoch bereits erwähnt, wurden keine erklärenden Variablen auf die Wahl zwischen den Oberkategorien Netzwerk und Institution geschätzt.

Tabelle 34 enthält die Ergebnisse des Modells *B* (siehe die Syntax oben), bei dem durch den Unterbefehl `type: frau`, die Variable `frau` zur Erklärung der Wahl zwischen den Oberkategorien herangezogen wurde. Tatsächlich hat sie einen signifikanten Einfluss in dem Sinne, dass Frauen eher Institutionen anstelle von Netzwerken nutzen als Männer. Ansonsten sind die geschätzten Koeffizienten recht ähnlich. Mit dieser Spezifikation haben wir ein einfaches Modell, bei dem der Entscheidungsbaum auch empirisch über eine Art Mehrebenenmodell abgebildet wird: Wir haben eine Schätzgleichung für die Ebene der Oberkategorien und eine für die Ebene der Alternativen innerhalb der Kategorien. Allerdings kann im Nested-Logit Modell eine erklärende Variable nicht gleichzeitig für beide Ebenen modelliert werden.

Tabelle 34: Wahl eines Allokationsweges, Nested-Logit Modell (Basiskategorie: Initiativbewerbung), Modell B)

	Netzwerk			Institution		
Frau	0 (base)			0.180*		
	Kolleg.	Eltern	Bek.	Betrieb	Annonce	A.amt
Alter	-0.212*	0.146	-0.120	-0.204*	0.032	0.139
Studium (vs. Lehre)	0.692	1.491	1.901+	1.710+	0.644	-1.935
Constant	4.698+	-4.573*	1.778	-0.957	-7.541*	-11.429*
Kosten 0.310+	τ_1 (netz) = -2.213*			τ_2 (inst) = 2.293+		
Observations 14476						

+ p < .1, * p < .05, ** p < .01, *** p < .001
LR test for IIA (tau = 1):   chi2(2) =   9.12 Prob > chi2 = 0.0105

Die Ergebnisse bzw. deren Interpretierbarkeit hängt davon ab, ob der Entscheidungsbaum in theoretisch sinnvoller Weise konstruiert wurde. Wenn die entscheidungstheoretischen Voraussetzungen der Schätzung des Nested-Logit Modells korrekt und insofern sinnvoll sind, dass auch die untersuchten Personen diesem Entscheidungsweg tatsächlich folgen, ist dieses Modell eine sehr hilfreiche Bereicherung für die Entscheidungsforschung. Die enge Beziehung dieses

Modells zur Entscheidungstheorie wird auch in der ökonometrischen Literatur deutlich: In der *random utility maximization theory* (RUM) (Heiss 2002) geht man davon aus, dass Entscheider jene Alternative wählen, von der sie sich den höchsten Nutzen versprechen. Weil man als Forscher nicht über alle nutzenrelevanten Aspekte der Alternativen informiert ist, die ein Entscheider bei der Abwägung in Betracht zieht, wird der Nutzen U_{ij} einer Alternative j für eine Person i in einen *deterministischen* Teil V_{ij} und einen *stochastischen* Teil e_{ij} zerlegt. Im konditionalen Logit Modell ist die Entscheidung durch die Nutzendifferenzen V_{ij} – V_{ik} zwischen den Alternativen gesteuert (Heiss 2002). Die Anwendung des konditionalen Logit Modells (und des Mixed-Logit Modells) basiert auf Annahmen über das Verhalten der Fehlerterme: sind diese nicht miteinander korreliert, können Einflussfaktoren **x** auf den deterministischen Teil unter Annahme zufälliger Fehler geschätzt werden. Sind die unbekannten Eigenschaften der Alternativen jedoch voneinander abhängig, entsteht eine Korrelation der Fehler, aus der, wie oben gezeigt, innerhalb einer jeden Oberkategorie der *dissimilarity parameter* geschätzt werden kann. Unter Kontrolle der Korrelation können dann die Einflussfaktoren auf die Wahl der Alternative geschätzt werden.

9.4 Multivariates Probit-Modell

Das *multinomiale Probit-Modell* entspricht dem multinomialen Logit-Modell, nur mit dem Unterschied, dass es auf der Probit-Linkfunktion (d.h. der Normalverteilung) basiert. Dieses Modell wird mit dem Befehl mprobit geschätzt. Von dem *multinomialen Probit-Modell* zu unterscheiden ist das *multivariate Probit-Modell*, welches über den Befehl mvprobit angefordert wird. Dieser Befehl ist allerdings wieder nur als ado verfügbar und muss zuvor installiert werden (findit mvprobit). Der zentrale Unterschied besteht darin, dass im *multivariaten* Probit-Modell die Alternativen sich nicht wechselseitig ausschließen. Somit handelt es sich um eine Generalisierung des bivariaten Probit-Modells (vgl. Kapitel 4). In unserem Datensatz wurden die Allokationswege eigentlich als Mehrfachnennungen erfragt, d.h. eine Person konnte sowohl z.B. *Netzwerk* als auch *initiativ* angeben. Für das multinomiale Logit-Modell wurde extra eine Variable generiert, bei der, einer theoretisch begründeten Systematik folgend, sich wechselseitig ausschließende Kategorien gebildet wurden. Bei der folgenden Beispielschätzung des multivariaten Probit-Modells wurden dagegen die Mehrfachnennungen ausgeschöpft, jedoch die Anzahl der Kategorien etwas reduziert.

```
use $pfad/mlogit.dta, clear
mvprobit ///
  (inf_betrieb=lfx kohorte2 kohorte3 alter frau studium) ///
  (inf_kollegen=lfx kohorte2 kohorte3 alter frau studium) ///
  (inf_bekannte=lfx kohorte2 kohorte3 alter frau studium) ///
  (inf_annonce=lfx kohorte2 kohorte3 alter frau studium) ///
  (inf_initiativ=lfx kohorte2 kohorte3 alter ///
  frau studium), vce(cluster fb_nr41)
```

Tabelle 35: Allokationswege in die aktuelle Arbeitsstellte, multivariates Probit,

	Betrieb	Frühere Kollegen	Bekannte	Annonce	Initiativ
Berufserfahrung	-0.003	0.009***	0.002	0.005**	-0.001
Abschlusskohorte 1990	-0.203*	0.253*	0.060	0.437***	0.244*
Abschlusskohorte 1995	-0.312***	0.580***	0.142	0.720***	0.492***
alter	-0.007	-0.023	0.001	0.024	0.013
Frau (=1)	-0.034	-0.157*	-0.087	0.143+	0.094
Studium (=1)	-0.157	0.380**	-0.135	-0.237*	0.127
Constant	-0.211	-1.207**	-1.076**	-2.142***	-1.714***
Observations			2362		

$^+ p < .1,$ $^* p < .05,$ $^{**} p < .01,$ $^{***} p < .001$, korrigierte Standardfehler

Weil es sich um Probit-Koeffizienten handelt, sollte sich die Interpretation der Effekte in Tabelle 35 auf die Signifikanz und Vorzeichen beschränken. Dann erfolgt die Interpretation analog zu der des bivariaten Probit-Modells. Anders als im multinomialen Logit-Modell haben wir aber keine Basiskategorie, gegenüber der die Effekte für eine Alternative jeweils zu interpretieren sind.

$$\begin{pmatrix} 1 & & & & \\ -.070+ & 1 & & & \\ -.283* & -.119* & 1 & & \\ -.385* & -.282* & -.104* & 1 & \\ -.293* & -.173* & -.071+ & -.142* & 1 \end{pmatrix}$$

Zu dem Modell gehört die obige Korrelationsmatrix der Residuen. Dabei werden $n \cdot (n-1)/2$ Korrelationen geschätzt, weil jede Gleichung mit jeder anderen über die Korrelation der Residuen verbunden sein kann. Die insgesamt substanziellen und signifikanten Korrelationen deuten eindeutig darauf hin, dass die Allokationswege nicht unabhängig voneinander sind.

10 Abgeschnittene, zensierte und selektive Daten: Tobit-Regression und Heckman-Modell

Die in diesem Kapitel dargestellten Regressionsmodelle wurden für die Analyse von abhängigen Variablen entwickelt, deren Verteilung nicht vollständig beobachtet wurde. Die abhängigen Variablen sind „beschränkt", weshalb man sie im angelsächsischen Kontext als *„limited dependent variable models"* bezeichnet. Diese Bezeichnung wird in der Literatur allerdings auch in Verbindung mit der Ereignisanalyse verwendet (Veerbek 2008, S. 257; Kennedy 2008, S. 267), bei der die Verweildauer aufgrund der Rechtszensierungen ebenfalls nicht für alle Untersuchungssubjekte vollständig beobachtet werden kann. Greene unterscheidet in diesem Zusammenhang zwischen *„sample selection problem"* und *„duration models"* (Greene 2000, S. 896). Letztere haben wir in Kapitel 6 im Rahmen der Ereignisanalyse behandelt, so dass im Folgenden vor allem das *sample selection* Problem im Mittelpunkt steht. Bei den hier interessierenden Beschränkungen geht es nicht ausschließlich darum, dass bereits im Prozess der Datenerhebung bestimmte Informationen nicht erfasst wurden. Es geht auch um grundlegende Fragen der Konstruktion eines Forschungsdesigns, bei dem bestimmte Zustände der Untersuchungseinheiten die Messung der interessierenden abhängigen Variablen aus logischen Gründen nicht ermöglichen.

Würde man Daten, bei denen für eine Teilmenge die abhängige Variable nicht beobachtbar ist, mittels OLS-Regression auswerten und damit eine vollständig beobachtete Verteilung der abhängigen Variablen unterstellen, wären die Schätzungen verzerrt. Auf den ersten Blick handelt es sich um *defizitäre* Eigenschaften der Daten. Doch bei näherer Betrachtung wird deutlich, dass die Stärke der *limited dependent variable* Modelle nicht allein in der Behandlung von Versäumnissen der Datenerhebung liegt, sondern auch – insbesondere im Falle der „selektiven Stichproben" – in der Analyse spezifischer sozialer Prozesse oder Ereignisse. Grundsätzlich ist es möglich, dass soziale Prozesse Zustände oder Ereignisse herbeiführen, die über die Beobachtbarkeit der abhängigen Variablen y entscheiden, und zwar *unabhängig* von Problemen der Stichprobenziehung bzw. der Datenerhebung: Untersucht man bspw. den Einfluss der Bildung auf das Erwerbseinkommen von Frauen, liegen hohe Nichterwerbstätigkeitsquoten bei gering gebildeten Frauen vor – für die y darum nicht beobachtet wird. Unter diesen Umständen besteht die Herausforderung der kausalen Modellierung von Effekten von x auf y darin, auch jenen Prozess zu modellieren, der dazu führt, dass y bei einer Untersuchungseinheit beobachtet werden kann oder nicht.

Abbildung 44: "von unten" abgeschnittene und zensierte Verteilung

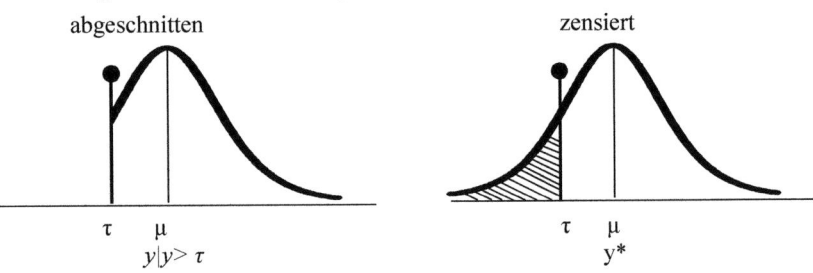

abgeschnitten   zensiert

τ μ τ μ
$y|y > \tau$ y*

Um uns die besonderen Eigenschaften dieser Daten zu erschließen, wollen wir
uns zunächst eine wichtige Unterscheidung genauer ansehen, nämlich die zwischen *abgeschnittenen* (auch: „gestutzten") und *zensierten* Daten (Long 1997, S.
192; Crown 1998, S. 136; Cameron und Trivedi 2005, S. 532; Maddala 1983, S.
149f). Abgeschnitten (engl. *truncated*) sind Daten, wenn ein Fall in der Grundgesamtheit bei der abhängigen Variablen einen Schwellenwert von τ über- oder
unterschreitet. Er wird darum nicht in die Stichprobe gezogen und generiert auch
keinerlei Information. Häufig sind Daten durch die spezifische Konstruktion des
Forschungsdesigns abgeschnitten, etwa wenn man den Einfluss des sozioökono-
mischen Status (SES) der Eltern auf die Examensnote von Studierenden untersucht, dabei aber alle jene, die das Examen *nicht* bestehen, im Samplingprozess
nicht erfasst. Sind die Daten in dieser Weise abgeschnitten, liegen für die be-
troffenen Fälle weder Informationen über die Examensnote (*y*) noch über die
unabhängigen Variablen *x* (z.B. SES) vor. Dabei kann ein Fall entweder *von
unten* (Wert von *y* ist nicht groß genug, um Schwellenwert τ_1 zu überschreiten),
von oben (Wert von *y* ist zu groß und liegt oberhalb des Schwellenwertes τ_2) oder
an beiden Enden der Verteilung abgeschnitten sein. Bei dieser Art von Daten
handelt es sich um ein Problem der Datenerhebung. Abgeschnittene Daten sind
grundsätzlich problematisch und auch die im Folgenden behandelten Regressionsmodelle können das Defizit dieser Daten nicht mildern.

Günstiger ist die Situation, wenn die Daten nur *zensiert* sind (engl. *censored*).
Zensierungen kennen wir bereits aus der Ereignisanalyse: man weiß, dass ein
Fall bei der abhängigen Variablen *y* den Schwellenwert τ überschritten hat, kennt
aber nicht den exakten Wert. Immerhin weiß man, dass ein rechtszensierter Wert
den Schwellenwert τ noch erreicht. Diese Information kann und muss man nut-
zen; bei zensierten Fällen sind auch die Werte der Prädiktorvariablen **x** bekannt.
Ein Modell für zensierte abhängige Variablen ist die so genannte *Tobit-
Regression*, bei der die abhängige Variable zwar zensiert ist, aber keine Verweildauer darstellt. Anders als bei der Ereignisanalyse variieren bei der (einfachen)
Tobit-Regression die Schwellen τ auch nicht zwischen den Untersuchungseinhei-

ten, sondern τ ist eine Konstante. Ein Beispiel ist die Beitragsbemessungsgrenze der Sozialversicherungsdaten: Beschäftige, die ein bestimmtes Erwerbseinkommen überschreiten, zahlen einen festen Höchstbetrag in die Sozialversicherung ein. Für jenen Teil ihres Einkommens, der oberhalb dieser Grenze liegt, wird kein Beitrag mehr für die Sozialversicherung erhoben. Rechnet man Einkommensregressionen mit Daten der IAB-Beschäftigtenstichprobe (Bender und Haas 2002), in der die Einkommensinformation aus der Meldung zur Sozialversicherung generiert wird, sind die Daten von oben zensiert, und zwar an der Stelle der jeweils geltenden Beitragsbemessungsgrenze. Die Schätzung einer einfachen OLS-Regression, welche die Zensierung der abhängigen Variablen nicht berücksichtigt und die zensierten Fälle einfach ausschließt, würde zu verzerrten Koeffizienten führen (siehe unten).

Eine *selektive Stichprobe* (sample selection) liegt vor, wenn die Beobachtbarkeit der abhängigen Variablen y_i der Person i davon abhängig ist, welcher Wert bei einer anderen Variablen z_i vorliegt. Somit ist ein Zustand, der aus einem Prozess *A* resultiert, entscheidend dafür, ob man das Resultat eines Prozesses *B*, nämlich den Wert der eigentlich interessierenden abhängigen Variablen, beobachten kann. So kann man das Erwerbseinkommen y nur messen (Prozess *B* führt zum Zustand „Einkommensniveau"), wenn die Person i auch tatsächlich erwerbstätig ist (Prozess *A* führt zum Zustand „Erwerbstätigkeit"). Oder: Man kann sowohl die finanziellen Aufwendungen eines Haushaltes für Kleinkinder als auch die Zufriedenheit mit der Kinderbetreuungssituation nur für jene Haushalte messen, die auch Kinder haben.

Für das Verständnis der Regressionsmodelle für diese beiden besonderen Fälle, nämlich *zensierte Daten* und *selektive Stichproben*, ist die Kenntnis des mathematischen Hintergrunds der so genannten *abgeschnittenen Normalverteilung* hilfreich (Long 1997, S. 193).

Beginnen wir mit einer Beschreibung der abgeschnittenen Normalverteilung, die an die Darstellung von Long (1997, Kap. 7.2) angelehnt ist. Die Dichtefunktion der Normalverteilung wird im Folgenden als ϕ (phi) bezeichnet, die kumulative Dichtefunktion als Φ (Phi). Beides kennen wir bereits aus der Darstellung der binären logistischen Regression, wo (kurz) das Probit-Modell beschrieben wurde. Die abhängige Variable y^* ist *latent*, also nicht beobachtbar.

$$\phi(y^*) = f(y^* \mid \mu = 0, \sigma = 1) = \frac{1}{\sqrt{2\pi}} \bullet \exp(-[y^*]^2 / 2) \qquad \Rightarrow \text{Dichtefunktion}$$

$$\Phi(y^*) = F(y^* \mid \mu = 0, \sigma = 1) = \int_{-\infty}^{y^*} \left(\frac{1}{\sqrt{2\pi}} \bullet \exp(-[y^*]^2 / 2) \right) \Rightarrow \text{kumulative Dichtefunktion}$$

Jede Normalverteilung kann als *Standardnormalverteilung* ausgedrückt werden, indem die Elemente durch σ, also durch die Standardabweichung der jeweils interessierenden Variablen, dividiert werden. Die Dichtefunktion ist dann

$$f(y^*|\mu,\sigma) = \frac{1}{\sigma} \bullet \frac{1}{\sqrt{2\pi}} \bullet \exp\left[-\frac{1}{2}\left(\frac{y^*-\mu}{\sigma}\right)^2\right] = \frac{1}{\sigma}\phi\left(\frac{y^*-\mu}{\sigma}\right)$$

Hier ist y^* wegen $(y^*-\mu)/\sigma$ schon z-standardisiert, d.h. der jeweilige Messwert y^* wird vom Mittelwert μ subtrahiert und dies wird durch die Standardabweichung dividiert.

Wir können über die *kumulative Dichtefunktion* für die Werte von $(y^*-\mu)/\sigma$ Wahrscheinlichkeiten angeben. So betrachten wir die Wahrscheinlichkeit, dass ein *empirisch beobachtbarer* Wert Y^* *kleiner* ist als ein Wert der *latenten Variablen* y^* durch

$$P(Y^* \leq y^*) = \Phi\left(\frac{y^*-\mu}{\sigma}\right)$$

Die *kumulative Dichtefunktion* kumuliert die Fläche unter der Verteilung bis $(y^*-\mu)/\sigma$ auf. Sie wird hier verwendet, um die Wahrscheinlichkeit abzubilden, dass ein beobachteter Wert Y^* *nicht oberhalb* eines spezifischen Wertes der latenten Variablen y^* liegt, sondern links von τ in Abbildung 44. Dies führt uns nachher zur Wahrscheinlichkeit der *Nicht-Selektion* (vgl. unten). Deren inverse Wahrscheinlichkeit der *Selektion*, dass nämlich der Wert von Y^* *oberhalb* von y^* liegt und sich damit im Bereich rechts von τ befindet:

$$P(Y^* > y^*) = 1 - \Phi\left(\frac{y^*-\mu}{\sigma}\right)$$

$$= \Phi\left(\frac{\mu-y^*}{\sigma}\right)$$

In diesem Fall interessiert z.B. die Wahrscheinlichkeit, die in der obigen Abbildung 44 durch die *nicht schraffierte* Fläche unterhalb der Dichtefunktion der Normalverteilung dargestellt ist. Von der Gesamtfläche (=100% bzw. 1) wird der schraffierte Teil von -∞ bis $(y^*-\mu)/\sigma$ (in Abbildung 44 wäre das die Schwelle τ) subtrahiert, so dass der nicht schraffierte Teil übrig bleibt.

Aus der Symmetrie der Dichtefunktion der Standardnormalverteilung ergibt sich, dass die Dichte für den Wert y gleich der Dichte für den Wert $-y$ ist. So ist die Dichte für den Wert $+1,96$ dieselbe wie für den Wert $-1,96$, beide haben dieselbe Auftretenshäufigkeit.

$$\phi(y) = \phi(-y)$$

Dies gilt jedoch *nicht* für die *kumulative Dichtefunktion*, die die Fläche unter der Dichtefunktion abbildet. So beträgt der Flächenanteil unter der Dichtefunktion 2,5%, wenn wir einen Wert von $-1,96$ der Dichtefunktion betrachten. Die Fläche bei $+1,96$ beträgt 97,5%, also 100–2,5. Daher gilt für die Fläche unter der Kurve der Dichtefunktion, also für die *Wahrscheinlichkeit*:

$$\Phi(y) = 1 - \Phi(-y)$$

Betrachten wir die standardisierte abhängige Variable $y*$. Nehmen wir wieder die Dichtefunktion der Verteilung und nutzen die Gleichung $\phi(y) = \phi(-y)$. Daraus erhalten wir:

$$f(y* \mid \mu, \sigma) = \frac{1}{\sigma\sqrt{2\pi}} \bullet \exp\left[-\frac{1}{2}\left(\frac{y*-\mu}{\sigma} \right)^2 \right]$$

$$= \frac{1}{\sigma} \phi\left(\frac{y*-\mu}{\sigma} \right) = \frac{1}{\sigma} \phi\left(\frac{\mu - y*}{\sigma} \right)$$

Übertragen auf Abbildung 44 (S. 256) formulieren wir nun entweder die Wahrscheinlichkeit, dass $Y*$ *oberhalb* der Schwelle τ liegt und damit auch unmittelbar beobachtet werden kann (Wahrscheinlichkeit der *Selektion*),

$$P(Y* > \tau) = 1 - \Phi\left(\frac{\tau - \mu}{\sigma} \right) = \Phi\left(\frac{\mu - \tau}{\sigma} \right)$$

oder die Wahrscheinlichkeit, dass $Y*$ *unterhalb* der Schwelle τ liegt und daher nicht beobachtet werden kann (Wahrscheinlichkeit der *Nicht-Selektion*).

$$P(Y* \leq \tau) = \Phi\left(\frac{\tau - \mu}{\sigma} \right) = 1 - \Phi\left(-\frac{\tau - \mu}{\sigma} \right) = 1 - \Phi\left(\frac{\mu - \tau}{\sigma} \right)$$

Nehmen wir die Wahrscheinlichkeit der Selektion: Um die Verteilung für die *unten abgeschnittene Dichtefunktion* zu erhalten, dividiert man die Dichtefunktion $f(y^*|\mu,\sigma)$ durch die Fläche der Region *rechts* von τ, d.h. die Fläche jener Region, in der die abhängige Variable y beobachtet wurde (vgl. Abbildung 44). Diese Fläche repräsentiert die Region oberhalb Schwelle τ. Sie ist die Wahrscheinlichkeit von $Y^* > \tau$, dass also der beobachtete Wert Y^* größer als der Schwellenwert der Selektion in die Beobachtbarkeit ist.

$$f(y\,|\,y>\tau,\mu,\sigma) = \frac{f(y^*\,|\,\mu,\sigma)}{P(Y^*>\tau)}$$

Eingesetzt in die obige Gleichung ergibt sich daraus

$$f(y\,|\,y>\tau,\mu,\sigma) = \frac{\dfrac{1}{\sigma}\phi\left(\dfrac{y^*-\mu}{\sigma}\right)}{1-\Phi\left(\dfrac{\tau-\mu}{\sigma}\right)} = \frac{\dfrac{1}{\sigma}\phi\left(\dfrac{\mu-y^*}{\sigma}\right)}{\Phi\left(\dfrac{\mu-\tau}{\sigma}\right)}$$

Dabei ist $(\mu - \tau)/\sigma$ die Anzahl der Standardabweichungen, die der Mittelwert μ entweder ober- oder unterhalb des Schwellenwertes τ liegt, an dem die Verteilung abgeschnitten ist (Long 1997, S. 194).

Diese Überlegung führt zum Konzept des *Inversen Mills Ratios*: Die Dichteverteilung $f(y^*|\mu,\sigma)$ der latenten Variablen y^* wird konditioniert auf die Beobachtbarkeit von y, wobei die Beobachtbarkeit von y durch die Wahrscheinlichkeit beschrieben wird, dass Y^* oberhalb der Schwelle zur Zensierung liegt [$P(Y^* > \tau)$]. Die Konditionierung erzwingt, dass die Summe der Gesamtfläche unter der abgeschnittenen Verteilung für die beobachteten Werte Y^* aus der Verteilung von y^* 100% bzw. 1 beträgt.

Betrachten wir noch einmal die abgeschnittene Verteilung in Abbildung 44: Hier liegen überhaupt nur Daten vor, wenn y^* den Schwellenwert τ überschritten hat. Die abgeschnittene Verteilung $f(y)$ ergibt sich daraus, dass sich die latente Variable y^* nur über den Bereich rechts von τ verteilt, sie also nur unter der Bedingung $y\,|\,y>\tau$ beobachtet wird. Eine bedingte Wahrscheinlichkeit definiert man dadurch, dass die Wahrscheinlichkeit eines interessierenden Ereignisses durch die Wahrscheinlichkeit des Vorliegens der Bedingung dividiert wird (Kapitel 6). Die mathematische Logik des inversen Mills Ratio $\phi/(1-\Phi)$ ist analog zum Konzept der Hazardrate zu sehen (Brüderl 2000, S. 620): ebenso, wie sich die Hazardrate aus dem Quotienten von Dichtefunktion der Ereignisverteilung über die Zeit ($f(t)$) im Zähler und 1 minus deren kumulativer Dichtefunktion (

1-F(t)=G(t)) im Nenner ergibt (vgl. Kapitel 6), wird beim inversen Mills Ratio die Dichtefunktion von *y** durch die inverse kumulative Dichtefunktion – als Wahrscheinlichkeit der Beobachtbarkeit von *Y** – dividiert. Bei der Hazardrate wird die momentane Ereigniswahrscheinlichkeit *f(t)* ebenfalls konditioniert, nämlich auf *G(t)*, das Überleben bis *t*. Dabei können allerdings die vielen unterschiedlichen Formulierungen mitunter sehr verwirrend sein (Wiggins 2011). Je nach Formulierung bringt der Inverse Mills Ratio die Hazardrate entweder der *Selektion* oder der *Nicht-Selektion* in die Untersuchungsstichprobe zum Ausdruck.

10.1 Tobit-Regression

Den *Inversen Mills Ratio*, der die Verteilung von *y** auf den beobachteten Bereich konditioniert, benötigen wir als Korrekturterm in der so genannten *Tobit-Regression*. Das Tobit-Modell ist ein Regressionsverfahren, bei dem die eigentlich stetig normal verteilte abhängige Variable entweder erst ab oder nur bis zu einem bestimmten Schwellenwert beobachtet werden konnte. Beginnen wir mit dem einfachen Tobit-Modell, bei dem die Verteilung der abhängigen Variablen „von unten" zensiert ist. Für die grundlegende Logik des Modells ist die Stelle der Zensierung allerdings unerheblich. Zudem kann die Verteilung auch gleichzeitig von oben und von unten zensiert sein. In diesem Fall spricht man von einem *two-limit* Tobit-Modell.

Das Tobit-Modell („Tobin's Probit", vgl. Breen 1996, S. 11) geht auf einen wegweisenden Aufsatz zurück, in dem James Tobin Ende der 1950er Jahre das Konsumverhalten von Haushalten untersuchte. In seiner Studie stellte die abhängige Variable den Anteil des Einkommens dar, der für dauerhafte Konsumgüter ausgegeben wurde. In seiner Stichprobe von 735 Haushalten waren 183 Haushalte an der Stelle *y*=0 zensiert, weil sie keine dauerhaften Güter anschafften, d.h. sie waren „von unten" zensiert (Breen 1996, S. 6). Schließt man diese zensierten Fälle einfach aus der Analyse aus, wäre die Schätzung der Koeffizienten β von **x** (z.B. Alter) auf *y* verzerrt. Die Grafik veranschaulicht die durch Zensierung bedingte Verzerrung des Schätzers. Wie in Tobins Studie ist die Verteilung von *y* „von unten" zensiert. In unserem Beispiel (Abbildung 45) sind Werte von *y* < 400 zensiert. Zum Zwecke der Darstellung wurden diese Werte absichtlich als fehlend definiert. Die „wahre" Regressionsgerade (die schmale Schätzgerade, die sich aus der Analyse des unzensierten Samples ergäbe) ist etwas steiler als die breite Schätzgerade, die wir auf Basis des zensierten Samples ermitteln. Schätzen wir ein OLS-Modell nur unter Verwendung der zensierten Daten, wäre der positive Regressionskoeffizient unterschätzt.

Abbildung 45: Verzerrter OLS-Regressionskoeffizient bei Zensierung

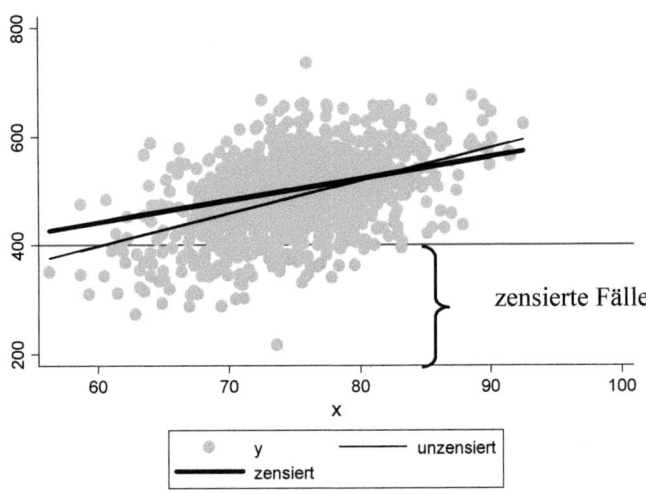

Wäre die Verteilung von *y* „von oben" zensiert, z.B. beim Wert y=600, wäre der positive Regressionskoeffizient ebenfalls unterschätzt. Die Zensierung der Daten führt also in beiden Fällen zu einem Bias des Regressionskoeffizienten *zur Horizontalen* und damit zu einer Unterschätzung der Stärke der Zusammenhänge. Es sind aber auch Szenarien möglich, in denen die Zensierung zu einer Überschätzung der Koeffizienten führt (Brüderl 2000, S. 618).

Nehmen wir an, der Schwellenwert der Beobachtbarkeit von y_i ist 0. Der Selektionsprozess, der in den Zustand der Beobachtbarkeit von y_i führt, lässt sich ausdrücken durch:

$$y_i > 0$$

Weil $y_i > 0$ von mehreren Faktoren abhängt, sagen wir es durch eine Regression vorher. Es gilt $y_i = \mathbf{x'}\boldsymbol{\beta} + u_i$, weshalb wir schreiben:

$$\mathbf{x'_i}\boldsymbol{\beta} + u_i > 0 \quad \text{bzw.} \quad u_i > -\mathbf{x'_i}\boldsymbol{\beta}.$$

Somit entspricht die Wahrscheinlichkeit von $y_i > 0$ der Wahrscheinlichkeit, dass der Fehlerterm u_i oberhalb von $-\mathbf{x'}\boldsymbol{\beta}$ liegt (Breen 1996, S. 14). Dies entspricht dem klassischen Signifikanztest, bei dem die Flächenanteile unter der Standardnormalverteilung die Wahrscheinlichkeit anzeigen, dass eine *z*-standardisierte und normal verteilte Zufallsvariable bei oder *unterhalb* eines Schwellenwertes *z* liegt (z.B. steht die Fläche links vom Wert von +1,96 unter der Standardnormalverteilung für eine Fläche von 97,5%). Wir fragen in unserem Fall aber nach der Wahrscheinlichkeit, dass u_i größer ist als *z* und damit *oberhalb* von *z* liegt (wobei $z_i = -\mathbf{x'\beta}$).

Folgen wir nun der Darstellung von Long (1998), der ebenfalls die Situation einer Zensierung *von unten* beschreibt: Der Wert von μ als Mittelwert (siehe oben) ist konditional $\mathbf{x}$ und wird empirisch durch $\mathbf{x'\beta}$ geschätzt ($\mu = \mathbf{x'\beta}$). Die Dichtefunktion der standardisierten zensierten Variablen bildeten wir durch den Abstand des Mittelwertes μ von der Zensierungsschwelle τ ab, d.h. $(\mu - \tau)/\sigma$. Den Quotienten aus Dichtefunktion und kumulativer Dichtefunktion stellen wir durch den Term λ dar (Breen 1996, S. 14; Long 1997, S. 198; Brüderl 2000, S. 620):

$$\frac{\phi_i(\mathbf{x'\beta} - \tau)/\sigma)}{\Phi_i(\mathbf{x'\beta} - \tau)/\sigma)} = \lambda_i$$

Der Term λ steht wieder für den *Inversen Mills Ratio*, der abhängig ist von $\mathbf{x'\beta}$ und daher für jede Beobachtung des Analysesamples spezifisch berechnet wird. Setzen wir δ_i für $(\mathbf{x'\beta} - \tau)/\sigma$, dann lässt sich λ_i vereinfachend darstellen als

$$\lambda_i = \frac{\phi_i(\delta_i)}{\Phi_i(\delta_i)} \, .$$

Dann ergibt sich der bedingte Erwartungswert von u_i aus

$$E(u_i \mid u_i > -\mathbf{x_i'\beta}) = \sigma \cdot \frac{\phi_i(\delta_i)}{\Phi_i(\delta_i)} = \sigma \lambda_i(\delta_i)$$

Weil wir davon ausgehen, dass der Erwartungswert des Fehlers u_i gleich 0 ist, ist der *bedingte* Erwartungswert $E(u_i \mid u_i > -\mathbf{x'\beta})$ ungleich 0. Da eine einfache OLS-Regression nicht den bedingten Erwartungswert berücksichtigt, ist die OLS-Schätzung verzerrt. Anders als das einfache OLS-Modell wird bei der Tobit-Regression der Prozess der Selektion in den Zustand der Beobachtbarkeit berücksichtigt, indem mit dem *inversen Mills Ratio* die Hazardrate für *y* > 0 modelliert wird. Das Tobit-Modell hat folgende Form:

$$E(y_i \mid y_i > 0) = \mathbf{x_i'}\boldsymbol{\beta} + \sigma\lambda_i(\delta_i)$$

$$= \mathbf{x_i'}\boldsymbol{\beta} + \sigma\,\frac{\phi_i(\delta_i)}{\Phi_i(\delta_i)}$$

$$= \mathbf{x_i'}\boldsymbol{\beta} + \sigma\,\frac{\phi_i(\mathbf{x'}\boldsymbol{\beta} - \tau)}{\Phi_i(\mathbf{x'}\boldsymbol{\beta} - \tau)}$$

Im Tobit-Modell wird der Term **x'β** für δ_i durch ein Probit-Modell geschätzt, aus dem sich über den Probit-Wert die Hazardrate für $y > 0$, d.h. die Hazardrate in die Beobachtbarkeit von y^*, in Form des inversen Mills Ratio berechnet. Der Inverse Mills Ratio λ wird als erklärende Variable im Modell berücksichtigt. Dabei ist σ der zugehörige Regressionskoeffizient, der die Stärke des Einflusses der Selektion in die Beobachtbarkeit von y_i auf die Werte y_i anzeigt.

Das Konzept des inversen Mills Ratio λ ist wichtig für der Schätzung von Regressionsmodellen für zensierte Daten im Sinne der Tobit-Regression, aber ebenso für die Korrektur des *sample selection bias*, die uns weiter unten beschäftigen wird.

In Abbildung 46 sind λ und dessen Komponenten für die Situation einer Zensierung *von unten* dargestellt (Cameron und Trivedi 2005, S. 540; Long 1997, S. 195). Der Term $(\mu - \tau)/\sigma$ stellt unsere Zufallsvariable dar, mit der wir y^* vorhersagen, wobei gilt: $\mu=\mathbf{x'}\boldsymbol{\beta}$. Der Term $(\mu - \tau)/\sigma$ gibt an, wie viele Standardabweichungen der Wert μ oberhalb oder unterhalb der Schwelle τ liegt. Ist $(\mu - \tau)/\sigma$ =1, ist der Mittelwert μ eine Standardabweichung größer als die Zensierungsschwelle, bei $(\mu - \tau)/\sigma = -2$ liegt μ zwei Standardabweichungen darunter. Bewegt man sich von links nach *rechts* auf der x-Achse, nimmt τ relativ zu μ ab und der Anteil der zensierten Fälle geht zurück. Je weiter die unabhängigen Variablen **x** den Term $(\mu - \tau)/\sigma$ auf der x-Achse nach *links* bewegen, desto stärker ist die Zensierung ausgeprägt und die Wahrscheinlichkeit der Beobachtbarkeit nimmt ab. Je weiter sie ihn nach rechts bewegen, desto geringer wird der Anteil der zensierten Fälle und die Wahrscheinlichkeit der Beobachtbarkeit nimmt zu. Die dicke, durchgezogene graue Linie stellt die Dichtefunktion der Variable $(\mu - \tau)/\sigma$ dar, die schwarze Kurve zeigt den s-förmigen Verlauf der kumulativen Dichtefunktion (Wahrscheinlichkeit der Beobachtbarkeit), und die gestrichelte graue Linie zeigt den Verlauf des Inversen Mills ratios λ, der sich aus dem Verhältnis beider Funktionen ergibt.

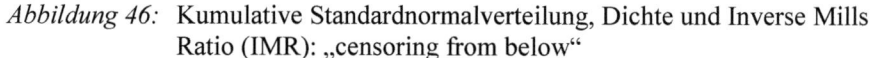

Abbildung 46:   Kumulative Standardnormalverteilung, Dichte und Inverse Mills
Ratio (IMR): „censoring from below"

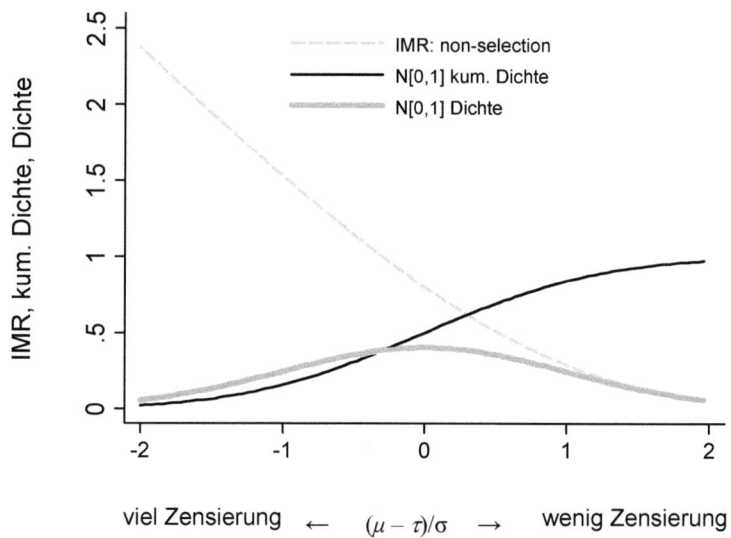

Weil sich λ errechnet aus dem Quotienten von Dichtefunktion und kumulativer Dichtefunktion der Verteilung von $(\mu - \tau)/\sigma$, also aus $\phi(\delta_i)/\Phi(\delta_i)$, wobei $\delta_i = (\mu - \tau)/\sigma$, nimmt λ in nicht-linearer Weise ab, je geringer die Zensierungswahrscheinlichkeit ausfällt – und konvergiert gegen Null. In Abbildung 46 ist im linken Bereich (-2 bis -0,3) die Dichtefunktion $\phi(\delta_i)$ noch größer als die kumulative Dichtefunktion $\Phi(\delta_i)$, danach kehrt sich das Verhältnis rapide um. In die Regressionsgleichung des Tobit-Modells, die (vgl. oben) folgendermaßen aussieht,

$$E(y_i \mid y_i > 0) = \mathbf{x_i'}\boldsymbol{\beta} + \sigma\lambda_i(\delta_i)$$

würden bei viel Zensierung hohe Werte der unabhängigen Variablen λ eingehen, die als Korrekturvariable wirkt und den Regressionskoeffizienten σ aufweist. Nehmen wir an, der Regressionskoeffizient σ ist ungleich 0: Je größer der Wert der unabhängigen Variablen in diesem Regressionsmodell ist, desto größer ist auch die Korrektur der Schätzung von $E(y_i|y_i>0)$.

Was passiert, wenn $(\mu - \tau)/\sigma$ weiter nach rechts wandert? Die kumulative Dichtefunktion übersteigt ihre erste Ableitung (nämlich die Dichtefunktion), wodurch der Nenner von λ relativ zum Zähler immer größer wird. Dadurch nimmt λ stetig ab und geht bei hohen Werten von $(\mu - \tau)/\sigma$ gegen Null. Für die Tobit-Regressionsgleichung bedeutet diese Abnahme von λ, dass das Problem der Zensierung immer irrelevanter wird, je weiter μ über die Zensierungsschwelle τ hinauswächst (die Zensierung ist ja in diesem Fall *von unten*). Dagegen wird für jene Untersuchungseinheiten, die aufgrund ihrer spezifischen Konstellation der Kovariaten x geringe Werte für $x'\beta$ aufweisen, ein großer Wert für λ berechnet (nach der Probit-Regression für $y > \tau$).

Zu beachten ist im Tobit-Modell allerdings, dass ein und derselbe Kovariaten- und Koeffizientenvektor $x'\beta$ sowohl den Probit-Wert als auch den Erwartungswert von y vorhersagt. Erfolgt die Zensierung von unten, nimmt die Chance auf Beobachtbarkeit von y zu, je größer $x'\beta$ ist. Mit steigendem $x'\beta$ steigt wiederum der bedingte Erwartungswert von y, d.h. $E(y_i|y_i>0)$. Der Koeffizient σ wird nur als Korrekturterm geschätzt; es ist jedoch nicht möglich, eventuell unterschiedliche Logiken beider Prozesse zu modellieren. Es stellt aber ein Problem für das Tobit-Modell dar, wenn ein sozialer Mechanismus A in den Zustand der Beobachtbarkeit von y führt, andererseits ein grundlegend *anderer* Mechanismus B den Term $E(y_i|y_i>0)$ bedingt, nämlich die bedingten Erwartungswerte von y unter der Voraussetzung y beobachten zu können.

Eine restriktive Annahme des Tobit-Modells besteht somit darin, dass ein und derselbe Mechanismus unterstellt wird, der sowohl auf die Wahrscheinlichkeit wirkt, über die Schwelle τ zu gelangen (vgl. Abbildung 44, S. 256), als auch auf die beobachteten Werte von y. Beides wird durch einen identischen Satz an Prädiktoren x_i vorhergesagt. Diese Annahme wird im so genannten *Two-Part Model* aufgegeben (Cameron und Trivedi 2005, S. 544). Dieses Modell ist im Prinzip einfach, es sollte aber nur als Diagnoseverfahren verwendet werden, welches die Gleichheit beider Prozesse testet: Man schätzt zunächst ein *Probit-Modell*, um den Einfluss der erklärenden Variablen auf die Zensierungswahrscheinlichkeit zu modellieren. Dabei gilt $d=1$ für einen Fall mit vollständig beobachteter abhängiger Variable y, die in der Regel logarithmiert wird, und $d=0$ für einen Fall, bei den y zensiert ist – in unserem Fall also unterhalb der Zensierungsschwelle liegt. Anschließend schätzt man ein OLS-Modell für das Subsample mit $d=1$. Unter der Annahme, dass die beiden Modelle unabhängig voneinander sind, lassen sich die beiden Log-Likelihood Werte aufsummieren und mit dem Wert des analogen Tobit-Modells vergleichen. Sind die Modellanpassungen gemäß *AIC* und *BIC*, die die höhere Anzahl der im Two-Part Modell geschätzten Parameter betrafen, besser, dann ist das ein Hinweis darauf, dass die Selektion in die Gruppe mit vollständiger Beobachtbarkeit von y ($d=1$) aus einem anderen Mechanismus resultiert, als die Größe der beobachteten Werte für y (Cameron und Trivedi 2009, S. 540). Die Interpretation dieses Two-Part Modells ist einfach: Das Probit-Modell bildet den Selektionsmechanismus ab, das OLS-

Modell die Einflüsse auf die Werte von y, gegeben y wurde vollständig beobachtet (d=1).

Je nach Konstellation der Einflussfaktoren lässt sich daraus z.B. schließen, ob eine Variable x auf y allein dadurch wirkt, dass sie den Selektions-, bzw. Zensierungsprozess beeinflusst oder dass sie nur die beobachteten Werte von y bestimmt oder beides in gleichem Maße tut. Im Gegensatz zum Tobit-Modell können auch die Vektoren der erklärenden Variablen x zwischen den beiden Gleichungen variieren. Die Logik des Two-Part Modells erinnert an die Schätzung des Zero-Inflated Count Modells, das wir in Kapitel 7 besprochen haben, sowie an die so genannten „Hürdenmodelle" für Zähldaten (Cameron und Trivedi 2005, S. 680). Somit besteht das Two-Part Modell tatsächlich aus zwei getrennten Schätzmodellen: aus einem Probit-Modell zur Vorhersage von d=1, was gilt, wenn $\mathbf{x'\beta} + \varepsilon > 0$, und einem Modell für die Parameter der stetigen abhängigen Variablen y unter der Bedingung d=1. Dabei werden wie auch beim Zero-Inflated Count Modell die Parameter beider Modelle im Rahmen der Maximierung einer gemeinsamen Log-Likelihood-Funktion gefunden.

Problematisch ist beim Two-Part Modell die Annahme, dass beide Gleichungen als unabhängig voneinander angenommen werden. Besteht eine starke Abhängigkeit beider Prozesse aufgrund von *unbeobachteten* Faktoren, die in ähnlicher Weise sowohl auf die Zensierung und als auch die Werte von y wirken, sind die Schätzer des Two-Part Modells verzerrt (Cameron und Trivedi 2005, S. 552; Breen 1996, S. 34). Im Gegensatz dazu geht das im nächsten Abschnitt dargestellte *Heckman-Modell* für die Korrektur des *sample selection bias* nicht davon aus, dass die beiden Prozesse voneinander unabhängig sind, sondern integriert die eventuelle Abhängigkeit beider Gleichungen durch einen besonderen Parameter (vgl. unten).

```
use $pfad/censored.dta, clear
regress einkommen mps lfx frau alter studium befristung ///
oeffdi41 kohorte2 kohorte3 vollzeit if einkommen < 3250
tobit einkom_ mps lfx frau alter studium befristung ///
oeffdi41 kohorte2 kohorte3 vollzeit, ul(3250)
```

Tabelle 36: Einkommensregression, OLS und Tobit im Vergleich

	OLS	Tobit
Prestige (Wegener)	0.20	0.76**
Berufserfahrung	-3.49***	-4.60***
Frau (=1)	-79.68***	-171.01***
alter	-24.90***	-19.14**
Studium (=1)	190.10***	305.21***
befristet	-64.40*	-78.00*
öffentlicher Dienst	68.04**	74.68*
Abschlusskohorte 1990	-242.42***	-283.24***
Abschlusskohorte 1995	-1015.24***	-1268.19***
vollzeit	29.64	121.83**
Constant	2300.43***	2265.90***
sigma		
Constant		639.20***
Observations/zensiert	1923/136	2059

$^{+}p < .1,$ $^{*}p < .05,$ $^{**}p < .01,$ $^{***}p < .001$

Tabelle 36 zeigt die Ergebnisse von Einkommensregressionen (in DM) in der OLS- und in der Tobit-Form. In diesem Fall sind die Einkommensangaben von oben zensiert bei einem Betrag von DM 3250.-. Oben hatten wir darauf hinge-wiesen, dass OLS bei zensierten Daten zu einer Unterschätzung der Effekte ten-dieren kann, was sich insgesamt (wenngleich nicht bei allen Variablen, siehe *alter*) auch in dieser exemplarischen Analyse andeutet. Mit jedem Punkt auf der Wegener Prestigeskala steigt das Einkommen signifikant um 0,76 DM im Tobit-Modell, nicht jedoch im OLS-Modell. Mit jedem weiteren Monat Berufserfah-rung geht das Einkommen um DM 4,60 (Tobit) bzw. DM 3,49 (OLS) zurück. Der Einkommensnachteil der Frauen beträgt DM 79,68 (OLS) vs. DM 171,01 (Tobit), ein Studium bringt gegenüber einer beruflichen Ausbildung einen Mehr-verdienst von DM 190,10 (OLS) vs. DM 305,21 (Tobit). Interessant sind die deutlichen Einkommensverluste insbesondere der jüngsten Abschlusskohorte 1995 im Vergleich zur Referenzkategorie der Kohorte 1985, die also ihren Be-rufseinstieg noch im Regime der DDR erlebte. Allerdings muss hierbei tatsäch-lich die Selektivität des Samples berücksichtigt werden: Jene, deren in der DDR erworbener Abschluss nicht verwertbar war, hatten womöglich insgesamt schlechtere Beschäftigungschancen und höhere Arbeitslosenquoten – sind aber darum im Analysesample unterrepräsentiert.

Intuitiv und in vielen Fällen auch adäquat zur Fragestellung erfolgte hier die Interpretation des Tobit-Modells unter Bezug auf die latente abhängige Variable y^* und damit analog zur OLS-Regression – mit dem Unterschied, dass die Schätzung um die Zensierungen korrigiert ist. Es sind aber weitere Differenzierungen möglich. Bei der *McDonald & Moffit Dekomposition* (Breen 1996, S. 30) wird der Effekt von x auf die Veränderung des Erwartungswertes der beobachteten Variablen y zerlegt in a) einen Effekt auf y unter der Bedingung, dass y beobachtet wurde und in b) einen Effekt auf die Wahrscheinlichkeit, dass y überhaupt beobachtbar ist. Dies ermöglicht eine Einschätzung darüber, ob eine unabhängige Variable x eher dadurch wirkt, dass sie das Überschreiten der Schwelle zur Beobachtbarkeit beeinflusst, oder dadurch, dass sie Veränderungen von y, gegeben die Nichtzensierung, bedingt. Beide Effektanteile summieren sich zu 100%, jedoch können die relativen Anteile der jeweiligen Effekte verglichen werden (vgl. dazu das ado-file „dtobit", das mit `findit dtobit` installiert werden kann).

Wie bereits erwähnt kann ähnlich dem bi- und multivariaten Probit-Modell eine Korrelation der Fehlerterme über beide Gleichungen hinweg modelliert werden, was dann zu dem in der Ökonometrie bekannten *Heckman-Modell* führt.

10.2 Sample Selection Bias: Das Heckman-Modell

Leider werden in der Praxis allzu häufig das Zustandekommen der empirischen Daten sowie die Messung der interessierenden Variablen nicht weiter hinterfragt. Obgleich das Tobit-Modell eine Korrektur für jene Fälle anbietet, bei denen die abhängige Variable nicht gemessen wurde, kann es nicht unterscheiden, ob die *Selektion* einer Beobachtung in den Zustand der Nichtzensierung von y einerseits und die *Ausprägungen von y* andererseits grundlegend unterschiedlichen Logiken folgen. Zwar können spezielle Verfahren, wie die oben angesprochene McDonald und Moffit Dekomposition, unterscheiden, ob eine erklärende Variable x zu einem vergleichsweise großen oder vergleichsweise kleinen Anteil entweder die Zensierung oder den Wert von y beeinflusst. Aber der Vektor der erklärenden Variablen **x** bleibt für beide Prozesse identisch. Das Tobit-Modell kann also nicht zwischen unterschiedlichen Logiken unterscheiden, denen beide Prozesse möglicherweise folgen. Denkbar ist, dass der Prozess der Selektion in den Zustand der Beobachtbarkeit von y durch andere Faktoren bedingt ist als die Veränderungen von y. Für R. Breen stellt sich dieses Problem als überaus relevant dar, er geht davon aus, dass es in der sozialwissenschaftlichen Forschung häufig unterschätzt wird: „If we think hard enough, we can probably find some sort of selection process underlying any piece of social science data" (Breen 1996, S. 35). Anders formuliert: Es geht womöglich nicht einfach um *eine* zensierte abhängige Variable, sondern um *zwei* latente abhängige Variablen. Eine der beiden latenten Variablen steuert in Abhängigkeit von den Einflussgrößen den *Selektionsprozess* gemäß einem eigenen Mechanismus; die zweite abhängige

Variable beobachten wir nur in einem Teilsample in Abhängigkeit von diesem Selektionsprozess.

Nehmen wir an, es wirken tatsächlich grundlegend unterschiedliche Logiken auf beide Prozesse. Im Fall der Zensierung wären die Schätzungen eines OLS-Modells zur Vorhersage von $E(y|x)$ verzerrt. Denn im OLS-Modell bleibt jener Teil des bedingten Erwartungswertes, der durch die Selektion in das Sample entsteht, unberücksichtigt. Der Einfluss des Selektionsprozesses auf den Vorhersagewert von y wird bei OLS einfach dem Fehlerterm zugeschoben. Ist der Selektionsprozess jedoch systematisch mit den erklärenden Variablen x korreliert, d.h. mit den eigentlich interessierenden Prädiktoren von y, dann ist im OLS-Modell auch der Fehlerterm u_i der Vorhersagegleichung von y mit diesen Prädiktoren x korreliert. Der Grund für diese Verzerrung der Schätzung liegt darin, dass der Selektionsprozess im OLS-Modell dem Fehlerterm zugeschlagen wird, der dann aber *nicht mehr zufällig*, sondern *systematisch* ist. Anders ausgedrückt: Die erklärenden Variablen x transportieren unbeobachtete Information mit sich, die eigentlich aus dem Fehlerterm stammt. Die Effekte von x sind zumindest teilweise auf den Fehlerterm zurückzuführen und darum teilweise Scheineffekte. Sie sind gleichsam mit dem Fehler „kontaminiert" und daher verzerrt. Die Annahme einer rein zufälligen Verteilung des Fehlerterms, die klassischen Regressionsverfahren zu Grunde liegt, ist verletzt.

Das insbesondere durch James Heckman bekannt gewordene *sample selection model* (Greene 2008, S. 884) kann unter bestimmten Annahmen diesen Bias korrigieren. Greene (2008, S. 886, Fn. 24) weist darauf hin, dass sich für dieses Modell wohl in Anlehnung an die Bezeichnung „Tobit-Model" der Terminus „Heckit"-Schätzer verbreitet hat. Es stellt eine Erweiterung des Tobit-Modells dar, welches erstens separate Vektoren x für beide Prozesse zulässt und zweitens die Korrelation ρ der Fehlerterme beider Gleichungen mitschätzt. Ähnliches kennen wir bereits aus der Schätzung bi- und multivariater Probit-Modelle (vgl. Kapitel 4 und 9.4). Die Korrelation ρ entscheidet darüber, ob OLS-Schätzungen der Einflussgrößen von x auf y verzerrt sind bzw. in welchem Maße und in welche Richtung die Schätzungen durch Berücksichtigung des Selektionsprozesses korrigiert werden müssen. Ist der Schätzwert von $\rho = 0$ bzw. insignifikant von Null verschieden, sind die Fehlerterme beider Gleichungen *nicht* voneinander abhängig. Der Test auf H0: $\rho = 0$ ist damit ein Test auf Abwesenheit des Selektionsbias. Liegt kein Selektionsbias vor, sind die Schätzer einer OLS-Regression auch nicht durch einen Selektionsbias verzerrt. Wird H0: $\rho = 0$ verworfen zugunsten von H1: $\rho \neq 0$, wären die OLS-Schätzungen verzerrt. Wieder stellt der Inverse Mills Ratio als unabhängige Variable einen Korrekturterm dar, der als Hazardrate der (Nicht-)Selektion die Schätzung von y korrigiert, dessen Einflussgewicht wiederum davon abhängt, wie stark die Residuen beider Gleichungen korreliert sind, also von ρ.

Weil wir die Korrelation der Fehlerterme beider Gleichungen mit in die Schätzung einbeziehen, wird jener Teil der unbeobachteten Heterogenität, der beide Prozesse *A* und *B* beeinflusst – sowohl die realisierten Werte von *y* (*A*) als auch die Selektion (*B*) –, kontrolliert. Denn unbeobachtete Einflüsse auf die abhängige Variable werden ja über den Fehlerterm abgebildet. Nehmen wir an, die Fehlerterme beider Prozesse sind nicht korreliert, sondern sie sind rein zufällig, wie es im OLS-Regressionsmodell angenommen wird: In diesem Fall gibt es *keine* systematische Gemeinsamkeit beider Prozesse, die nicht bereits durch die beobachteten unabhängigen Variablen **x** erfasst ist – wenngleich natürlich unbeobachtete Faktoren auf jeden der beiden Prozesse *separat* einwirken können. Sind die Fehlerterme aber positiv korreliert, folgt daraus, dass immer dann, wenn der Fehlerterm des einen Prozesses *A* groß ist, der Fehlerterm des anderen Prozesses *B* ebenfalls zu großen Werten tendiert. Somit sind die Fehlerterme beider Gleichungen partiell durch *gemeinsame* unbeobachtete Faktoren bedingt. Gelingt es, diese Korrelation als Koeffizient in die Regressionsschätzung mit aufzunehmen, ist diese gemeinsame unbeobachtete Heterogenität kontrolliert.

Wir folgen den anschaulichen Darstellungen von Henriette Engelhardt (1999) und Richard Breen (1996). Betrachten wir zwei Gleichungen, von denen die erste (y_1) die eigentlich interessierende abhängige Variable vorhersagt, die zweite (y_2) den Selektionsprozess in die Beobachtbarkeit beschreibt.

$$y_1 = \mathbf{x}_{1i}' \boldsymbol{\beta}_1 + u_i$$
$$y_2 = \mathbf{x}_{2i}' \boldsymbol{\beta}_2 + e_i$$

Sind die beiden Fehlerterme u_i und e_i nicht korreliert [cov(u_i, e_i)=0] und ist der Fehler der ersten Gleichung nicht mit deren unabhängigen Variablen x_i korreliert [cov(u_i, x_i)=0], ließe sich y_1 durch eine OLS-Regression vorhersagen.

$$E(y_{1i} \mid \mathbf{x}_i) = \mathbf{x}_{1i}' \boldsymbol{\beta}_1$$

Allerdings sind die oben genannten Annahmen möglicherweise verletzt, wenn die abhängige Variable y_1 nur selektiv beobachtet wird. Wie im Tobit-Modell ergibt sich die Selektion in die Beobachtbarkeit aus einer Probit-Regression von y_2 mit dem Wert y_2=1, wenn eine Untersuchungseinheit Werte oberhalb der Schwelle zur Beobachtbarkeit von y_1 aufweist, und 0, wenn y_1 zensiert ist:

$$\mathbf{x}_{2i}' \boldsymbol{\beta}_2 + e_i > 0 \quad \text{bzw.} \quad e_i > -\mathbf{x}_{2i}' \boldsymbol{\beta}_2$$

Daraus folgt, dass der Erwartungswert von y_l nicht allein von x_{li} abhängig ist, sondern auch vom Selektionsprozess, der über $y_2=1$ und damit über die Beobachtbarkeit von y_l entscheidet (Engelhardt 1999, S. 711).

$$E(y_{1i} \mid \mathbf{x}_{1i}', y_2 = 1) = \mathbf{x}_{1i}'\boldsymbol{\beta}_1 + E(u_i \mid e_i > -\mathbf{x}_{2i}'\boldsymbol{\beta}_2)$$

Wichtig an diesem Modell ist der *nicht* mehr zufällige Fehler u_i. Er ist stattdessen abhängig vom Selektionsprozess, der wiederum durch $\mathbf{x}_{2i}\boldsymbol{\beta}_2$ bedingt ist. Der Fehlerterm u_i kann nur dann beobachtet werden, wenn die Ungleichung $e_i > -\mathbf{x}_{2i}\boldsymbol{\beta}_2$ erfüllt ist. Der Fehlerterm u_i ist also mit den unabhängigen Variablen $\mathbf{x}_1$ korreliert. Dies würde bei OLS zu verzerrten Schätzungen führen, weil die Werte von $\mathbf{x}_1$ mit dem Fehlerterm u_i kontaminiert sind. Bei ihrer Wirkung auf y_l tragen die Werte von $\mathbf{x}_1$ den Fehler mit sich, der ohnehin auf y_l einwirkt. Anders ausgedrückt: Um diesen systematischen Beitrag des Fehlerterms, mit dem die $\mathbf{x}_1$ kontaminiert sind, sind die Schätzer von $\mathbf{x}_1$ auf y_l verzerrt. Hinsichtlich $\mathbf{x}_1$ ist der Fehlerterm also nicht zufällig, wie OLS unterstellt, sondern systematisch.

Zu beachten ist beim Heckman-Modell, dass die Koeffizienten- bzw. Kovariatenvektoren beider Stufen – des Selektionsmodells y_2 und des Vorhersagemodells der abhängigen Variablen y_l – nicht mehr identisch sind, sondern $\mathbf{x}_{2i}\boldsymbol{\beta}_2 \neq \mathbf{x}_{1i}\boldsymbol{\beta}_1$.

Für $\mathbf{x}_{2i}\boldsymbol{\beta}_2/\sigma$ setzen wir der Einfachheit wieder δ_i, bzw. für $-\mathbf{x}_{2i}\boldsymbol{\beta}_2/\sigma = -\delta_i$. Der Inverse Mills Ratio ist nun $\lambda = \phi(-\delta_i)/\Phi(-\delta_i)$. Der Koeffizient σ_s gibt an, wie stark der Selektionsbias ausfällt. Ist σ_s Null, erfolgt auch keine Korrektur.

$$E(y_1 \mid y_2 = 1, \mathbf{x}_i) = \mathbf{x}_i'\boldsymbol{\beta} + E(u_i \mid e_i > -\mathbf{x}_i'\boldsymbol{\beta})$$

$$E(u_i \mid e_i > -\mathbf{x}_i'\boldsymbol{\beta}) = \sigma_s \frac{\phi_i(-\mathbf{x}_{2i}'\boldsymbol{\beta}_2/\sigma)}{\Phi_i(-\mathbf{x}_{2i}'\boldsymbol{\beta}_2/\sigma)} \Leftrightarrow$$

$$E(y_1 \mid y_2 = 1, \mathbf{x}_i) = \mathbf{x}_i'\boldsymbol{\beta} + \sigma_s \frac{\phi_i(-\delta_i)}{\Phi_i(-\delta_i)}$$

$$E(y_1 \mid y_2 = 1, \mathbf{x}_i) = \mathbf{x}_i'\boldsymbol{\beta} + \sigma_s \lambda_i$$

Für σ_s setzen wir einen Ausdruck ein, aus dem ersichtlich wird, unter welchen Bedingungen das Selektionsmodell zu einer Korrektur der Schätzung der stetigen abhängigen Variablen führt. In der obigen Gleichung ist σ_s der Regressionskoeffizient einer Variablen, deren Werte durch das Selektionsmodell geschätzt und als *Inverser Mills Ratio* λ ausgedrückt werden. Der Koeffizient σ_s selbst enthält unter anderem die Korrelation ρ der beiden Fehlerterme e und u. Diese Korrelation berechnet sich aus der Kovarianz von e und u dividiert durch das Produkt aus deren Varianzen. Aus Gründen der Identifizierbarkeit muss σ_e auf 1 gesetzt werden, da die Gleichung andernfalls mehr Schätzparameter als empirische Information erhalten würde (Giesselmann und Windzio 2012, S. 208ff). Diese Restriktion wird dadurch gesetzt, dass eine Probitschätzung durchgeführt wird. Wenn aber $\sigma_e = 1$ ist, dann kürzt sich σ_u aus der Gleichung, weshalb der Koeffizient σ_s letztlich die Kovarianz beider Fehlerterme abbildet (Breen 1996, S. 37):

$$\sigma_s = \rho\sigma_u = \frac{\sigma_{ue}}{\sigma_u \sigma_e}\sigma_u = \sigma_{ue}$$

Zwar wurden die Regressionsmodelle für abgeschnittene, zensierte oder selektive Daten mit dem Ziel entwickelt, jene Probleme zu lösen, die bei Anwendung von OLS auf diese Daten entstehen. Dabei sollte allerdings beachtet werden, dass auch diese Modelle keineswegs frei von Problemen sind (Kennedy 2008, S. 271). Zunächst sollte berücksichtigt werden, dass diese Schätzverfahren ihre positiven asymptotischen Eigenschaften nur entfalten können, wenn die Stichprobe hinrechend groß ist (Breen 1996, S. 70). Wenngleich keine eindeutigen Schwellenwerte existieren, gilt ein Sample mit N=250 eher als klein, ein Sample mit N=1000 dagegen als ausreichend.

Außerdem sind die Schätzungen dieser Modelle problematisch, wenn die Fehler nicht normal verteilt sind. Breen zitiert Studien, denen zufolge die Koeffizienten des Tobit-Modells bereits sehr sensitiv auf moderate Abweichungen von der Normalverteilung der Fehler reagieren. Er weist darauf hin (Breen 1996, S. 58), dass Verstöße gegen die Annahme der konstanten Fehlervarianz über die Werte von **x** (Homoskedastizität) in Modellen mit zensierten oder selektiven Daten weitaus gravierender sind als in der OLS-Regression. Als Reaktion darauf könnte man entweder eine alternative Verteilungsfunktion für die Fehler spezifizieren (Breen 1996, S. 59) oder eine Modellvariante wählen, die keine parametrischen *a priori* Annahmen über die Fehlerverteilung trifft (Maddala 1983, S. 187ff). Alternative Verteilungsfunktionen werden auch in der Ereignisanalyse verwendet, wenn z.B. eine log-logistische oder log-normale Verteilung der Fehler angenommen wird – wobei sich im Falle der Ereignisanalyse der Fehler in der unbeobachteten Heterogenität niederschlägt, die, konditional **x**, zu einer spezifischen Verteilungsform der Rate über die Zeit führt (vgl. Kapitel 6). Hier ist allerdings der Hinweis wichtig, dass das Problem nicht normal verteilter Fehler im Tobit-Modell wesentlich einfacher zu lösen ist, als im Heckman-Modell, weil letzteres eine bivariate Verteilung der Fehler impliziert. Breen (1996, S. 70) verweist auf einen Test zur Überprüfung der Normalitätsannahme, bei dem die Verteilungsannahmen nicht bivariat, sondern für jede der beiden Gleichungen separat getestet werden. Eine mögliche Lösung des Problems der Heteroskedastizität wäre z.B., die Prädiktoren x in eine gesonderte Gleichung zur Vorhersage der Residualvarianz einzuführen, um die Heteroskedastizität durch explizite Modellierung zu kontrollieren.

Problematisch ist die Anwendung des Heckman-Modells, wenn der Anteil der Zensierung sehr groß ist, und zwar auch dann, wenn die Annahmen der Homoskedastizität und der Normalverteilung der Fehler erfüllt sind. Zudem stellt sich die Frage, ob eine OLS-Schätzung dem Heckman-Modell nicht vorzuziehen ist, wenn die Korrelation ρ der Fehlerterme beider Gleichungen nur gering ist. Das Heckman-Modell geht gegenüber OLS mit einem Effizienzverlust einher. Im Falle eines geringen Wertes für ρ ist der Gewinn des Heckman-Modells – nämlich die Korrektur des Bias – nur gering. Warum sollte man bei einem nur geringen Vorteil des komplexeren Modells den Effizienzverlust in Kauf nehmen, der ja womöglich selbst wiederum faktisch einen Fehler produzieren kann, nämlich eine fälschlicherweise aufrechterhaltene Nullhypothese?

Als ein wirklich gravierendes Problem des Heckman-Modells gilt die Multikollinearität zwischen dem Inversen Mills Ratio λ, der sich aus der Selektionsgleichung ergibt, und den erklärenden Variablen der substanziellen Gleichung (d.h. im eigentlich interessierenden Teil des Modells, der die stetige abhängige Variable y_i vorhersagt). Es sollten nicht identische Vektoren erklärender Variablen in beiden Gleichungen geschätzt werden, sondern *mindestens* eine erklärende Variable sollte ausschließlich den Selektionsprozess vorhersagen. Weil der Inverse Mills Ratio wie eine unabhängige Variable in der „substanziellen" Gleichung modelliert wird, sollte die Multikollinearität zwischen dieser und den anderen erklärenden Variablen nicht zu hoch sein. Das Problem der Identifikation stellt sich aber auch dann, wenn die Selektionsgleichung nur sehr schlechte Vorhersagen des Prozesses liefert und die Varianz des Inversen Mills Ratios dadurch gering ist. Allgemeiner lässt sich sagen, dass die Multikollinearität zwischen dem Inversen Mills Ratio λ und den erklärenden Variablen x_{1i} der „substanziellen" Gleichung dann hoch ist, wenn der Anteil der Nichtselektierten hoch ist, aber auch, wenn die Varianz von λ aufgrund eines erklärungsschwachen Selektionsmodells gering ist oder aber wenn der Satz an erklärenden Variablen in der Selektionsgleichung und der substanziellen Gleichung identisch ist. Sind beide Kovariatenvektoren identisch ($x_{1i} = x_{2i}$), ist die Identifikation des Modells einzig dadurch gewährleistet, dass im Probit-Modell ein *nicht-linearer* Zusammenhang zwischen x_2 und der abhängigen Variablen y_2 spezifiziert wird (Breen 1996, S. 43; Engelhardt 1999, S. 714), wodurch eine sehr hohe Multikollinearität unmittelbar gegeben ist. Es wird auch vertreten, dass die Identifizierbarkeit dadurch gewährt werden soll, dass in die Auswahlgleichung (Probit) zusätzliche Variablen aufgenommen werden sollen (Verbeek 2008), aber alle Variablen der interessierenden Gleichung ebenfalls in der Auswahlgleichung vertreten sind. Auch Engelhardt (1999, S. 714) weist darauf hin, dass in der Regel der Kovariatenvektor der Auswahlgleichung eine *Erweiterung* des Vektors der interessierenden Gleichung ist. Sie konstatiert aber zugleich, dass manchmal auch wiederum die interessierende Gleichung Prädiktoren enthält, die nicht in der Auswahlgleichung sind. In ihren eigenen Analysen enthält die Auswahlgleichung drei Prädiktoren, die nicht in der interessierenden Gleichung vertreten sind; zugleich enthält die interessierende Gleichung drei Prädiktoren, die nicht in der Selektionsgleichung sind (Engelhardt 1999, S. 718). In jedem Fall liegt in der Frage nach der korrekten Spezifikation beider Prozesse – jener, der in die Selektion führt und jener, der die Ausprägungen von *y* bestimmt – eines der zentralen Probleme des Selektionsmodells. Das Risiko einer Fehlspezifikation ist hoch.

```
use $pfad/censored.dta, clear
reg einkommen lfx studium frau befristung oeffdi41 ///
kohorte2 kohorte3 if vollzeit == 1

heckman einkommen lfx frau studium befristung oeffdi41 ///
kohorte2 kohorte3, select(vollzeit=mps frau alter ///
befristung)
```

Insgesamt wird eher die *Maximum-Likelihood-Schätzung* des Heckman-Modells empfohlen (Kennedy 2008, S. 271; Breen 1996, S. 70), die als Mehrgleichungsmodell grundsätzlich verlässlichere Ergebnisse bringt.

Zusammenfassend lässt sich sagen, dass die Brauchbarkeit des Heckman-Modells von folgenden Bedingungen abhängig ist (Breen 1996, S. 65), nämlich 1. von der Größe der Korrelation ρ, 2. dem Grad der Korrelation der erklärenden Variablen in der Selektionsgleichung und der „substanziellen" Gleichung und 3. vom Anteil der zensierten Fälle.

Tabelle 37: Einkommensregression für Vollzeitbeschäftigte, OLS und Heckman
Modell im Vergleich

	OLS	Heckman
y_1 = Einkommen		
Berufserfahrung	-6.301***	-6.262***
Studium (=1)	301.777***	302.088***
Frau (=1)	-187.152***	-169.603***
befristet	-80.078	-57.204
öffentlicher Dienst	96.936*	96.308*
Abschlusskohorte 1990	-327.981***	-328.173***
Abschlusskohorte 1995	-1407.285***	-1408.804***
Constant	2126.410***	2152.959***
y_2 = vollzeit=1, sonst 0		
Prestige (Wegener)		0.002**
Frau (=1)		-0.363***
alter		-0.009
befristet		-0.437***
Constant		1.368***
Rho		
Constant		-0.169+
lnsigma		
Constant		6.704***
Observations/Zensiert	1831	2207/382

$^+ p < .1$, $^* p < .05$, $^{**} p < .01$, $^{***} p < .001$

Tabelle 37 sagt wieder das Einkommen vorher und vergleicht die Koeffizienten
des Heckman-Modells mit denen einer OLS-Regression, die nur für die Subpopulation der Vollzeitbeschäftigten durchgeführt wurde. Hier zeigt sich ein auf
dem 10% Niveau signifikanter negativer Effekt von ρ (-0,169+), demzufolge die
Fehlerterme beider Gleichungen schwach negativ korreliert sind (Engelhardt
1999, S. 712). Mit Ausnahme der Variable befristet sind darum die Schätzungen der Koeffizienten auch recht ähnlich. In diesem Fall wäre wohl tendenziell das OLS-Modell dem komplexeren Heckman-Modell vorzuziehen.

10.3 Switching-Regression (Roy-Model)

Beim Sample-Selection-Modell waren wir in einer Situation, in der wir die abhängige Variable *y* für eine Teilgruppe des Samples beobachten konnten, für die
andere Teilgruppe des Samples hingegen nicht. Das sogenannte *Roy-Modell* ist

eine Verallgemeinerung des Heckman-Selektionsmodells, bei der die abhängige Variable *y* für beide Teilgruppen beobachtet worden.

Das Roy-Modell wird häufig als *switching regression* bezeichnet, weil die Schätzung der Regressionsgleichung immer davon abhängt, welcher der Zustände in *x* vorliegt oder welchem „Regime" ein Fall jeweils unterworfen ist. Das Modell wird auch verwendet, um *kontrafaktische Situationen* herzustellen und ist damit eine Methode, mit der unter bestimmten Annahmen kausale Fragestellungen untersucht werden können. Es wird daher unter anderem verwendet, um auch mit Querschnittsdaten kausale Aussagen zu plausibilisieren. Durch das Roy-Modell wird systematisch die Selbst- oder Fremdselektion der Beobachtung entweder in das eine Treatment oder in das andere Treatment modelliert, wobei wieder die Korrelationen der Residuen der nun insgesamt *drei* Prozesse berücksichtigt werden.

Wir folgen der theoretischen Darstellung von Cameron und Trivedi (2005, S. 555), in der es um die Selbstselektion von Personen in bestimmte Berufe geht: Ziel der Analyse des Roy-Modells ist es, unter Kontrolle der Selbstselektionsprozesse den Effekt der Wahl bestimmter Berufe auf das Arbeitserwerbseinkommen unter Kontrolle anderer Kovariaten zu schätzen. Im klassischen Roy-Modell werden insgesamt drei Gleichungen geschätzt, die jeweils eine latente abhängige Variable vorhersagen. Vergleichen wir die Einkommensdifferenzen zwischen zwei Berufen, spezifizieren wir im Roy-Modell für y_1 ein binäres Probit-Modell, welches den Selektionsprozess der Individuen *in den einen Beruf* versus *den anderen Beruf* spezifiziert. y_2 beschreibt eine Einkommensregression innerhalb des ersten Berufes, y_3 eine Einkommensregression innerhalb des zweiten Berufes. Das binäre Probit-Modell im ersten Schritt entscheidet darüber, welchem der beiden Regime eine Person sich gemäß der erklärenden Variablen der Selektionsgleichung wahrscheinlich zugeordnet hat.

$$y_1^* = \mathbf{x}_1'\boldsymbol{\beta}_1 + \varepsilon_1 \qquad \Rightarrow \text{Selektion in das Treatment („Regime")}$$
$$y_2^* = \mathbf{x}_2'\boldsymbol{\beta}_2 + \varepsilon_2 \qquad \Rightarrow y \text{ unter Treatment 1}$$
$$y_3^* = \mathbf{x}_3'\boldsymbol{\beta}_3 + \varepsilon_3 \qquad \Rightarrow y \text{ unter Treatment 2}$$

Ziel des Modells ist die Schätzung konditionaler Erwartungswerte der abhängigen Variablen y_2 und y_3 unter Bedingung der jeweiligen Kovariaten **x** sowie unter der Bedingung der *Selektion in das jeweilige Treatment* – nämlich hier in den Beruf. Der Selektionsprozess in den Zustand des Treatments wird durch y_1 abgebildet.

$$y_1 = \begin{cases} 1 \text{ wenn } y_1^* > 0 \\ 0 \text{ wenn } y_1^* \leq 0 \end{cases}$$

y_1 bildet folglich den Selektionsprozess in einen der beiden Berufe ab. Kennen wir diesen Selektionsprozess aufgrund des binären Probit-Modells, können wir in zwei weiteren Regressionsgleichungen das Einkommensniveau der Person vorhersagen, das sie unter dem jeweiligen „Regime" (bzw. unter dem jeweiligen *Treatment*, damit ist hier der Beruf gemeint) realisieren kann.

$$y = \begin{cases} y_2^* \text{ wenn } y_1^* > 0 \Rightarrow \text{Einkommen in Regime 1} \\ y_3^* \text{ wenn } y_1^* \leq 0 \Rightarrow \text{Einkommen in Regime 2} \end{cases}$$

Indem die jeweiligen Gleichungen samt ihrer Residuen spezifiziert und die *Korrelation der Residuen über die Gleichungen* hinweg empirisch geschätzt werden, lässt sich ähnlich wie beim Sample-Selection-Modell von Heckman der Wert der eigentlich interessierenden Variablen – nämlich das realisierte Einkommen unter dem jeweiligen Regime – unter Kontrolle des Selektionsprozesses vorhersagen. Die Kovarianz der Residuen ε_1, ε_2 und ε_3 wird unter der Annahme einer Normalverteilung durch folgende Matrix dargestellt, wobei die Varianz des Residuums ε_1 der Probit-Selektionsgleichung (σ_1^2) wieder auf 1 fixiert wird:

$$\begin{bmatrix} \varepsilon_1 \\ \varepsilon_2 \\ \varepsilon_3 \end{bmatrix} \sim N \left(\begin{bmatrix} 0 \\ 0 \\ 0 \end{bmatrix}, \begin{bmatrix} 1 & \sigma_{12} & \sigma_{13} \\ \sigma_{12} & \sigma_2^2 & . \\ \sigma_{13} & . & \sigma_3^2 \end{bmatrix} \right)$$

Dabei ist die Kovarianz σ_{23} nicht definiert, weil y^*_2 und y^*_3 niemals simultan beobachtet werden (Lokshin und Sajaia 2004, S. 283). Der Erwartungswert von y wird nun unter der Bedingung des jeweiligen Regimes vorhergesagt, wobei die Probit-Selektionsgleichung für y_1 darüber entscheidet, welchem der beiden Regime sich eine Person wahrscheinlich zuordnet (Cameron und Trivedi 2005, S. 547). Beide Gleichungen werden geschätzt unter Kontrolle der Korrelation σ des Fehlerterms der jeweiligen Einkommensgleichung mit dem Fehlerterm der Selektionsgleichung, in der sich die Größe des Selektionsbias niederschlägt:

$$E[y_2 \mid \mathbf{x}, y_1^* > 0] = \mathbf{x}_2' \boldsymbol{\beta}_2 + \sigma_{12} \lambda(\mathbf{x}_1' \boldsymbol{\beta}_1)$$
$$E[y_3 \mid \mathbf{x}, y_1^* \leq 0] = \mathbf{x}_3' \boldsymbol{\beta}_3 - \sigma_{13} \lambda(-\mathbf{x}_1' \boldsymbol{\beta}_1)$$

Dabei ist λ der aus der Probit-Regression ermittelte *Inverse Mills Ratio*. Wieder gilt, dass im Falle von $\sigma_{12} = 0$ oder $\sigma_{13} = 0$ die jeweilige Einkommensgleichung unabhängig vom Selektionsprozess wäre. Von Interesse sind aber noch weitere Vorhersagen, die das Modell ermöglicht (Lokshin und Sajaia 2004), da es eine *kontrafaktische Schätzung* z.B. des Einkommens impliziert, welches eine Person in Regime 2 hätten realisieren können, die aber tatsächlich Regime 1 angehört. Aus diesem Grund ist die *switching regression* insbesondere für die Evaluations-forschung interessant, bei der sich in den meisten Fällen das Problem einer nicht-zufälligen Zuordnung zur Treatment- oder Kontrollgruppe stellt.

Weitere illustrative Fragestellungen für die Anwendung des Roy-Modells sind etwa die Einkommensdifferenzen von Gewerkschafts- und Nicht-Gewerkschaftsmitgliedern (in den USA) oder aber das Einkommen von Migranten und Nicht-Migranten. Insbesondere das Migranten-Beispiel ist sehr anschau-lich, weil bekannt ist, dass Migrationsprozesse sozial hochgradig selektiv verlau-fen, d.h., dass es keineswegs zufällig ist, welche Person wandert und welche nicht. Die systematisch auf die Wanderungsentscheidung wirkenden Kovariaten beschreiben dabei den Selektionsprozess und bestimmen, in welchem der beiden Regime – Migrant oder Nicht-Migrant – sich eine Person befindet. Sodann wer-den in zwei Gleichungen die Einkommensniveaus der Migranten und der Nicht-Migranten vorhergesagt. Generalisierungen des Modells modellieren den Selek-tionsprozess auch in mehr als zwei Treatments durch ein multinomiales Modell.

Zur Illustration des Modells stellen wir die einfache Frage, ob *vollzeit* be-schäftigte Personen in Positionen mit höherem Prestige sind als *teilzeit* beschäf-tigte. Die Zustände „Vollzeit" und „Teilzeit" sind die beiden Regime. Die Idee, für diese Fragestellung ein *switching regression* Modell zu schätzen, ist dadurch motiviert, dass der Zugang bzw. die Selektion in den jeweiligen Zustand nicht zufällig ist, sondern unbeobachtete Faktoren sowohl den Selektionsprozess als auch das Prestige beeinflussen. Für die Schätzung verwenden wir das ado-file `movestay.ado` (Lokshin und Sajaia 2004), das in der `Stata` Command-Zeile über den Befehl `findit movestay.ado` zu finden und zu installieren ist, eben-so das darin enthaltene `mspredict.ado`. Nach der Installation kann die *swit-ching regression* durch folgende Syntax geschätzt werden, wobei die Probit-Selektionsgleichung durch die Option `select()` spezifiziert wird:

```
use $pfad/switching.dta, clear
movestay  mps lfx studium betr200plus  oeffdi41, ///
select(vollzeit= frau befristet ko2 ko3)

sum mps if vollzeit == 1 & e(sample)
sum mps if vollzeit == 0 & e(sample)
```

Das Ergebnis zeigt Tabelle 38: Personen mit Hochschulabschluss haben in beiden Regimen signifikant mehr Prestige als Personen, die eine berufliche Lehre abgeschlossen haben. Dies ist auch im öffentlichen Dienst der Fall.

Allerdings ist im Modell der *switching regression* keine direkte Schätzung des Effektes der Variable `vollzeit` auf das Prestige möglich. Um die eigentliche Stärke dieses Verfahrens auszuschöpfen, ist der Befehl `mspredict` hilfreich. Wir wollen anhand der *switching regression* den Treatment-Effekt ermitteln, den der Zustand „vollzeitbeschäftigt" im Vergleich zu „teilzeitbeschäftigt" auf das Prestige hat – und zwar bereinigt um den Selektionseffekt, der in den jeweiligen Zustand hineinführt.

Tabelle 38: Berufsprestige in Voll- und Teilzeitbeschäftigungen, switching regression

	Prestige, Regime: vollzeit	Prestige, Regime: teilzeit	Selektion: Probit (vollzeit=1)
Berufserfahrung (Mon.)	0.009	0.024	-0.001
Studium (=1)	46.737***	47.235***	0.223*
Betrieb > 200 Mitarb.	3.507+	-1.917	-0.074
öffentl. Dienst	13.475***	13.189*	-0.254**
Frau (=1)			-0.120+
befristet			-0.329***
Abschlusskohorte 1990			0.015
Abschlusskohorte 1995			-0.143
Constant	47.680***	64.525***	1.371***
Observations	1814		

$^+ p < .1,$ $^* p < .05,$ $^{**} p < .01,$ $^{***} p < .001$

In den hier verwendeten Daten ist insgesamt der mittlere Prestigewert bei den Teilzeitbeschäftigten (95,17) *höher* ist als bei den Vollzeitbeschäftigten (88,30), was aber zunächst noch nichts über einen möglichen kausalen Effekt aussagt. Betrachten wir auf Basis des geschätzten Modells Personen in *Vollzeitbeschäftigung* (Lokshin und Sajaia 2004, S. 284):

$$E[y_{2i} \mid \mathbf{x}_2, y_1 = 1] = \mathbf{x}_2' \boldsymbol{\beta}_2 + \sigma_{12} \lambda(\mathbf{x}_1' \boldsymbol{\beta}_1) \qquad \Rightarrow \text{faktisch}$$

$$E[y_{3i} \mid \mathbf{x}_3, y_1 = 1] = \mathbf{x}_3' \boldsymbol{\beta}_3 + \sigma_{13} \lambda(\mathbf{x}_1' \boldsymbol{\beta}_1) \qquad \Rightarrow \text{kontrafaktisch}$$

Uns interessiert die mittlere Differenz aus beiden Prestigewerten für die Vollzeitbeschäftigen in beiden Regimen. Diese wird als *average treatment effect of the treated* (ATT) bezeichnet (Gangl 2010). Wir sagen sowohl die *faktischen* als auch *kontrafaktischen* Prestigewerte für *Vollzeitbeschäftigte* vorher, d.h.

$$ATT = E[\Delta_i \mid y_1 = 1] \qquad = E[y_{2i} \mid \mathbf{x}_2, y_1 = 1] - E[y_{3i} \mid \mathbf{x}_3, y_1 = 1]$$

$$= yc1\_1 - yc2\_1$$

Dabei steht `yc1_1` für den faktischen Vorhersagewert unter der Bedingung, *vollzeit* beschäftigt zu sein, und `yc2_1` ist der kontrafaktische Vorhersagewert, den die Vollzeitbeschäftigten *hätten*, wenn sie *teilzeit* beschäftigt *wären* (danken möchte an dieser Stelle Michael Lokshin von der Worldbank, der mir dies in einer e-mail bestätigte). Es wird also die Differenz der Prestigewerte berechnet, indem für jene, die vollzeitbeschäftigt sind (y_i=1), auch der kontrafaktische Wert vorhergesagt wird, den sie hätten, wären sie teilzeitbeschäftigt. Anschließend wird daraus die Differenz gebildet (Sununtar et al. 2008). Im Anschluss an die Modellschätzung (S. 279) schreiben wir:

```
mspredict vz_faktisch if e(sample), yc1_1
mspredict vz_ko_faktisch if e(sample), yc2_1

gen diff_vz=vz_faktisch-vz_ko_faktisch if vollzeit == 1
sum diff_vz
```

Der Wert `yc1_1` ist der Erwartungswert des Prestiges im Regime „Vollzeit" unter der Bedingung, dass die Person tatsächlich vollzeit beschäftigt ist. Dagegen ist `yc2_1` der Erwartungswert des Prestiges im Regime "Teilzeit", den eine tatsächlich vollzeitbeschäftigte Person in diesem Regime hätte.

Wir erhalten eine mittlere Differenz von -9,318. Im Regime „Vollzeit" haben die Untersuchungseinheiten also im Durchschnitt 9,318 Prestigepunkte weniger als im Regime „Teilzeit", bzw. im Regime „Teilzeit" hätten sie 9,318 Punkte mehr (ob das theoretisch gut begründbar ist, sei dahingestellt, aber der Befund deckt sich mit dem einfachen Mittelwertunterschieden, siehe oben). Wir können diese mittlere Differenz auf Signifikanz testen, indem wir über die Standardabweichung (von `sum diff_vz` ausgegeben) den Standardfehler des arithmetischen Mittels berechnen (=$\sigma_{ATT}/\sqrt{N}$= 4,033/$\sqrt{1590}$=0,10). Bei einer 5% Irrtumswahrscheinlichkeit lassen sich die Konfidenzintervalle berechnen:

-9,318 − 1,96 • 0,10 = -11,178
-9,318 + 1,96 • 0,10 = -7,258

Die durch die Zugehörigkeit zu den beiden Regimen bedingte Prestigedifferenz ist also signifikant, weil die Null nicht innerhalb dieses Konfidenzintervalls liegt. Eine weitere Möglichkeit bietet das switch_probit.ado, welches eine *switching regression* für eine *binäre* abhängige Variable schätzt. Im jeweiligen Regime wird also die Realisierung einer *binären* Zufallsvariable vorhergesagt (findit switch_probit.ado) (Lokshin und Sajaia 2011), ansonsten ist das Modell analog zur linearen *switching regression* zu betrachten.

```
use $pfad/switching.dta, clear
xtile mps01 = mps, nq(2) /**Mediansplit der AV**/
replace mps01=mps01-1
tab mps mps01 /**check der binaeren AV**/

switch_probit mps01 lfx studium betr200plus oeffdi41, ///
select(vollzeit= frau befristet ko2 ko3 lfx studium ///
betr200plus oeffdi41)
predict ATT, tt
```

Tabelle 39: Berufsprestige oberhalb des Medianes (binäres Outcome) in Voll- und Teilzeitbeschäftigungen, Probit-*switching regression*

	Probit (Prestige >Median) Regime: vollzeit	Probit (Prestige <=Median) Regime: teilzeit	Selektion: Probit (vollzeit=1)
Berufserfahrung (Mon.)	0.001	-0.000	-0.001
Studium (=1)	1.789***	1.653***	-0.208*
Betrieb > 200 Mitarb.	0.173*	0.178	-0.095
öffentl. Dienst	0.370***	1.214***	-0.353***
Frau (=1)			-0.421***
befristet			-0.277***
Abschlusskohorte 1990			-0.102
Abschlusskohorte 1995			-0.260**
Constant	-1.197***	-2.782***	1.997***
Observations	1814		

$^+ p < .1$, $^* p < .05$, $^{**} p < .01$, $^{***} p < .001$

Im Vergleich zur einfachen *switching regression* weichen die Schätzungen der Selektionsgleichung nur geringfügig ab, immerhin hat sich das Vorzeichen der

Variable `studium` gedreht. Die Effekte auf die Veränderungen des binären Outcomes in dem jeweiligen Regime sind nun als Probit-Koeffizienten zu interpretieren. Zudem ist lässt sich mit `predict ATT, tt` der *average treatment effect of the treated* (ATT) direkt vorhersagen, aus dem der Mittelwert berechnet werden kann.

Insgesamt findet man in der Literatur eher wenige Anwendungen der *switching regression*. Gegenwärtig wird bei der Analyse von Treatment-Effekten eher für die Anwendung von *matching*-Verfahren plädiert, da diese auf weniger restriktiven Annahmen – insbesondere hinsichtlich der Verteilung der Fehlerterme – beruhen (Morgan und Winship 2007; Guo und Fraser 2010; Gangl 2010). Der Nachteil der *switching regression* besteht eindeutig darin, dass die Fehlerterme in unserem Beispielmodell einer trivariaten Normalverteilung entsprechen müsen. Wie auch beim Heckman-Modell reagieren die Resultate sensitiv auf Veränderungen der Modellspezifikation. Das kann für das obige Beispiel leicht nachvollzogen werden, indem z.B. Variablen aus der Selektionsgleichung entfernt werden. Andererseits hat das Verfahren den Vorteil, dass die *Kovarianz der Residuen* der jeweiligen Prestigegleichung mit dem Residuum der Selektionsgleichung ausdrücklich in die Schätzung einbezogen wird. Diese Kovarianz enthält – ähnlich dem bivariaten Probit-Modell – jene *unbeobachteten* Faktoren, die jeweils die unterschiedlichen Gleichungen simultan beeinflussen. Sie kontrolliert damit bei der Schätzung des Prestiges neben den beobachteten Faktoren zumindest partiell auch die *unbeobachteten* Faktoren, die die Selektion in das Regime sowie den jeweiligen Prestigewert simultan beeinflussen. Wären die Schätzungen der *switching regression* robust, d.h. würden sie nicht so sensitiv auf unterschiedliche Modellspezifikationen und Verletzungen der Annahmen reagieren, hätte man ein starkes Verfahren zur Schätzung der ATT. Auch bei diesem Verfahren ist es daher notwendig, theoretisch begründet die relevanten Prädiktoren sowohl des Selektionsprozesses als auch der abhängigen Variable weitgehend erschöpfend zu erfassen.

11 Literatur

Allison, Paul David (2009): Fixed effects regression models. Los Angeles: Sage.

Angrist, Joshua David; Pischke, Jörn-Steffen (2009): Mostly harmless econometrics. An empiricist's companion. Princeton, NJ: Princeton Univ. Press.

Bacher, Johann (2002): Clusteranalyse. Anwendungsorientierte Einführung. 2. Aufl. München: Oldenbourg.

Bartus, Tamás (2005): Estimation of marginal effects using margeff. In: *The Stata Journal* 5 (3), S. 309–329.

Bauer, Geritt (2010): Graphische Darstellung regressionsanalytischer Ergebnisse. In: Christof Wolf und Henning Best (Hg.): Handbuch der sozialwissenschaftlichen Datenanalyse. Wiesbaden: VS Verl. für Sozialwiss., S. 905–927.

Baum, Christopher F. (2006): An introduction to modern econometrics using Stata. College Station, Tex: Stata Press.

Baumert, Jürgen; Klieme, Eckhard; Neubrand, Michael; Prenzel, Manfred; Schiefele, Ulrich; Schneider, Wolfgang et al. (Hg.) (2001): PISA 2000. Basiskompetenzen von Schülerinnen und Schülern im internationalen Vergleich. Deutsches PISA-Konsortium. Opladen: Leske + Budrich.

Bender, Stefan; Haas, Anette (2002): Die IAB-Beschäftigtenprobe. In: Gerhard Kleinhenz (Hg.): IAB-Kompendium Arbeitsmarkt- und Berufsforschung. Nürnberg: IAB (Beiträge zur Arbeitsmarkt- und Berufsforschung), S. 3–12.

Best, Henning; Wolf, Christof (2010): Logistische Regression. In: Christof Wolf und Henning Best (Hg.): Handbuch der sozialwissenschaftlichen Datenanalyse. Wiesbaden: VS Verl. für Sozialwiss., S. 827–854.

Bhattacharya, Jay; Goldman, Dana; McCaffrey (2006): Estimating probit models with self-selected treatments. In: *Statistics in Medicine* 25, S. 389–413.

Blasius, Jörg (2001): Korrespondenzanalyse. München: Oldenbourg (Internationale Standardlehrbücher der Wirtschafts- und Sozialwissenschaften).

Blossfeld, Hans-Peter; Rohwer, Götz (1995): Techniques of event history modeling. New approaches to causal analysis. Mahwah, NJ: L. Erlbaum.

Blossfeld, Hans-Peter; Golsch, Karin; Rohwer, Götz (2007): Event history analysis with Stata. Mahwah, NJ: Erlbaum.

Blossfeld, Hans-Peter; Hamerle, Alfred; Mayer, Karl Ulrich (1986): Ereignisanalyse. Statistische Theorie und Anwendung in den Wirtschafts- und Sozialwissenschaften. Frankfurt: Campus.

Blossfeld, Hans-Peter; Klijzing, Erik; Pohl, Katharina; Rohwer, Götz (1996): Die Modellierung paralleler interdependenter Prozesse in der Bevölkerungswissenschaft: Konzepte und Methoden am Beispiel der Heiratsneigung nichtehelicher Lebensgemeinschaften bei Geburt des ersten Kindes. In: *Zeitschrift für Bevölkerungswissenschaft* 22, S. 29–56.

Borg, Ingwer (1989): Theorien und Methoden der Skalierung. Eine Einführung. Bern: Huber.

Borooah, Vani K. (2002): Logit and probit. Ordered and multinomial models. Thousand Oaks, Calif.: Sage.

Bortz, Jürgen (1989): Statistik für Sozialwissenschaftler. Berlin: Springer.

Box-Steffensmeier, Janet M.; Jones, Bradford S. (2007): Event history modeling. A guide for social scientists. Reprint. Cambridge: Cambridge Univ. Press

Breen, Richard (1996): Regression models. Censored, sample-selected or truncated data. Thousand Oaks, Calif.: Sage.

Brüderl, Josef (2000): Regressionsverfahren in der Bevölkerungswissenschaft. In: Ulrich Mueller, Bernhard Nauck und Andreas Diekmann (Hg.): Handbuch der Demographie. Berlin, Heidelberg: Springer, S. 589–624.

Brüderl, Josef; Diekmann, Andreas; Engelhardt, Henriette (1997): Erhöht eine Probeehe das Scheidungsrisiko? Eine empirische Untersuchung mit dem Familiensurvey. In: *Kölner Zeitschrift für Soziologie und Sozialpsychologie* 49 (2), S. 205–222.

Buhr, Petra (1994): Sozialhilfe und Lebenslauf. Empirische Analysen kurzfristigen und langfristigen Sozialhilfebezugs auf der Grundlage quantitativer und qualitativer Daten. Dissertationsschrift.

Cameron, Adrian Colin; Trivedi, Pravin K. (2005): Microeconometrics. Methods and applications. Cambridge: Cambridge Univ. Press.

Cameron, Adrian Colin; Trivedi, Pravin K (2009): Microeconometrics using Stata. College Station, Tex.: Stata Press.

Cheng, Simon; Long, J. Scott (2007): Testing for IIA in the Multinomial Logit Model. In: *Sociological methods & research* 35 (4), S. 583–600.

Cleves, Mario A.; Gould, William; Gutierrez, Roberto; Marchenko, Yulia (2008): An introduction to survival analysis using Stata. 2. ed. College Station, Tex.: Stata Press.

Cox, Christopher; Chu, Haitao; Schneider, Michael F.; Muñoz, Alvaro (2007): Parametric survival analysis and taxonomy of hazard functions for the generalized gamma distribution. In: *Statistics in Medicine* 26 (23), S. 4352–4374.

Crown, William H. (1998): Statistical models for the social and behavioral sciences. Multiple regression and limited-dependent variable models. Westport, Conn.: Praeger.

Diaz-Bone, Rainer (2006): Statistik für Soziologen. Konstanz: UVK-Verl.-Ges.

Diekmann, Andreas; Mitter, Peter (1983): The 'sickle hypothesis'. In: *Journal of Mathematical Sociology* 9, S. 85–101.

Diekmann, Andreas; Mitter, Peter (1984): Methoden zur Analyse von Zeitverläufen. Stuttgart: Teubner (122).

Dunteman, George Henry; Ho, Moon-Ho R. (2006): An introduction to generalized linear models. Thousand Oaks, Calif.: Sage Publ.

Eliason, Scott R. (1993): Maximum likelihood estimation. Logic and practice. Newbury Park: Sage.

Engelhardt, Henriette (1999): Lineare Regression mit Selektion: Möglichkeiten und Grenzen der Heckman Korrektur. In: *Kölner Zeitschrift für Soziologie und Sozialpsychologie* 51 (4), S. 706–723.

Enzmann, Dirk; Brettfeld, Katrin; Wetzels, Peter (2004): Männlichkeitsnormen und die Kultur der Ehre. Empirische Prüfung eines theoretischen Modells zur Erklärung erhöhter Delinquenzraten jugendlicher Migranten. In: Dietrich Oberwittler und Susanne Karstedt (Hg.): Soziologie der Kriminalität. Wiesbaden: VS Verl. für Sozialwiss. (Kölner Zeitschrift für Soziologie und Sozialpsychologie-Sonderhefte, 43), S. 266–287.

Fox, John (2008): Applied regression analysis and generalized linear models. 2. ed. Los Angeles: Sage.

Fox, John (2009): A mathematical primer for social statistics. Los Angeles, Calif: Sage.

Fry, Tim L. R.; Harris, Mark N. (1998): Testing for Independence of Irrelevant Alternatives: Some Empirical Results. In: *Sociological Methods & Research* 26 (3), S. 401–423.

Gangl, Markus (2010): Nichtparametrische Schätzung kausaler Effekte mittels Matchingverfahren. In: Christof Wolf und Henning Best (Hg.): Handbuch der sozialwissenschaftlichen Datenanalyse. Wiesbaden: VS Verl. für Sozialwiss., S. 931–961.

Gautschi, Thomas (2010): Maximum-Likelihood Schätztheorie. In: Christof Wolf und Henning Best (Hg.): Handbuch der sozialwissenschaftlichen Datenanalyse. Wiesbaden: VS Verl. für Sozialwiss., S. 205–235.

Geißler, Rainer (2006): Die Sozialstruktur Deutschlands. Zur gesellschaftlichen Entwicklung mit einer Bilanz zur Vereinigung. 2006. Wiesbaden: VS Verlag für Sozialwissenschaften.

Giesselmann, Marco; Windzio, Michael (2012): Regressionsmodelle zur Analyse von Paneldaten. Wiesbaden: VS Verlag für Sozialwiss.

Greene, William H. (2000): Econometric analysis. 4. ed. London: Prentice Hall Internat.

Greene, William H. (2008): Econometric analysis. 6. ed. Upper Saddle River, NJ: Pearson Prentice Hall.

Guo, Shenyang; Fraser, Mark W. (2010): Propensity score analysis. Statistical methods and applications. Los Angeles, Calif: Sage.

Hannan, Michael T.; Carroll, Glenn R. (1981): Dynamics of Formal Political Structure: An Event-History Analysis. In: *American Sociological Review* 46 (2), S. 19–35.

Hannan, Michael T.; Freeman, John (1989): Organizational ecology. Cambridge, Mass.: Harvard University Press.

Hannan, Michael Thomas; Carroll, Glenn R. (1992): Dynamics of organizational populations. Density, legitimation, and competition. New York: Oxford Univ. Press.

Heiss, Florian (2002): Structural choice analysis with nested logit models. In: *The Stata Journal* 2 (3), S. 227–252.

Hosmer, David W.; Lemeshow, Stanley; May, Susanne (2008): Applied survival analysis. Regression modeling of time-to-event data. 2. Aufl. Hoboken, N.J: Wiley-Interscience.

Hougaard, Philip (2001): Analysis of multivariate survival data. corr. 2. print. New York, NY: Springer.

Huinink, Johannes (1989): Das Zweite Kind. Sind wir auf dem Weg zur Ein-Kind-Familie? In: *Zeitschrift für Soziologie* 192-207, S. 192–207.

Kennedy, Peter (2008): A guide to econometrics. 6. Aufl. Malden, MA: Blackwell Pub.

Klein, Thomas (1990a): Soziale Determinanten der Lebenserwartung. In: *Kölner Zeitschrift für Soziologie und Sozialpsychologie* 45 (4), S. 712–730.

Klein, Thomas (1990b): Wiederheirat nach Scheidung in der Bundesrepublik. Eine empirische Untersuchung bislang vorliegender Theorieansätze aus der Perspektive des Lebensverlaufs. In: *Kölner Zeitschrift für Soziologie und Sozialpsychologie* 42 (1), S. 60–80.

Kleinbaum, David G. (1996): Survival analysis. A self-learning text. New York, Heidelberg: Springer.

Kohler, Ulrich; Kreuter, Frauke (2005): Data analysis using Stata. Lakeway Drive, Tex.: Stata Press.

Kühnel, Steffen; Krebs, Dagmar (2010): Multinomiale und ordinale Regression. In: Christof Wolf und Henning Best (Hg.): Handbuch der sozialwissenschaftlichen Datenanalyse. Wiesbaden: VS Verl. für Sozialwiss., S. 855–886.

Lankuttis, Teresa; Blossfeld, Hans-Peter (2003): Determinanten der Wiederheirat nach der ersten Scheidung in der Bundesrepublik Deutschland. In: *Zeitschrift für Bevölkerungswissenschaft* 15 (1), S. 5–24.

Liao, Tim Futing (1994): Interpreting probability models. Logit, probit, and other generalized linear models. Thousand Oaks, Calif.: Sage.

Lokshin, Michael; Zurab, Sajaia (2004): Maximum likelihood estimation of endogenous switching regression models. In: *The Stata Journal* 4 (3), S. 282–289.

Lokshin, Michael; Zurab, Sajaia (2011): Impact of interventions on discrete outcomes: Maximum likelihood estimation of the binary choice models with binary endogenous regressors. In: *The Stata Journal* 11 (3).

Long, J. Scott (1997): Regression models for categorical and limited dependent variables. Thousand Oaks, Calif.: Sage.

Long, J. Scott; Freese, Jeremy (2006): Regression models for categorical dependent variables using Stata. College Station, Texas: Stata Press.

Long, J.Scott; Freese, Jeremy (2003): Regression models for categorical dependent variables using stata. 2nd. ed., College Station, Tex.: Stata Press.

Ludwig-Mayerhofer, Wolfgang (1990): Arbeitslosigkeit im Erwerbsverlauf. In: *Zeitschrift für Soziologie* 18, S. 354–359.

Luhmann, Niklas (1990): Die Wissenschaft der Gesellschaft. Frankfurt am Main: Suhrkamp.

Luhmann, Niklas (1992): Beobachtungen der Moderne. Opladen: Westdeutscher Verlag.

Luhmann, Niklas (2005): Die Autopoiesis des Bewusstseins. In: Niklas Luhmann (Hg.): Die Soziologie und der Mensch. Wiesbaden: VS Verl. für Sozialwiss., S. 55–108.

Maddala, Gangadharrao S. (1983): Limited-dependent and qualitative variables in econometrics. New York, NY: Cambridge Univ. Press

McCullagh, Peter; Nelder, John Ashworth (2008): Generalized linear models. 2. ed., London: Chapman and Hall.

McGinnis, Robert (1968): A stochastic model of social mobility. In: *American Sociological Review* 33, S. 712–722.

Mesch, Gustavo S.; Fishman, Gideon (1994): First Readmission of the Mentally Ill: An Event History Analysis. In: *Social Science Research* 23, S. 295–314.

Mood, Carina (2010): Logistic Regression: Why We Cannot Do What We Think We Can Do, and What We Can Do About It. In: *European Sociological Review* 26 (1), S. 67–82.

Morgan, Stephen Lawrence; Winship, Christopher (2007): Counterfactuals and causal inference. Methods and principles for social research. Reprinted. Cambridge: Cambridge Univ. Press.

Nelder, John Ashworth; Wedderburn, Robert W. (1972): Generalized Linear Models. In: *Journal of the Royal Statistical Society. Series A (General)* 135 (3), S. 370–384.

O'Connell, Ann A. (2006): Logistic regression models for ordinal response variables. Thousand Oaks, Calif: Sage.

Pindyck, Robert S.; Rubinfeld, Daniel L. (1998): Econometric models and economic forecasts. 4. ed., internat. ed. Boston, Mass.: Irwin/McGraw-Hill.

Rabe-Hesketh, Sophia; Skrondal, Anders (2008): Multilevel and longitudinal modeling using STATA. College Station, Texas: Stata Press.

Sackmann, Reinhold; Weymann, Ansgar; Wingens, Matthias (Hg.) (2000): Die Generation der Wende. Berufs- und Lebensverläufe im sozialen Wandel. Wiesbaden: Westdt. Verl.

Schunck, Reinhard; Windzio, Michael (2009): Ökonomische Selbstständigkeit von Migranten in Deutschland: Effekte der sozialen Einbettung in Nachbarschaft und Haushalt. In: *Zeitschrift für Soziologie* 38 (2), S. 111–128.

Singer, Judith D.; Willett, John B. (2003): Applied longitudinal data analysis. Modeling change and event occurrence. Oxford: Oxford Univ. Press.

Skrondal, Anders; Rabe-Hesketh, Sophia (2004): Generalized latent variable modeling. Multilevel, longitudinal, and structural equation models. Boca Raton: Chapman & Hall/CRC

Sununtar, Setboonsarng; Leung, PingSun; Stefan, Adam (2008): Rice Contract Farming in Lao PDR: Moving from Subsistence to Commercial Agriculture. Asian Development Bank Institute (ADBI Discussion Paper 90).

Train, Kenneth (1986): Qualitative choice analysis. Theory, econometrics, and an application to automobile demand. Cambridge, Mass: MIT Press.

Train, Kenneth E. (2009): Discrete choice methods with simulation. 2. Aufl. Cambridge: Cambridge University Press.

Tuma, Nancy Brandon (1985): Effects of labor market structure on job shift patterns. In: James J. Heckman und Burton Singer (Hg.): Longitudinal analysis of labor market data. 2008. Cambridge: Univ. Press, S. 327–363.

Tutz, Gerhard (2000): Die Analyse kategorialer Daten. Anwendungsorientierte Einführung in Logit-Modellierung und kategoriale Regression. München: Oldenbourg.

Urban, Dieter; Mayerl, Jochen (2006): Regressionsanalyse. Theorie, Technik und Anwendung. 2., Aufl. Wiesbaden: VS Verl. für Sozialwiss

Verbeek, Marno (2008): A guide to modern econometrics. 3. Aufl. Hoboken, NJ: Wiley.

Wiggins, Vince (2011): Why are there so many formulas for the inverse of Mills' ratio? What if I have censoring from above/below in my Heckman selection model? STATA Corp.

Windzio, Michael (2000): Ungleichheiten im Erwerbsverlauf. Individuelle Ressourcen, soziale Schließung und vakante Positionen als Determinanten beruflicher Karrieren. Herbolzheim: Centaurus.

Windzio, Michael (2001): Organisationsökologie und Arbeitsmarktmobilität im sozialen Wandel. Eine empirische Analyse am Beispiel Ostdeutschlands. In: *Zeitschrift für Soziologie* 30 (2), S. 116–134.

Windzio, Michael (2006a): Is there a deterrent effect of pains of imprisonment?: The impact of 'social costs' of first incarceration on the hazard rate of recidivism. In: *Punishment & Society* 8 (3), S. 341–364.

Windzio, Michael (2006b): The Problem of Time Dependent Explanatory Variables at the Context-Level in Discrete Time Multilevel Event History Analysis. A Comparison of Models Considering Mobility Between Local Labour Markets as an Example. In: *Quality&Quantity* 40, S. 175–185.

Windzio, Michael; Baier, Dirk (2009): Violent Behavior of Juveniles in a Multiethnic Society: Effects of Personal Characteristics, Urban Areas, and Immigrants' Peer Networks. In: *Journal of Ethnicity in Criminal Justice* 7 (4), S. 237–270.

Winkelmann, Rainer; Boes, Stefan (2006): Analysis of Microdata. Berlin, Heidelberg: Springer-Verlag.

Wooldridge, Jeffrey M. (2002): Econometric analysis of cross section and panel data. Cambridge, Mass: MIT Press.

Wooldridge, Jeffrey M. (2005): Introductory econometrics. A modern approach. 2. [ed.], Mason, Ohio: Thomson South-Western.

Yamaguchi, Kazuo (1991): Event history analysis. Newbury Park [u.a.]: Sage Publ.

Zorn, Christopher J. W. (2002): U.S. Government Litigation Strategies in the Federal Appellate Courts. In: *Political Research Quarterly* 55 (1), S. 145–166.

If you have any concerns about our products,
you can contact us on
ProductSafety@springernature.com

In case Publisher is established outside the EU,
the EU authorized representative is:
Springer Nature Customer Service Center GmbH
Europaplatz 3, 69115 Heidelberg, Germany

Printed by Libri Plureos GmbH
in Hamburg, Germany